FUTURE BODIES
FROM A RECENT PAST

GIPS
BLUT
TRANSMITTER
HAUT
CODE
KIEFER
EISEN
SCHRITT
ALGORITHMUS
OHR
LED
ZELLE

MOTOR
BEIN
ANTENNE
SCHULTER
LACK
ADERN
KERAMIK
TESTOSTERON
GLASFASER
HODEN
PIXEL
PSYCHE

GLASUR
GEDÄCHTNIS
SERVER
BECKEN
BATTERIE
ESTROGEN
FILM
HAND

CHIP
SINNE
DATEI
IMPLANTAT
RAD
ADRENALIN
PVC
PORE

PVC
HERZ
LED
ZEH
GUMMI
SCHÄDEL
POLYESTER
ADRENALIN
ALUMINIUM
WIRBELSÄULE
GLASUR
FINGER
STOFF
KNIE
LATEX
KIEFER
DATEI
FUSS
SEIDE
AUGE

BATTERIE
ESTROGEN
TRANSMITTER
ENDORPHIN
EMPFÄNGER
GENITALIEN
SERVER
HODEN
PIXEL
FLEISCH
DATEN
VAGINA
MOTOR
IMPLANTAT
KUNSTHARZ
KAPILLARE
FERNSEHER
HALS
CODE
TUMOR

DATEN
SINNE
ANTENNE
SCHULTER
GLASFASER
TESTOSTERON
TRANSMITTER
BECKEN
GLASUR
GEIST
KETTE
MUSKEL

LED
NASE
CHIP
GELENK
FOLIE
VAGINA
BETON
EINGEWEIDE
GLAS
HAARE
DATEI
FLEISCH

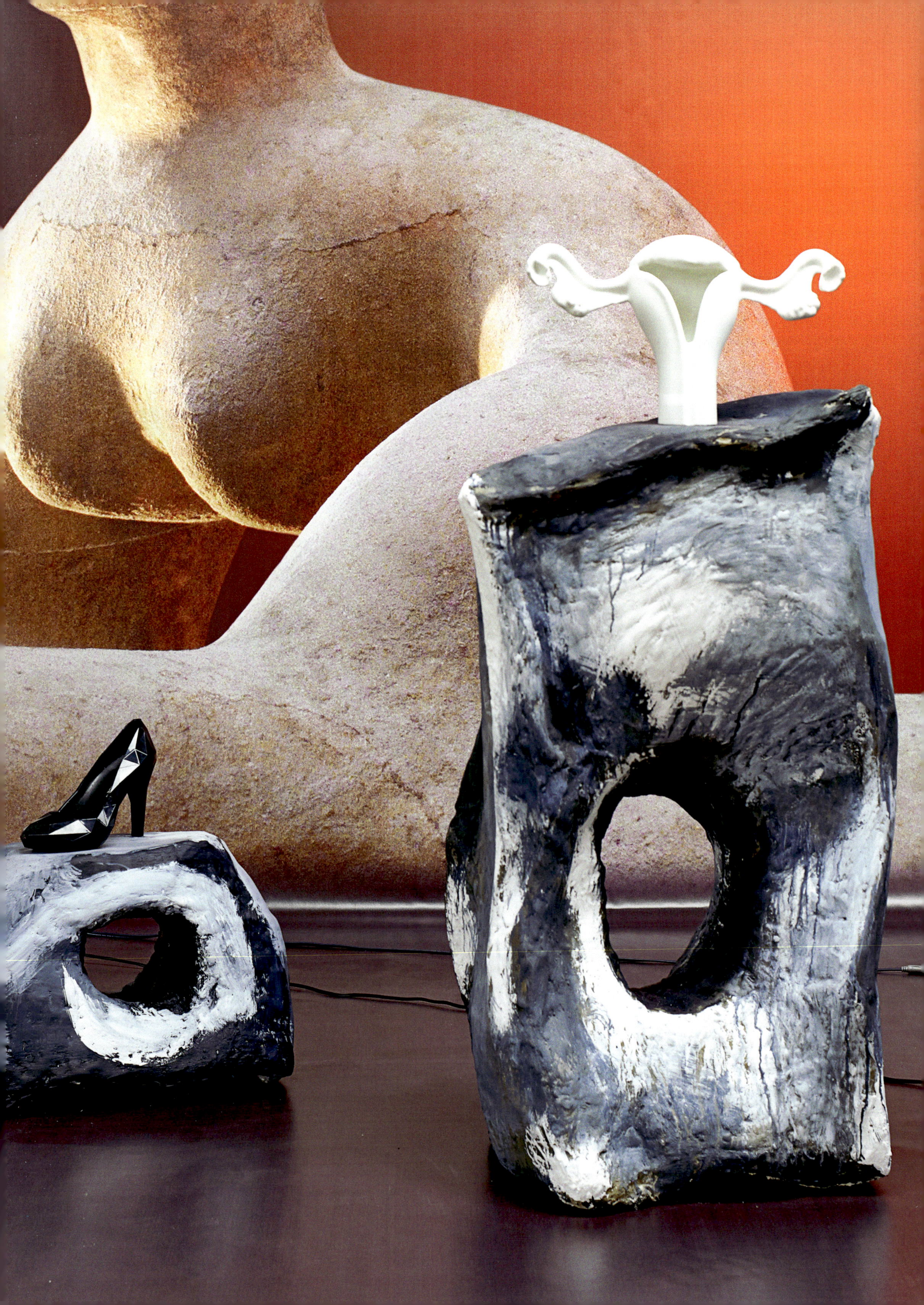

FUTURE BODIES FROM A RECENT PAST

Skulptur, Technologie, Körper seit den 1950er-Jahren

MUSEUM BRANDHORST

Deutscher Kunstverlag

KÜNSTLER:INNEN DER AUSSTELLUNG

GENPEI
AKASEGAWA

PAWEŁ
ALTHAMER

NAIRY
BAGHRAMIAN

JOACHIM
BANDAU

MATTHEW
BARNEY

ALEXANDRA
BIRCKEN

LEE
BONTECOU

LOUISE
BOURGEOIS

ROBERT
BREER

JOHN
CHAMBERLAIN

BARBARA
CHASE-RIBOUD

SHU LEA
CHEANG

JESSE
DARLING

STEPHANIE
DINKINS

ALEKSANDRA
DOMANOVIĆ

MELVIN
EDWARDS

BRUNO
GIRONCOLI

ROBERT
GOBER

FELIX
GONZALEZ-TORRES

NANCY
GROSSMAN

LYNN
HERSHMAN LEESON

EVA
HESSE

JUDITH
HOPF

REBECCA
HORN

TISHAN
HSU

EDWARD
IHNATOWICZ

ARTHUR
JAFA

MOTOHARU
JŌNOUCHI

KAYA

KIKI
KOGELNIK

SHIGEKO
KUBOTA

TETSUMI
KUDO

YAYOI
KUSAMA

NICOLA
L.

MARK
LECKEY

SARAH
LUCAS

BRUCE
NAUMAN

SENGA
NENGUDI

KIYOJI
ŌTSUJI

TONY
OURSLER

NAM JUNE
PAIK

EDUARDO
PAOLOZZI

FRIEDERIKE
PEZOLD

JULIA
PHILLIPS

WALTER
PICHLER

SETH
PRICE

CAROL
RAMA

GERMAINE
RICHIER

NIKI
DE SAINT PHALLE

HANS
SALENTIN

ASHLEY HANS
SCHEIRL

DAVID
SMITH

ALINA
SZAPOCZNIKOW

TAKIS

ATSUKO
TANAKA

PAUL
THEK

JEAN
TINGUELY

HANNSJÖRG
VOTH

FRANZ
WEST

VORWORT DER DIREKTOREN

BERNHARD MAAZ & ACHIM HOCHDÖRFER

Wohl kaum eine Veränderung der letzten Dekaden hat derart tiefe Spuren in unserem Leben hinterlassen wie die Digitalisierung. Die Einführung und Verbreitung des Internets in den 1990er-Jahren und die nachfolgenden informationstechnologischen Innovationen wie das Smartphone oder die ‚sozialen' Plattformen haben unser Leben, unseren Alltag, ja sogar unsere Wertevorstellungen auf fundamentale, nachhaltige und irreversible Weise verändert. Gerade in Zeiten der nun schon über zwei Jahre andauernden Pandemie haben wir alle am eigenen Leib, ja mehr noch: psychisch und sozial erfahren, wie tief die digitalen Technologien unseren Alltag durchdringen und welche Möglichkeitsräume, aber auch Abhängigkeiten und gelegentlich gar Abgründe dies mit sich bringt oder zumindest bringen kann.

In der bildenden Kunst werden diese Verstrickungen seit den 2010er-Jahren intensiv verhandelt. Zahlreiche wegweisende Ausstellungen im In- und Ausland widmeten sich der Frage, wie sich Körper im Spannungsfeld von Technologie und ihren Materialitäten gegenwärtig neu konfigurieren. Zeitgenössische Künstler:innen begreifen menschliche Körper nicht als statische und abgeschlossene Einheiten, sondern als instabile und veränderbare Systeme, die ganz grundlegend von ihrer (technologischen) Umwelt geprägt sind. Was in den 1980er-Jahren, als Donna Haraway ihr heute legendäres Essay „Ein Manifest für Cyborgs" formulierte, noch als utopisch galt, ist heute evident und präsent: Die Grenzen und Dualismen zwischen Mensch und Technologie, zwischen Subjekt und Objekt, Materiellem und Immateriellem sind obsolet geworden. Auffällig ist, dass trotz oder gerade wegen dieser Entwicklungen die hochgradig materielle Praxis der Skulptur wieder in den Vordergrund drängt.

Diesem vermeintlichen Paradoxon geht die Ausstellung *Future Bodies from a Recent Past – Skulptur, Technologie, Körper seit den 1950er-Jahren* nach. Erstmals stellt eine Ausstellung die komplexen Bezüge zwischen neuen Technologien, ihren Auswirkungen auf unsere Körpervorstellungen und deren Niederschlag in der Gattung der Skulptur in systematischer Weise dar. Der Fokus liegt dabei nicht allein auf den Einflüssen des Digitalen, sondern weitet vielmehr den Blick für die zukunftsweisenden technologischen Veränderungen, die sich mit rasanter Geschwindigkeit nach dem Zweiten Weltkrieg in den westlichen Industrienationen vollzogen. In einem gesellschaftlichen Klima des Aufschwungs und einer florierenden Konsumkultur stillte Technologie gleichermaßen das Bedürfnis nach Neuem und nach Geschwindigkeit wie nach der Überwindung der Traumata aus den Kriegsjahren. Doch derartige Veränderungen – und dies zeigt die Ausstellung auf eindrückliche Weise – wurden oft mit gemischten Gefühlen betrachtet.

Seit der Industrialisierung wird technologischer Fortschritt mit Modernisierungs- und Freiheitsversprechen in Verbindung gebracht und gleichzeitig als Ursache der Entfremdung des Menschen von seiner ‚Natur' angeführt. Dies gilt verstärkt für den Übergang vom sogenannten mechanischen zum Informationszeitalter, der sich in den 1950er-Jahren auf breiter gesellschaftlicher Ebene manifestierte. Damals noch begleitet von der Sorge vor den ‚dehumanisierenden' Folgen der Technologie, sind heute die Vernetzung des Menschen mit technologischen Geräten, aber auch technische ‚enhancements' physischer und kognitiver Funktionen längst Realität geworden. Diese Entwicklungen eröffnen den Blick auf einschneidende Neudefinitionen unseres Verständnisses des Menschen. Gleichzeitig werden sie als apokalyptische Visionen seines ultimativen Bedeutungsverlusts diskutiert. Diese Spannung macht *Future Bodies from a Recent Past* anhand von herausragenden Kunstwerken seit den frühen 1950er-Jahren greifbar. Mit ihrem inhaltlichen Fokus thematisiert die Ausstellung in gleichem Maße gesellschaftliche wie kunsthistorische Fragen und öffnet damit den Blick auf die Skulptur als eine künstlerische Praxis von ungebrochener Relevanz.

Als Museum für zeitgenössische Kunst ist es unsere Aufgabe, derartige künstlerische Entwicklungen zu beobachten, aufzuarbeiten und historisch zu perspektivieren. Wir freuen uns sehr, dass dies mit *Future Bodies from a Recent Past* auf so hervorragende Weise gelingt. Dafür danken wir von Herzen Patrizia Dander, leitende Kuratorin am Museum Brandhorst, und Franziska Linhardt, wissenschaftliche Mitarbeiterin, die dieses ambitionierte und komplexe Vorhaben in den vergangenen drei Jahren mit ebenso großer Begeisterung und Leidenschaft für die Inhalte wie Professionalität in der Umsetzung vorangetrieben haben.

Der hohe wissenschaftliche Anspruch dieses Ausstellungs- und Forschungsprojekts manifestierte sich bereits in einem international rezipierten Symposium Anfang 2021 und schlägt sich nun in gleicher Weise in der vorliegenden Publikation nieder. Es ehrt uns, dass wir mit Louis Chude-Sokei, Alex Kitnick, Megan R. Luke und Jenny Nachtigall ebenso renommierte wie eigenständige Theoretiker:innen für Beiträge im Ausstellungskatalog gewinnen konnten. Mit ihren Essays weiten sie den Blick über die oben skizzierten Themen hinaus auf die einschneidenden Veränderungen in der Skulptur ab den 1950er-Jahren, die Bedeutung ihrer Materialität, den Status des Mediums im Zeitalter seiner Reproduzierbarkeit und nicht zuletzt auf die Frage des Verhältnisses von Race und Technologie. Wir danken ihnen, dass sie ihr auf jahrelanger Forschung basierendes Wissen mit uns und den Leser:innen dieses Buchs teilen.

Die elegante und präzise Gestaltung lag in den Händen von Marwan Kaabour, der die Publikation mit seinen konzeptuellen Überlegungen in maßgeblicher Weise geprägt hat. Seine Grafik reflektiert nicht nur die Komplexität des Projekts, sondern denkt sie auf substanzielle Weise weiter. Es freut uns zudem, dass wir mit dem Deutschen Kunstverlag / De Gruyter einen Verlagspartner gefunden haben, der gleichermaßen dem wissenschaftlichen Anspruch wie der konzeptionellen Breite dieses Ausstellungs- und Forschungsprojekts gerecht wird. Dominikus Müller und Volker Ellenbeck haben die Essays mit großem sprachlichem Feingefühl ins Deutsche übersetzt. Das höchst sorgfältige Lektorat lag in den vertrauensvollen Händen von Ursula Fethke. Ihre Arbeit war für die Qualität dieser Publikation von entscheidender Bedeutung. Susanne Huber, wissenschaftliche Mitarbeiterin für Publikationen und Sammlung im Museum Brandhorst, hat die Fäden dieses aufwendigen Vorhabens mit beeindruckender Klarheit und Kompetenz zusammengehalten. Ohne ihre präzise und strukturierte Arbeitsweise, vor allem aber ohne ihren essenziellen inhaltlichen Beitrag zu allen Aspekten der Konzeption und Realisierung wäre dieses Buch undenkbar gewesen. Dafür danken wir ihr sehr herzlich.

Future Bodies from a Recent Past lebt, wie jede Ausstellung, von den Werken, die sie zeigt. Nur dank einer Fülle an Leihgaben aus privaten und institutionellen Sammlungen war es möglich, die inhaltlichen Überlegungen Realität werden zu lassen. Dafür sind wir den Leihgeber:innen zutiefst verbunden, denn gerade angesichts der Fragilität und historischen Bedeutung zahlreicher Werke ist deren Großzügigkeit keine Selbstverständlichkeit. Wir danken: Miguel Abreu Gallery, All Art Initiatives, amanaTIGP, Astrup Fearnley Collection, Nairy Baghramian, Joachim Bandau, BFI National Archive, Galerie Isabella Bortolozzi, Herbert Brandl, Centre Pompidou, Chapter NY, Shu Lea Cheang, D.Daskalopoulos Collection, Stephanie Dinkins, Aleksandra Domanović, Electronic Arts Intermix (EAI), Paul van Esch & Partners, Konrad Fischer Galerie, Collection Frac Franche-Comté, Stephen Friedman Gallery, Geddert Hronjec Collection, Xavier Gellier Collection, Sammlung Generali Foundation am Museum der Moderne Salzburg, Glenstone Museum, Sammlung Goetz, Marian Goodman Gallery, Sammlung Grässlin, Ursula Hauser Collection, Hauser & Wirth, Emanuel Hoffmann-Stiftung, Richard Ihnatowicz, Mineko Jōnouchi, Kiki Kogelnik Foundation, Shigeko Kubota Video Art Foundation, Hiroko Kudo und The Estate of Tetsumi Kudo, Kunstmuseum Den Haag, Tanya Leighton, Loevenbruck, Matthew Marks Gallery, Museum Ludwig, MUSEUM MMK FÜR MODERNE KUNST, Museum Voorlinden, Museum Wiesbaden, National Museum in Warsaw, The National Museum of Modern Art, Tokyo, Neues Museum Nürnberg, Niki Charitable Art Foundation, Michael Rosenfeld Gallery, Deborah Schamoni, sixpackfilm, Staatliche Graphische Sammlung München, Städtische Galerie im Lenbachhaus und Kunstbau München, The Estate of Alina Szapocznikow und Piotr Stanisławski, Tate, Galerie Elisabeth & Klaus Thoman und all denjenigen Leihgeber:innen, die nicht genannt werden möchten. Einen mehr als wertvollen Grundstein legten ausgewählte Schlüsselwerke der Gegenwartskunst aus der Udo und Anette Brandhorst Sammlung. Unser Dank gilt Udo Brandhorst, der die inhaltlichen Ambitionen unserer Museumsarbeit mit bedeutenden Ankäufen unterstützt. Das Herzstück der Ausstellung und einer der größten Ankäufe der vergangenen Jahre, Mark Leckeys raumfüllende Installation *UniAddDumThs*, wird in diesem Zuge erstmals im Museum Brandhorst präsentiert.

Die Ausstellung bringt mehr als 110 Werke von 59 Künstler:innen zusammen, eine logistisch wie finanziell einzigartige Herausforderung für das Museum Brandhorst. Unser herzlicher Dank gilt daher insbesondere der loyalen und außerordentlich großzügigen Unterstützung durch PIN. Freunde der Pinakothek der Moderne e.V. und Jan Fischer, ohne welche dieses ambitionierte Vorhaben nicht realisierbar gewesen wäre. Es freut uns zudem sehr, dass wir in der ERES-Stiftung. Kunst + Naturwissenschaft eine ebenso großzügige wie inhaltlich engagierte Projektpartnerin gefunden haben. Hierfür möchten wir Sabine Adler, vertretungsberechtigte Vorständin, unseren persönlichen Dank aussprechen.

Das Kunstvermittlungsprogramm zur Ausstellung *Future Bodies from a Recent Past* wurde entwickelt im Rahmen von „dive in. Programm für digitale Interaktionen" der Kulturstiftung des Bundes, gefördert durch die Beauftragte der Bundesregierung für Kultur und Medien (BKM) im Programm NEUSTART KULTUR. Wir sind dankbar für die dadurch gewonnenen Möglichkeiten, die Inhalte der Ausstellung möglichst vielfältig zu vermitteln und im Laufe dieses Jahres mit analogen, digitalen, aber auch hybriden Formaten zu experimentieren.

Das Team des Museums Brandhorst hat dieses komplexe Unterfangen in gewohnt hervorragender Weise umgesetzt. Wir schätzen uns außerordentlich glücklich, uns auf seine Kompetenz und seinen Einsatz jederzeit verlassen zu können. Wir danken unseren Museums- und Ausstellungstechnikern Norbert Schölzel, Adrian Keleti und Stephen Crane unter der Leitung von Wolfgang Wastian für ihre beeindruckende Arbeit. Unterstützt wurden sie dabei von Katharina Berger, Eva Burkhardt, Kazan Fischer, Sophie Kindermann, Andreas Klare, Cordula Schieri, Anne Seiler und René Stiegler. Mit ihren technisch aufwendigen Installationen hat die Ausstellung zahlreiche und neue Anforderungen an ihre Arbeit gestellt. Dies gilt gleichermaßen für unsere Registrarin Maria Espinosa, die für die Koordination aller Transporte und Kurier:innen verantwortlich war. Ihre professionelle und vorausblickende Arbeit war bei der Organisation und Durchführung eines solch vielschichtigen Projekts von unschätzbarem Wert. Bianca Albrecht war als Restauratorin hauptverantwortlich für die Betreuung der oft äußerst fragilen Ausstellungswerke. Ihr danken wir ebenso herzlich für ihre präzise, umsichtige und lösungsorientierte Arbeit wie ihren Kolleginnen Isabel Gebhardt, koordinatorische Leitung der Restaurierungsabteilung im Museum Brandhorst, und Michaela Tischer, Restauratorin, die ihr jederzeit mit Tat und Rat zur Seite standen. Natalie Kurz und Iris Masson begleiteten zusätzlich als Restaurator:innen den Aufbau. Ein großer Dank gilt auch Andreas Weisser, der als Medienrestaurator die vielfältigen Medienarbeiten betreut hat.

Anna Woll und Janina Vujic haben, gemeinsam mit den Grafiker:innen von parat.cc und der Websiteagentur 4th motion, die einladende Ausstellungskampagne sowie die Projektwebseite auf den Weg gebracht und alle Aspekte der analogen wie digitalen Kommunikation ebenso vorausschauend wie begeistert im Blick gehabt. Dafür gebührt ihnen unser tiefer Dank.

Der Veranstaltungsabteilung unter der Leitung von Barbara Siebert und insbesondere Katarina Jelic danken wir für die wie immer höchst verlässliche und sorgfältige Organisation des Begleitprogramms zur Ausstellung. In der Kunstvermittlung bedanken wir uns bei Funda Karaca und Jochen Meister für ihre gewohnt professionelle und engagierte Arbeit. Auch diesmal waren uns das Museumspädagogische Zentrum München (MPZ) und die pi.lot:innen dabei treue Partner:innen. Mit der digitalen Factory konnte das Museum Brandhorst im Jahr 2021 ein neues Portal für die Kunstvermittlung erschließen. Wir danken Kirsten Storz sehr herzlich für die Konzeption der Factory, die sie gemeinsam mit Janina Horn und Andrea Zabric umgesetzt hat, und für die Weiterentwicklung ihrer Formate und Programme für die Ausstellung, gemeinsam mit Ulrich Ball, Daniel Lang und Beat Rossmy.

Unser großer Dank gilt auch der Örtlichen Verwaltung der Bayerischen Staatsgemäldesammlungen sowie den Zentralen Diensten für die administrative und juristische Begleitung der Ausstellung. Für den inhaltlichen Austausch und die Gespräche danken wir dem kuratorischen Team des Museums Brandhorst, Monika Bayer-Wermuth und Giampaolo Bianconi, sowie Susanne Huber und den Kuratorinnen der Ausstellung. Mara Jirdén hat als Teamassistentin die Ausstellung und den Katalog dankenswerterweise an verschiedenen Stellen mit unterstützt, ebenso wie die Praktikantinnen Zakirah Rabaney, Lena Tilk und Marisa Zeising sowie Helena Held als Hospitantin. Zusätzliche Unterstützung erhielten sie von Pia Bendfeld.

Unser letzter und größter Dank richtet sich an die vielen Künstler:innen der Ausstellung. Ihre im allerbesten Sinn herausfordernden Werke und Ansätze haben *Future Bodies from a Recent Past* überhaupt erst ermöglicht. Ihre Praxis bereichert unser Denken und Handeln und ist uns ein ständiger Motor in dem Versuch, die Gegenwart in ihren komplexen und widersprüchlichen Formationen besser zu verstehen.

Bernhard Maaz
Generaldirektor
Bayerische Staatsgemäldesammlungen

Achim Hochdörfer
Direktor
Museum Brandhorst

EINFÜHRUNG DER KURATORINNEN

PATRIZIA DANDER & FRANZISKA LINHARDT

Wie unauflösbar unser Leben mit neuen Technologien verbunden ist, davon zeugen die vergangenen beiden Jahre auf bisher unvorstellbare Weise. In umfassender Form wurden die neuen digitalen Realitäten und Materialitäten in breiten gesellschaftlichen Zusammenhängen voll erfahrbar. Anstelle des physischen Miteinanders traten Begegnungen vor Bildschirmen. Die Abwesenheit des bisher Vertrauten ist bis heute deutlich zu spüren. Die Schließungen von Orten des öffentlichen Lebens, von Restaurants und Kinos bis zu den Bibliotheken und Museen, die Einschränkungen bei privaten Zusammenkünften, aber auch die Einschnitte in der Lehre an Schulen und Universitäten sowie die Veränderungen in der Arbeitswelt: Sie alle haben tiefe Spuren hinterlassen, deren psychische und soziale Folgen nach wie vor kaum absehbar sind. Genau in dieser Zeit mit der intensiven Recherche für eine Ausstellung wie *Future Bodies from a Recent Past – Skulptur, Technologie, Körper seit den 1950er-Jahren* zu beginnen, fühlte sich gleichermaßen passend wie irritierend an. Denn die Mediation aller Körperlichkeit und Materialität über digitale Schnittstellen hinweg stellt angesichts des Mediums Skulptur mit seiner produktiven Verweigerung gegenüber physischer Verflachung eine besondere Herausforderung dar. Umso aufregender ist nun der Moment, in dem die Ausstellung und damit die physische Präsenz der Werke in den Galerieräumen des Museums Brandhorst endlich greifbar wird.

Die ersten Überlegungen zu *Future Bodies from a Recent Past* datieren bereits mehrere Jahre zurück und resultierten aus der Beobachtung von damals aktuellen Entwicklungen in der zeitgenössischen Kunst. Die ‚postdigitalen' Praktiken verwiesen auf das transformative Potenzial und die Allgegenwärtigkeit der uns umgebenden Technologien. Mit neuen Materialien und Entwicklungen wie 3-D-Drucken oder ersten Experimenten mit Chatbot-Funktionen präsentierte sich eine Kunst, die unserer Lebensrealität einen Schritt voraus schien. Hybride Techno-Körper bevölkerten die Ausstellungsräume: Vermeintlich immaterielle Prozesse wie die digitale Bildzirkulation wurden zur Grundlage für skulpturale Objekte; technologische Beziehungen materialisierten sich in ‚vernetzten' Kunstwerken. Sie ließen einmal mehr darüber nachdenken, in welche Netzwerke die bildende Kunst, aber auch die Künstler:innen eingebunden sind und wo diese Übergänge beginnen und enden.

Dabei war von einer Überwindung des Physischen in virtuellen Sphären wenig zu spüren. Die digitale Euphorie der 1990er-Jahre, als ein Aufgehen im ‚Cyberspace' (zumindest in technophilen Communitys) noch als quasi zwingende Zukunftsperspektive propagiert wurde, schien der Erkenntnis gewichen, dass auch das Digitale eine hochgradig materielle und körperliche Realität (mit)produziert. Und so ist es wenig überraschend, dass die vielleicht materiellste aller

Kunstgattungen, die Skulptur, in genau diesem Kontext auffällig präsent war. Tatsächlich bestätigte sich so einmal mehr, dass die Skulptur qua ihrer Grundkonstitution in besonderer Weise dafür prädestiniert ist, die Veränderung unserer materiellen Lebenswelten aufzugreifen und zu reflektieren. Denn sie teilt ihre stoffliche Matrix – ihre Materialien und Produktionsweisen – mit der uns umgebenden Welt und präsentiert sich dabei als wesentlich durchlässiges Medium.

Die Beschäftigung mit der Wechselwirkung von Körpern und Technologien ist jedoch kein Phänomen der Gegenwart. Sie lässt sich eindrücklich in vielen skulpturalen Werken früherer Dekaden wiederfinden, und zwar zumeist in Momenten technologischer Entwicklungsschübe. Umso überraschender war es festzustellen, dass die ‚postdigitalen' Skulpturen und Installationen bisher kaum in kunsthistorischen Zusammenhängen betrachtet wurden. Diese Lücke schließt *Future Bodies from a Recent Past*. Von der aktuellen Fragestellung nach dem Einfluss neuer technologischer Konfigurationen auf die Skulptur ausgehend, blicken wir zurück auf 70 Jahre (Kunst-)Geschichte und die Veränderungen, welche die Skulptur seitdem durchlaufen hat. Die in thematischen Kapiteln gebündelten Werke verbinden sich dabei zu einem vielstimmigen historischen Rahmenwerk für die Kunst der jüngsten Gegenwart.

Future Bodies from a Recent Past ist in vielerlei Hinsicht ein außergewöhnliches Vorhaben. Ein solch ambitioniertes Forschungs- und Ausstellungsprojekt lässt sich nur im engen Austausch und mit Unterstützung vieler realisieren. Das Herzstück unserer Forschung und wissenschaftlicher Ausgangspunkt der Ausstellung war das gleichnamige Symposium, welches im Januar 2021 digital stattfand. Wir danken allen Beteiligten, die uns mit hochinformativen, den aktuellen Stand ihrer Forschung abbildenden Beiträgen bereichert haben. Sie waren uns auch im Vorlauf und Nachgang als Gesprächspartner:innen von unschätzbarer Inspiration und Hilfe. Unser herzlicher Dank gilt Manuela Ammer, Marie-Luise Angerer, Jo Applin, Josef Barla, Louis Chude-Sokei, Marta Dziewańska, N. Katherine Hayles, Alex Kitnick, Antje Krause-Wahl, Namiko Kunimoto, Megan R. Luke, Maria Muhle, Ursula Ströbele, Jeannine Tang und Anne M. Wagner. Die Vorträge leben im digitalen Raum weiter und erfreuen sich dort eines breiten, weit über die physischen Grenzen des Museums hinausreichenden Publikums. Wir sind besonders glücklich darüber, dass wir die Gespräche mit Louis Chude-Sokei, Alex Kitnick und Megan R. Luke im Rahmen unserer Publikation weiter vertiefen konnten. Ihnen danken wir ebenso wie Jenny Nachtigall für ihre hervorragenden und den Fokus der Ausstellung erweiternden Katalogbeiträge.

Wie bisher keine Ausstellung im Museum Brandhorst lebt *Future Bodies from a Recent Past* von einem dichten akademischen Netzwerk, auf welches wir sehr stolz sind. Wir danken unseren Kooperationspartnerinnen, namentlich Ursula Ströbele vom Zentralinstitut für Kunstgeschichte in München, Christiane Voss, Maria Muhle und Christiane Lewe vom Graduiertenkolleg Medienanthropologie der Bauhaus-Universität Weimar, Antje Krause-Wahl von der Goethe-Universität Frankfurt am Main sowie Jenny Nachtigall, die zur damaligen Zeit ebenfalls dort lehrte, für die rundum bereichernde Zusammenarbeit im Rahmen von Studientagen, Workshops, Seminaren und Symposien. Diese war uns ein stetiger Motor und hat unsere Forschung kontinuierlich angetrieben.

Der Austausch mit Kolleg:innen aus dem institutionellen und akademischen Kontext hat uns sowohl bei diffizilen Detailfragen als auch an entscheidenden Stellen in der Ausstellungskonzeption vorangebracht. Unser herzlicher Dank gilt neben den bereits Genannten auch Akiko Bernhöft, Sina Brückner-Amin, Layla Burger-Lichtenstein, Gürsoy Doğtaş, Elena Filipovic, Anna Gritz, Gō Hirasawa, Eva Huttenlauch, Radmila Iva Janković, Pablo Larios, Andrea Lissoni, Andrew Maerkle, Susanne Mierzwiak, Matthias Mühling, Leonie Radine, Kasia Redzisz, Kerstin Renerig, Benedikt Seerieder, Elena Setzer, Bettina Steinbrügge, Toby Treves, Ralph Ubl, Stephanie Weber und Nicole Wermers. Sie alle haben ihr Wissen zu jeder Zeit großzügig mit uns geteilt.

Dies gilt in besonderer Weise auch für unsere engsten Kolleg:innen in der kuratorischen Abteilung des Museums Brandhorst, Achim Hochdörfer, unseren Direktor, sowie Monika Bayer-Wermuth, Giampaolo Bianconi und Susanne Huber. Letzterer verdanken wir auch diesen wunderbaren Katalog, den sie in enger Zusammenarbeit mit dem Grafiker Marwan Kaabour vorangetrieben hat. Darüber schätzen wir uns sehr glücklich. Ein großer Dank gilt auch unseren Praktikantinnen Zakirah Rabaney, Lena Tilk und Marisa Zeising sowie unserer Hospitantin Helena Held, die uns in verschiedenen Phasen der Ausstellungsvorbereitung mit großem Einsatz und beeindruckendem Wissen unterstützt haben. Die Zusammenarbeit mit ihnen war eine echte Bereicherung.

Nicht viele Museen wagen es, die Herausforderungen und auch das Risiko, das solch langwierige und komplexe Projekte mit sich bringen, auf sich zu nehmen. Achim Hochdörfer danken wir für sein Vertrauen und die vorbehaltlose Unterstützung der Ausstellung schon ab den frühesten Stadien ihrer Konzeption. Dass ein Projekt wie *Future Bodies from a Recent Past* als zentraler Pfeiler der Programmatik des Museums Brandhorst verstanden und von unserem großartigen Team in allen Aspekten der Realisierung getragen wird, ehrt uns. Dafür danken auch wir sehr herzlich unserer Registrarin, unseren Kolleg:innen aus den Teams der Museums- und Ausstellungstechnik und der Restaurierung sowie den Veranstaltungs- und Kommunikationsabteilungen und der Kunstvermittlung für ihre unermüdliche und engagierte Arbeit, durch die die Ausstellung erst ihre volle Komplexität und Wirkung entfalten kann.

Dem Dank der Direktoren an die Leihgeber:innen möchten wir uns ebenfalls herzlich anschließen. Eine Ausstellung dieser Art zu realisieren, ist nur möglich ob des Vertrauens aller institutionellen wie privaten Leihgeber:innen, die uns ihre herausragenden Kunstwerke zur Verfügung stellen. Wir sind ihnen für ihre umfassende und großzügige Unterstützung zutiefst verbunden und wissen sehr zu schätzen, dass sie sich für die lange Präsentationszeit von ihren wertvollen Werken getrennt haben. Dass die Udo und Anette Brandhorst Sammlung – gerade mit ihren Neuerwerbungen der vergangenen Jahre – einen zentralen Ausgangspunkt für dieses Projekt lieferte, war von unschätzbarer Hilfe.

Jede Ausstellung kann nur so gut sein wie die Kunst, die darin zu sehen ist. Für schier unerschöpfliche Inspiration danken wir allen Künstler:innen, deren Werke wir in *Future Bodies from a Recent Past* zeigen dürfen. Ihr Schaffen war uns zu jeder Zeit der größte Antrieb, und wir hoffen, insbesondere ihre Erwartungen an unsere Ausstellung erfüllt zu haben.

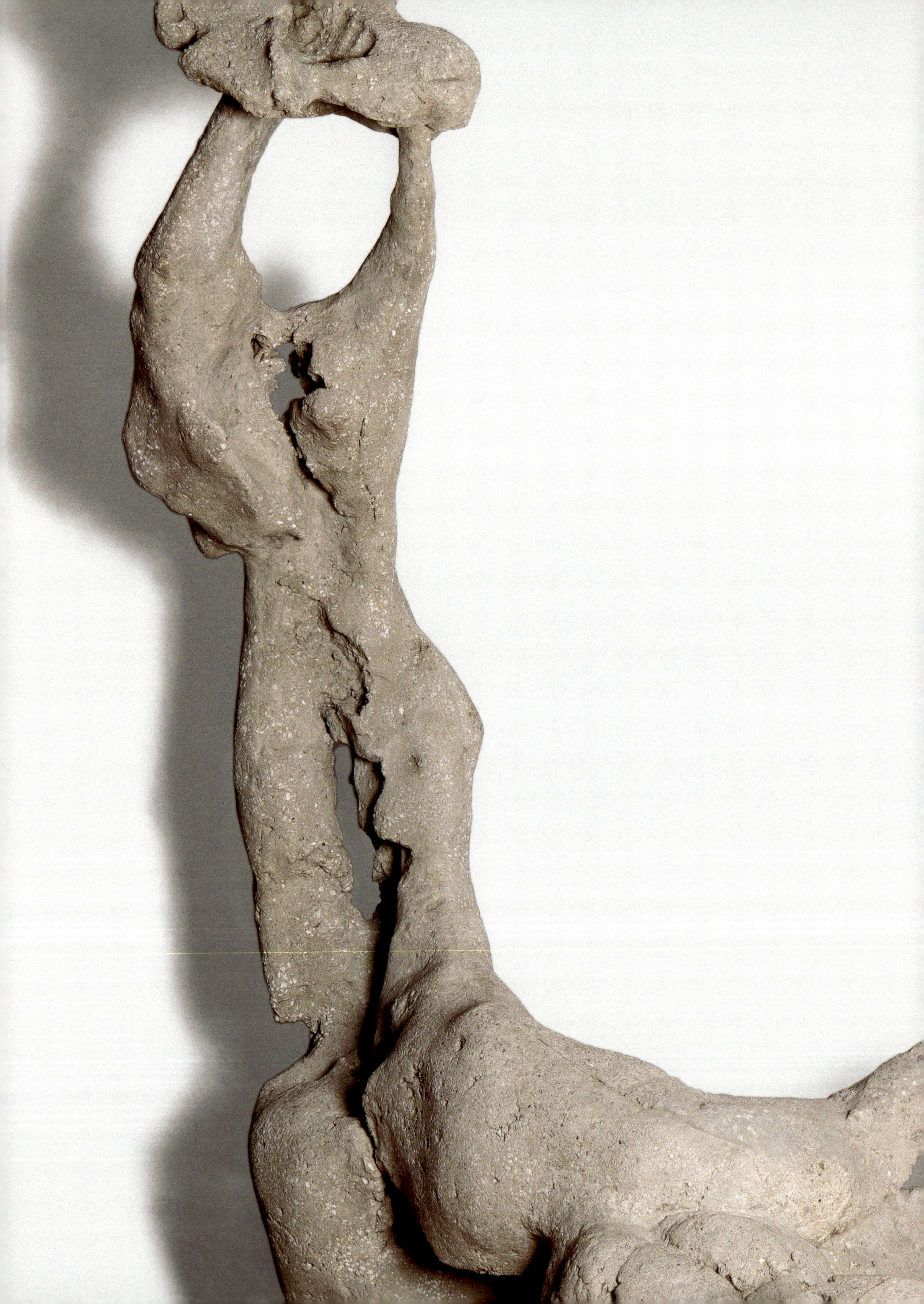

FIGURATION NACH DEM ZWEITEN WELTKRIEG

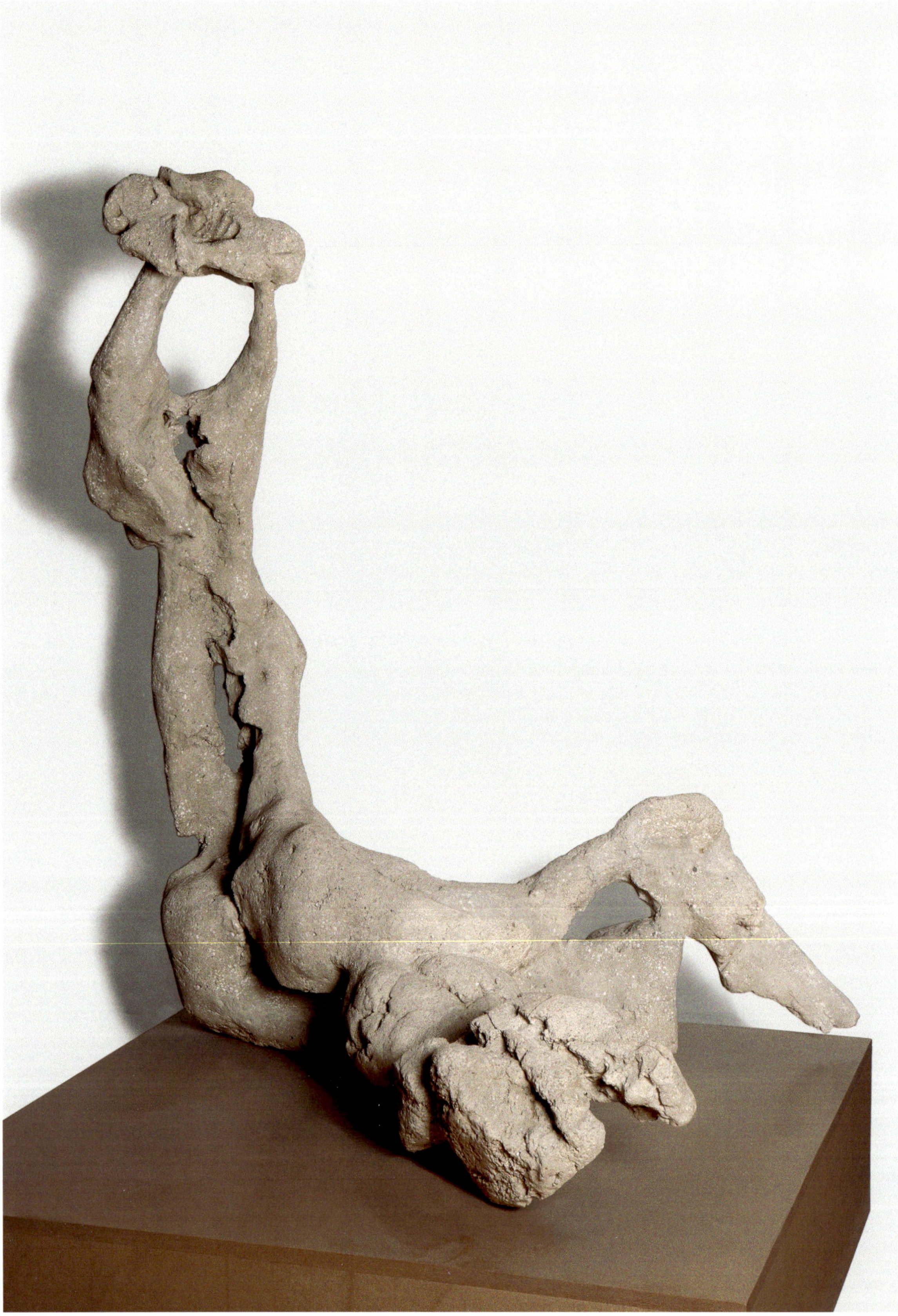

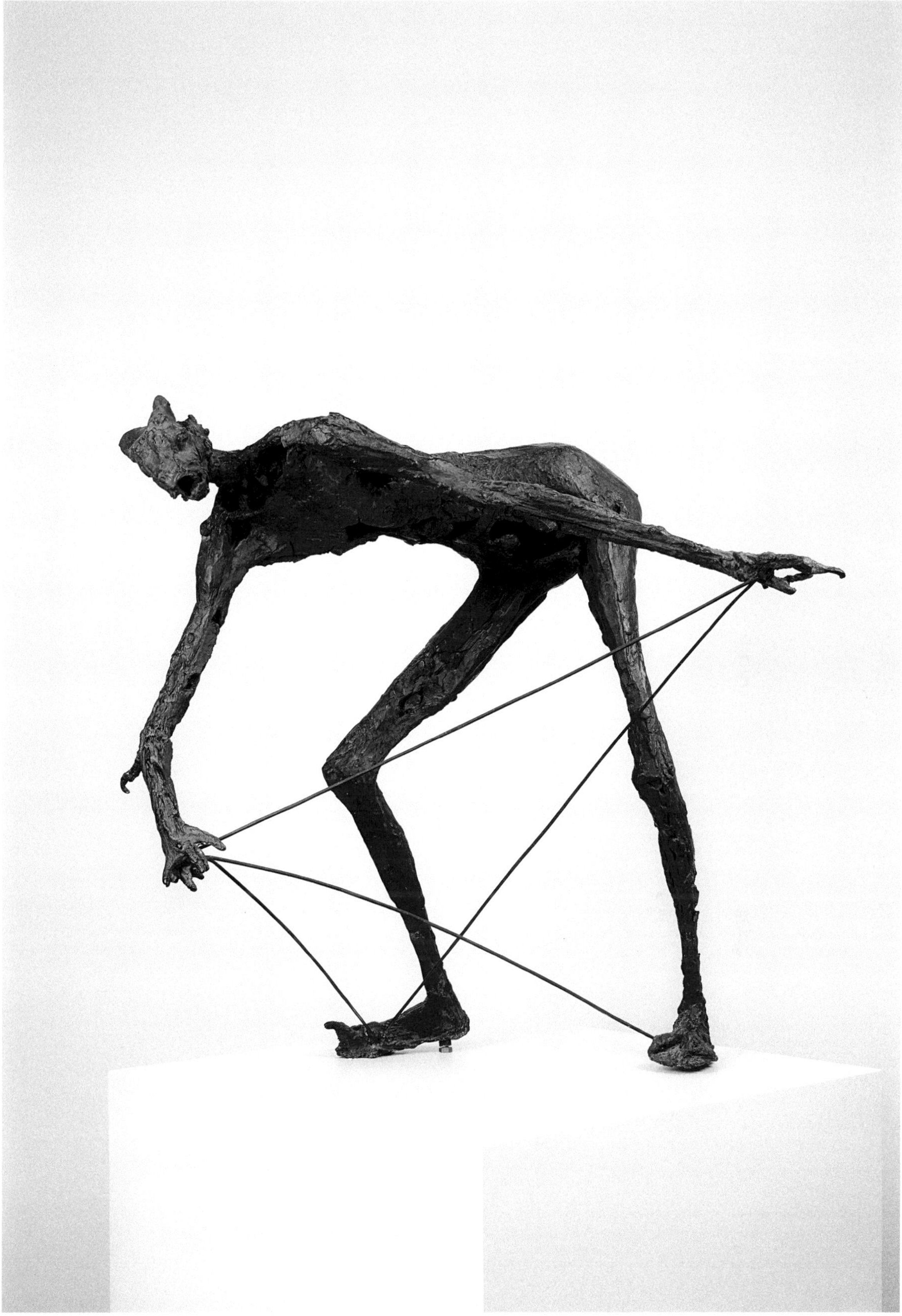

LINKS
Alina Szapocznikow
Pnąca, 1959
Terrazzo (Sandstein, Quarz, Zement), Stahl
148 × 133 × 111 cm

OBEN
Germaine Richier
Le Griffu, 1952
Bronze
86 × 82 × 80 cm

UNTEN
David Smith
Untitled, 1953
Stahl
216 × 80 × 51 cm

RECHTS
Eduardo Paolozzi
Cyclops, 1957
Bronze
111,1 × 30,5 × 20,3 cm

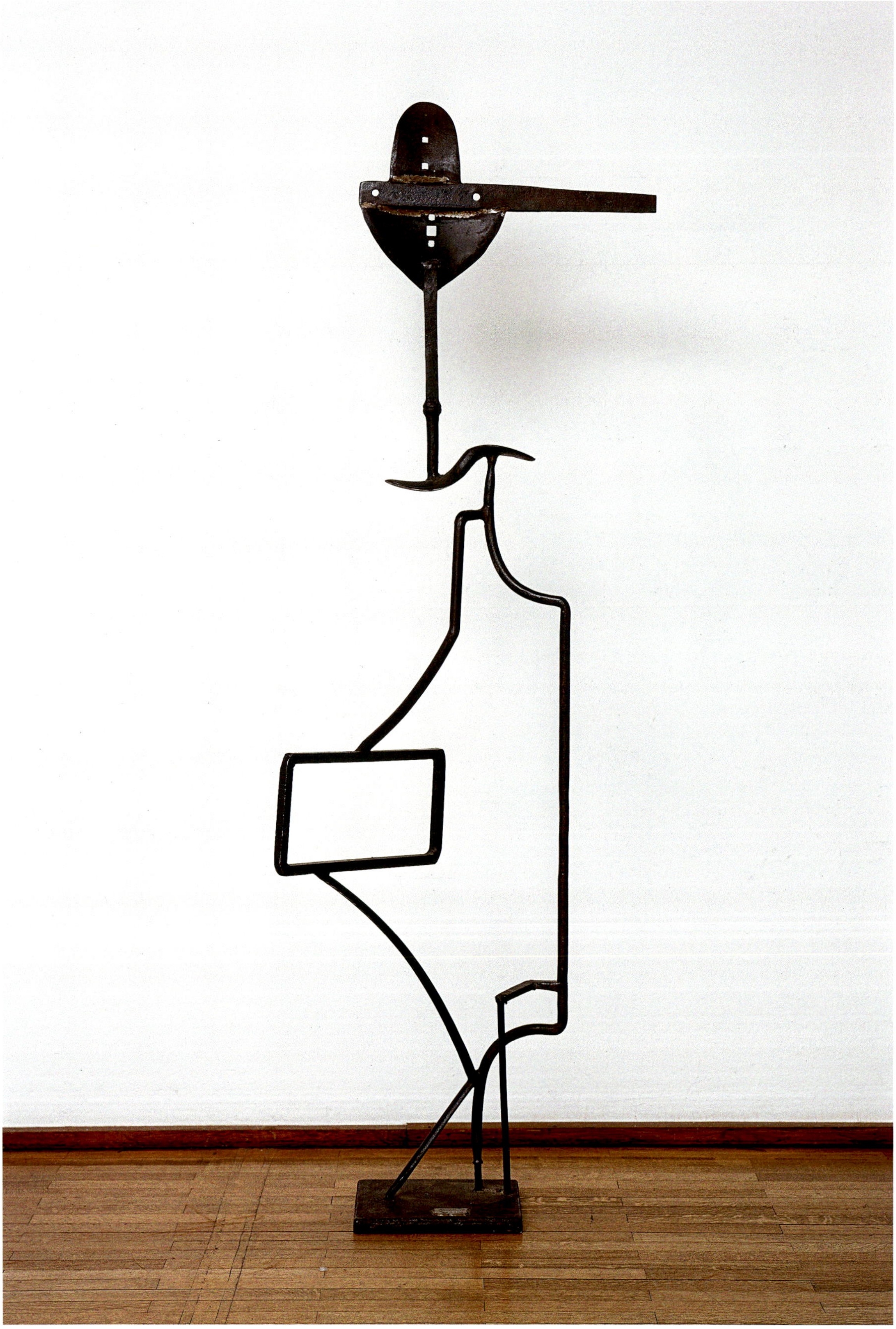

SEITE 28–31
Eduardo Paolozzi
Bunk!, 1972 (signiert 1987)
Archivbox mit 45 Bildern aus Eduardo Paolozzis Akten

SEITE 28
Eduardo Paolozzi
Evadne in Green Dimension, 1972
Siebdruck und Collage
29,9 × 21,3 cm

SEITE 29
Eduardo Paolozzi
A New Brand of Brilliance, 1972
Lithografie
40,1 × 28,5 cm

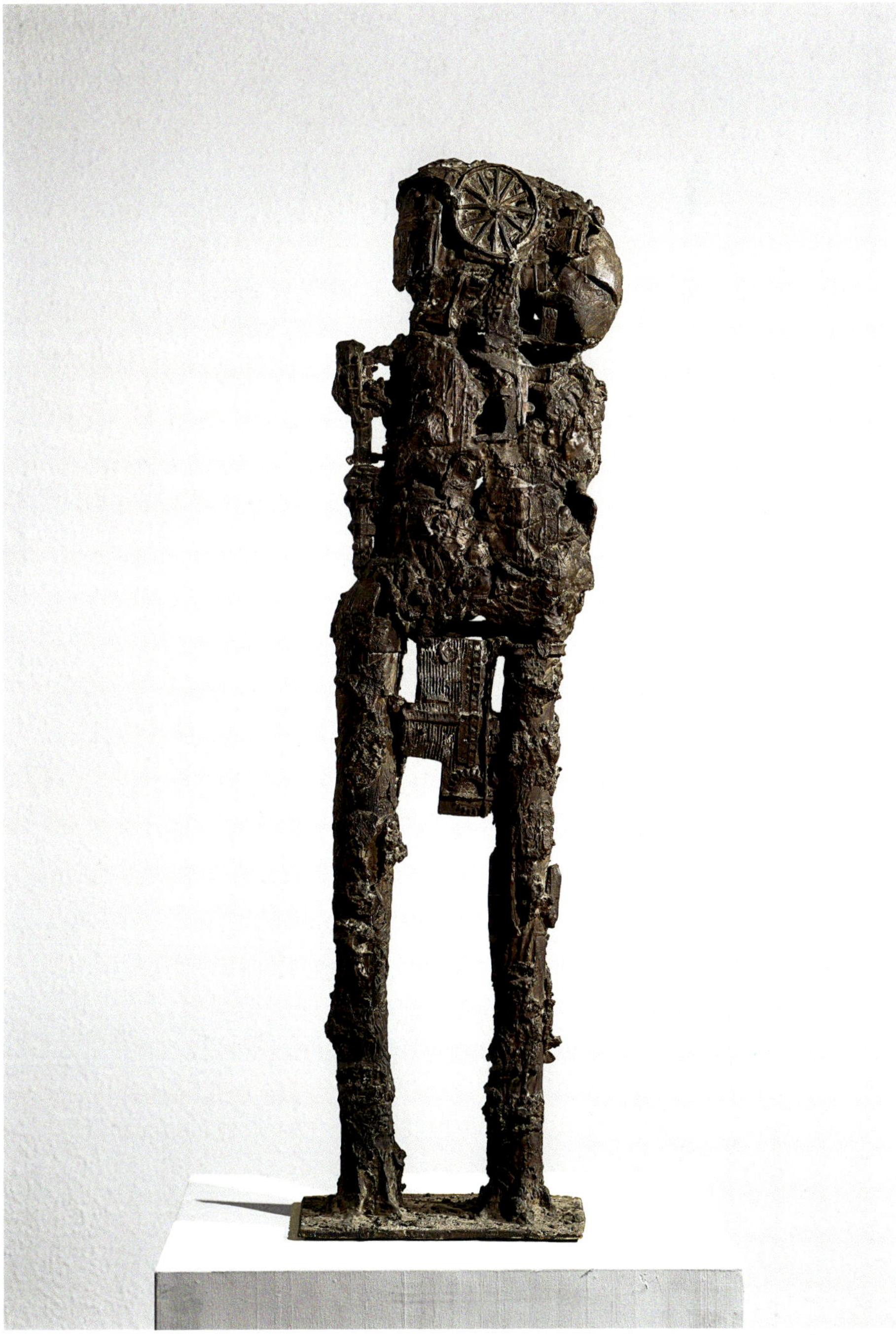

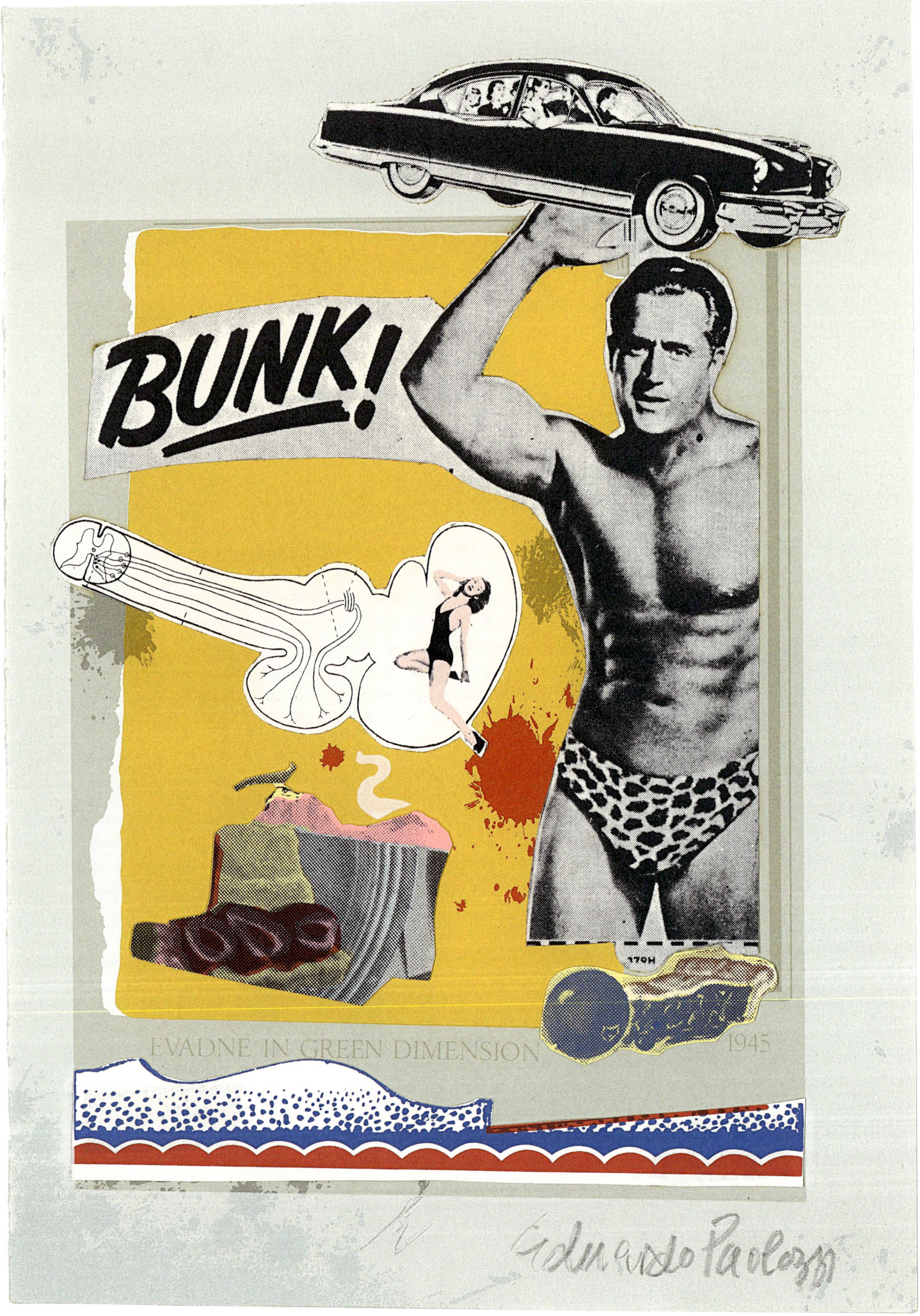
BUNK!
EVADNE IN GREEN DIMENSION
1945
Eduardo Paolozzi

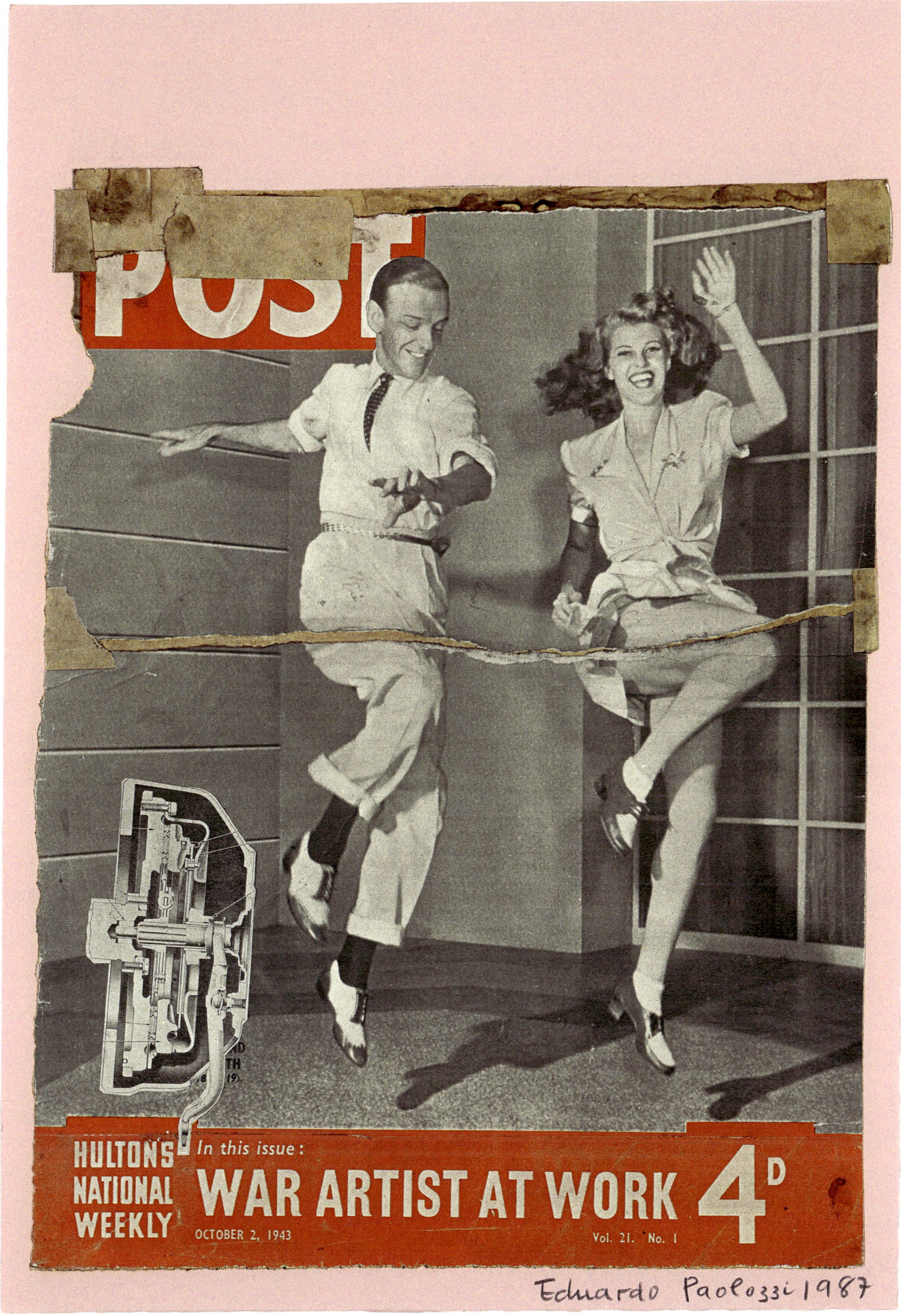
POST
HULTON'S NATIONAL WEEKLY
In this issue:
WAR ARTIST AT WORK
4D
OCTOBER 2, 1943
Vol. 21. No. 1
Eduardo Paolozzi 1987

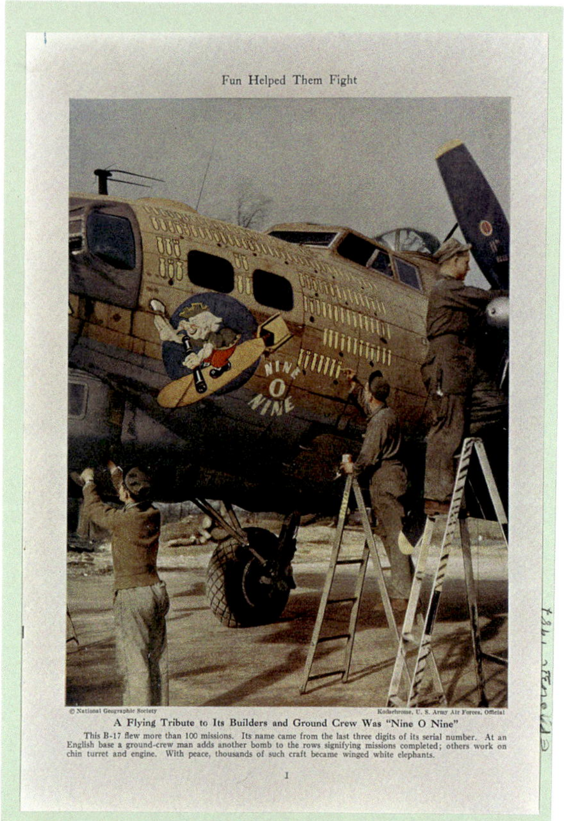

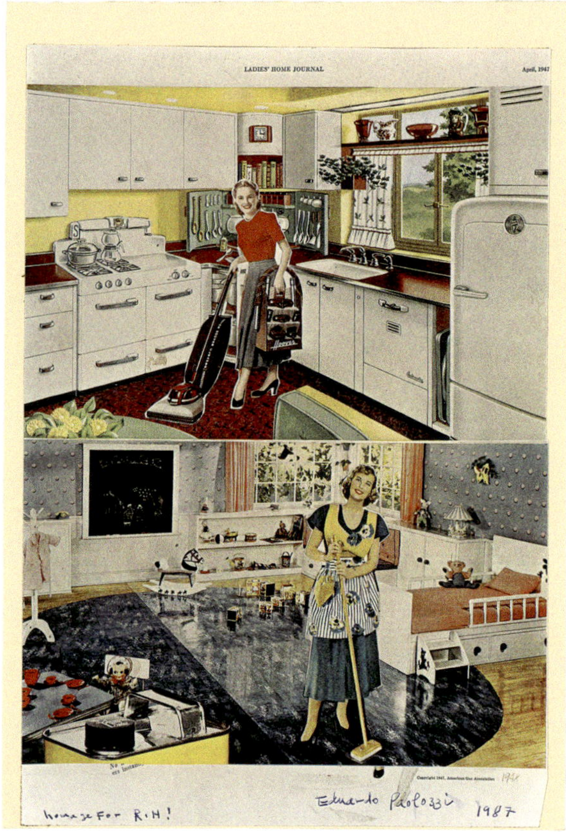

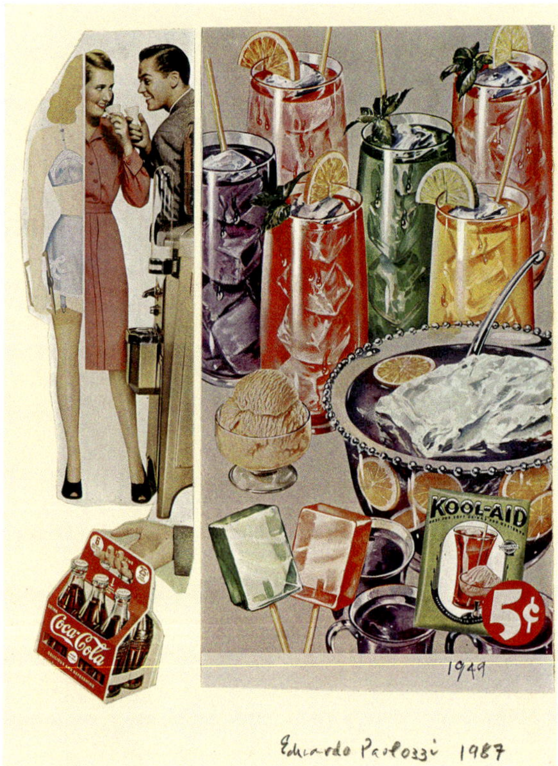

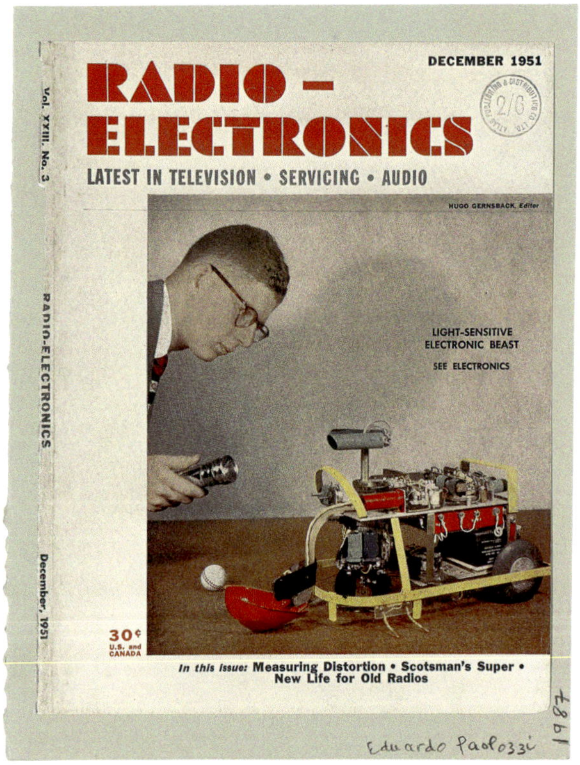

OBEN LINKS
Eduardo Paolozzi
Fun Helped Them Fight, 1972
Lithografie
37,3 × 25,4 cm

OBEN RECHTS
Eduardo Paolozzi
It's a Psychological Fact Pleasure Helps Your Disposition, 1972
Lithografie
37,2 × 25,9 cm

UNTEN LINKS
Eduardo Paolozzi
Refreshing and Delicious, 1972
Lithografie
37,8 × 28,1 cm

UNTEN RECHTS
Eduardo Paolozzi
New Life for Old Radios, 1972
Lithografie
31,9 × 24,3 cm

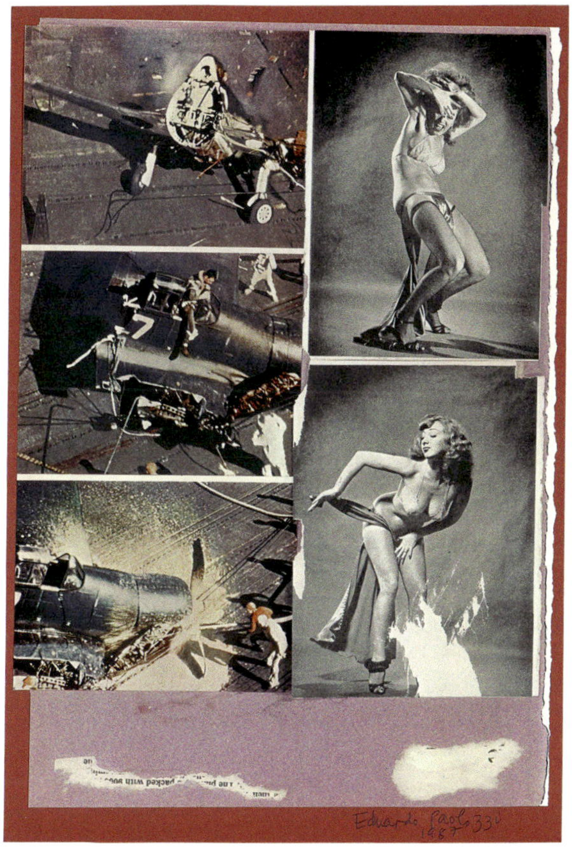

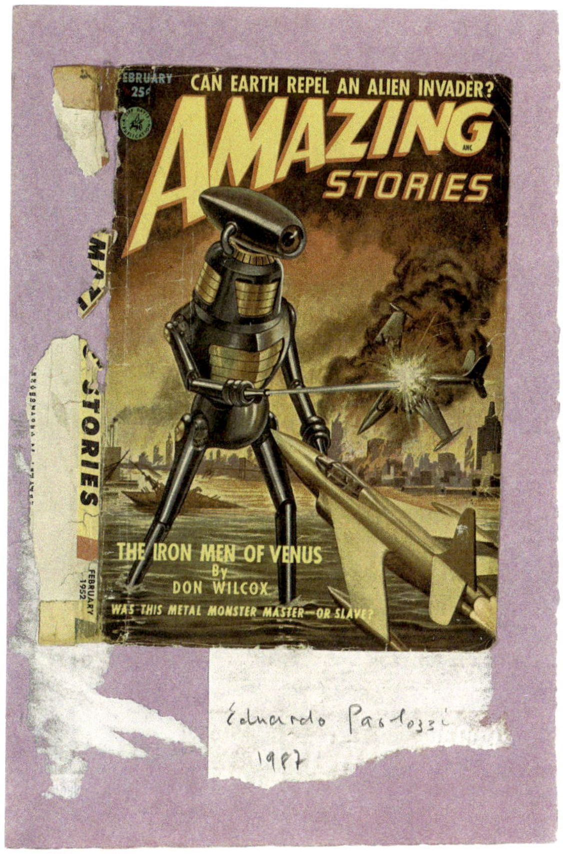

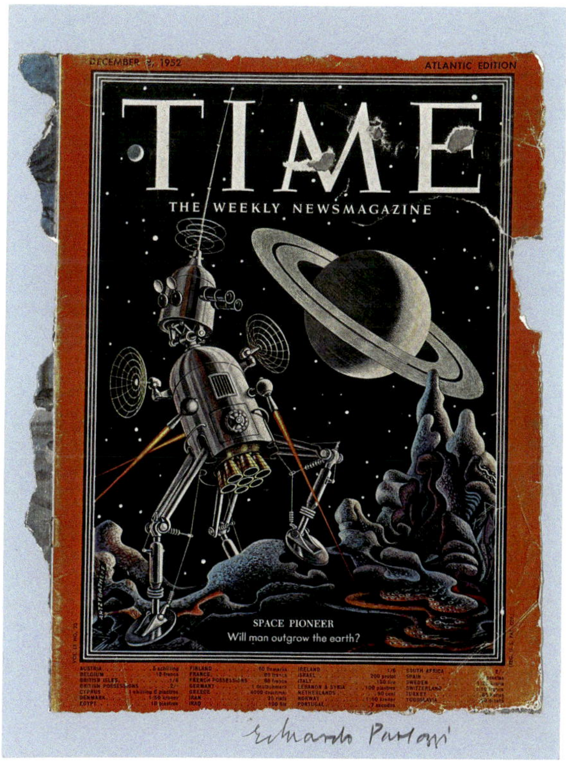

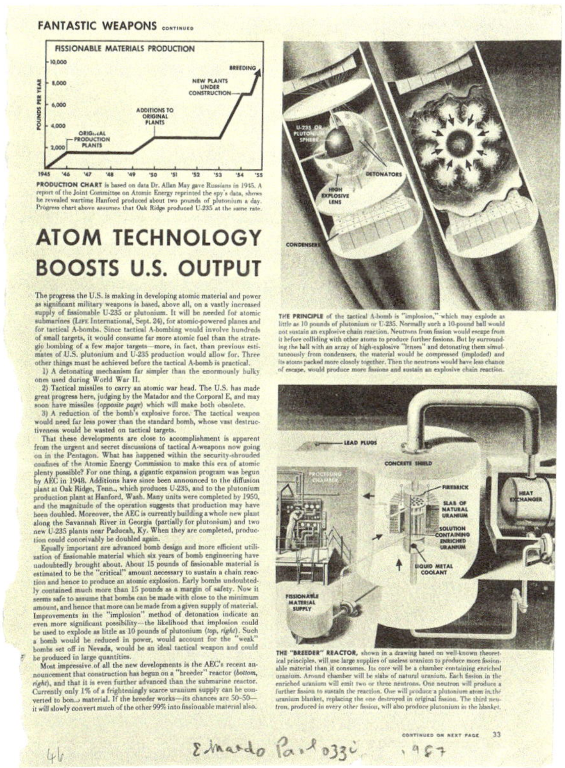

OBEN LINKS
Eduardo Paolozzi
Yours Till the Boys Come Home, 1972
Siebdruck
38,8 × 26,2 cm

OBEN RECHTS
Eduardo Paolozzi
Was This Metal Monster Master or Slave, 1972
Lithografie
36,0 × 24,0 cm

UNTEN LINKS
Eduardo Paolozzi
Will Man Outgrow the Earth, 1972
Lithografie
32,0 × 24,0 cm

UNTEN RECHTS
Eduardo Paolozzi
Fantastic Weapons Contrived, 1972
Lithografie
34,8 × 25,2 cm

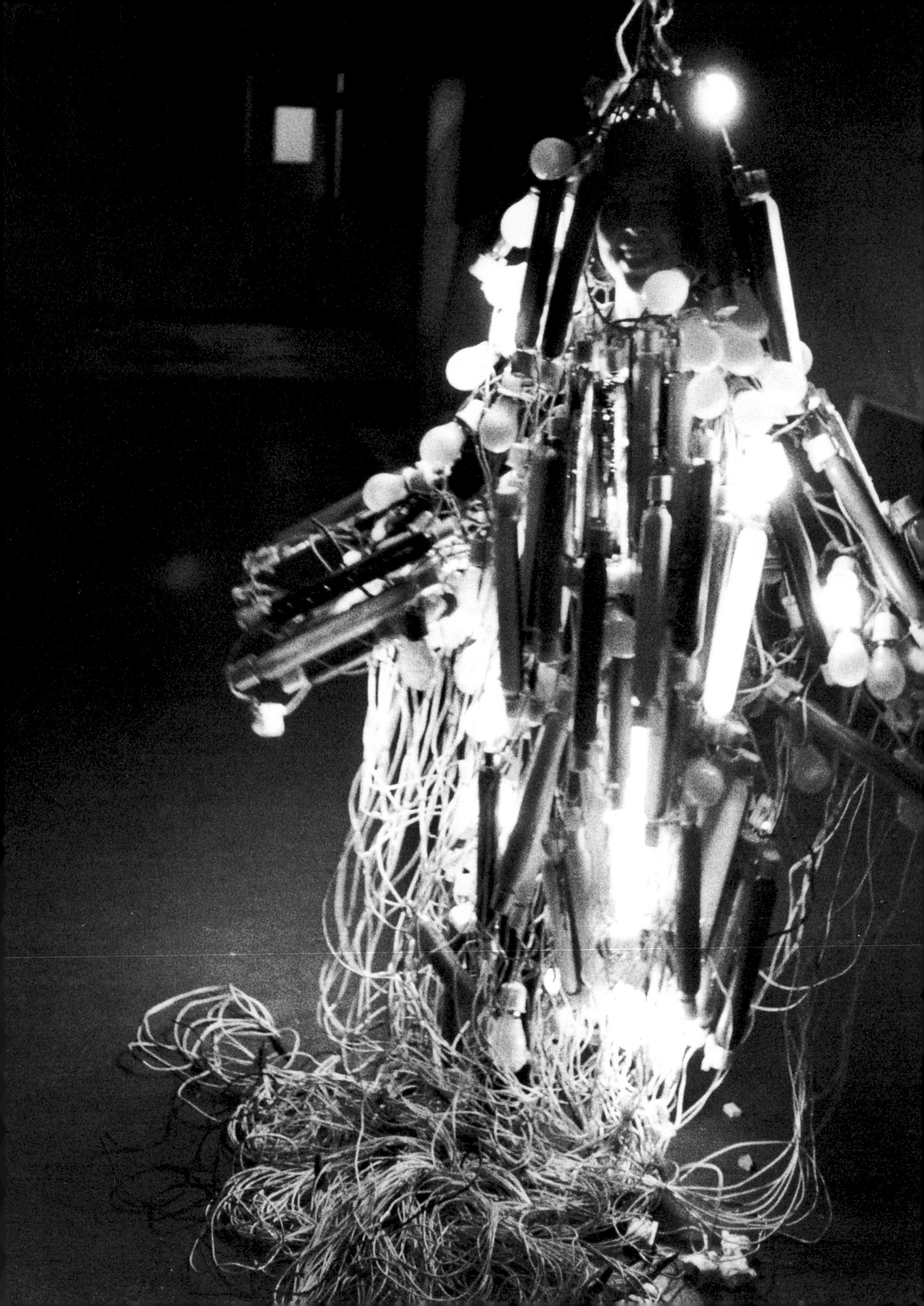

ELEKTRIFIZIERTE
KÖRPER

OBEN LINKS, OBEN RECHTS & RECHTS
Kiyoji Ōtsuji
Atsuko Tanaka, Denkifuku (Electric Dress) from the portfolio „GUTAI PHOTOGRAPH 1956–57“, 1956/2012
Silbergelatineabzug
Motiv: 31,5 × 20,7 cm; Abzug: 35,5 × 27,8 cm

UNTEN
Kiyoji Ōtsuji
Atsuko Tanaka, Denkifuku (Electric Dress) from the portfolio „GUTAI PHOTOGRAPH 1956–57“, 1956/2012
Silbergelatineabzug
Motiv: 20,7 × 31,5 cm; Abzug: 27,8 × 35,5 cm

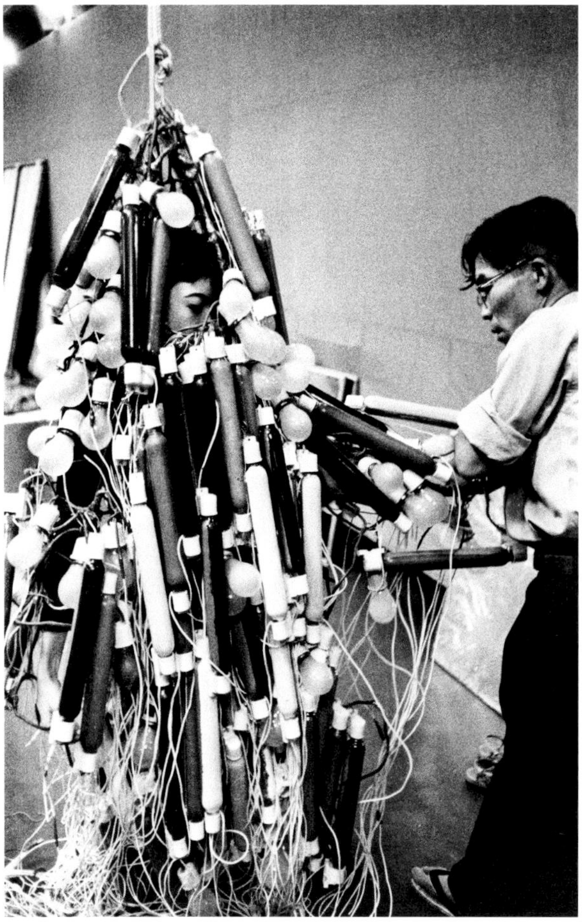

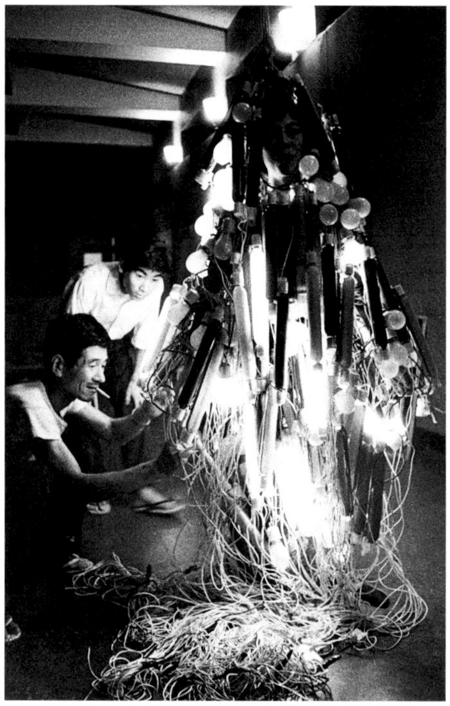

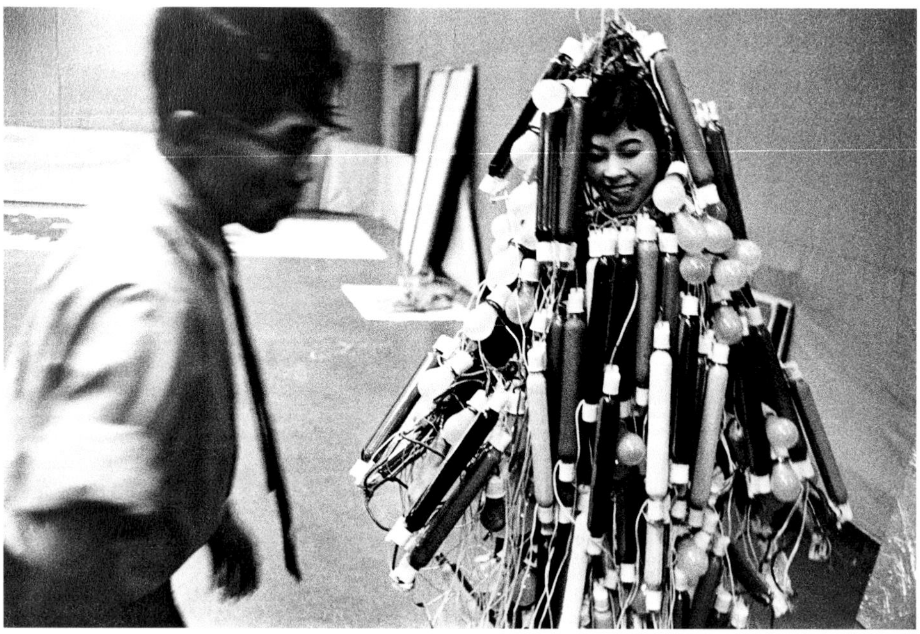

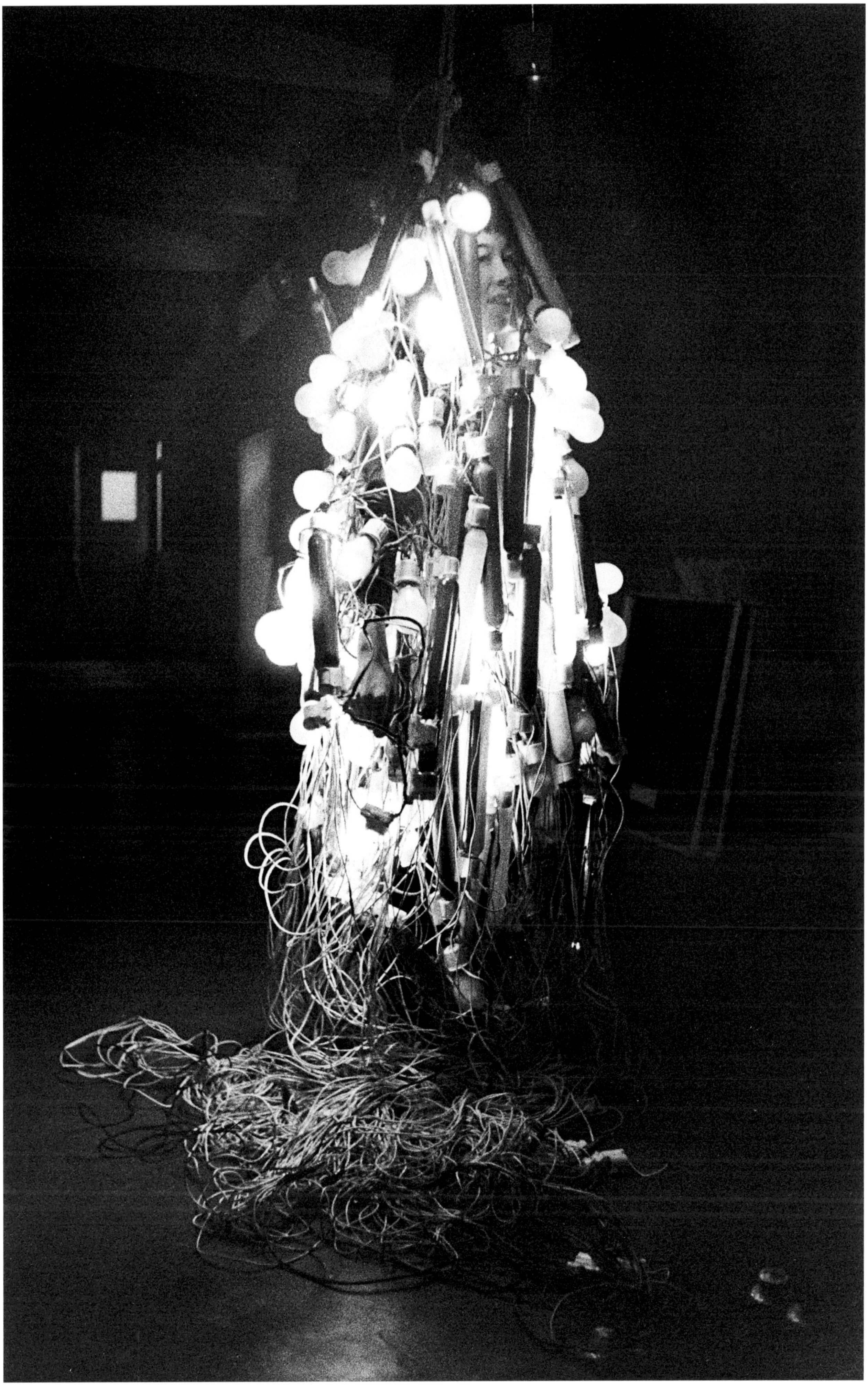

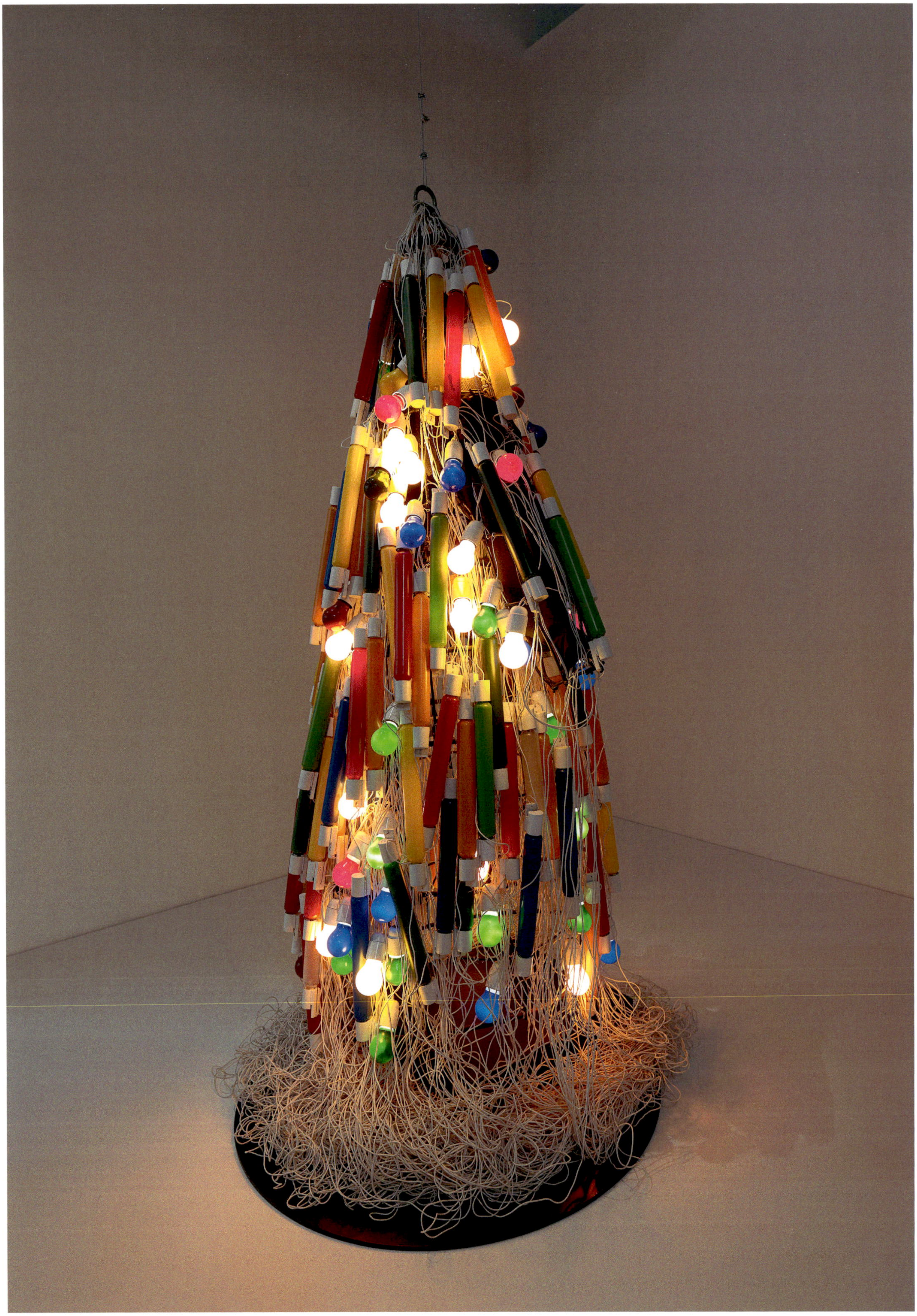

LINKS
Atsuko Tanaka
Denkifuku, 1956/1999
Farbige Glühlampen, in acht Farben lackierte Röhrenleuchten, Filzstift, Stromkabel, Metall, bemaltes Holz, Stromkasten
165 × 90 × 90 cm

UNTEN
Takis
Signal „insecte-animal de l'espace", 1956
Eisen, Stahl und Bronze
208 × 28,2 × 38 cm

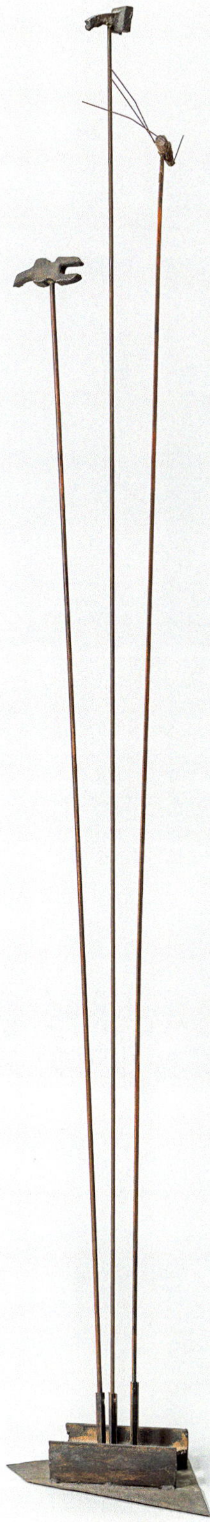

Eduardo Paolozzi
History of Nothing, ca. 1962
16-mm-Film (digitalisiert), s/w, Ton
13:23 Min.

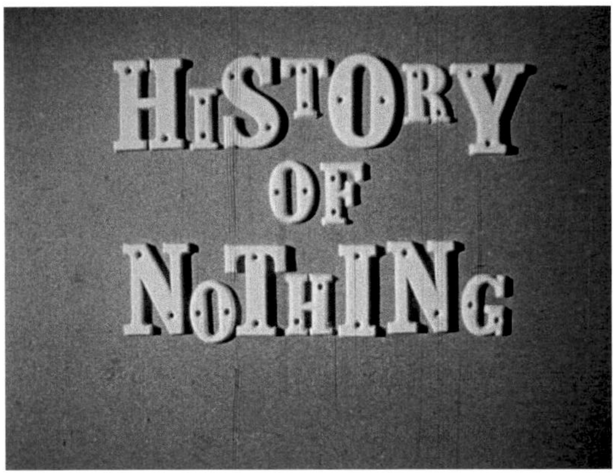

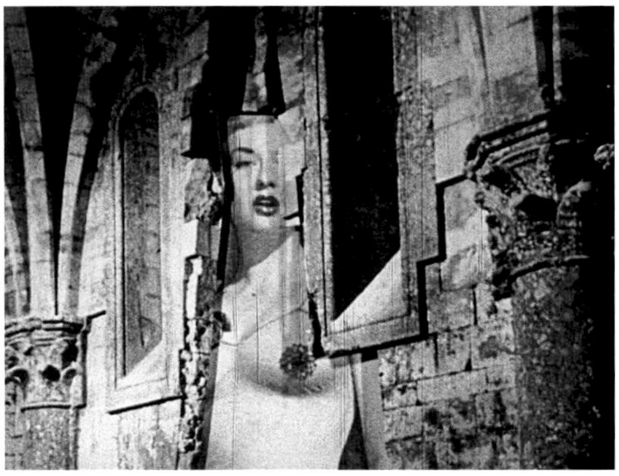

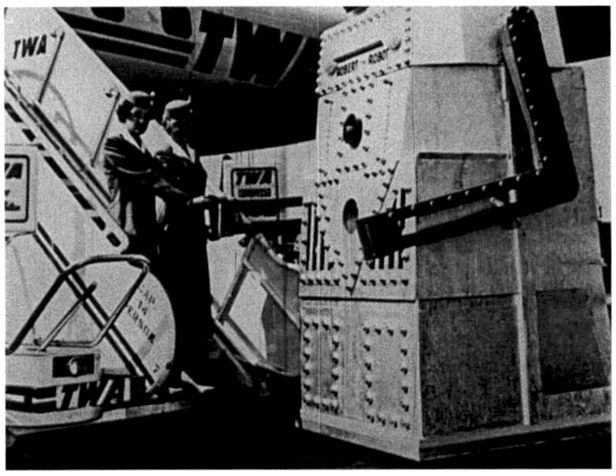

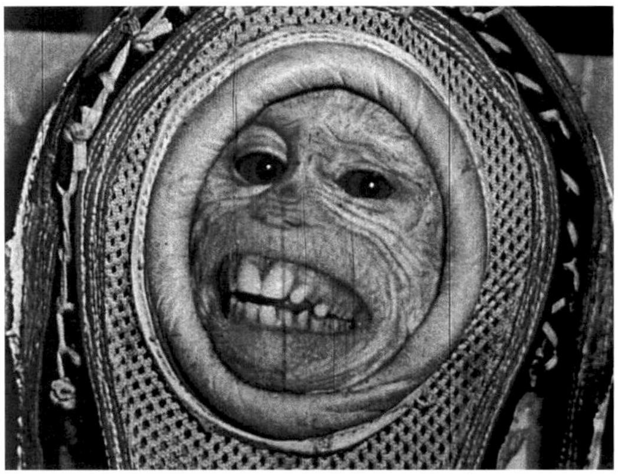

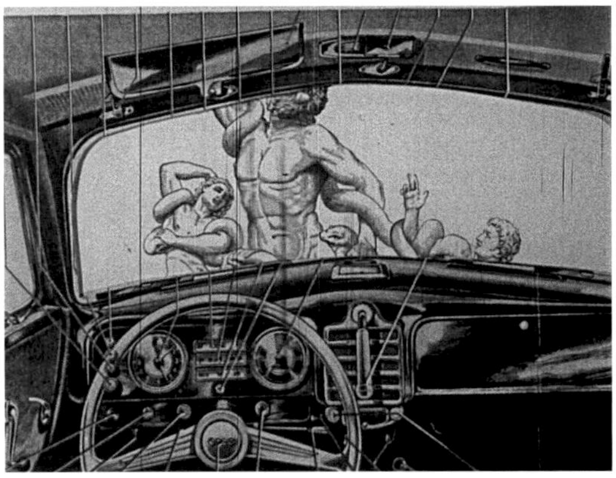

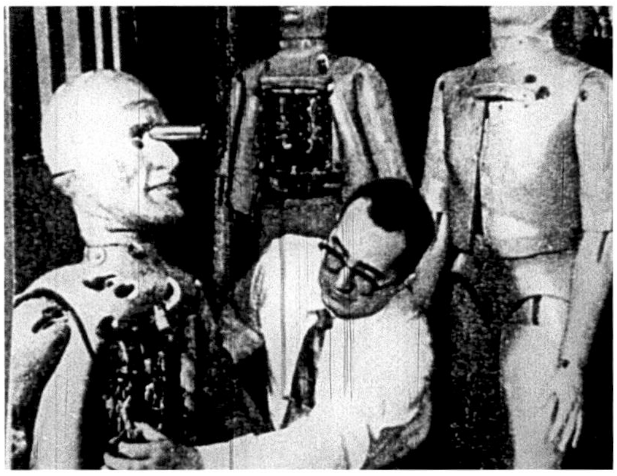

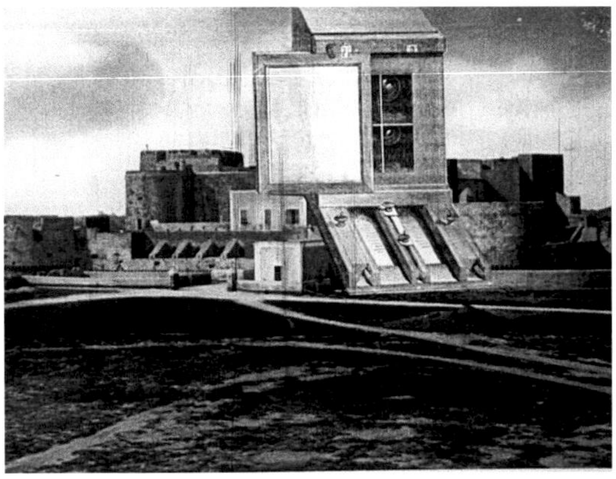

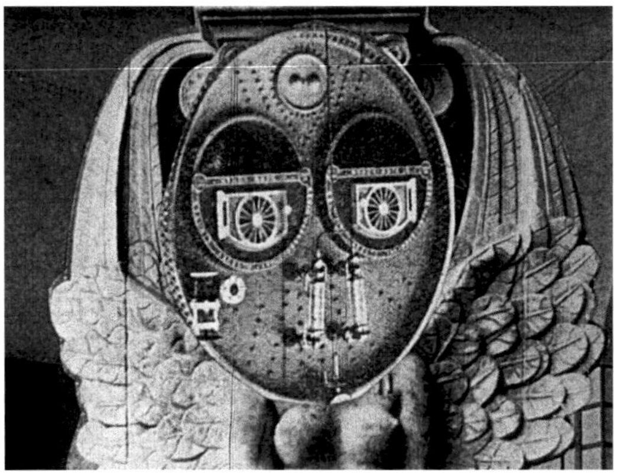

Jean Tinguely
Radio-Skulptur, 1962
Eisen, Rad mit Gummireifen, Radio, Platine mit Beleuchtung, Melamin-Laminatplatte, Elektromotor
60 × 40 × 30 cm

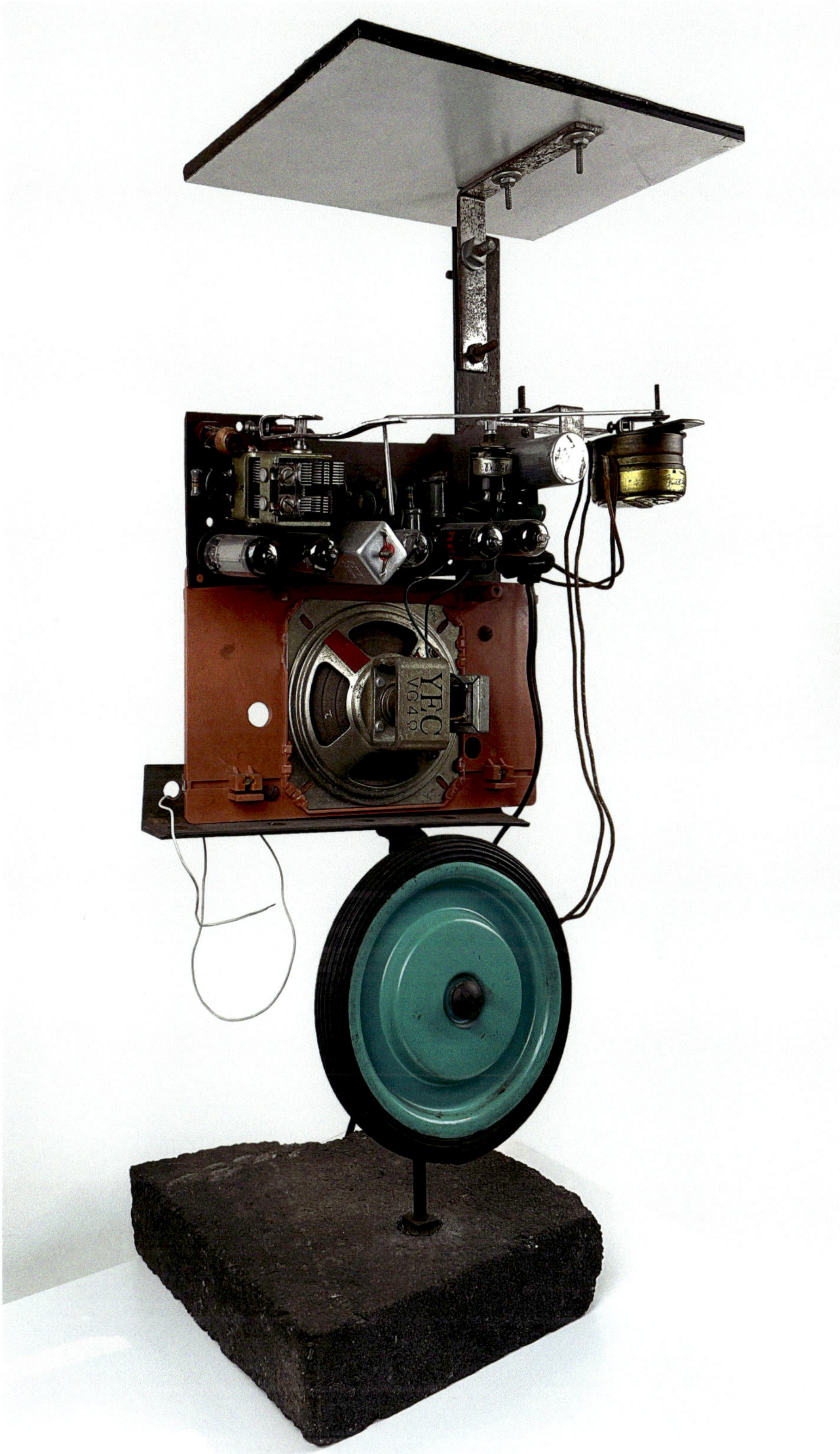

SKULPTUR, TECHNOLOGIE, KÖRPER SEIT DEN 1950ER-JAHREN

Eine Annäherung in drei Teilen

PATRIZIA DANDER

TEIL 1: GROUND ZERO[1] ODER DIE TURBULENTEN NACHKRIEGSDEKADEN

Auf seiner Flucht aus dem von den Nationalsozialist:innen besetzten Paris im Jahr 1940 sah Alberto Giacometti nach einem Bombenangriff der Deutschen in Étampes[2] einen einzelnen Arm auf der Straße liegen, abgetrennt vom Rest des Körpers. Diese markante Erinnerung, die auf schockierende Weise die militärische Gewalt des Zweiten Weltkriegs verdeutlicht, griff Giacometti kurz nach Kriegsende in einer Reihe von Skulpturen wieder auf. *La Main* (1947, Die Hand, Abb. 1)[3] gehört zu seinen ersten größeren plastischen Werken der Nachkriegszeit. Zu sehen ist ein lang gestreckter Arm, am Ellenbogen auf einen dünnen Bronzestab montiert. Der schmale Oberarm und die filigranen Finger scheinen in der Luft zu schweben. In ihrer Streckung und Spannung kontrastieren sie mit der Leblosigkeit des Körperteils, dem Giacometti einige Jahre zuvor begegnet war, und verbildlichen gleichzeitig die rational kaum greifbare Vernichtung von Leben.

Im Nationalsozialismus waren nicht nur Millionen von Jüd:innen in Konzentrationslagern ermordet und ihre Körper ausgelöscht worden. Auch politisch Andersdenkende, Homosexuelle oder ethnische Gruppen wie die Sinti:zze und Rom:nja fielen dem Vernichtungswillen der Nationalsozialist:innen zum Opfer. Dieser setzte sich in der bis dahin ungekannten militärischen Zerstörungskraft des Zweiten Weltkriegs fort, die bei Weitem den bereits schockierend brutalen Ersten Weltkrieg übertraf. Der Glaube an die Unversehrtheit des Körpers (und der Psyche) war auf derart fundamentale Weise erschüttert worden, dass Integrität und Autonomie kaum noch behauptet werden konnten, nicht einmal mehr als imaginierte. Diese Traumata schlugen sich auf ganz unterschiedliche Weise auch in einem veränderten Verständnis des Kunstwerks nieder.

Darstellungen des zergliederten, aber auch gequälten oder versehrten Körpers, wie Giacomettis *La Main* und viele andere Skulpturen und Malereien der Zeit, wurden in den 1950er-Jahren als existenzielle Auseinandersetzung mit den Grauen des 20. Jahrhunderts rezipiert. Ein ebenso bezeichnendes wie problematisches Beispiel ist die Ausstellung *New Images of Man*, die 1959 am Museum of Modern Art in New York stattfand, dem selbst deklarierten Mittelpunkt der Kunstwelt der Nachkriegszeit. Unter Beteiligung von Bildhauer:innen wie Giacometti, Eduardo Paolozzi, Germaine Richier (vgl. S. 25) oder H. C. Westermann (Abb. 2) beschrieb die Ausstellung die dort versammelte Kunst der Nachkriegszeit, die von den Dynamiken des Kalten Kriegs durchdrungen war, als Ausdruck

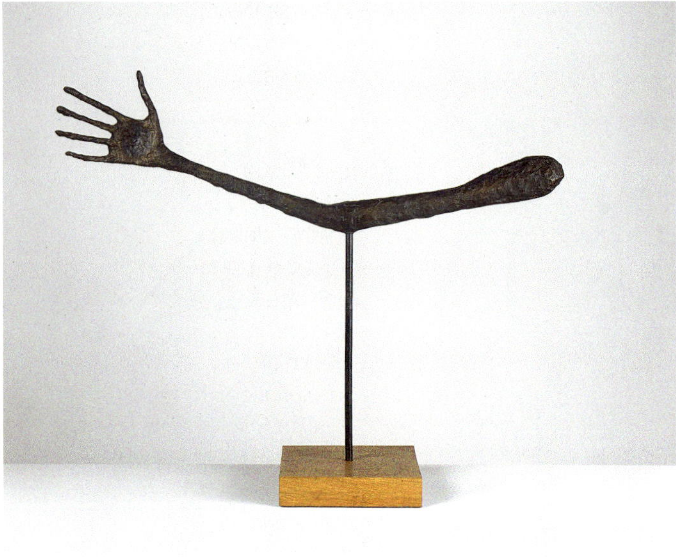

ABB. 1
Alberto Giacometti, *La Main* [Die Hand], 1947, Bronze, 54,8 × 71,4 × 2,9 cm, Kunst Museum Winterthur, Depositum der Alberto Giacometti-Stiftung, 1976

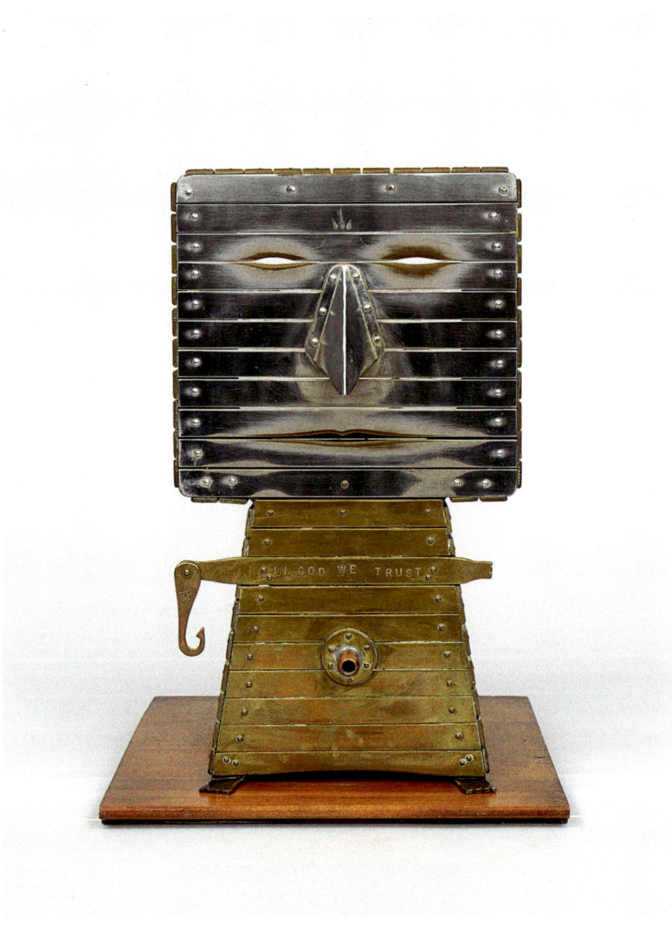

ABB. 2
H. C. Westermann, *The Evil New War God*, 1958, plattiertes Messing, teilweise verchromt, 42,6 × 24,8 × 27,6 cm, Whitney Museum of American Art, New York, Schenkung Jean und Howard Lipman

der entmenschlichenden Tendenzen in einer technisierten Welt. Der Religionsphilosoph und Theologe Paul Tillich formulierte im Vorwort:

> Man muss nur auf die entmenschlichende Struktur der totalitären Systeme in der einen Hälfte der Welt sowie auf die entmenschlichenden Folgen der technologischen Massenzivilisation in der anderen blicken. Zudem ist es denkbar, dass der Konflikt zwischen beiden Seiten zur Auslöschung der Menschheit führt.[4]

Der Mensch sei in dieser zutiefst dehumanisierenden Zeit zum „Versuchsobjekt"[5] degradiert worden, schrieb Kurator Peter Selz in seiner Einführung im Ausstellungskatalog. Zweck dieser Argumentation war die beschworene ‚Rettung' humanistischer Ideale nach den traumatisierenden Erfahrungen des Zweiten Weltkriegs und deren Fortschreibung im Kalten Krieg. Die Darstellungen körperlich wie psychisch gepeinigter, teils skelettaler Körper wurden in *New Images of Man* zum Emblem der erlebten Gewalt, die von Tillich als Produkt der „Kontrollmacht technologischer Formen über den Menschen"[6] beschrieben wurde. Technologie war zum entfremdenden Element deklariert, dem der Mensch unterworfen und von dem sich abzugrenzen unbedingt notwendig war.

Wenngleich Tillichs Sorge vor der Kontrolle des Menschen durch die Technologie angesichts des Zweiten Weltkriegs und seiner Folgen durchaus berechtigt war, ist der Glaube an eine klar definierte Grenze und Unterscheidbarkeit von Mensch und Technologie zumindest aus heutiger Perspektive eine trügerische. Die Ausstellung *Future Bodies from a Recent Past – Skulptur, Technologie, Körper seit den 1950er-Jahren* folgt künstlerischen und theoretischen Ansätzen, die Körper und Technologie als immer schon unauflösbar miteinander verbunden betrachten. Jeder Versuch, ihre Trennung zu beschwören, ist ebenso artifiziell (und nutzlos) wie der Versuch, den Menschen unabhängig von seiner Umwelt zu denken.[7] Stattdessen rückt *Future Bodies from a Recent Past* das Verhältnis von Körper und Technologie als spannungsvolles und dezidiert ambivalentes in den Fokus der Aufmerksamkeit. Dafür scheint die Skulptur in ihrer Vielgestaltigkeit der ideale künstlerische Verhandlungsraum. Denn sie fungiert nicht nur in ihrer zunehmend alltäglichen und damit unmittelbar vertrauten Materialität und Räumlichkeit als ein Körper an sich, dem man als Betrachter:in auf direkte Weise gegenübertritt. Sie ist uns zugleich fremd genug, um als Reibungsfläche und Instanz der Reflexion zu dienen.

„Vom Menschen geformte Dinge formen den Menschen"[8]

In den mittleren 1950er-Jahren begann der schottisch-italienische Bildhauer Eduardo Paolozzi eine Serie von Skulpturen mit eigentümlich strukturierten Oberflächen und seltsam löcherigen Körpern. Abdrücke verschiedener Gegenstände – teils eindeutig, teils kaum noch identifizierbar – sind in deren ‚Haut' eingeprägt wie in einer dreidimensionalen Collage. Durch den Bronzeguss mit einer einheitlichen Erscheinung versehen, wirkt es, als hätte sich der (skulpturale) Körper die Objekte regelrecht einverleibt: „Der Körper assimiliert diese Objekte wie eine Überlebensausrüstung, wie eine Mauer aus Fossilien, wie ein halb verdautes Mahl [...]. Wir erkennen uns selbst an der aufrechten Haltung [...] und der alles verschlingenden Ansammlung von Werkzeugen",[9] schrieb der Kunstkritiker Lawrence Alloway.

Aus Fundstücken und Abfällen kompiliert – „Verschleißprodukten der industriellen Revolution"[10] –, waren Paolozzis Bronzen gleichermaßen Zeichen der Kriegsverwüstungen, sich verändernder Produktionszyklen wie Abbild eines von Konsumprodukten und Technologie durchdrungenen Menschen. Dass *Cyclops* (1957, S. 27) mit seinem überdimensionierten Auge den Namen mit jenem britischen Frachtdampfer teilt, der 1942 als Erster dem Unternehmen Paukenschlag der deutschen Marine zum Opfer gefallen war, scheint hier eine nur allzu sprechende Koinzidenz: Der Riese war ins Wanken geraten, nach Kriegsende erstand er aus Ruinen auf.

Doch bei Paolozzi geht es weder um die Sorge vor der Unterdrückung des Menschen durch Technologie noch um eine technikeuphorische Position. Vielmehr verharren seine Werke in dem komplexen Zwischenraum, der sich aus der wechselseitigen Bedingtheit beider Elemente ergibt: „[...] Technologie gehört untrennbar und selbstverständlich zu Paolozzis Bild des Menschen, ist weder dessen Feind noch das Objekt einer Verehrung im Sinne moderner Materialien (die vorherrschenden Haltungen gegenüber Technologie in der Kunst des 20. Jahrhunderts)",[11] so Alloway, der sich damit auch von dem technikskeptischen Blick der *New Images of Man*-Ausstellung distanzierte. Und genau darin sind Paolozzis Skulpturen prägnanter Ausdruck ihrer Zeit. Denn die Dekade der unmittelbaren Nachkriegszeit war von widersprüchlichen Dynamiken geprägt. Auf anschauliche Weise bezeugen dies seine *Bunk!*-Collagen (1972, S. 28–31) aus US-amerikanischen Anzeigen und Magazinseiten der späten 1940er- und 1950er-Jahre. In ihrem breiten Spektrum an Themen und Bildern steht eine erblühende Konsum- und Popkultur unvermittelt neben Militaristik, restaurativer Medizintechnologie, aber auch Sci-Fi-Motiven. Der Hauptschauplatz sind dabei vor allem immer wieder Körper – menschliche und maschinische –, in die sich Aufbruch und Veränderung eingeschrieben haben.

Derartige Veränderungen, die in der Nachkriegszeit in allen westlichen Industrienationen mit leichtem Zeitversatz zu beobachten waren, bilden den Ausgangspunkt von *Future Bodies from a Recent Past*. Während England in den 1950er-Jahren noch mit der Rekonstruktion nach den massiven Zerstörungen durch die deutschen Luftangriffe beschäftigt war, vollzog sich in den weitgehend verschont gebliebenen USA bereits der Übergang zu einer dynamischen Konsumkultur. Dieser Wandel spielt auch im skulpturalen Œuvre von David Smith eine entscheidende Rolle, der während der Kriegsjahre als Schweißer für die American Locomotive Company in Schenectady, New York, gearbeitet hatte. Seine Stahlskulpturen wie *Untitled* (1953, S. 26) sind gefertigt aus alten und ausrangierten Maschinenteilen und Werkzeugen, „Fragmenten eines vergangenen Amerikas"[12], wie die Kunsthistorikerin Anne M. Wagner sie beschrieben hat. „Für Smith war Skulptur der Schauplatz, vielleicht sogar ein Theater, an oder in dem sich das Chaos, das Industrialisierung und Kapitalismus angerichtet haben, reparieren lassen könnte."[13] Die Skulptur wird zur Arena für die Verhandlung von Veränderungen.

Wie Paolozzi betrieb auch Smith eine Form von Materialarchäologie. Seinen präferierten Werkstoff Stahl beziehungsweise Eisen beschrieb er folgendermaßen: „Die Assoziationen, die mit ihm einhergehen, sind die dieses Jahrhunderts: Macht, Struktur, Bewegung, Fortschritt, Suspension, Zerstörung, Brutalität."[14] Er löste das Material aus rein physikalischen oder gar künstlerischen Bezugsrahmen und kontextualisierte es gemäß seiner außerkünstlerischen Verwendung: Werkzeug, Eisenbahnschienen, Hochhäuser, Rohrbomben. Damit implizierte er, was Wagner als grundlegende Eigenschaft der Skulptur formuliert hat, nämlich deren engen Bezug zu den Produktionszusammenhängen ihrer jeweiligen Zeit:

> Skulptur steht im konstanten Austausch mit anderen Formen der Herstellung, mit Formen, die sich auf die gesamte komplexe Geschichte des menschlichen Machens erstrecken. Selbst die grundlegendsten Techniken dreidimensionaler Kopien – gebrannter oder ungebrannter Ton, geschnittener Stein, Guss oder getriebenes Metall [...] – wurden nicht nur entwickelt, um Skulpturen zu schaffen. Es handelt sich um die zentralen *technai* der menschlichen Zivilisation – der Produktion einer dezidiert menschlichen Welt. Es lohnt sich allemal, Skulptur als Antwort auf andere Skulptur zu begreifen, mehr aber noch auf Meilensteine wie den Ziegelstein, die Wand, das Fass, den Schüssel, die Säule, den Sarg, die Handaxt, die Haubitze, die Rakete, den Mikrochip.[15]

Diese Beschreibung öffnet den Referenzrahmen der Skulptur auf fundamentale Weise. Es ist die Prägung von Materialien durch gesellschaftliche und technologische Formationen und Entwicklungen, die für die Ausstellung *Future Bodies from a Recent Past* von grundlegender Bedeutung ist, also die Durchlässigkeit der Skulptur für Einflüsse von außen.

Transpazifische Bezüge

Die Ausstellung *Postwar. Kunst zwischen Pazifik und Atlantik, 1945–1965* im Haus der Kunst in München (2016/17) zeichnete die globalen Auswirkungen des Zweiten Weltkriegs nach und plädierte dafür, die Nachkriegszeit als ein die Welt umspannendes Phänomen zu verstehen. Aufs Engste mit den Kriegshandlungen in den westlichen Nationen verstrickt war Japan, ein Verbündeter des Deutschen Reiches. 1941 durch seinen Angriff auf die US-amerikanische Militärbasis Pearl Harbor aktiv in den Zweiten Weltkrieg eingetreten, wurde es in der Folge Ort der Atombombenabwürfe auf Hiroshima und Nagasaki im August 1945 durch das amerikanische Militär. Die Konsequenzen für das japanische Volk waren verheerend. Hunderttausende starben durch die Angriffe selbst, viele Zehntausende an den Folgen der nuklearen Verstrahlung.[16] Mit Unterzeichnung des Friedensvertrags von San Francisco 1951 galt die Besetzung durch die Amerikaner als beendet,[17] und Japan trat in eine Phase nationaler Neudefinition ein. Diese wurde vor allem über technologischen Fortschritt im Zeichen des friedvollen ‚nation building' ideologisiert. Bereits ab den 1950er-Jahren nahm die Wirtschaft an Fahrt auf.[18] Zeitgleich formierten sich in der Kunstszene, auch in Reaktion auf die kulturelle Leerstelle nach dem Zweiten Weltkrieg, neue Gruppierungen wie Jikken Kōbō in Tokyo oder Gutai Bijutsu Kyōkai[19] in der Gegend von Osaka und Kobe.

1956 präsentierte Atsuko Tanaka ihr „elektrisches Kleid" *Denkifuku* (S. 36) auf der *2nd Gutai Art Exhibition* in der Ohara Kaikan Hall in Tokyo (S. 32, 34, 35). Das aus farbigen Leuchtstoffröhren und Glühbirnen bestehende Kleidungsstück trug die Künstlerin für Performances, sie stellte es aber auch als skulpturales Werk aus. *Denkifuku* mit seinen blinkenden Leuchten ist gleichermaßen geprägt vom Technikspektakel der prosperierenden Nachkriegsgesellschaft Japans, vor allem deren Beschleunigung und Verdichtung, wie von der oppressiven und einengenden Kraft dieser Veränderungen (insbesondere für Frauen).[20] In den zunehmend frenetischen

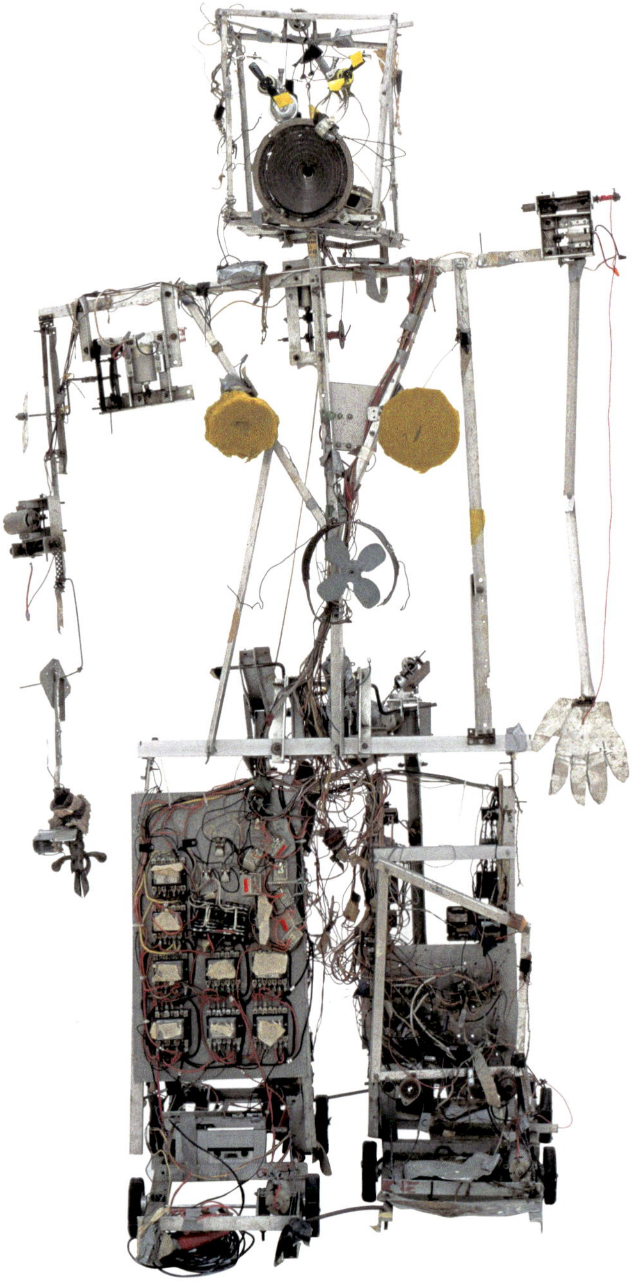

ABB. 3
Nam June Paik, *Robot K-456*, 1964, Aluminiumprofil, Draht, Holz, elektronische Geräte, Schaumstoff, Steuereinheiten, ca. 183 × 103 × 72 cm, Friedrich Christian Flick Collection

Lichtsignalen von *Denkifuku* spiegeln sich die Kräfte von Industrialisierung, Urbanisierung und Technologisierung, die auf den Körper einprasseln.[21] Dieser steht unter Spannung, wird auf geradezu existenzielle Weise bedroht. „Als es fertig war, fühlte ich mich wegen der elektrischen Anschlüsse unwohl",[22] so beschrieb es die Künstlerin 1999 in einem Interview. Der Moment des Einschaltens des Stroms rief bei ihr Vorstellungen einer Exekution und damit in drastischer Weise die zwiespältige Wertigkeit von Technologie – gleichermaßen als Fortschritt und als Gefahr – auf.

Doch die blinkenden Glühbirnen von *Denkifuku* sind nicht nur Bedrohung. Sie scheinen auch Signale an die Umwelt auszusenden. Die Beschäftigung mit Formen der Kontaktaufnahme im vermeintlich so autonomen Medium der Skulptur trieb zeitgleich verschiedene Künstler:innen an unterschiedlichen Orten an. Man denke nur an die filigranen und antennenhaften *Signals* (vgl. *Signal „insecte-animal de l'espace"*, 1956, Signal „Insektentier aus dem All", S. 37) des griechischen Künstlers Takis, die Kontakt zwischen Erde und Himmel, zwischen Mensch und Weltraum behaupten.[23] Oder an die etwas späteren *Radio-Skulpturen* (1962, S. 39) des Schweizer Bildhauers Jean Tinguely, die mit ihren elektrifizierten ‚Körpern' und Lautsprecher-‚Gesichtern' Radiosignale und damit Ereignisse des täglichen Lebens in den Ausstellungsraum übertragen. Die anthropomorphen Skulpturen sind gar mit einer eigenen Stimme und damit der Suggestion von Leben ausgestattet. Auch wenn die Signale/Nachrichten nicht eindeutig zu entschlüsseln sind, werfen diese Werke mit ihren Bezügen zu kybernetischen Modellen und Kommunikationstheorien der damaligen Zeit grundlegende Fragen über den Status der Skulptur auf, die bis dahin vornehmlich als für sich stehend galt.

Skulptur und Technologie

Aus heutiger Perspektive ist es kaum noch vorstellbar, wie fundamental sich das Leben in dem relativ kurzen Zeitfenster der beiden Nachkriegsdekaden veränderte[24] und welch entscheidenden Einfluss technologische Neuerungen dabei hatten.[25] Durch die Erfindung des Transistors im Jahr 1947, die etwa zeitgleich in den USA und in Frankreich erfolgte, waren Geräte wie das Taschenradio oder der Herzschrittmacher und später auch der Personal Computer überhaupt erst möglich geworden. In den USA wurden in den frühen 1950er-Jahren die ersten Fernsehsendungen in Farbe ausgestrahlt. In den Fabriken kamen schon in den späten 1950er-Jahren die ersten Industrieroboter, entwickelt von Unimation, zum Einsatz.[26] Technologische Entwicklung wurde in den westlichen Industrienationen als Versprechen und Motor für Modernisierung ideologisch vereinnahmt. Doch auch in der UdSSR spielte sie eine zentrale Rolle für die Definition des eigenen nationalen Selbstverständnisses.[27] 1957 schockierte die Sowjetunion den Westen mit dem Launch von Sputnik, dem ersten Erdsatelliten. Mit dem Raumschiff Sputnik 2 wurde am 3. November 1957 erstmals ein Lebewesen, die Hündin Laika, in das Weltall geschickt, und im April 1961 folgte der erste bemannte Weltraumflug des sowjetischen Kosmonauten Juri Gagarin. In dieser Zeit nahm die zivile Luftfahrt – ehemalige Militärpilot:innen fanden dort ihre neuen Arbeitgeber – in den westlichen Industrienationen rapide zu. Der Aktionsradius der Menschen veränderte sich real wie imaginär auf einschneidende Weise. Bald schon schien möglich, was kurz vorher noch als Science-Fiction abgetan worden war.

Technologischer Fortschritt, der in weiten Teilen aus militärischen Kontexten heraus vorangetrieben wurde,[28] bot jedoch nicht nur die Perspektive auf eine neue, modernere (und nach wie vor von männlichen Rationalisierungsdiskursen dominierte) Zukunft. Vielmehr wurde er oft genug auch zum Kristallisationspunkt für globale Bedrohungsszenarien wie auch für die Angst vor Veränderung. In diesem breiten Spektrum von neugieriger Erkundung bis kritischer Distanznahme bewegte sich in der damaligen Zeit auch die Auseinandersetzung mit Technologie in der Skulptur. Und damit unterschied sie sich grundlegend von Ansätzen wie dem Futurismus, der technologischen Fortschritt Anfang des 20. Jahrhunderts noch vorbehaltlos glorifiziert hatte und im Krieg dessen Erfüllung sah.[29]

1964 entwickelte Nam June Paik gemeinsam mit Shuya Abe seinen ersten anthropomorphen *Robot K-456* (Abb. 3), der auch als Alter Ego des Künstlers fungierte. *Robot K-456* konnte laufen, ‚sprechen' (über einen Kassettenrekorder ließ sich unter anderem die Antrittsrede von John F. Kennedy abspielen) und ‚defäkieren' (er ließ Erbsen fallen) und sollte die Menschen innerhalb wie außerhalb des Ausstellungsraums mit seiner Präsenz überraschen (vgl. *Living with the Living Theatre*, 1989, S. 149).[30] Die *Space Angel*-Arbeiten (1964, S. 141) von Kiki Kogelnik wiederum waren fest im visuellen Universum des Weltraumzeitalters verortet. Mit Helmen, aber auch angedeuteten Zahnrädern versehen, zeigen sie de-individualisierte und anpassungsfähige Figuren, vorbereitet auf das Leben in neuen Umwelten. (Dies erinnert an die 1964 formulierten Worte des polnischen Science-Fiction-Autors Stanisław Lem: „Im Grunde ist jede Technologie eine künstliche Verlängerung der natürlichen, allem Lebendigen angeborenen Tendenz, die Umwelt zu beherrschen oder ihr doch zumindest nicht im Kampf ums Dasein zu unterliegen."[31]) Und Walter Pichlers futuristischer *TV-Helm (Tragbares Wohnzimmer)* (1967, S. 148), der mit einem integrierten Fernseher ausgestattet ist, fungierte als Prototyp sozialer Vereinzelung angesichts der flächendeckenden Ausbreitung neuer Kommunikationsmedien.[32] All diese Werke beschreiben ein Leben mit den neuen Technologien und lassen sich im Sinne Marshall McLuhans als „Erweiterungen"[33] des Körpers mit (informations)technologischen Mitteln verstehen – Mensch-Maschine-Konfigurationen für ein neues Zeitalter.

Jack Burnham gehörte zu den wenigen Theoretiker:innen, die sich in den 1960er-Jahren dezidiert mit dem Verhältnis von Skulptur und Technologie auseinandersetzten. In seinem 1968 veröffentlichten Buch *Beyond Modern Sculpture. The Effects of Science and Technology on the Sculpture of this Century* entwarf er eine materialistische Entwicklungsgeschichte der modernen Skulptur, die sich in direkter Auseinandersetzung mit Wissenschaft und Technik formt. Das Buch erschien in einer Zeit, als sich bereits verschiedene Kooperationen zwischen Künstler:innen und Ingenieur:innen etabliert hatten. Am sichtbarsten waren die Ende 1966 ins Leben gerufenen *Experiments in Art and Technology* (*E.A.T.*), von Robert Rauschenberg gemeinsam mit dem Bell Telephone Laboratories-Techniker Billy Klüver als Plattform für die disziplinenübergreifende Zusammenarbeit erdacht, und das von Kurator Maurice Tuchman am Los Angeles County Museum of Art (LACMA) initiierte *Art and Technology*-Programm (1967–1971). Aber auch in Japan gab es vergleichbare Initiativen wie die Ende 1966 von dem Künstler Masao Kohmura und dem Ingenieur Haruki Tsuchiya gegründete Computer Technique Group (CTG).

Zeitgleich fanden etliche Ausstellungen zur Schnittstelle von Kunst und Technologie statt: von *From Space to Environment*, organisiert von der interdisziplinären Gruppe Environment Society (Matsuya Department Store Gallery, Ginza, Tokyo, 1966), über Pontus Hulténs *The Machine as Seen at the End of the Mechanical Age* (The Museum of Modern Art, New York, 1968), Jasia Reichardts *Cybernetic Serendipity. The Computer and the Arts* (Institute of Contemporary Arts, London, 1968) und die vierte Ausgabe der *New Tendencies*-Ausstellungen zum Thema ‚Computers and Visual Research' (Galerija suvremene umjetnosti, Zagreb, 1969) bis hin zu Burnhams eigener

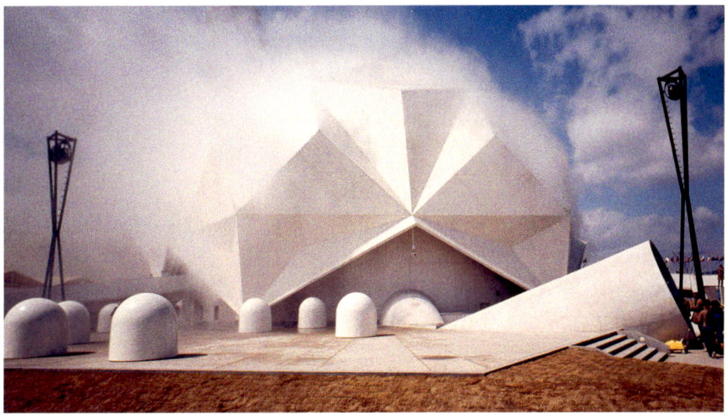

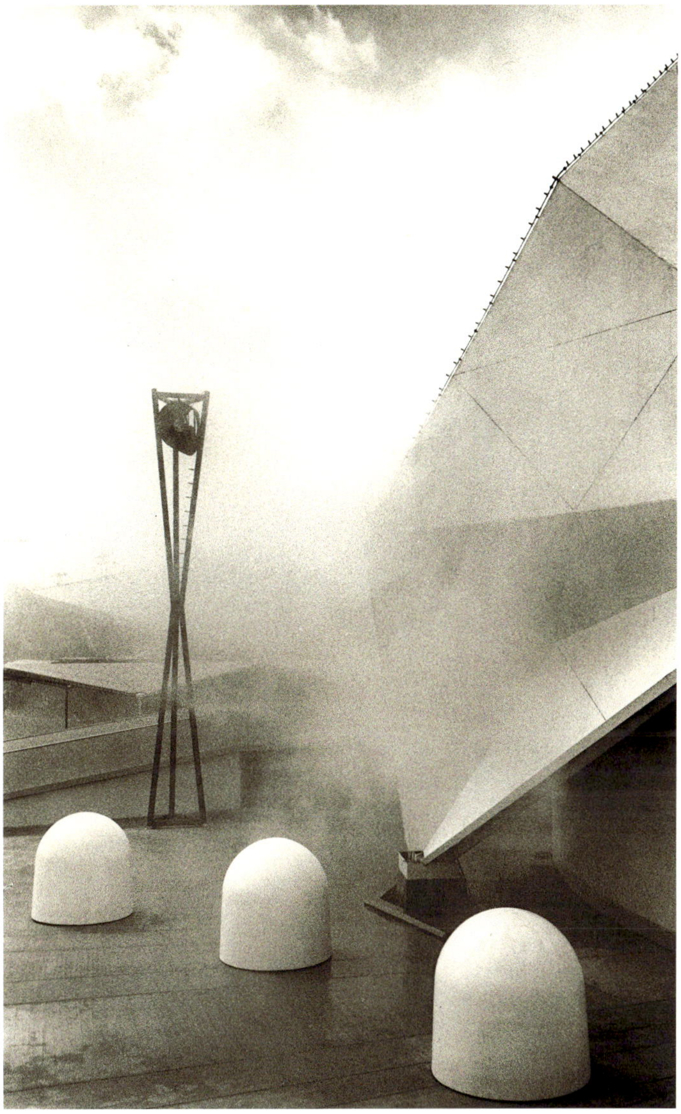

ABB. 4 & 5
Robert Breers *Floats*, 1970, vor dem Pepsi-Pavillon von *E.A.T.* auf der Expo '70 in Osaka; oberhalb des Pavillons: Fujiko Nakayas erste Nebelskulptur *Pepsi Pavilion, Fog Sculpture #47773*, 1970

Ausstellung *Software. Information technology: its new meaning for art* (Jewish Museum, New York, 1970).[34] Auch in der Expo '70 in Osaka, der ersten Weltausstellung auf dem asiatischen Kontinent, schlug sich dieses Interesse nieder. Es waren nicht nur zahlreiche japanische Avantgardekünstler:innen in die Gestaltung der hochtechnologisierten Länder- und Unternehmenspavillons involviert. Auch *E.A.T.* präsentierten sich dort mit einem eigenen, von Pepsi finanzierten Pavillon, in dessen Kontext Robert Breers in kaum merklicher Geschwindigkeit durch den Raum ‚schwebende' *Floats* (*Float*, 1970–2000, S. 150) oder Fujiko Nakayas *Fog Sculptures* ihre Premiere hatten (Abb. 4 und 5). Das Thema hatte in der Kunst der späten 1960er-Jahre Hochkonjunktur.[35]

Burnham entfernte sich in *Beyond Modern Sculpture* und nachfolgenden Texten von der Vorstellung der Skulptur als einem vor allem durch seine inneren Regeln und Gesetzmäßigkeiten bestimmten Medium.[36] „Wissenschaft und Technologie, die Handlangerinnen des Materialismus, erzählen uns nicht nur den Großteil dessen, was wir von der Welt wissen, sie verändern stetig unsere Beziehung zu uns selbst und unserer Umwelt",[37] so der Autor im Vorwort. Dabei nahm er eine problematische Engführung, wenn nicht Gleichsetzung von Entwicklungen in der Technologie und der Skulptur vor:

> [D]er bedeutende Künstler strebt danach, die technologische und psychische Distanz zwischen dem künstlerischen Erzeugnis und den gesellschaftlichen Produktionsmitteln zu verringern. [...] Nach und nach kombiniert diese Strategie künstlerische und technologische Entscheidungsfindung zu einer einzigen Tätigkeit – zumindest wird diese Option in Begriffen des Unvermeidlichen präsentiert.[38]

Das von ihm propagierte Aufgehen in der Technologie reichte so weit, die Skulptur vollends in die gesellschaftlichen Produktionsmittel zu überführen. Technologie ersetzt die Skulptur – gemäß Burnhams Argumentation mit lebenssimulierenden Systemen – beziehungsweise schafft sie in letzter Konsequenz ab. Ob gewollt oder nicht, folgte er damit der spätmodernistischen Erzählung von der Auflösung der Mediumsgrenzen[39], nur unter materialistischen Vorzeichen. In Burnhams Augen war die Skulptur nicht an die Grenzen ihrer mediumsimmanenten Innovationsmöglichkeiten gestoßen, sie war angesichts der in seinen Augen zwingenden Entwicklung hin zu lebenssimulierenden Systemen in ihrer tradierten Form und Materialität schlicht obsolet geworden.[40]

TEIL 2: ZEIT DER UMBRÜCHE

Wir befinden uns bereits weit in den 1960er-Jahren. In dieser Zeit veränderte sich nicht nur das tägliche Leben durch die Verbreitung neuer Technologien in einer florierenden Konsumkultur[41] – zumindest in den sogenannten Industrienationen, die in *Future Bodies from a Recent Past* im Fokus stehen. Deren Kehrseite war die militärische Aufrüstung zwischen den USA und der UdSSR mit ihren jeweiligen Verbündeten sowie die anhaltende nukleare Bedrohung im Kalten Krieg, die mit den Worten des britischen Historikers Eric Hobsbawm „jeden Moment ausbrechen und die Menschheit vernichten könnte"[42]. Im Rahmen dieses ideologischen Kräftemessens zwischen Ost und West, zwischen Kommunismus und Kapitalismus, waren die USA und ihre Verbündeten weiterhin in langwierige Stellvertreterkriege involviert: am prominentesten wohl der Vietnamkrieg, der sich über beinahe zwei Dekaden erstreckte und 1975 mit dem Fall Saigons an die Kommunist:innen als politische wie ideologische Niederlage für die USA endete.[43] Doch auch innenpolitisch spitzte sich die Lage zu. In den USA drängten dramatische gesellschaftliche Missverhältnisse, insbesondere die strukturelle rassistische Diskriminierung der Schwarzen Bevölkerung, in den Vordergrund. In Deutschland wurde die Aufarbeitung der Ursachen und Ereignisse des Zweiten Weltkriegs und des Holocaust offiziell zwar bald schon für beendet erklärt, doch nationalsozialistische und faschistische Strukturen wirkten in den europäischen Nachkriegsgesellschaften auf schockierend direkte Weise fort.

In den späten 1960er-Jahren kanalisierten sich diese Spannungen in breiten Protest- und Emanzipationsbewegungen rund um den Globus.[44] Ihren Auftakt hatten sie mit der Dekolonialisierung genommen, die sich in der Zeit nach dem Zweiten Weltkrieg mit zunehmender Geschwindigkeit vollzog. Allein im Jahr 1960 waren 17 der ehemals französischen, belgischen und britischen Kolonien in Afrika unabhängig geworden;[45] dieser Prozess setzte sich bis weit in die zweite Hälfte des 20. Jahrhunderts fort. Und auch in den (ehemaligen) Kolonialmächten Japan, Europa und USA waren Systeme der Unterdrückung und Diskriminierung das Ziel von Protestbewegungen. Die Bürger:innenrechtsbewegung, die Anti-Vietnam-Proteste, die antifaschistischen Studierendenunruhen, die zweite Welle der Frauenbewegung, die Gay Liberation: Sie alle fielen in die erhitzte Zeit der späten 1960er-Jahre. Auf je eigene Weise richteten sich ihre Anliegen auf die Demontage *weißer* patriarchaler Gesellschaftsstrukturen, einschließlich des mit ihnen verbundenen autoritären Denkens und den darin implizierten Formen der Gewalt. Daran erinnert beispielsweise die *Lynch Fragments*-Serie des US-amerikanischen Bildhauers Melvin Edwards. 1963 in direkter Reaktion auf die Bürger:innenrechtsbewegung begonnen, vermitteln die Werke mit ihren unbearbeiteten metallenen Oberflächen, groben Schweißnähten und scharf hervortretenden Formen (vgl. S. 71–73) einen geradezu physischen Eindruck von der rohen Gewalt, die Schwarzen in den Vereinigten Staaten Anfang der 1960er-Jahre widerfuhr (und bis heute widerfahren kann).[46] Die formalen Bezüge auf in Ketten gehaltene Sklav:innenkolonnen, welche die Daseinsberechtigung Schwarzer Personen auf ihre Funktion als Arbeitsmaschinen reduzierten, sind unübersehbar.

Maschinenwelten

Wissenschaft und Technologie waren in diesem gesellschaftlichen Gefüge gleichermaßen die Grundlage für wirtschaftliche Prosperität und den damit verbundenen sozialen Aufstieg[47] wie Insignien des Militarismus und der Unterdrückung, der ökologischen und kolonialen Ausbeutung. Im Kontext dieser Dynamiken veröffentlichten der Philosoph Gilles Deleuze und der Psychiater Félix Guattari 1972 ihr wegweisendes Buch *Anti-Ödipus*[48]. Die dezidiert antifaschistische Schrift präsentierte einen komplexen Theorieentwurf, der versuchte, die Rationalisierung und Technologisierung des Lebens zu fassen und zu dekonstruieren. Die Autoren zeichneten das Bild einer Gesellschaft, die durchdrungen ist von maschinischen Prozessen: „Überall sind es Maschinen – echte, nicht figurative: Maschinen, die andere Maschinen antreiben, Maschinen, die von anderen Maschinen angetrieben werden, mit all den notwendigen Koppelungen und Verbindungen."[49] Menschen galten ihnen dabei nicht länger als ‚Schöpfer:innen' ihrer

Umwelt noch ließen sie sich unabhängig von derselben betrachten. Sie waren ein Element von Maschinen unter vielen, aufs Engste verwoben mit ihnen und ihren anderen Bestandteilen: „Unsere Beziehung zu den Maschinen ist keine Beziehung der Erfindung oder Nachahmung; wir sind weder die geistigen Väter noch die gelehrigen Söhne der Maschine."[50]

In ihrem Gesellschaftsentwurf beschäftigten sich Deleuze und Guattari jedoch weniger mit dem optimierten Zusammenspiel von „Maschinen"[51] (dem Ideal eines techno-kapitalistisch strukturierten Systems, das sie zu dekonstruieren suchten) als mit den unhierarchischen und auch dysfunktionalen Verbindungen derselben untereinander. Sie widmeten sich den Momenten der Unterbrechung eines reibungslos funktionierenden Produktionsapparates und wendeten dabei, wenn man so will, die Maschine gegen sich selbst. Anregungen dafür fanden die Autoren in der bildenden Kunst.[52] Ihre Überlegungen zur Dysfunktionalität maschinischer Systeme sowie zur (in diesen Fällen durchaus wörtlich verstandenen) Koppelung des Menschen mit Maschinen unterfütterten sie mit Ausführungen zu Werken von Jean Tinguely oder Marcel Duchamp.

Tatsächlich fanden sich in zahlreichen Kunstwerken der 1960er-Jahre Szenarien „verkoppelt[er]"[53] Körper, die jenseits von binären Kategorien wie intern/extern, eigen/fremd, Mensch/Maschine operierten. Ein eindrückliches Beispiel sind die sogenannten *Mechanical Drawings* (beide *ohne Titel*, 1965, S. 144, 145) der in Deutschland geborenen US-amerikanischen Künstlerin Eva Hesse. In ihren filigranen Zeichnungen gingen körperliche Elemente, wie angedeutete Penis- oder Vaginalformen, Organe oder abstrahierte Elemente des Bewegungsapparates, Verbindungen mit technischen Formen ein, die an Pumpen, Zahnräder oder Ventile erinnern. Die Zeichnungen wirken wie in der Bewegung angehaltene Momentaufnahmen ihrer mechanisch-organischen Hybride.

Während bei Hesse die sexuellen Konnotationen der Koppelung von Mensch und Maschine eher impliziter Natur waren, wurden sie in der monumentalen, begehbaren Skulptur *Hon* (1966, Sie, S. 126/127) der französischen Künstlerin Niki de Saint Phalle regelrecht in Szene gesetzt. *Hon* zeigte eine raumfüllende schwangere Frauenfigur, die de Saint Phalle im Sommer 1966 in Zusammenarbeit mit Jean Tinguely und Per Olof Ultvedt im Moderna Museet in Stockholm realisierte und die mit Ausstellungsende zerstört wurde. Sie präsentierte sich den Besucher:innen auf dem Rücken liegend mit weit geöffneten Beinen – eine riesige Begehrensmaschine[54]. Eingeladen, durch die Vagina in das Innere einzutreten, fanden die Besucher:innen darin eine Rutsche, sie konnten Kunst und Filme ansehen, auf dem Dach war eine Bar, Essensautomaten sorgten dafür, dass niemand hungrig blieb.[55] So technisch *Hon* angelegt war – „[h]inter dem Eingang trafen die Betrachter:innen auf ein Lenkrad, das ursprünglich dazu gedacht war, die verschiedenen Teile des strukturellen Skeletts zu steuern, das die verschiedenen Körperteile miteinander verband"[56] –, standen offensichtlich die Generierung und mögliche (oder unmögliche) Befriedigung von Wünschen aller Art im Zentrum. *Hon* propagierte eine geradezu „fröhliche"[57] Verbindung von menschlichem Begehren und den technischen Eigenschaften des Körpers – insbesondere mit dem weiblichen Körper als (Re-)Produktionsmaschine. Durch einen Zustrom von Menschen am Laufen gehalten, erfüllte *Hon* dabei in überraschend wörtlichem Sinn die Bestimmung maschinischer Systeme nach Deleuze und Guattari: „Es ist ein Verhältnis der Besiedlung: Wir bevölkern die sozialen technologischen Maschinen mit Wunschmaschinen, und wir haben keine andere Wahl."[58]

Deutlich dystopischer war der Blick auf die Koppelung von Körper und Technologie in den Werken des deutschen Bildhauers Joachim Bandau. Wie die Kunsthistorikerin Elena Filipovic es jüngst beschrieben hat, sind seine Skulpturen in hohem Maße kritisch „gegenüber der Art und Weise, in der Macht (in ihren unterschiedlichen Erscheinungen wie Krieg, Technologie und Kapitalismus) Wünsche und Körper formt"[59]. Im Wissen um medizintechnologische Entwicklungen wie die ersten und oft nur auf kurze Zeit erfolgreichen Herztransplantationen der späten 1960er-Jahre[60] entwickelte Bandau seine *Transplantationsobjekte* (*Transplantationsobjekt VI [Kölner Spritze]*, 1968, S. 128) und *Monstren (Großes Silbernes Monstrum [Version 2]*, 1971/74/2016, S. 131). Die bis 1974 entstandenen Skulpturen sind aus oft bis zur Unkenntlichkeit zersägten Teilen von Schaufensterpuppen und Holz konstruiert. Mit einer glatten, einheitlichen Oberfläche versehen und farbig lackiert, entstanden so skulpturale Körper, die ebenso vertraut wie fremdartig und bedrohlich wirken und – in den Worten des Künstlers – seiner Sorge Ausdruck verliehen, dass „der menschliche Organismus manipulierbar"[61] geworden war. Die Technologie war längst schon in den Körper eingedrungen.

Skulptur als Störinstanz

In einem Text über die „Monstren" schrieb Joachim Bandau im Jahr 1972:

> Wir glauben, die Monstren seien ausser uns, die Monster seien die Anderen. Die Deformationen der Gestalten und Charaktere lassen uns vergessen, dass es sich hier um Personifizierungen unserer subjektiven und kollektiven Probleme handelt, um die Verdrängung unserer eigenen Existenzangst und die Übertragung dieser Ängste auf andere.[62]

In diesem Moment der Übertragung und Personifizierung von Verdrängtem im skulpturalen Körper manifestiert sich eine bildhauerische Logik, die jenseits von mediumsspezifischen Fragestellungen operiert und vielmehr die Funktionen von Skulptur adressiert. Folgen wir noch einmal der Argumentation im *Anti-Ödipus*. Deleuze und Guattari sahen die Aufgabe der Kunst in der Störung technischer Systeme. Ihnen zufolge werden in der Kunst „wirkliche Gruppenphantasien geschaffen [...], die [...] in die Reproduktion der technischen Maschinen eine Störfunktion einführen"[63]. (Letztere beschreiben die Autoren als produktive Befreiung von oppressiven Strukturen.)

Die Vorstellung von der Skulptur als Störinstanz greift als Denkfigur für zahlreiche Werke in *Future Bodies from a Recent Past* gerade auch dort, wo wir es mit dezidiert ‚unproduktiven' Körpern zu tun haben: so in den deformierten und in Ketten gelegten Penissen in den Werken des japanischen Künstlers Tetsumi Kudo (*Human Bonsai – Freedom of Deformity – Deformity of Freedom*, 1978, S. 92/93)[64] oder in den sich normativen und im menschlichen Maßstab gedachten Reproduktionslogiken entziehenden Körpern des österreichischen Bildhauers Bruno Gironcoli (*Ohne Titel [Große Stahlvitrine]*, 1972/73, Guss von 1995, S. 154). Denn im Entzug oder der Verweigerung von Produktions- und Produktivitätslogiken werden selbige in ihrem ‚monströsen' Charakter sichtbar.

In diesem Sinn hat die Kunsthistorikerin Manuela Ammer auch die Skulpturen Gironcolis beschrieben:

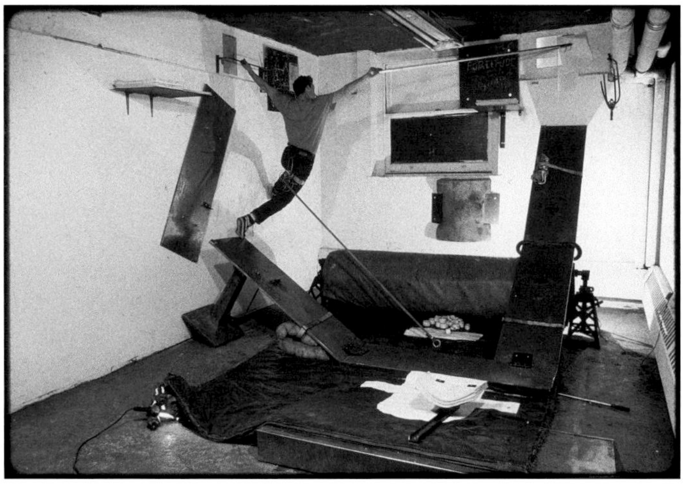

ABB. 6
Dokumentationsfotografie von Matthew Barney, *Drawing Restraint 2*, 1988, Video, s/w, ohne Ton, 5:01 Min., gemeinsames Eigentum der Laurenz-Stiftung, Schaulager, Basel, und von The Museum of Modern Art, New York, Richard S. Zeisler-Nachlass und The Blanchette Hooker Rockefeller Fund (beide durch Tausch), Courtesy der Künstler und Gladstone Gallery

> Die Dingform war für Gironcoli von Beginn an Existenzform, versachlichtes Zwiegespräch, objektivierter Ausdruck der Seinsweise, die die spätkapitalistische Gesellschaft ihren Subjekten einräumt. Seine Auseinandersetzung mit dem Ding war kein Angriff auf die Grenzen der Kunst [...], sondern eine methodische Reflexion jener Grenzen, die die Gesellschaft dem Leben setzt.[65]

Betrachtet man die Skulptur als Mittel des verdinglichten Austauschs und „Zwiegespräch[s]" mit seiner Umgebung, werden auch die Übergänge zwischen innen und außen, zwischen der Skulptur und ihrem Umfeld brüchig. In der Ausstellung *Future Bodies from a Recent Past* steht Skulptur daher nicht als ein abgeschlossenes, für sich stehendes Medium im Zentrum, sondern als Praxis und Ausdrucksform, die eingebettet ist in einen größeren Zusammenhang zeitspezifischer Erscheinungen. In diesem Kontext wird sie als Störung und damit als Reflexionsinstanz produktiv – und widersetzt sich so auch dem Einswerden mit den Einflüssen, die sie formen.

Widerspenstige Körper

Im Kern griff der *Anti-Ödipus* die disziplinierenden Mechanismen von Gesellschaft an, und zwar gleichermaßen die von außen wirksamen – beispielsweise durch technologische oder gesellschaftliche Kräfte – wie auch die internalisierten Strukturen von Dominanz und Unterdrückung. Wie eingangs in diesem Kapitel beschrieben, standen diese in den mittleren bis späten 1960er-Jahren auf breiter gesellschaftlicher Ebene zur Disposition und wurden auch in der bildenden Kunst zunehmend explizit reflektiert. Dabei kam dem Körper eine zentrale Rolle zu. Er war gleichermaßen Ort der Disziplinierung wie des Widerstands, insbesondere in einer feministischen Denktradition.

Das kurzlebige japanische Künstlerkollektiv Hi Red Center war im Mai 1963 von Jirō Takamatsu, Genpei Akasegawa und Natsuyuki Nakanishi gegründet worden (sie beendeten bereits im Folgejahr die gemeinsamen Aktivitäten). Im Januar 1964 organisierten sie gemeinsam mit Tatsu Izumi den sogenannten *Shelter Plan*, eine zweitägige Veranstaltung in einem Zimmer des Imperial Hotel in Tokyo.[66] Zweck der *Shelter Plan*-Aktivitäten sollte der Bau von maßgeschneiderten Ein-Mann-Schutzräumen sein. Für die Teilnahme wurden die Besucher:innen fotografiert, ihre Körper vermessen und die Ergebnisse mit bürokratischer Akribie festgehalten,[67] wie der Film von Motoharu Jōnouchi zeigt (S. 70). Der beklemmende Akt des Vermessens, der gleichermaßen an die biopolitischen Prozeduren bei der Inhaftierung von Straftäter:innen wie an die Praktiken der Eugenik erinnerte, vermischte sich mit der Sorge vor einer erneuten nuklearen Katastrophe. Dass die Schutzräume von Hi Red Center nie realisiert wurden, war Teil dieser Parodie auf die Bedrohungsszenarien des Kalten Kriegs. Vor allem aber führten die Künstler die Idee des Körpers als messbarer und damit kontrollierbarer Entität ad absurdum.

Die Spannung zwischen der Domestizierung von Körpern und deren genuiner Unfassbarkeit wird auch in anderen Werken der Ausstellung deutlich, beispielsweise in den Arbeiten von Nancy Grossman. Mit Lederriemen, Teilen von Pferdegeschirren (einem Geschenk des Bildhauers David Smith), Ketten und Reißverschlüssen formte Grossman in *Potawatami*[68] (1967, S. 74) eine Assemblage von überbordender Materialität.[69] Die verwendeten Elemente verweisen gleichzeitig auf die Domestizierung von Körpern wie auf deren Unzähmbarkeit. Mit regelrecht in den Raum hineindrängenden Formen findet die Körperlichkeit des Objekts ihr Pendant im Aufscheinen des Körpers in der Arbeit selbst: „Neben den teilweise rekonstruierten Kleidungsstücken aus Leder, die so angeordnet wurden, dass sie an einen Hodenschutz erinnern, finden sich auf ihrer Oberfläche eine Reihe von Reißverschlüssen und anderen Öffnungen [...] zusätzlich zu ausgestopften phallischen Formen",[70] so der Kunsthistoriker David Getsy. Das Material impliziert den Körper nicht nur, es wird gar zum Körper.

In diesem Punkt berühren sich die Werke Grossmans und die der US-amerikanischen Künstlerin Senga Nengudi. 1975 begann Nengudi, aus Nylonstrumpfhosen, die sie mit Sand und Fundstücken beschwerte, dehnbare Skulpturen zu schaffen (vgl. *Inside / Outside*, 1977, S. 79). „Ich arbeite mit Nylonstoff, weil er sich auf die Elastizität des menschlichen Körpers bezieht. [...] Der Körper kann nur ein gewisses Maß an Ziehen und Zerren ertragen, bevor er nachgibt und seine ursprüngliche Form für immer verliert",[71] schrieb die Künstlerin angesichts der Erfahrung ihrer eigenen Schwangerschaft und der damit verbundenen Veränderung des Körpers. „Meine Arbeiten sind abstrahierte Spiegelungen gebrauchter Körper",[72] so Nengudi – ‚gebrauchte' Körper, welche die Spuren ihrer physischen, emotionalen und sozialen (De-)Formationen tragen.[73] Deren Widerständigkeit wird vor allem in den performativen Aktivierungen sichtbar, die sie in Zusammenarbeit mit der Künstlerin Maren Hassinger entwickelte und in denen sich der Körper „in der Skulptur verstrickt und die Skulptur auf die Bewegungen des Körpers reagiert".[74]

Die skulpturalen Körper von Grossman und Nengudi produzieren kontinuierlich einen nicht quantifizierbaren Überschuss – an Material, an Form (beziehungsweise Aus-der-Form-Fallen) und an Erfahrung in der sensorischen Auseinandersetzung mit dem Objekt. „Wir wissen nicht, was ein Körper ist, denn ein Körper ist immer mehr als das, was wir von ihm wissen können",[75] so umreißt die Philosophin Elizabeth Grosz die Grundeigenschaft von Körpern. Dies ließe sich auch als prägnante Beschreibung für die hängende Wandarbeit *Sex Obsession* (1976, S. 88) der japanischen Künstlerin Yayoi Kusama verwenden: der Körper als Exzess, gar als Wucherung.

Partialobjekte

Während in den eben vorgestellten Werken Körper in ihrer überbordenden Qualität in Erscheinung traten, lässt sich zeitgleich eine zunehmende Präsenz isolierter Körperteile in der Skulptur beobachten. Dies gilt für die hängende *Fillette (Sweeter Version)* (1968–1999, Guss von 2001, Kleines Mädchen [Süßere Fassung], S. 84) von Louise Bourgeois, eine mit Latex überzogene Gipsskulptur, die einen an der Eichel aufgehängten Penis zeigt. Bourgeois, selbst Mutter dreier Jungen, rückte damit einerseits die Zartheit und Verletzlichkeit des männlichen Geschlechts in den Fokus und gleichzeitig die Frage nach männlicher Dominanz und (Im-)Potenz. Ein anderes Beispiel sind die reduzierten Skulpturen Paul Theks aus der *Technological Reliquaries*-Serie (1965/66, S. 94–97). Katholischen Reliquien gleich, wird in minimalistischen, leuchtend gelben Plexiglasstelen und -boxen künstliches, aus Bienenwachs geformtes Fleisch verwahrt. Auch wenn solche Werke auf formaler Ebene in der skulpturalen Tradition des Fragments gelesen werden könnten, lässt sich die Fragmentierung auch als bewusste Haltung begreifen. Dazu nochmals Deleuze und Guattari:

> Wir befinden uns im Zeitalter der Partialobjekte, der Bausteine und Reste. Dahin der Glaube an jene falschen Fragmente, die, wie Stücke antiker Statuen, darauf harren, zusammengefügt und geleimt zu werden, um neuerlich eine Einheit, die gleichermaßen Einheit des Ursprungs ist, zu bilden. Dahin der Glaube an eine ursprüngliche wie eine Totalität aus Bestimmung.[76]

Dem Anarbeiten gegen die „Totalität aus Bestimmung", aber auch gegen eine „ursprüngliche" Ganzheit liegt eine feministische Auffassung vom Körper zugrunde, die sich etlichen Skulpturen der frühen 1970er-Jahre ablesen lässt: seien es die Fetisch-Arbeiten (beide 1971, S. 86, 87) der polnischen Bildhauerin und Holocaustüberlebenden Alina Szapocznikow, kleinformatige Skulpturen, bestehend aus abgegossenen Körperteilen der Künstlerin, die als fragmentierte und vervielfältigte zu ebenso intimen wie zutiefst befremdlichen Kompositionen arrangiert wurden, oder auch die Videoskulptur *Die neue leibhaftige Zeichensprache nach den Gesetzen von Anatomie, Geometrie und Kinetik* (1973–1977, S. 133) von Friederike Pezold, die den Körper als einen nach Belieben – und explizit gegen die anatomische Reihenfolge und Vollständigkeit – rekonfigurierbaren vorführt. Aus völlig verschiedenen Kontexten heraus reflektieren die Werke beider Künstlerinnen eine Abkehr von der rational-hierarchischen (man könnte sagen: technokratischen) Ordnung der körperlichen Elemente zueinander wie auch von den sie bedingenden patriarchalen (oder: phallokratischen) Strukturen.

Pezolds Entwurf eines ‚nomadischen' Körpers mit ‚beweglichen Arrangements'[77] weitet diese Überlegungen auf die medialen Bedingungen seiner Sichtbarkeit aus. In ihrer Kritik an der Reduktion des weiblichen Körpers auf seine Sinnes- und Geschlechtsorgane und gleichermaßen in einer Geste der Selbstermächtigung über den eigenen Körper verwies sie mit Fernsehern und Video auf eine entscheidende technologische Grundlage für die Entstehung und Verbreitung neuer Partialkörper.

TEIL 3: KÖRPER IM INFORMATIONSZEITALTER

In den 1970er- und 1980er-Jahren wurde die Konvergenz von Technologie- und Körperdiskursen immer deutlicher sichtbar. Die Informationstechnologien, die sich mit ungekannter Geschwindigkeit über den gesamten Globus verbreiteten[78], veränderten die Wahrnehmung und das Verständnis vom Körper auf fundamentale Weise. Es bahnte sich, in den Worten des Soziologen Manuel Castells, eine „informationstechnologische Revolution" an, die „den gesamten Bereich menschlicher Aktivität"[79] durchdringen würde. Zwar kam es zu den großen Durchbrüchen auf dem Gebiet der Mikroelektronik, die wiederum die Veränderungen in den Bereichen der Computertechnologie und Telekommunikation überhaupt erst ermöglicht hatten, schon während des Zweiten Weltkriegs und in der Nachkriegszeit. Doch erst mit den 1970er-Jahren und deren zunehmend beschleunigter Weiterentwicklung verdichteten sich die Informationstechnologien „zum neuen Paradigma"[80]. Die einschneidendste Veränderung brachte das an der Europäischen Organisation für Kernforschung (CERN) entwickelte und 1990 zunächst einer kleinen Öffentlichkeit von Wissenschaftler:innen zugänglich gemachte World Wide Web – „das vielleicht revolutionärste technologische Medium des Informationszeitalters"[81].

Diese ‚Revolution' betraf gleichermaßen das, was wir als Informationstechnologien im engen Sinn bezeichnen würden – also Personal Computer, Computernetzwerke, die Anfänge des Internets –, als auch Forschungsbereiche wie die Medizin und vor allem die Genetik, deren Fokus ebenfalls auf der Dekodierung beziehungsweise der Übermittlung von Information liegt. Als deren gemeinsame Basis hatte die Biologin und Philosophin Donna Haraway in ihrem ikonischen Essay „Ein Manifest für Cyborgs" bereits 1985 die Mikroelektronik identifiziert: „[Sie] vermittelt die Übersetzung von *Arbeit* in Robotik und Textverarbeitung, von *Sexualität/Fortpflanzung* in Gen- und Reproduktionstechnologien und von *Geist* in Künstliche Intelligenz und Entscheidungsprozesse."[82] Weder wären Erfindungen wie die Computertomografie im Jahr 1971 mit ihren neuen Einblicken in den Aufbau des Körpers noch die gentechnischen Experimente der mittleren und späten 1970er-Jahre[83] ohne die entsprechenden digitalen Verarbeitungskapazitäten möglich gewesen. Die Analyseeinheiten des Körpers wurden dabei immer kleiner. Die Parzellierung bis auf seine biotechnologischen Basisbausteine – insbesondere durch die Gentechnik – eröffnete völlig neue Möglichkeiten zur Intervention in die menschlichen Grundstrukturen (Joachim Bandaus „Monstren" waren längst Realität geworden). Der Körper als makroskopische Ganzheit löste sich auch aufseiten der Wissenschaft endgültig auf.

Aus diesen Veränderungen das Verschwinden des Körpers abzuleiten, wie der französische Medientheoretiker Jean Baudrillard es in seiner Simulationstheorie propagiert hatte,[84] wurde von feministischen Theoretikerinnen wie Elizabeth Grosz jedoch als Trugschluss erachtet. „Es kann keine Befreiung vom Körper oder vom Raum oder vom Realen geben."[85] Selbst im virtuellsten aller Räume, dem Cyberspace, so Grosz, sei Technologie „eine Erweiterung des Körpers, nicht dessen Ersatz. Der Körper, den man hat, ist immer noch

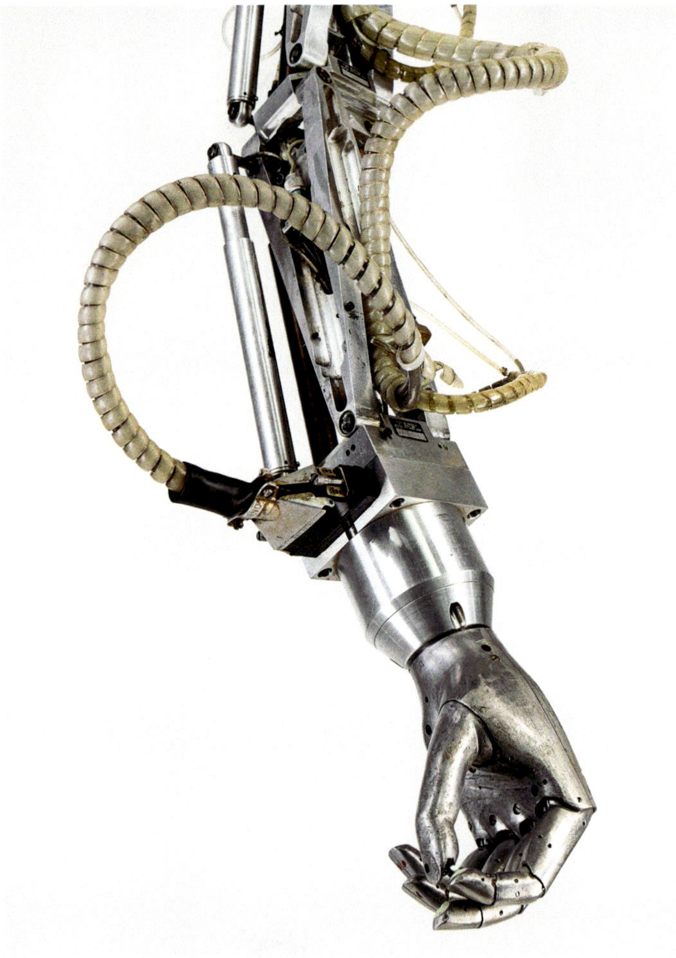

ABB. 7
Rajko Tomović entwickelte die Belgrade Hand 1963 an der Serbischen Akademie der Wissenschaften und Künste (SANU), hier montiert auf den von Marvin Lee Minsky und William Bennett 1968 am Massachusetts Institute of Technology (MIT) erfundenen ‚Tentakelarm', Sammlung des MIT Museum, präsentiert zur Ausstellung *Aleksandra Domanović: Untitled (In My Feelings)*, moCa Cleveland, 2019

der, der dasitzt, angeschlossen an die Maschine, [...] der Datenhandschuh ist immer noch für eine menschliche Hand entworfen."[86] Damit beschreibt sie in plastischer Weise die Auflösung binärer Oppositionen von Körper und Technologie, die im Zentrum von Haraways „Ein Manifest für Cyborgs"[87] stehen. In dieser konzeptionellen Spannung zwischen einer zunehmenden Virtualisierung des Lebens und der gleichzeitig unausweichlichen Körperlichkeit des Menschen formierten sich einige der interessantesten Positionen der Zeit.

(Un)sichtbare Körper

Ein Künstler, der den Grenzbereich von Informations- und Medizintechnologie bereits in den 1980er-Jahren parallel erforschte, ist Tishan Hsu. Lange Zeit waren Anwendungen wie der Personal Computer einer relativ kleinen Personengruppe vorbehalten. Hsu jedoch hatte in den mittleren 1970er-Jahren Architektur und Environmental Studies am Massachusetts Institute of Technology (MIT) in Cambridge studiert und war dort schon intensiv mit Computern als Arbeitsmittel in Berührung gekommen.[88] Die in *Future Bodies from a Recent Past* gezeigten Werke entstanden während eines Aufenthalts in Köln, als sich der Fokus seines Schaffens zunehmend von den digitalen Oberflächen der Computerbildschirme auf biomedizinische Fragestellungen verlagerte. Hsu interessierte sich nicht nur für in der Medizin eingesetzte elektronische Gerätschaften, sondern auch für „Körper, die Daten werden"[89] (und tatsächlich erinnern einzelne Elemente seiner Werke an bildgebende Verfahren). Dabei ist seinen Objekten mit ihren klinisch-aseptischen Oberflächen auch eine offenkundige bis abstoßende Körperlichkeit eigen. Auf der Oberseite der dunkelbraun gekachelten Skulptur *Transfusion* (1988, S. 169) beispielsweise befindet sich eine Versenkung, in die eine rosafarbene, amorphe Form gegossen wurde. In ihrer Farbe und Materialität erinnert sie an aufgeplatzte Körperinnereien – einschließlich der von diesen üblicherweise evozierten Gefühle von Ekel und Abscheu. Diese psychologische Qualität entäußerter Körperlichkeit zeichnet ein grundsätzlich anderes Bild vom Körper, als es die technologiebasierten, klinisch-sterilen Analysetools der Medizin versprechen. Damit brachte Hsu eine Grunddynamik der damaligen Zeit auf den Punkt: die paradoxe und hoch aufgeladene Gleichzeitigkeit der Abwesenheit von und des Überschusses an Körpern.[90]

Körper erfreuten sich in den 1970er- und vor allem 1980er-Jahren einer ebenso großen wie ambivalenten Sichtbarkeit. Mit Bodybuilding[91] und Schönheitschirurgie hatten sie als Spielwiese für oft sexualisierte Selbstoptimierung und -darstellung Hochkonjunktur. Körper wurden zum Medium für individuellen Ausdruck und soziale Interaktionen (nicht ohne Grund etablierte sich in dieser Zeit die Körpersoziologie als eigene Forschungsdisziplin).[92] Matthew Barney verhandelte diese Phänomene schon früh in seinen Werken: sei es in seinen *Drawing Restraint*-Übungen (ab 1987, Abb. 6), welche zum Ziel hatten, physische Hindernisse und Einschränkungen (beim Kunstmachen) qua körperlicher Anstrengungen und Ausdauer zu überwinden, sei es in seinen Arbeiten der *Jim Otto Suite* wie etwa *TRANSEXUALIS (decline)* (1991, S. 170, 171). Diese stellten den mit Hilfsmitteln – Prothesen oder Hormonen – ‚verbesserten' Körper ins Zentrum.

Gleichzeitig waren Körper just in dieser Zeit hochgradig ‚bedrohlich' geworden. Mit Aids, das in den USA 1981 erstmals klinisch beobachtet wurde, und der Identifizierung des HI-Virus im Jahr 1983 am Institut Pasteur in Paris[93] waren körperliche Nähe und insbesondere Sexualität zu einer potenziell lebensgefährdenden Frage geworden. Aidsinfektionen gingen einher mit massiver Diskriminierung und Kriminalisierung betroffener Personen, die zumeist entlang der Linien sexueller Orientierung verliefen.[94] Der US-amerikanische Bildhauer Robert Gober, der als schwuler Mann in eine derjenigen Personengruppen fiel, die als besonders gefährdet galten (und für die Verbreitung des Virus verantwortlich gemacht wurden), hatte 1984 eine Werkgruppe von Waschbeckenskulpturen begonnen. In akribischer Handarbeit schuf er aus Materialien wie Gips, Holz, Draht, Stahl und Lack Waschbecken unterschiedlicher Formen und Größen (*Untitled*, 1990, S. 175). Gemeinsam war ihnen, dass ihre Zuflüsse und Ausgüsse ins Leere führten. Die Objekte mit der Ausstrahlung des „kalten Hauchs klinischer Hygiene"[95] wurden bald schon als queere „Formeln blockierten Begehrens"[96] im Zeichen von HIV und Aids gelesen. Entstanden in einer Phase großer Verunsicherung ob des kaum erforschten, aber damals noch tödlichen Virus spiegelte sich in den Waschbecken eine repräsentationale Leerstelle: der Ausschluss nicht heteronormativer Körper aus dem öffentlichen Diskurs.[97]

Die Werke Gobers, aber auch des US-amerikanischen Künstlers Felix Gonzalez-Torres zeigen in den Worten der Künstlerin Renate Lorenz „Repräsentationen von Körpern *ohne Körper*"[98]. Dies gilt insbesondere für einige der *Candy Works*, die Gonzalez-Torres 1990 begonnen hatte. *„Untitled" (Lover Boys)* (1991, S. 172, 173) besteht aus Bonbons, deren blau-weiße Farben spiralförmig ineinander verschlungen sind – wie zwei Liebende, suggeriert der Titel. Auch ohne Körper zu zeigen, sind sie diesem Werk mit einem „Idealgewicht"[99] von 161 Kilogramm, dem Gewicht zweier erwachsener Männer, implizit. Doch der skulpturale Körper verändert sich im Laufe der Zeit. Nicht nur, dass der Künstler die Form der Präsentation den jeweiligen Kurator:innen überlässt, die Bonbons dürfen auch mitgenommen und verzehrt werden. Die Endlichkeit des menschlichen Körpers – und vor allem das Verschwinden des queeren Körpers durch HIV/Aids – findet ihr Pendant im Verschwinden des skulpturalen Körpers. Doch während jenes des menschlichen Körpers unumkehrbar ist, lässt sich der skulpturale Körper wiederherstellen, mit einem endlosen Nachschub an Bonbons.

„Wir sind eher Wirkung denn Ursache"[100]

Die Engführung informationstechnologischer und medizinischer Entwicklungen unterstrich einmal mehr, dass Technologie dem Menschen nicht mehr äußerlich ist. Sie war vielmehr längst Teil unserer Konstitution geworden. Die Grenze zwischen Organismus und Maschine, zwischen Mensch und Technologie war, wie Haraway bereits 1985 argumentierte, kollabiert: „Biologische Organismen sind zu biotischen Systemen geworden, zu Kommunikationsgeräten wie andere auch. Innerhalb unseres formalisierten Wissens über Maschinen und Organismen, über Technisches und Organisches gibt es keine grundlegende, ontologische Unterscheidung mehr."[101]

Die Aufhebung der ontologischen Unterschiede ist eine ebenso radikale wie konsequente und durchaus dystopische Feststellung, die bis heute grundlegende Fragen im Umgang mit Technologie aufwirft. Diese werden auch in der Videoskulptur *We Have No Free Will* (1995, S. 206) von Tony Oursler verhandelt. Zwei kleine, auf einem Regalbrett sitzende Stoffpuppen werden durch die Videoprojektion zweier Gesichter animiert (beide zeigen den polnisch-amerikanischen Künstler und Autor Warren Niesłuchowski). Im doppelten Selbstgespräch – die Köpfe interagieren nicht miteinander – erörtern sie unter anderem die Verifizierbarkeit und Falsifizierbarkeit logischer Operationen, das Verhältnis von Determiniertheit und freiem Willen, von Logik und Ratio gegenüber Erfahrung und Gewohnheit.

Auch wenn in Ourslers Arbeit nicht explizit als Ursache adressiert, spielte die Frage, wie wir wissen, was wir wissen, gerade angesichts einer zunehmenden Ausbreitung digitaler Informationstechnologien in den frühen 1990er-Jahren eine entscheidende Rolle. Denn das Internet galt als Versprechen einer demokratischen Wissensbasis, über die jede:r alles erfahren konnte.[102] Doch binnen weniger Jahre folgte der qua Algorithmen auf unsere Interessen und Bedarfe maßgeschneiderte (und offensichtlich beschränkte) Output digitaler Suchmaschinen. Ökonomischer Druck hatte dazu beigetragen, die vermeintlich egalitäre Plattform in kapitalisierbare Datenströme zu kanalisieren. Heute ist bekannt, in welchem Maße die Algorithmen diskriminierende und rassistische Strukturen reproduzieren.[103] Dieselben Ausschlussmechanismen, die in der Gesellschaft wirken, spiegeln sich auch in ihren technologischen Werkzeugen.

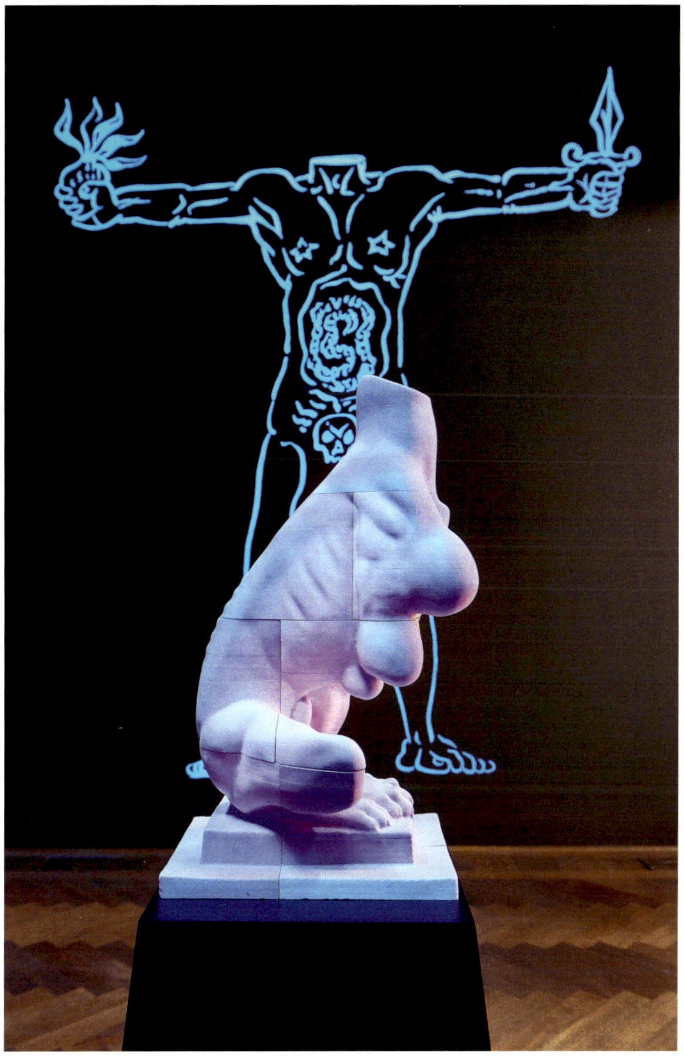

ABB. 8
Mark Leckeys 3-D-gedruckte *Copy of Louise Bourgeois' „Nature Study" (1984)*, 2014, 3-D-Druckpulver, pigmentiertes Bindemittel, 76,2 × 38,1 × 53,3 cm
Ausstellungsansicht *Mark Leckey. UniAddDumThs*, Kunsthalle Basel, 2015

Diese hocheffektiven regulatorischen Mechanismen fallen mit den technologischen Formationen geradezu in eins.

Vor allem in den letzten zehn Jahren wird deutlich, in welchem Maße dies auch unsere Körperbilder prägt. Die permanente und dauerhafte Sichtbarkeit von Körpern in den sozialen Netzwerken und die – mehr oder weniger direkten – Vorgaben an normative Ideale[104] einschließlich der nachgewiesenen psychischen Folgen zeigen die disziplinierenden Seiten der Technologie. Diese Formen von Gewalt, die gleichermaßen technologisch wie kapitalistisch strukturiert sind[105], scheinen von entscheidender Bedeutung für rezente Körperkonfigurationen.[106] Sie lassen sich als Fortschreibung der Formung von Körpern in den 1980er- und 1990er-Jahren verstehen, erweitert um die „den gesamten Bereich menschlicher Aktivität"[107] durchdringenden Wirkmechanismen digitaler Technologien. Statt der Möglichkeitsräume für Selbstausdruck und -inszenierung stehen hier der Körper als kapitalisierbare Ressource und der Druck, der dabei auf ihn ausgeübt wird, im Mittelpunkt.

Die Überfülle kontinuierlich qua Algorithmen und Tracker generierter Daten über unsere Körper greift Seth Price in seinen aus zahllosen hochauflösenden Digitalaufnahmen kompilierten Vergrößerungen von Hautoberflächen auf (*Mila* und *Hannah*, beide 2015–2017, S. 220/221). Während die Leuchtkästen den Prozess der Datensammlung – und die Aushöhlung des dahinterstehenden Subjekts – an der Oberfläche verhandeln, betonen andere Werke die materiellen körperlichen Folgen kontinuierlicher Durchleuchtung und Optimierung. Ebenso nüchtern wie pointiert zeigt sich das in Nairy Baghramians an übergroße Zahnspangen erinnernden *Scruff of the Neck*-Arbeiten (2016, S. 180/181).[108] Julia Phillips' *Drainer II* (2021, S. 184, 185) wiederum widmet sich der „Erschöpfung"[109] des Körpers ob solch anhaltenden Drucks. Der aus Keramik geformte Abdruck eines (weiblichen) Unterleibs ist auf der Innenseite mit rottonigen Glasuren versehen, die sich zu dicken Tropfen verdichten. Der Körper ist regelrecht ‚ausgeblutet'. Er hat alles gegeben, zurück bleibt eine ebenso materielle wie leere Hülle.

CODA: NEUE TECHNOLOGIEN UNSERER JÜNGSTEN VERGANGENHEIT

Die Ausstellung *Future Bodies from a Recent Past* ist eine Reise durch Materialien, Formen, Ausdrucksweisen in der Skulptur, die sich in den letzten 70 Jahren so stark verändert hat wie wohl nie zuvor in ihrer langen Geschichte. Wenngleich die Skulptur in einem modernistischen Mediumsverständnis in dieser Zeit an ihre Grenzen zu stoßen schien, hat sie als Form und Praxis nicht an Relevanz verloren. Ganz im Gegenteil: Gerade ihre erneute Präsenz in der zeitgenössischen Kunstproduktion war der Ausgangspunkt für die retrospektive Betrachtung der hier vorgestellten Skulpturgeschichte(n).

Die in der Ausstellung gezeigten Arbeiten reflektieren nicht nur oft schon wieder überholte Technikentwicklungen und -utopien, sondern auch die sie begleitenden Veränderungen im Verständnis und der Wahrnehmung von Körpern. Dieses Bild kann nur fragmentarisch sein. Die Werke sprechen von den damit verbundenen Hoffnungen wie auch von den ernüchternden Erfahrungen, die auf diesem Weg gemacht wurden. Denn auch die Geschichte der Technologie ist vor allem eine von Dominanz und Ausschluss, wie die Recherchen von Aleksandra Domanović zu der 1963 von dem serbischen Wissenschaftler Rajko Tomović entwickelten Belgrade Hand (Abb. 7) zeigen, die den Ausgangspunkt für ihre Skulpturen *Fatima* (2013, S. 215), *Mayura Mudra* (2013, S. 216) und *Little Sister* (2013/22) bildet. Tomovićs Handprothese mit fünf einzeln steuerbaren Fingern und einer elaborierten Sensorik sollte den Veteran:innen des Zweiten Weltkriegs Ersatz für ihre verlorenen Gliedmaßen bieten. Seinerzeit ein Vorzeigeprojekt zur Verbindung von künstlicher Intelligenz und prothetischer Technologie[110], war die Belgrade Hand zwar ein Meilenstein in der Robotikentwicklung, schaffte es jedoch nie in die serielle Anwendung und ist heute nur noch in Fachkreisen bekannt.

Solche Momente vergangener Technikgeschichten durchziehen auch Mark Leckeys raumgreifende Installation *UniAddDumThs* (seit 2014, S. 207–213), die sich aus einer vom Künstler kuratierten Ausstellung entwickelt hat. Die Ausstellung mit dem Titel *The Universal Addressability of Dumb Things*[111] materialisierte sich zunächst auf dem Computerdesktop des Künstlers. Gespeist von seinen qua Algorithmen an ihn zurückgespielten Interessen[112], befüllte Leckey nach groben Kategorien benannte Ordner – ‚Man', ‚Machine' und ‚Animal' – mit Abbildungen von Objekten der Menschheits- und Kunstgeschichte, der Popkultur und Technik. Haupt- und Seitenarme des „Techno-Animismus"[113], den der britische Künstler bereits seit mehreren Jahren erforschte, verwoben sich zu einem ebenso eigenwilligen wie komplexen Gebilde und erhielten in der Ausstellung in Form von Leihgaben vorübergehend eine physische Präsenz. *UniAddDumThs* wiederum ist die „Ersatz"-Version[114] dieser Ausstellung. Statt sich mit Ende der Präsentation von den geliehenen Kunstwerken und Artefakten zu trennen, schuf Leckey Kopien und Nachbauten als ‚stand-ins' für die nicht mehr zugänglichen Originale (Abb. 8). Er hatte sie sich mittels analoger und digitaler Reproduktionstechnologien[115] zu eigen gemacht.

In den Displays, die *UniAddDumThs* konstituieren, steht der 3-D-Druck eines sowjetischen Raumfahrtanzuges für Hunde aus dem Jahr 1959 neben einem in eine *Transformers*-Figur konvertierbaren Nike-Turnschuh oder ein Pappaufsteller der bionischen i-Limb Ultra-Hand neben dem einer Handreliquie aus dem späten 13. Jahrhundert. Hier kreuzen sich also Objekte und Artefakte (aber auch das technologische Imaginäre) verschiedener Zeiten und Kontexte. In ihnen manifestiert sich das paradoxe Verhältnis zwischen technologischer Rationalisierung und magischem Denken – die Rückkehr zu einem Glauben an die animistische Beseeltheit unbelebter Dinge ausgerechnet in einer zunehmend digitalisierten Welt.[116]

Doch die Grenzen zwischen Belebtem und Unbelebtem, zwischen Menschlichem und Technologischem sind tatsächlich porös geworden, wie die jüngsten Entwicklungen im Bereich künstlicher Intelligenz zeigen. Die US-amerikanische Künstlerin Stephanie Dinkins führt seit 2014 Gespräche mit Bina48, einem hochkomplexen humanoiden Roboter (*Conversations with Bina48*, S. 217). Bina48 hat nicht nur erfolgreich einen Kurs in Philosophie abgeschlossen,[117] sondern gilt auch als zu eigenen Gedanken und Emotionen befähigt. Dinkins hat sich mit Bina48 zu so unterschiedlichen Themen wie Rassismus, Einsamkeit, freiem Willen oder eben der Fähigkeit künstlicher Intelligenzen, Gefühle zu empfinden, unterhalten. Je tiefer sie in diese Gespräche eintaucht, desto fragwürdiger werden die vermeintlich so klaren Trennlinien zwischen menschlicher und künstlicher Intelligenz und Emotionalität. Der Kulturwissenschaftler und Autor Louis Chude-Sokei würde wohl argumentieren, dass der Wunsch, sich derartiger Unterschiede zu versichern, vor allem einer Stabilisierung des westlichen und *weißen* Verständnisses vom Menschen als der Technologie überlegen diene.[118] Ob diese Unterscheidungen tatsächlich noch greifen: Wer sind wir, das zu beurteilen?

Endnoten

1 Ground Zero wird im Deutschen mit ‚Bodennullpunkt' übersetzt und bezeichnet den Einschlagsort einer Bombe oder einer vergleichbar zerstörerischen Kraft. Der Begriff wird für die Schauplätze der Atombombenexplosionen in Hiroshima und Nagasaki am 6. und 9. August 1945 verwendet, aber beispielsweise auch für den Ort der am 11. September 2001 zerstörten Doppeltürme des World Trade Center in New York.

2 Étampes war von 1940 bis 1944 einer der Bomberstützpunkte der Nationalsozialist:innen in Frankreich, von denen ausgehend sie ihre Luftangriffe auf England flogen.

3 Es existieren verschiedene Fassungen von *La Main*. Die originale Gipsversion befindet sich im Eigentum der Alberto Giacometti-Stiftung und wird im Kunsthaus Zürich verwahrt. Sechs Bronzegüsse von *La Main* sind in verschiedenen öffentlichen und privaten Sammlungen zu finden.

4 Paul Tillich, „A Prefatory Note by Paul Tillich", in: *New Images of Man*, Ausst.-Kat. New York 1959, The Museum of Modern Art, New York, hrsg. von Peter Selz, S. 9 f., hier S. 9.

5 Peter Selz, „Introduction", in: Ausst.-Kat. New York 1959 (wie Anm. 4), S. 11–15, hier S. 12.

6 Tillich 1959 (wie Anm. 4), S. 10.

7 Vgl. dazu die Ausführungen von Franziska Linhardt entlang der theoretischen Ansätze von Rosi Braidotti, Ursula K. Le Guin, Marie-Luise Angerer, Anne Balsamo, Donna Haraway, Sadie Plant und anderen in ihrem Essay in vorliegender Publikation.

8 Lawrence Alloway, „Commentary", in: John Munday, Eduardo Paolozzi. *The Metallization of a Dream*, London 1963, S. 11–63, hier S. 40.

9 Ebd., S. 29.

10 Ebd., S. 50.

11 Ebd., S. 44.

12 Anne M. Wagner, „David Smith. Heavy Metal", in: *David Smith. Cubes and Anarchy*, Ausst.-Kat. München/New York 2011, Los Angeles County Museum of Art, S. 63–87, hier S. 77.

13 Ebd., S. 82.

14 David Smith, „The New Sculpture" (1952), zit. nach ebd., S. 72.

15 Anne M. Wagner, *A House Divided. American Art since 1955*, Berkeley/Los Angeles/London 2012, S. 104.

16 o. V., „Vor 75 Jahren. Atombombenabwürfe über Hiroshima und Nagasaki", 5.08.2020, Bundeszentrale für politische Bildung, unter: https://www.bpb.de/politik/hintergrund-aktuell/313622/hiroshima-und-nagasaki [Stand: 17.01.2022].

17 Verschiedene japanische Theoretiker:innen sehen im 1951 unterzeichneten Sicherheitsvertrag zwischen Japan und den Vereinigten Staaten jedoch eine Fortschreibung der Besetzung Japans. Denn der Vertrag gestattet es den USA, unabhängige Militärbasen in Japan zu unterhalten; vgl. Noi Sawaragi, „On the Battlefield of ‚Superflat'. Subculture and Art in Postwar Japan", in: *Little Boy. The Arts of Japan's Exploding Subculture*, Ausst.-Kat. New Haven 2005, Japan Society Gallery, New York, hrsg. von Takashi Murakami, S. 186–207.

18 Für den wirtschaftlichen Aufschwung spielte der Bedarf an militärischer Ausstattung für den Koreakrieg seitens der USA eine entscheidende Rolle; siehe Ming Tiampo, „Electrifying Painting", in: *Electrifying Art. Atsuko Tanaka 1954–1968*, Ausst.-Kat. Vancouver 2004, Grey Art Gallery, New York; Morris and Helen Belkin Art Gallery, Vancouver, hrsg. von ders., S. 63–78, hier S. 73.

19 „Die Mitglieder von Gutai bekamen die Erwartungen des japanischen Militarismus und der totalitären Kultur, die er groß machte und aus der er sich speiste, aus nächster Nähe mit. Und es war vor diesem Hintergrund, dass sie später bei Gutai auf einer Ethik der Freiheit und des Individualismus beharrten." Ming Tiampo, „Please Draw Freely", in: *Gutai. Splendid Playground*, Ausst.-Kat. New York 2013, Solomon R. Guggenheim Museum, New York, hrsg. von Alexandra Munroe und ders., S. 45–79, hier S. 48.

20 Siehe hierzu Namiko Kunimoto, „Tanaka Atsuko's Electric Dress and the Circuits of Subjectivity", in: *Art Bulletin*, Bd. 95, Nr. 3, 2013, S. 465–483.

21 Ebd., S. 480.

22 Atsuko Tanaka 1999, zit. nach ebd.

23 Michael Wellen, „Any One Star", in: *Takis*, Ausst.-Kat. London 2019, Tate Modern, London; Museu d'Art Contemporani de Barcelona; Museum of Cycladic Art, Athen, hrsg. von Guy Brett und dems., S. 62–79, hier S. 66.

24 Eric Hobsbawm, *Das Zeitalter der Extreme. Weltgeschichte des 20. Jahrhunderts* (1995), Darmstadt 2019, S. 20.

25 Für die Recherche zu diesem Thema danke ich unserer Hospitantin Helena Held.

26 Ian MacNeil, *An Encyclopedia of the History of Technology*, London/New York 1990, S. 424–427.

27 Wladimir Iljitsch Lenins Ausspruch „Kommunismus – das ist Sowjetmacht plus Elektrifizierung des ganzen Landes" führte zu einem 1921 verabschiedeten staatlichen Programm zur Elektrifizierung des Landes mit dem Namen GEOLRO. Vgl. Wladimir Iljitsch Lenin, Rede vor dem VIII. Gesamtrussischen Sowjetkongress, 22.12.1920, in: ders., *Werke*, Bd. 31, Berlin 1966, S. 513.

28 Hobsbawm 2019 (wie Anm. 24), S. 333.

29 Vgl. das „Manifest des Futurismus" von Filippo Tommaso Marinetti aus dem Jahr 1909. In Auszügen in: Filippo Tommaso Marinetti, „Manifest des Futurismus (1909)", in: Charles Harrison, Paul Wood (Hrsg.), *Kunsttheorie im 20. Jahrhundert. Künstlerschriften, Kunstkritik, Kunstphilosophie, Manifeste, Statements, Interviews*, Bd. I, Ostfildern-Ruit 1998, S. 185–187.

30 Vgl. Michelle Yun, „Nam June Paik: Evolution, Revolution, Resolution", in: *Nam June Paik. Becoming Robot*, Ausst.-Kat. New Haven/London 2014, Asia Society Museum, New York, hrsg. von Melissa Chiu und ders., S. 15–33, insbes. S. 18 f.

31 Stanisław Lem, *Summa technologiae* (1964), Frankfurt a. M. 1976, S. 9.

32 Vgl. Nadja Wiesener, Eintrag zu „TV-Helm (Das tragbare Wohnzimmer), 1967", in: *Occupying Space. Sammlung Generali Foundation Collection*, Samml.-Kat. Köln 2003, Generali Foundation Collection, Wien, hrsg. von Sabine Breitwieser, S. 404.

33 Marshall McLuhan, *Understanding Media. The Extensions of Man* (1964), London/New York 2001.

34 Einen frühen Vorläufer hatten diese Ausstellungen in *This Is Tomorrow*, kompiliert und kuratiert von der interdisziplinären Independent Group, der sowohl Paolozzi wie Alloway angehörten, am Institute of Contemporary Arts (ICA) in London 1956.

35 Die Kritik an diesem – sehr kostspieligen – Phänomen ließ nicht lange auf sich warten. Vgl. Max Kozloff über das *Art and Technology*-Programm des LACMA in: „The Multimillion Dollar Art Boondoggle", in: *Artforum*, Bd. 10, Nr. 2, Oktober 1971, S. 72–76.

36 Als zentrale Figur ist der Kritiker Clement Greenberg zu nennen, der das modernistische Mediumsverständnis in Bezug auf die Skulptur mit Essays wie „Zu einem neueren Laokoon" (1940) oder „Die neue Skulptur" (1949) zementierte. Alle in: Clement Greenberg, *Die Essenz der Moderne. Ausgewählte Essays und Kritiken*, hrsg. von Karlheinz Lüdeking, Amsterdam/Dresden 1997, S. 56–81, 163–173.

37 Jack Burnham, „Preface", in: ders., *Beyond Modern Sculpture. The Effects of Science and Technology on the Sculpture of this Century*, New York 1968, S. vii–x, hier S. ix f.

38 Jack Burnham, „Systems Aesthetics", in: *Artforum*, Bd. 7, Nr. 1, September 1968, S. 30–35, hier S. 31.

39 Die Kunsthistorikerin Rosalind E. Krauss formulierte diesen Übergang zur ‚postmedialen' Bedingung in der Kunst der 1960er-Jahre, den sie vor allem durch die Entwicklung der Konzeptkunst und neuer Gattungen wie der Videokunst begründet sah, in ihrem Buch *„A Voyage on the North Sea". Art in the Age of the Post-Medium Condition*, London 1999. Auf Deutsch erschienen als *„A Voyage on the North Sea". Broodthaers, das Postmediale*, Zürich/Berlin 2008.

40 Vgl. dazu auch das Essay von Jenny Nachtigall in vorliegender Publikation.

41 Vgl. das Kapitel „Die Goldenen Jahre", in: Hobsbawm 2019 (wie Anm. 24), S. 324–362.

42 Ebd., S. 286. Während Hobsbawm sie im Rückblick vor allem auch als eine

rhetorische Drohkulisse beschrieb, wurde die nukleare Bedrohung in der damaligen Zeit als real und jederzeit imminent erlebt.

43 Vgl. Rolf Steiniger, „Der Vietnamkrieg“, 10.10.2008, Bundeszentrale für politische Bildung, unter: https://www.bpb.de/internationales/amerika/usa/10620/vietnamkrieg?p=all [Stand: 29.11.2021].

44 Vgl. hierzu Hobsbawm 2019 (wie Anm. 24), S. 376.

45 Vgl. Irene Small, „Chronology“, in: *The Short Century. Independence and Liberation Movements in Africa 1945–1994*, Ausst.-Kat. München/London/New York 2011, Villa Stuck, München; Haus der Kulturen der Welt im Martin-Gropius-Bau, Berlin; Museum of Contemporary Art, Chicago; P.S.1 Contemporary Art Center und The Museum of Modern Art, New York, hrsg. von Okwui Enwezor, S. 462–470, hier S. 462.

46 Rodrigo Moura, „Lynch Fragments: Pieces of Life, Shards of History“, in: *Melvin Edwards. Lynch Fragments*, Ausst.-Kat. São Paulo 2018, Museu de Arte de São Paulo, hrsg. von Adriano Pedrosa und dems., S. 8–13, hier S. 9 f.

47 Hobsbawm 2019 (wie Anm. 24), S. 26.

48 Gilles Deleuze, Félix Guattari, *Anti-Ödipus. Kapitalismus und Schizophrenie I* (1972), Frankfurt a. M. 1977.

49 Gilles Deleuze, Félix Guattari, *Anti-Oedipus, Capitalism and Schizophrenia*, Minneapolis 1983, S. 1. Ich zitiere hier die englische Übersetzung, da die deutsche den genannten Satz nur verkürzt abbildet.

50 Gilles Deleuze, Félix Guattari, „Balance Sheet – Program for Desiring Machines“, in: *semiotext(e)*, Bd. II, Nr. 3, 1977, S. 117–135, hier S. 129.

51 Dass Deleuze und Guattari diesen Begriff für die Beschreibung des Gesellschaftsapparates verwendeten, ist geradezu symptomatisch, denn die ökonomische Entwicklung der beiden Nachkriegsdekaden und der damit verbundene erneute Aufschwung des Kapitalismus waren in entscheidendem Maße angetrieben von der technologischen Revolution der damaligen Zeit.

52 Vgl. Ann-Cathrin Drews, „Painting Machines, ‚Metallic Suicide‘ and Raw Objects. Deleuze and Guattari’s *Anti-Oedipus* in the Context of French Post-War Art“, in: Sjoerd van Tuinen, Stephen Zepke (Hrsg.), *Art History after Deleuze and Guattari*, Leuven 2017, S. 195–216.

53 Deleuze/Guattari 1977 (wie Anm. 48), S. 7.

54 Deleuze und Guattari sahen im Begehren den entscheidenden Impuls zur Dynamisierung und Regulierung der Gesellschaftsmaschinerie. Hierfür prägten sie den Begriff der ‚machine désirante‘, der im Deutschen zunächst mit ‚Wunschmaschine‘, später mit ‚Begehrensmaschine‘ übersetzt wurde.

55 Annika Öhrner, „Niki de Saint Phalle Playing with the Feminine in the Male Factory. HON – en katedral“, in: *Stedelijk Studies*, unter: https://stedelijkstudies.nl/wp-content/uploads/2018/11/Stedelijk-Studies-7-Niki-de-Saint-Phalle-Playing-with-the-Feminine-in-the-Male-Factory-Ohrner.pdf [Stand: 21.11.2021], S. 1.

56 Ebd., S. 3

57 Deleuze und Guattari beschrieben die Begehrensmaschine nach einem Ausspruch von Jean Tinguely, Niki de Saint Phalles damaligem Partner, als *„eine wahrhaft fröhliche Maschine, und mit fröhlich meine ich frei“* (Hervorhebung im Original). Deleuze/Guattari 1977 (wie Anm. 50), S. 131.

58 Ebd., S. 129.

59 Elena Filipovic, „*Everybody* – jede*r und jeder Körper“, in: *Joachim Bandau. Die Nichtschönen. Werke 1967–1974*, Ausst.-Kat. Köln 2021, Kunsthalle Basel, hrsg. von ders. und Renate Wagner, S. 17–35, hier S. 17.

60 Ebd., S. 20.

61 Joachim Bandau, unbetitelter Text (1971), in: Ausst.-Kat. Basel 2021 (wie Anm. 59), S. 14 f., hier S. 14.

62 Joachim Bandau, „Monstren“ (1972), in: Ausst.-Kat. Basel 2021 (wie Anm. 59), S. 78 f., hier S. 78.

63 Deleuze/Guattari 1977 (wie Anm. 48), S. 41 f.

64 Antje Krause-Wahl argumentiert, dass Kudo in seinen Werken die reproduktiven Funktionen des Körpers mit posthumaner Prokreation ersetzt. Antje Krause-Wahl, „Reproduktion und Prokreation – Tetsumi Kudos phallische Displays“, in: *Tetsumi Kudo. Retrospektive*, Ausst.-Kat. Köln 2021, Fridericianum, Kassel 2016/17, hrsg. von Susanne Pfeffer, S. 301–309.

65 Manuela Ammer, „Bruno Gironcoli: In der Arbeit schüchtern bleiben“, in: *Bruno Gironcoli. In der Arbeit schüchtern bleiben. Arbeiten auf Papier*, Ausst.-Kat. Köln 2018, mumok – museum moderner kunst stiftung ludwig wien, hrsg. von ders., S. 18–33, hier S. 21.

66 Für die Beschreibung von Ablauf und Details des *Shelter Plan* vgl. Gō Hirasawa, „Moment When a Singularity Is Born. Essay on Motoharu Jonouchi“, in: *Collaborative Cataloging Japan*, unter: https://www.collabjapan.org/essay-go-hirasawa-jonouchi-motoharu-english [Stand: 29.11.2021]; ich danke Andrew Maerkle für den Hinweis.

67 Ebd.

68 Der Titel des Werks bezieht sich auf die gleichnamige Straße in Tucson, Arizona, in der Grossmans Eltern lebten. Vgl. David Getsy, „Second Skins. The Unbound Genders of Nancy Grossman’s Sculpture“, in: ders., *Abstract Bodies. Sixties Sculpture in the Expanded Field of Gender*, New Haven/London 2015, S. 147–207, hier S. 167. Der Straßenname wiederum referiert auf die Potawatomi, ein Volk der Erstbewohner:innen Amerikas, und lässt sich damit nicht getrennt von der Verdrängung und Unterdrückung der indigenen Bevölkerung in den USA betrachten.

69 *Potawatami* gehört zu der Gruppe von Werken, die im Œuvre Grossmans den Übergang vom Zweidimensionalen ins Dreidimensionale markieren.

70 Getsy 2015 (wie Anm. 68), S. 167.

71 Senga Nengudi, „Statement zu Nylonskulpturen“ (1977), in: *Senga Nengudi. Topologien/Topologies*, Ausst.-Kat. München 2019, Städtische Galerie im Lenbachhaus und Kunstbau München, hrsg. von Matthias Mühling und Stephanie Weber, S. 157.

72 Ebd.

73 Vgl. dazu Stephanie Webers Essay „Dynamische Topologien: Über Stetes und Vergängliches im Werk von Senga Nengudi“, in: Ausst.-Kat. München 2019 (wie Anm. 71), S. 17–35.

74 Ian Edward Wallace, „Gebrauchte Körper“, in: Ausst.-Kat. München 2019 (wie Anm. 71), S. 128–133, hier S. 133.

75 Elizabeth Grosz, „Embodying Space: An Interview Conducted by Kim Armitage and Paul Dash“, in: dies., *Architecture from the Outside. Essays on Virtual and Real Space*, Cambridge, Mass./London 2001, S. 3–29, hier S. 28.

76 Deleuze/Guattari 1977 (wie Anm. 48), S. 54.

77 Die Worte sind Michel Foucaults einführendem Kommentar zur englischen Ausgabe des *Anti-Ödipus* entlehnt: „Deleuze und Guattari für ihren Teil spüren noch den schwächsten Formen des Faschismus im Körper nach. [...] Bevorzugen, was positiv und multipel ist, die Differenz über die Uniformität, Flüsse über Einheiten, bewegliche Arrangements über Systeme. Glauben, dass nicht das Sesshafte, sondern das Nomadische produktiv ist.“ Michel Foucault, „Preface“, in: Deleuze/Guattari 1983 (wie Anm. 49), S. xi–xiv, hier S. xiii.

78 Vgl. das Unterkapitel „Der historische Ablauf der informationstechnologischen Revolution“, in: Manuel Castells, *Das Informationszeitalter*, Teil 1: *Der Aufstieg der Netzwerkgesellschaft*, Opladen 2001, S. 42–66.

79 Ebd., S. 5.

80 Ebd., S. 44.

81 Ebd., S. 49.

82 Donna Haraway, „Ein Manifest für Cyborgs. Feminismus im Streit mit den Technowissenschaften“ (1985), in: dies., *Die Neuerfindung der Natur. Primaten, Cyborgs und Frauen*, Frankfurt a. M./New York 1995, S. 33–72, hier S. 53 (Hervorhebung im Original).

83 1973 und 1974 wurden erste gentechnische Experimente an Bakterien durchgeführt, 1977 wurde das erste menschliche Gen geklont und in den späten 1980er-Jahren die CRISPR-Technologie an der Universität in Osaka entwickelt, die eine Modifikation von menschlichem Erbgut ermöglichte. Diese Entwicklungen waren von Anfang an von vehementen ethischen Debatten begleitet, wie die Einberufung des Committee on Recombinant DNA Molecules der US-amerikanischen National Academy of Sciences 1974 und die ein Jahr später stattfindende *Asilomar Conference on Recombinant DNA Molecules* zeigen. Vgl. Paul Berg u. a., „Asilomar Conference on Recombinant DNA Molecules“, in: *Science*, Bd. 188, Heft 4192, 6.06.1975, S. 991–994.

84 Jean Baudrillard, „The Ecstasy of Communication", in: Hal Foster (Hrsg.), *The Anti-Aesthetic. Essays on Postmodern Culture*, Port Townsend 1983, S. 126–134, hier S. 129, zit. nach Bernadette Wegenstein, *Getting Under the Skin. Body and Media Theory*, Cambridge, Mass./London 2006, S. 11. Wegenstein verweist auch darauf, dass sich die Vorstellung, den Körper hinter sich lassen zu können, in eine lange Tradition dezidiert männlicher Technikfantasien einreiht.

85 Grosz 2001 (wie Anm. 75), S. 18.

86 Ebd.

87 Haraways radikale Auflösung ontologischer Oppositionen umfasst nicht nur die Unterscheidungen von Organismus und Maschine, sondern unter anderem auch die von Mensch und Tier, von natürlich und künstlich, von Körper und Geist. Vgl. Haraway 1995 (wie Anm. 82).

88 Jeannine Tang, „Simulation and Security: Tishan Hsu's New York and Cologne, 1987–1990", in: *Tishan Hsu: Liquid Circuit*, Ausst.-Kat. New York 2021, Hammer Museum, Los Angeles; SculptureCenter, New York 2019; Rose Art Museum, Brandeis University, Waltham, hrsg. von Sohrab Mohebbi, S. 52–71, hier S. 58.

89 Jeannine Tang, „Subject to Security: Tishan Hsu and Julia Scher", Vortrag im Rahmen des Symposiums *Future Bodies from a Recent Past – Skulptur, Technologie, Körper seit den 1950er-Jahren,* 23.01.2021, unter: https://www.museum-brandhorst.de/videos/materialisierte-cyberkoerper-seit-den-1980er-jahren [Stand: 16.12.2021].

90 Vgl. Imke Schmincke, *Körpersoziologie*, Paderborn 2021, S. 23 f.

91 In seinem Interview mit Matthew Barney weist Charlie Fox auf die engen Bezüge dieser Körperpraktiken zur Skulptur hin. Er zitiert Arnold Schwarzenegger mit den folgenden Worten: „Gute Bodybuilder:innen denken im Bezug auf Skulptur ähnlich wie Bildhauer:innen." In: Charlie Fox, „Fox vs. Barney", in: *Orange Crush. The Journal of Art and Wrestling*, Bd. 3, 2022, S. 6–14, hier S. 11.

92 Schmincke 2021 (wie Anm. 90), S. 23–27.

93 Sonja Schmid, „The Discovery of HIV-1", 28.11.2018, unter: https://www.nature.com/articles/d42859-018-00003-x [Stand: 18.12.2021].

94 Das HI-Virus verbreitete sich in verschiedenen gesellschaftlich marginalisierten Gruppen. Die US-amerikanische Regierung beschrieb das Virus dessen ungeachtet als ‚Schwulenkrankheit' und schob die Verantwortung für die Verbreitung des Virus auf die schwule Community (dies ließ sich vergleichbar auch in anderen Ländern beobachten). Vgl. Gregg Bordowitz, „Against Heterosexuality", in: *Parkett*, Nr. 27, 1991, S. 100–104, insbes. S. 104.

95 Peter Schjeldahl, „Found Meanings. A Robert Gober Retrospective", in: *The New Yorker*, 6.10.2014, unter: https://www.newyorker.com/magazine/2014/10/13/found-meanings [Stand: 17.12.2021].

96 Hal Foster, „An Art of Missing Parts", in: *October*, Nr. 92, Frühjahr 2000, S. 129–156, hier S. 143.

97 Dies spielt auch in Shu Lea Cheangs *Those Fluttering Objects of Desire* (1992/93, wiederhergestellt 2018/2022, S. 134, 135) eine zentrale Rolle; siehe dafür Franziska Linhardts Essay in vorliegender Publikation.

98 Renate Lorenz, „No Palm Tree! Repräsentationen von Körpern *ohne Körper*", in: *Kunst, Sichtbarkeit, Queer Theory*, Heft 45, Juni 2008, S. 26–40.

99 So die Angaben der Felix Gonzalez-Torres Foundation, unter: https://www.felixgonzalez-torresfoundation.org/works/untitled-lover-boys2 [Stand: 17.12.2021].

100 Grosz 2001 (wie Anm. 75), S. 22.

101 Haraway (1985) 1995 (wie Anm. 82), S. 67.

102 Über den Zeitverzug beim Zugang zu neuen Technologien und die damit verbundenen Ungleichheiten vgl. Castells 2001 (wie Anm. 78), S. 36.

103 Safiya Umoja Noble, *Algorithms of Oppression: How Search Engines Reinforce Racism,* New York 2018. Dass dies lebensgefährliche Konsequenzen haben kann, dazu Heidi Ledford, „Millions of Black People Affected by Racial Bias in Health-Care Algorithms", in: *Nature*, Nr. 574, 24.10.2019, S. 608 f., unter: https://www.nature.com/articles/d41586-019-03228-6 [Stand: 21.12.2021].

104 Vgl. Chris Kröver, Markus Reuter, „TikToks Obergrenze für Behinderungen", 2.12.2019, unter: https://netzpolitik.org/2019/tiktoks-obergrenze-fuer-behinderungen [Stand: 27.12.2021].

105 Castells 2001 (wie Anm. 78), S. 64 f.

106 Zur „Allgegenwärtigkeit des Digitalen in der Produktion der (nicht) menschlichen Körper" siehe Kerstin Stakemeier, „Prothetische Produktionen. Die Kunst digitaler Körper", in: *Texte zur Kunst*, Nr. 93, März 2014, S. 167–181, hier S. 175.

107 Castells 2001 (wie Anm. 78), S. 5.

108 André Rottmann, „Nairy Baghramian: The Matrix of Sculpture", in: *Nairy Baghramian. Déformation professionnelle*, Ausst.-Kat. München/London/New York 2018, Stedelijk Museum voor Actuele Kunst, Gent; Walker Art Center, Minneapolis, hrsg. von Martin Germann und Vincenzo De Bellis, S. 65–123, hier S. 109.

109 Julia Phillips spricht von „politischer Erschöpfung". Videoanruf mit Franziska Linhardt und Patrizia Dander, 9.12.2021.

110 M. Rakić, „The ‚Belgrade Hand Prosthesis'", in: *Proceedings of the Institution of Mechanical Engineers. Conference Proceedings*, Bd. 183, Nr. 10, 1.09.1968, S. 60–67.

111 *The Universal Addressability of Dumb Things* wurde von Hayward Gallery Touring organisiert und war in Nottingham Contemporary, The Bluecoat, Liverpool, und im De La Warr Pavilion, Bexhill-on-Sea, zu sehen (alle 2013).

112 Leckey hat diesem Phänomen mit *In the Long Tail* (2008/09) eine eigene Performance Lecture gewidmet. Für das Skript siehe *Mark Leckey. On Pleasure Bent*, Ausst.-Kat. Köln 2014, WIELS Contemporary Art Centre, Brüssel; Haus der Kunst, München; Museo d'Arte Contemporanea Donnaregina – Madre Napoli, Neapel, Kunsthalle Basel, hrsg. von Patrizia Dander und Elena Filipovic, S. 102–113.

113 Elena Filipovic, „The Real Embodiment of Ersatz Things", in: Ausst.-Kat. Brüssel/München/Neapel/Basel 2014 (wie Anm. 112)., S. 34–41, hier S. 36.

114 Ebd., S. 39.

115 Vgl. dazu das Essay von Megan R. Luke in vorliegender Publikation.

116 Filipovic 2014 (wie Anm. 113), S. 36.

117 So die Websiteinformation von Hanson Robotics, unter: https://www.hansonrobotics.com/bina48-9 [Stand: 21.12.2021].

118 Vgl. dazu Louis Chude-Sokei, *The Sound of Culture. Diaspora and Black Technopoetics*, Middletown 2015, sowie sein Essay in vorliegender Publikation.

NEU, NEUER, AM NEUESTEN

Das Nachleben des Laokoon, oder: Einige Möglichkeiten für die Skulptur der Nachkriegszeit

ALEX KITNICK

Beginnen wir mit zwei Collagen aus Eduardo Paolozzis Künstlerbuch *The Metallization of a Dream*, das 1963 bei Lion und Unicorn Press in London erschienen ist (Abb. 1 und 2).[1] Man könnte auch sagen: Beginnen wir mit zwei Bildern. Denn darum geht es hier: Um das Bild – im Sinne einer Idee – von Skulptur, darum, was die Bildhauerei nach dem Zweiten Weltkrieg sein könnte. Beide Bilder zeigen die berühmte Laokoon-Gruppe (Abb. 3), dieses ewige Emblem der Skulptur, durch die Windschutzscheibe eines Autos. Diese Skulpturengruppe, geschaffen um den Beginn der christlichen Zeitrechnung und 1506 in einem römischen Weinberg ausgegraben, steht für die Klassik, die Renaissance und die Neoklassik in einem, ein Meilenstein der Kunstgeschichte, zu dem wir immer wieder zurückkehren. Auch Paolozzi spielt mit der Vorstellung einer gewissen Überzeitlichkeit und zeigt das Ensemble in zwei unterschiedlich restaurierten Fassungen: Einmal ist der Arm eines der Söhne geradewegs nach oben verlängert und einmal hinter dem Kopf der Figur abgewinkelt. In beiden Fällen aber rahmt der Künstler die Gruppe mit dem Bild eines Autocockpits, das, so scheint es, aus der Bedienungsanleitung eines nicht näher spezifizierten Fahrzeugs stammt (im Bild links hat Paolozzi das Cockpit selbst nachgezeichnet). Man kann diverse Bedienungselemente erkennen, alles ist beschriftet (‚Benzin', ‚Bremse', ‚Radio' etc.) und durchnummeriert (von 1 bis 34). Zwischen den Bildern hat Paolozzi einige Zeilen mit seltsam kryptischen, nicht immer ganz richtig geschriebenen Notizen hinzugefügt, die mehr andeuten als erklären. In den zentralen Passagen ist von moderner Technologie die Rede: Flugzeugen, Autos, fliegenden Menschen und so weiter. Paolozzi möchte allem Anschein nach, dass wir auch den Laokoon so wahrnehmen: als moderne Technologie.

Seit Gotthold Ephraim Lessing 1766 den Laokoon schon im Titel seiner Abhandlung über die Unterschiede zwischen Malerei und Poesie nannte (unter Malerei wurden hier sämtliche bildenden Künste subsumiert), gilt die Skulptur als Emblem für das Moderne, ebenso für die Unterscheidung der Künste und deren Aufteilung in Disziplinen.[2] Da sich die Dichtung mit der Zeit befasse und die Malerei mit dem Raum, so Lessing, käme jeder Kunst ihr eigener Bereich zu. Folglich müsse sie auch die ihr jeweils eigenen Qualitäten betonen. Lessing fühlte sich der Schönheit verpflichtet, und er dachte dies von den Grenzen der Kunst her, von dem, was die jeweiligen Künste entsprechend ihren Fähigkeiten zu leisten imstande waren – und genau diese Idee sollte Clement Greenberg rund 200 Jahre später in seinem Essay „Zu einem

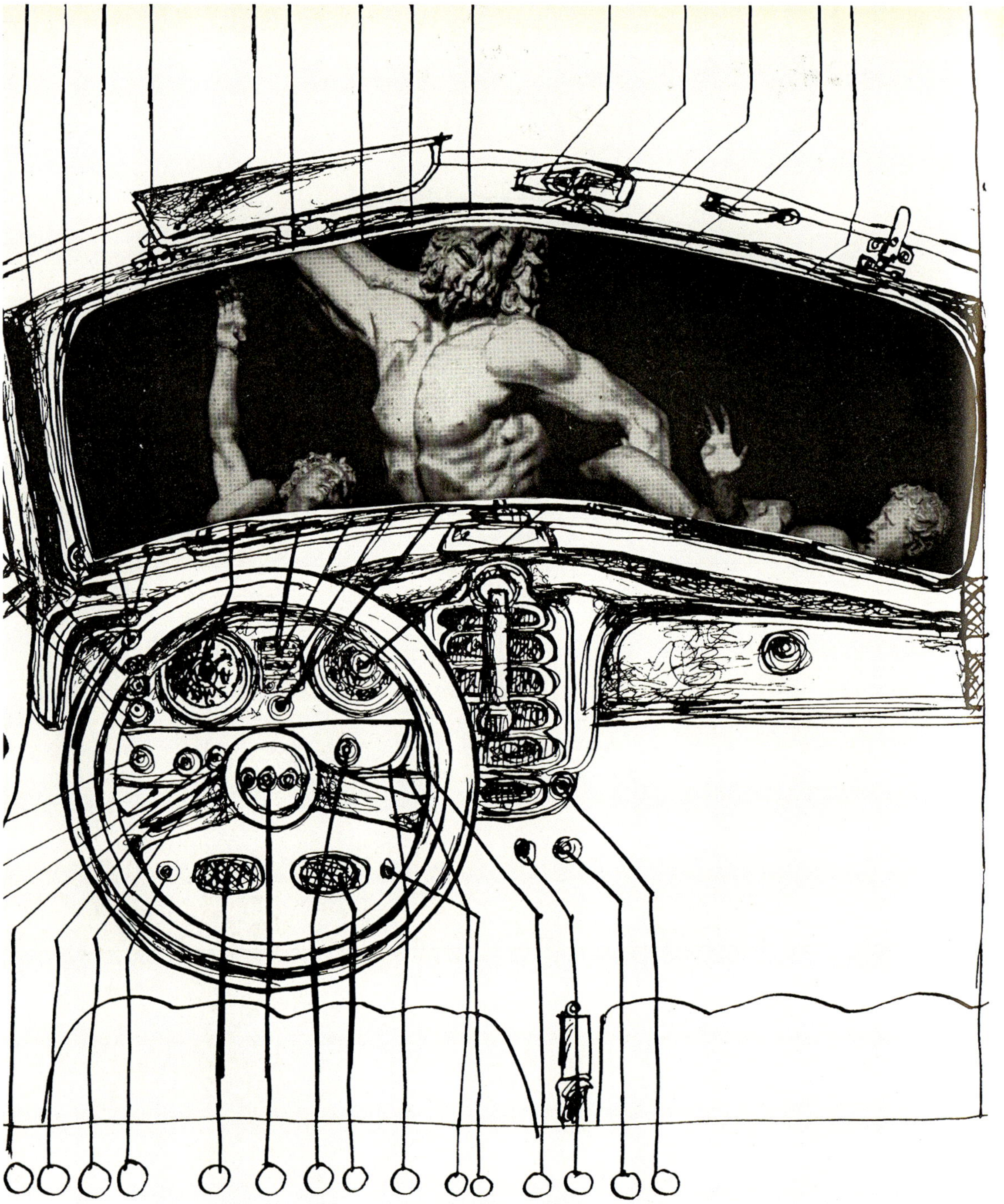

ABB. 1 & 2
Seite 42 (oben) und 43 (rechte Seite, oben) aus Eduardo Paolozzis Künstlerbuch *The Metallization of a Dream*, Lion and Unicorn Press, London 1963

neueren Laokoon" von 1940 aufgreifen. Greenberg wollte Lessing an die damalige Zeit anpassen. Er war von derselben allgemeinen Idee wie dieser überzeugt – nämlich, dass jede Kunst nur eine Sache beherrsche und sie sich klar und deutlich dazu bekennen müsse; keine „Vermischung der Künste"[3], in anderen Worten. Darüber hinaus war Greenberg mit diesem Aufsatz auch an einer „historischen Begründung"[4] der abstrakten Kunst gelegen. Kunst müsse nicht nur aufhören, die Effekte der Literatur imitieren zu wollen. Auch Bilder müssten verbannt werden, bevor jemand auf falsche Ideen komme. Und selbst wenn Greenbergs Thema hauptsächlich die Malerei war, erwartete er auch von den anderen Künsten, dass sie, so sein Argument, zu ihren ‚grundlegenden Elementen' fänden. „Die Künste sind also auf ihr jeweiliges Medium zurückgeworfen",[5] schreibt Greenberg. „[S]o scheint in der Bildhauerei die Steinfigur kurz davor, in den ursprünglichen monolithischen Block zurückzufallen, und der Bronzeguss scheint glatter zu werden, zurückzukehren in den geschmolzenen Fluß, aus dem er ursprünglich gegossen war, oder scheint sich an die Textur und Plastizität des Tons erinnern zu wollen, aus dem er einmal herausgebildet worden war."[6] In anderen Worten: zurück zu den Grundlagen, zurück zum Anfang. Und auch wenn Greenberg hier die bereinigten, von der Zeit geglätteten Formen von Barbara Hepworth und Henry Moore im Sinn hatte – etwa Hepworths *Three Forms (Carving in Grey Alabaster)* von 1935 –, könnte man genauso gut eine Radierung anführen, wie sie der britische Maler und Drucker Stanley William Hayter, der sich im Dunstkreis des Abstrakten Expressionismus bewegte, 1943 angefertigt hatte: Auch dieser *Laocoön*, so der Titel der Arbeit, stützt Greenbergs ikonoklastisches Argument. Um die Skulpturengruppe legen sich kreisend-strudelnde Linien und überführen die Figuren in die Abstraktion (Abb. 4). Zwar hat Lessing argumentiert, dass sich die spezifisch skulpturalen Qualitäten der Laokoon-Gruppe darin zeigen, dass die Qualen der Figuren in den Körpern zum Ausdruck kommen und gerade nicht in den Gesichtern. Und doch muss ich zugeben, dass es mir stets seltsam vorkam, gerade dieses Ensemble als Beweis für ein Argument gegen die Vermischung der Künste heranzuziehen. Auf gleich mehreren Ebenen stellt die Laokoon-Gruppe doch vielmehr die Inkarnation einer großen Vermischung dar – ein Durcheinander der Glieder und der Generationen, der Menschen und des Tiers, des Vaters und seiner Söhne. All das findet sich hier verknotet zu einem gewaltig-fantastischen Handgemenge einer Skulptur. Alles geht drunter und drüber. Schaut nur.

Bei der Laokoon-Gruppe, die sich heute am Eingang zum Vatikan befindet, handelt es sich um einen beinahe lebensgroßen, schier übernatürlichen Gewaltakt: Ein Vater und seine zwei Söhne verteidigen sich gegen eine riesige Schlange. Die Schlange, herbeigeschickt, um die drei zu erwürgen, verbeißt sich in der linken Hüfte des Priesters. Die Körper sind nackt (wie sie es nach Lessings Überzeugung sein sollten, denn die Anatomie sei, anders als die Kleidung, ein „Werk der ewigen Weisheit"[7]) – sie sind makellos, bis zum Äußersten gespannt in Panik, zwischen den Beinen des Vaters lugt etwas Stoff hervor. Heute draußen und den Elementen ausgesetzt, ist die Laokoon-Gruppe schon lange befreit und zirkuliert seit geraumer Zeit in Form von Reproduktionen, Güssen, Radierungen, Drucken, Fotografien oder Postkarten (erneut: noch mehr Durcheinander). So hatte sich bereits im frühen 19. Jahrhundert William Blake mit dem Laokoon beschäftigt und seine Eindrücke in seltsam verschwörerischen Schmierereien festgehalten, in denen er die Herkunft der

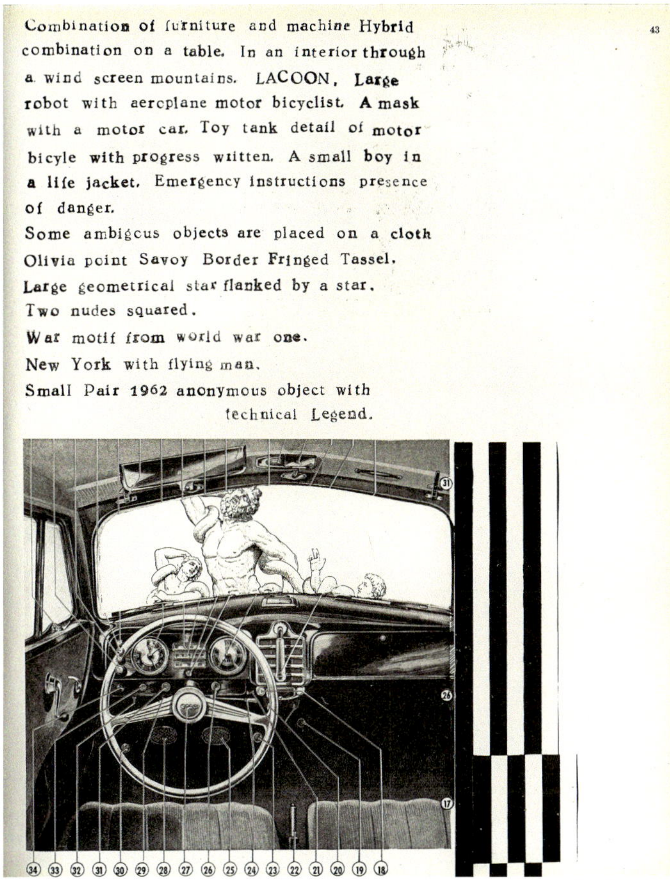

ABB. 2

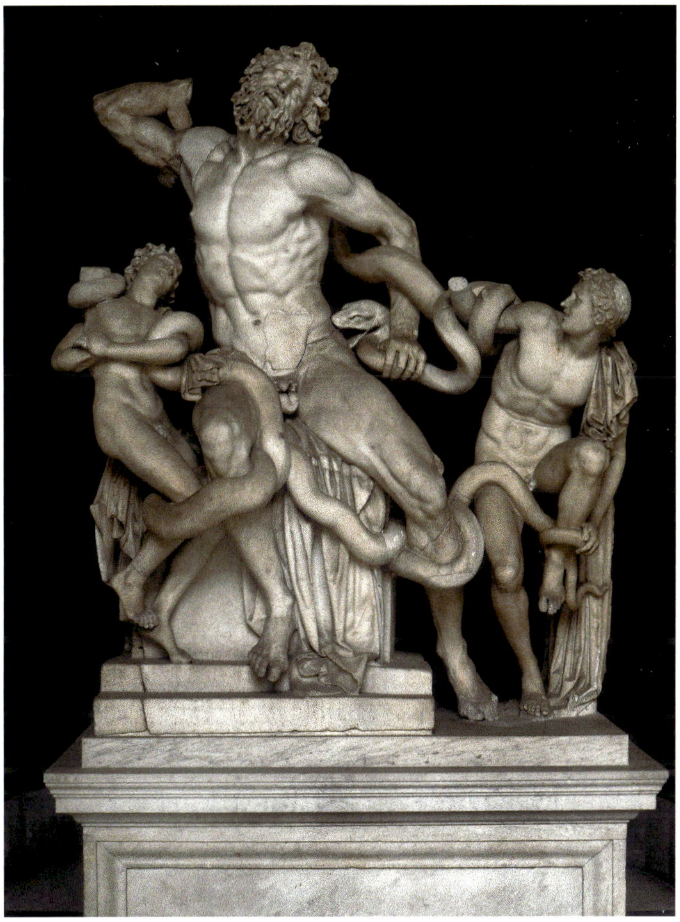

ABB. 3
Athanadoros, Hagesandros und Polydoros, *Laokoon und seine Söhne (Laokoon-Gruppe)*, ca. 40–30 v. Chr., Marmor, 208 × 163 × 112 cm, Vatikanische Museen, Rom

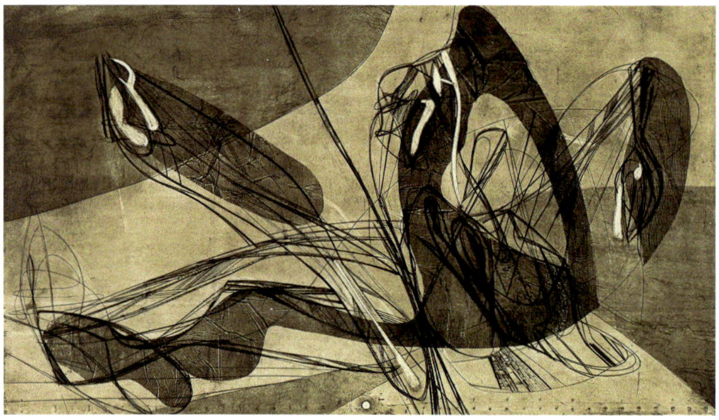

ABB. 4
Stanley William Hayter, *Laocoön*, 1943, Stich und Radierung, Bildmaß: 31,1 × 55,2 cm, Blattmaß: 38,2 × 61,3 cm, The Museum of Modern Art, New York

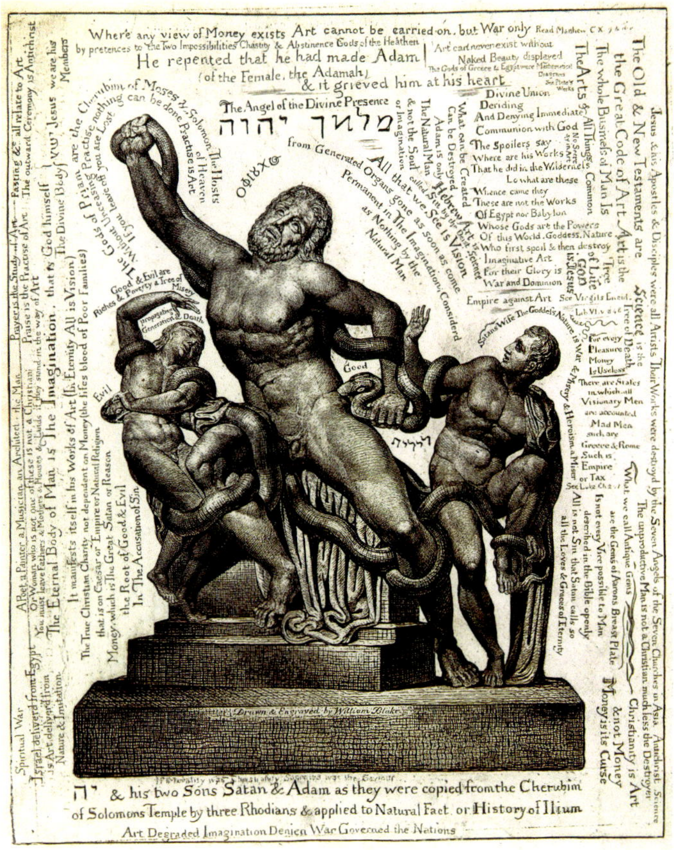

ABB. 5
William Blake, *Laocoön*, 1826/27, Intaglio-Radierung, Stich mit Kaltnadel-Inschriften, handkoloriert, Bildmaß: 26,6 × 21,6 cm, Blattmaß: 27,6 × 22,9 cm, Collection of Robert N. Essick

Statue und die Beweggründe dahinter anzweifelte (Abb. 5). Für Blake handelte es sich nicht um einen griechischen Priester, sondern um „[Jehova] und seine zwei Söhne Satan & Adam, wie man sie von den Cherubim an Salomons Tempel kopiert hatte" – so zumindest ist dort neben anderen mysteriösen Überlegungen zur Kunst, den Menschen und der Religion zu lesen. Paolozzi schreibt sich also in eine Geschichte der Modifikation ein. Wenn er die Laokoon-Gruppe nun auf der anderen Seite einer Windschutzscheibe positioniert, so passt er sie damit in ein neues technologisches Regime ein. Das Ensemble wird durch dieses Arrangement allerdings beschnitten. Die Söhne befinden sich größtenteils außerhalb des Bildausschnitts, ebenso die untere Körperhälfte des Priesters. Wenn die Betrachter:innen (ich, du, wir), die in diesem Auto fahren, das massive Stück Marmor bemerken, ist es wahrscheinlich schon zu spät – so nahe sind wir ihm bereits. Und doch scheinen die verschiedenen Elemente des Arrangements auf eine Art miteinander zu korrespondieren. In seinem Text für das *Metallization*-Buch schreibt der Kritiker Lawrence Alloway: „Paolozzi geht es nicht um die Seltsamkeit des Kontrasts zwischen der Skulptur und der fremden Umgebung, sondern um die Anpassung an veränderte Rahmenbedingungen."[8] Die Dinge verschmelzen, Auto und Körper sind nicht länger Gegensätze. Möglicherweise erinnern wir uns, dass Paolozzis Weggefährte bei der Independent Group, Richard Hamilton, in seinem Gemälde *Hers Is a Lush Situation* von 1958 eine ähnliche Verquickung dargestellt hat (Abb. 6). Doch wo Hamilton das Moment der Hybridität im Sinne der Auflösung begreift („Alles Ständische und Stehende verdampft […]"), präsentiert Paolozzi es in der Sprache der Verkrustung, der Materialisierung – ja, der Metallisierung.

Es lohnt sich, noch etwas beim Technologischen der Windschutzscheibe zu verweilen – auf gleich mehreren Ebenen kann sie als Emblem für unsere Sehgewohnheiten herhalten, stellt uns Rahmen und Maß bereit (gut möglich, dass sich mit ihr auch etwas über die Malerei und das Bildermachen sowie deren Konfrontation mit der Skulptur in der Nachkriegszeit sagen lässt). Auch auf einer anderen Doppelseite, diesmal in Marshall McLuhans Buch *Das Medium ist Massage* von 1967, findet sich die Darstellung einer Windschutzscheibe. Diesmal geht es darum, wie und auf welche Weise wir sehen. Es handelt sich um eine Fotomontage, deren zugrunde liegendes Bild in einem Tunnel aufgenommen wurde. Vage erkennt man die Lichter der vorbeifahrenden Autos. Doch schnell wird klar, dass hier weniger die Windschutzscheibe im Zentrum der Aufmerksamkeit steht als vielmehr der Rückspiegel, jene seltsame Konstruktion, die während der Vorwärtsbewegung den Blick nach hinten ermöglicht. In diesen Rückspiegel hat Quentin Fiore, der Grafikdesigner, der dieses Buch mit McLuhan umgesetzt hat, das Bild eines alten Planwagens gesetzt, der von ein paar mit der Peitsche angetriebenen Pferden gezogen wird. Unten auf der Seite schreibt McLuhan dazu: „Die Vergangenheit liegt dahinten. Stehen wir einer uns völlig neuen Situation gegenüber, dann neigen wir dazu, uns an die Gegenstände, die Atmosphäre der jüngsten Vergangenheit zu klammern. Wir betrachten die Gegenwart im Rückspiegel. Wir schreiten rückwärts in die Zukunft."[9] Zumeist, so McLuhan, hetzen wir zwar Richtung Zukunft, schleppen dabei aber die Last der Gewohnheiten und Bilder der Vergangenheit mit. Paolozzi aber, ganz gelöst, macht das Gegenteil: Er fährt mit Höchstgeschwindigkeit in die Vergangenheit, bis er mit ihr zusammenprallt. Und trotzdem ist er kein Futurist, der über modrige Museen schimpft und stattdessen Flugzeuge und

Autos anpreist (auch wenn man hier daran erinnern sollte, dass sich Filippo Tommaso Marinettis Wiedergeburt nach einem Autounfall zutrug, als er aus einem ölgetränkten Graben kroch). Paolozzi betreibt eher eine Art Revisionismus: Er hat begriffen, dass die Zukunft einen Einfluss auf die Wahrnehmung der Vergangenheit hat. Und hier dringen wir allmählich ins Herz des Paradigmenwechsels in Sachen Nachkriegsskulptur vor: Wenn Greenberg seinen „neueren Laokoon" zurück in Richtung einer Materialität von Skulptur trieb, so wagte Paolozzi mit seinem ‚neuesten Laokoon' einen Blick nach vorne auf dieses irre Durcheinander von Mensch und Maschine, Tier und Maschine. Statt sich auf die Suche nach einer Reinheit oder Wahrheit des Materials zu machen, hatte Paolozzi begriffen, dass Skulptur, will sie eine Rolle spielen – will sie *weiterhin* eine Rolle spielen –, über sich selbst hinausgehen und andere Elemente des modernen Lebens in sich aufnehmen muss.

In seiner ersten Einzelausstellung in der Hanover Gallery in London 1958 zeigte Paolozzi ein scheinbar eilig zusammengeschustertes Ensemble von Figuren, die er aus einem Wust unterschiedlichster Technologien geschaffen hatte. Bald wurde diesen Werken der Stempel „Neue Bilder des Menschen" aufgedrückt – schreckliche, existenzielle Nachkriegsfiguren.[10] Diese pathosgetränkte Interpretation mag zutreffen, und doch werden auch andere Lesarten möglich, betrachtet man diese Werke neben Paolozzis Laokoon-Bildern. (Natürlich könnte man diese Skulpturen als Giacomettis vom Schrottplatz beschreiben. Und doch fällt auf, wie plump und gedrungen die Körper des Schotten Paolozzi im Gegensatz zu den schmalen und ausgedünnten Figuren des Schweizers Alberto Giacometti wirken.) In einem Vortrag am Institute of Contemporary Arts in London 1958, der anschließend in der Zeitschrift *Uppercase* veröffentlicht wurde, behauptete Paolozzi, dass diese Arbeiten zu Teilen aus Abformungen eines „auseinandergenommenen Schlosses, eines Spielzeugfrosches, eines Gummidrachen, einer Spielzeugkamera, von verschiedenen Rädern und Elektroteilen, Uhrenteilen, eines zerbrochenen Kamms, eines alten Fliegerbombenzielgeräts der Royal Air Force"[11] bestanden. Auffällig ist an diesen allein stehenden Figuren ihre relative Einheit angesichts der Vielzahl an Elementen, aus denen sie bestehen. Die Laokoon-Gruppe mag ein Sturm aus verschiedenen Körpern sein, aus unterschiedlichen, ineinander verschlungenen Dingen. Bei Paolozzis Kreaturen hingegen sind die Körper selbst, in sich, schon viele. Die Figuren bilden keine Gruppen, sondern stehen für sich, sind aber selbst aus zusammengewürfelten Elementen hergestellt, quasi eine Collage aus Fundstücken, die nach dem Wachsausschmelzverfahren in Bronze gegossen wurde.[12] (Avatare der Vermischung – in der Tat.) Man nehme nur *Cyclops* (1957, S. 27), eine einäugige Figur, zwischen deren Beinen eine Art flacher, technisch aussehender Phallus zu sehen ist, oder *Jason* (1956), eine etwas nach hinten sackende Figur, in deren Schoß man eine Propellerkappe erkennen kann. Der Titel dieser Arbeit ruft die Sage von den Argonauten ins Gedächtnis, dieses Haufens von Seeleuten, die ihr Schiff auf offenem Meer wieder zusammenbauten. (Könnte es sein, dass auch ‚der Mensch' neu zusammengebaut werden kann, und zwar aus dem, was gerade zur Hand ist?) Paolozzis Skulpturen, entstanden in einer solchen Form der ‚bricolage', wirken wie Unfälle oder eher wie die Überreste eines Unfalls. Ein Auto, das in die Laokoon-Gruppe knallt – was für eine seltsame Vorstellung. Unzweifelhaft hat man es hier mit Figuren aus einer Nachkriegszeit zu tun.[13] Unfälle

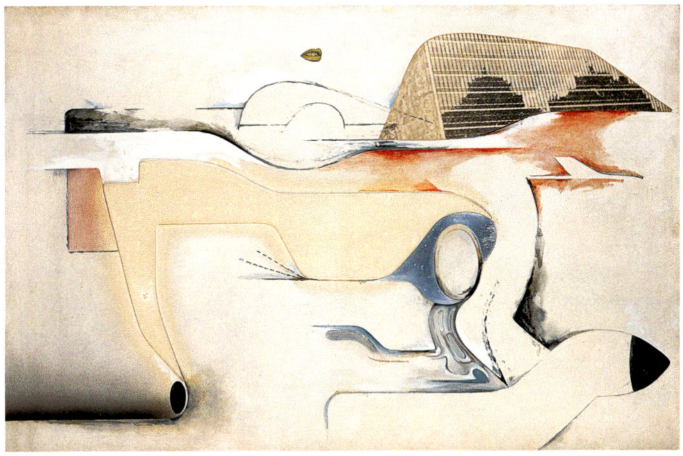

ABB. 6
Richard Hamilton, *Hers Is a Lush Situation*, 1958, Öl, Zellulose, Metallfolie und Collage auf Platte, 81 × 122 cm, Pallant House Gallery, Chichester, Großbritannien (Schenkung Wilson über The Art Fund, 2006)

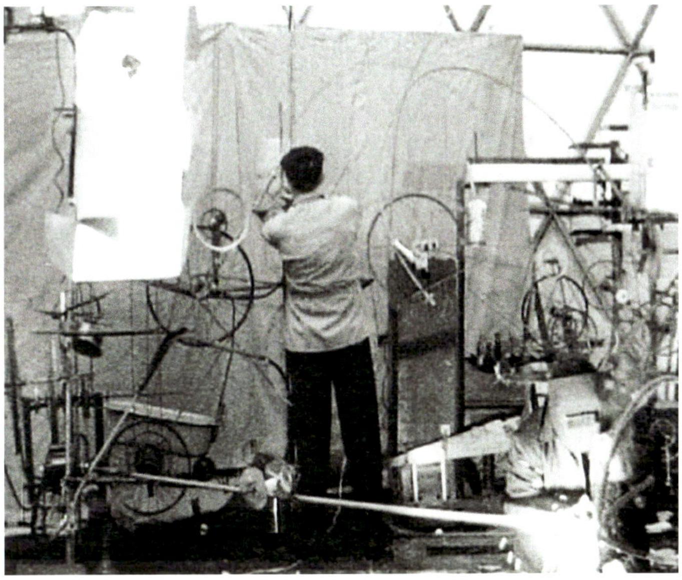

ABB. 7
Standbild aus Robert Breer, *Homage to Jean Tinguely's „Homage to New York"*, 1960, 16-mm-Film, s/w, optischer Ton, 9:20 Min., Tate

werden nicht geplant, sie geschehen. Und danach bleibt nicht viel mehr zu tun, als die Überreste einzusammeln. Man kann beobachten, wie sich eine solche Form des Arbeitens überall in der damaligen Bildhauerei Bahn bricht. Sie ist wichtig für das Verständnis so unterschiedlicher Künstler wie des US-Amerikaners Edward Kienholz oder des Schweizers Jean Tinguely. Und doch lässt sich eine gemeinsame Haltung wie diese unterschiedlich auslegen: Soll man nun auf die „Autodestruktion" setzen, wie es Tinguely mit seiner *Homage to New York* (1960, Abb. 7) macht? Oder sollte man sich nicht eher auf die Suche nach neuem Leben begeben, wie Paolozzi es mit seinen Arbeiten scheinbar nahelegt?

So oder so, während die 1950er-Jahre allmählich zu den 60ern wurden, begann man in der Bildhauerei, die

Verstrickung des eigenen Tuns mit dem Leben und der Technologie zu überdenken. Zumindest bemerkte man, dass sich diese Beziehung allmählich veränderte. Paolozzi zum Beispiel ging dazu über, dieses Verhältnis eher in Gestalt eines Crashs zu begreifen, was im damaligen Sprachgebrauch eine gewisse Absichtlichkeit implizierte. Der englische Schriftsteller J. G. Ballard, ein genauer Beobachter zeitgenössischer Kunst, machte es gleich in den ersten Zeilen seines Romans *Crash* von 1973 deutlich: „Vaughn starb gestern bei seinem letzten Autounfall", beginnt Ballard. „Im Laufe unserer Freundschaft hat er bei vielen Zusammenstößen [‚crashes'] seinen Tod geprobt, aber dies war sein einzig echter Unfall."[14] Ein Crash ist also nicht einfach nur eine Kollision, in anderen Worten, das Aufeinanderknallen zweier Dinge. Ein Crash ist vielmehr geplant, choreografiert und koordiniert. Der Unfall hingegen entzieht sich buchstäblich der Kontrolle. (In einer für das späte 20. Jahrhundert typischen Form von Erotik kann Vaughn Beziehungen nur in Form eines Crashs erleben.) War der Unfall noch das Thema von Paolozzis ersten Arbeiten – denn als einen solchen verstand er die Beziehung des Körpers zur Technologie, als heilloses Durcheinander von Nachkriegsschrott –, so begann er mit der Zeit, diese Kombination als gestaltete zu begreifen und das Bild des Crashs, der für ihn ebenso wie für Ballard ein hochgradig mediatisiertes Ereignis darstellt, auf Hochglanz zu polieren. (Einem Crash begegnen wir als Bild auf der Kinoleinwand oder auf den Seiten einer Zeitung – eine Tatsache, die im Übrigen natürlich auch jemand wie Andy Warhol begriffen hatte). Es kommt also zu einem Paradigmenwechsel im Verständnis der Beziehung zwischen Körper und Technologie – in Paolozzis Kunst ebenso wie in der Kunst vieler anderer zu dieser Zeit. Mehr noch, wir befinden uns hier an einer Bruchlinie, entlang derer sich die Praktiken und Gepflogenheiten der Avantgarde ändern: Der Zufall und das Aleatorische halten nun nicht mehr länger das Monopol auf radikale Gestaltung. In Arbeiten wie Paolozzis *Konsul* von 1962 – eine Art Kontrollturm in Menschenform, hergestellt aus Waffenstahl – sehen wir diese neue fiese und saubere Ästhetik am Werk. (Es ist kein Zufall, dass Paolozzi sich während einer Residency 1968 in Berkeley eingehend mit der dortigen Luftfahrtindustrie beschäftigte.) In *The Conditional Probability Machine*, einer Reihe von späteren Drucken aus dem Jahr 1970, machte Paolozzi diese Ideen explizit. Mit den Mitteln der Radierung schuf er Bilder von humanoiden Crashtest-Dummys, die bei Fahrtests zerquetscht wurden (oder zerschellten).

Paolozzi war sicherlich nicht allein mit dieser Einsicht. Und doch verweist gerade seine Position auf einen Bruch in der Skulptur der Nachkriegszeit: Während so unterschiedliche Künstler wie Anthony Caro mit seinen überbordend farbigen Werken und Donald Judd mit seinen „spezifischen Objekten", die der Rolle der Betrachter:innen und des Ortes auf allgemeiner Ebene Rechnung trugen (Farbe war auch hier zentral), gleichermaßen für ihre Ablehnung des Figurativen gefeiert wurden, bildete Paolozzi die Veränderungen in den Grundstrukturen der Subjektivität auf buchstäblichere Art und Weise ab. Auch der deutsche Künstler Joachim Bandau widmete sich zwischen 1967 und 1974 mit seinen knallbunten hybriden Objekten und Figuren aus Gummi, Latex und Polyester ähnlichen Fragestellungen. Bandau verwendete Teile von Schaufensterpuppen – Arme, Beine und (weibliche) Torsi – und schuf dabei weniger Adaptionen intakter menschlicher Körper (was hieße, dass sie auf einen Ursprung verweisen, egal ob einen menschlichen oder technologischen), sondern eher Amalgamierungen einzelner Teile. Auch Bandau begriff seine Arbeit in Beziehung zur Entwicklung des Autos: 1966 schnallte er als Teil einer Werbeaktion für die Künstler:innengruppe K-66 Schaufensterpuppen auf das Dach eines Volkswagen Käfers, 1973 produzierte er Arbeiten – exzentrische, phallusartige Konstruktionen auf Rädern – in einem Daimler-Benz-Werk (siehe S. 152/153). So konstruiert, dass Menschen sich in ihr Inneres begeben konnten, präsentierten diese Werke das Nachkriegssubjekt als einen betäubten, gesichtslosen und fetischisierten Körper in Bewegung, der nicht so recht wusste, wohin er unterwegs war.[15] Und auch wenn das Auto ein zentraler Topos bei der Imagination zukünftiger Körper war, hatte die damalige skulpturale Praxis noch andere Prothesen im Programm: Niki de Saint Phalles weithin bekannte *Hon* (Sie, S. 126/127), 1966 am Moderna Museet in Stockholm mit Unterstützung von Per Olof Ultvedt und Tinguely errichtet, enthielt ein Kino, ein Radio, eine Flaschenzertrümmerungsmaschine und bildete ein ähnlich ‚enzephalitisches' Subjekt ab. Dieser neue Nachkriegskörper war fehleranfällig, passiv und verkabelt – und vielleicht auch bereit, neues Leben zu schenken (zumindest ließe sich der angeschwollene Bauch so deuten).

Gut möglich, dass das wahre Vermächtnis von Paolozzis ‚neuestem Laokoon', dieser verworrenen Verschränkung der Disziplin Skulptur mit ihrem Außen, aus Folgendem besteht: Sie öffnet anderen Traditionen der Moderne die Tür – Spielarten, die nicht einfach nur progressiv und hochmodern waren und ihren Materialien entsprechend handelten, sondern auch denjenigen leicht schmierigen und postmodernen B-Versionen der Nachkriegsskulptur, die sich gegen das Geschmacksdiktat erhoben, um etwas über Körper und ihre Prothesen (oder über die Prothesen und deren Körper) zu sagen, und sich dafür bei Traditionen der Vergangenheit bedienten oder mit diesen kollidierten. In seinen Collagen und Zeichnungen – einmal mehr: in dem, was man seine Bilder nennen könnte – sorgte sich Paolozzi um diese Zukunft; in seinen Skulpturen wiederum stilisierte er diese Bilder zu Totems und Monumenten, und in seinen Büchern und Filmen brachte er sie in Umlauf – sie alle sind Träger eines zukünftigen Denkens und Handelns. Sicher, heute setzen viele Künstler:innen genau auf dieses Modell. Doch blickt man zurück, so stellt diese Auseinandersetzung weniger einen durchgehenden Strang seit der Nachkriegsskulptur dar. Vielmehr taucht sie punktuell auf, in Momenten, in denen die Technologie einen derart hohen Druck auf das Sensorium des Menschen aufbaut, dass sie sich nicht mehr ignorieren lässt. Keine Frage, weder der Unfall noch der Crash sind passende Modelle, um daran anzuknüpfen. Die Skulptur brachte das Neue schon selbst ein. Das Regime der Hardware sollte bald Platz machen für die Dominanz der Software, und die metallischen Figuren der Nachkriegszeit wichen fluideren Körpern, die das liquide Wesen unserer Bildschirme zu fassen vermochten: Tishan Hsu und Pamela Rosenkranz sind hier zentral zu nennen, Walter Pichlers *TV-Helm (Tragbares Wohnzimmer)* (1967, S. 148) und *Little TV Woman: „I Am the Last Woman Object"* (1969, S. 129) von Nicola L. erscheinen von heute gesehen als Stationen auf dem Weg in die Gegenwart. Über die Wendungen, die die Skulptur in der Zukunft nehmen wird, wissen wir notgedrungen noch nichts. Aber damit sie als Disziplin lebendig bleibt, bin ich überzeugt, dass Skulptur immer neue Formen für ihre historische Beziehung zum Körper finden wird. Und natürlich werden dabei auch die Körper stets andere sein.

Endnoten

1 Paolozzi hat Versionen dieses Bildes zuvor schon in seinem Film *History of Nothing* von ca. 1962 (S. 38) verwendet. Im Fall des Buchs fällt insbesondere der prägnante Titel auf, der auf das Unbewusste verweist und es im selben Atemzug für das Regime des Industriellen nachrüstet. Ähnliches gilt für die Arbeiten selbst: Mit Bildern, die aus der Vergangenheit auftauchen, muss man sich stets in der Gegenwart auseinandersetzen. Ich möchte hier Gordon Hughes und Henry McMahon von der Rice University danken, die meine Arbeit aufmerksam begleiten.

2 Siehe Gotthold Ephraim Lessing, *Laokoon: oder über die Grenzen der Mahlerey und Poesie. Mit beyläufigen Erläuterungen verschiedener Punkte der alten Kunstgeschichte*, Berlin 1766, im Folgenden zitiert aus: ders., *Werke*, hrsg. von Herbert G. Göpfert, Bd. 6: *Kunsttheoretische und kunsthistorische Schriften*, München 1974, S. 7–187. Lessing stützt sich auf Argumente des deutschen Kunsthistorikers Johann Joachim Winckelmann, der in der Skulpturengruppe den Inbegriff des Schönen erkannte (und es dem Erhabenen gegenüberstellte): Dieses chaotische Knäuel aus Schmerz, wild um sich schlagenden und dennoch seltsam geordneten Gliedmaßen, aus heroisch gewordener Maskulinität, erhebend wirkendem Terror und Tod soll demnach die Quintessenz des Schönen enthalten.

3 Clement Greenberg, „Zu einem neueren Laokoon" (1940), in: ders., *Die Essenz der Moderne. Ausgewählte Essays und Kritiken*, hrsg. von Karlheinz Lüdeking, Amsterdam/Dresden 1997, S. 56–81, hier S. 57.

4 Ebd., S. 79.

5 Ebd., S. 72.

6 Ebd., S. 77.

7 Lessing 1974 (wie Anm. 2), S. 50

8 Lawrence Alloway, „Commentary", in: John Munday, Eduardo Paolozzi, *The Metallization of a Dream*, London 1963, S. 11–63, hier S. 50.

9 Marshall McLuhan, Quentin Fiore, *Das Medium ist Massage*, Frankfurt a. M./Berlin 1969, S. 74 f.

10 Siehe *New Images of Man*, Ausst.-Kat. New York 1959, The Museum of Modern Art, New York, hrsg. von Peter Selz.

11 Eduardo Paolozzi, „Notes from a Lecture at the Institute of Contemporary Arts", in: *Uppercase*, Nr. 1, 1958, o. S.

12 Lange Zeit irritierte mich Paolozzis Verwendung von Bronze – war es nicht etwas spät dafür? –, aber vielleicht waren es ja gerade die traditionelle Anmutung dieses Materials sowie deren offensichtliche Unterwanderung, die es für Paolozzi relevant werden ließen. Ebenso gut ist es möglich, dass diese Materialwahl mit schuld daran war, dass Paolozzi nicht an wichtigen Überblicksausstellungen wie *The Art of Assemblage* 1961 im Museum of Modern Art, New York, beteiligt war.

13 Es ist wichtig zu erwähnen, wie real die Erfahrung des Krieges für Paolozzi war. Nicht nur, dass sich das Bildarsenal des Krieges quer durch seine Skizzenbücher zieht. Sein eigener Vater kam im Juli 1940 ums Leben, als er aus England ausgewiesen und sein Schiff auf dem Weg zurück nach Italien torpediert wurde und sank. Vielleicht ist die *History of Nothing*, die „Geschichte des Nichts", ja im Grunde ein Traum, ein Wunsch, dass die Geschichte selbst null und nichtig wäre.

14 J. G. Ballard, *Crash* (1973), Zürich 2019, S. 5. Ballard und Paolozzi veröffentlichten darüber hinaus beide in der britischen Zeitschrift *Ambit*.

15 Die Nähe von Bandaus Interessen zu denen seines ebenfalls westdeutschen Zeitgenossen Thomas Bayrle soll hier nicht unerwähnt bleiben. In seinen damaligen grafischen Arbeiten widmete sich Bayrle ganz ähnlichen Themen. Für mehr zu Bayrle siehe meinen Aufsatz „The Organization Man", in: *Thomas Bayrle. Playtime*, Ausst.-Kat. London/New York 2018, New Museum of Contemporary Art, New York, hrsg. von Massimiliano Gioni, Gary Carrion-Murayari und Helga Christoffersen, S. 148–153.

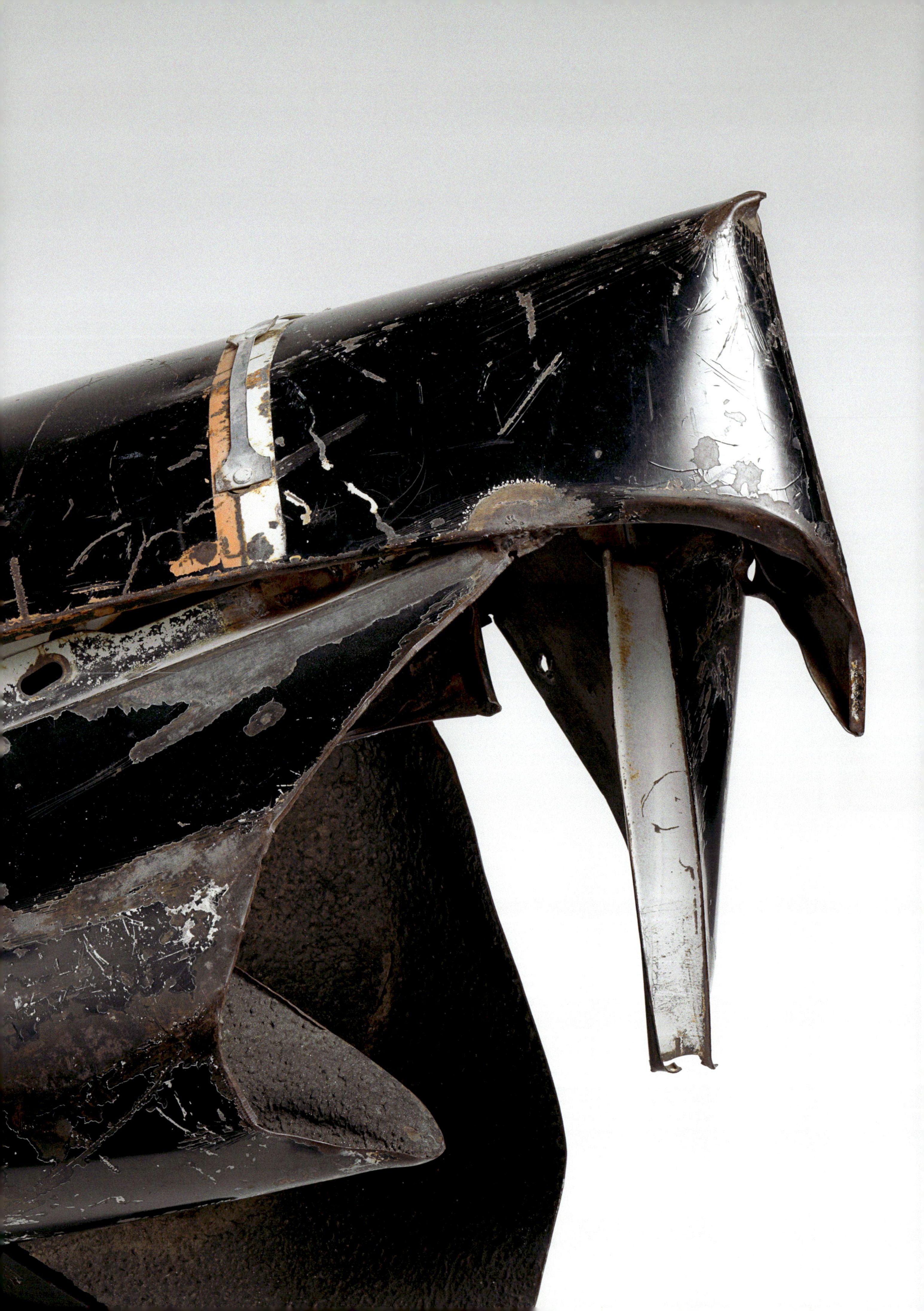

WIDERSPENSTIGE KÖRPER

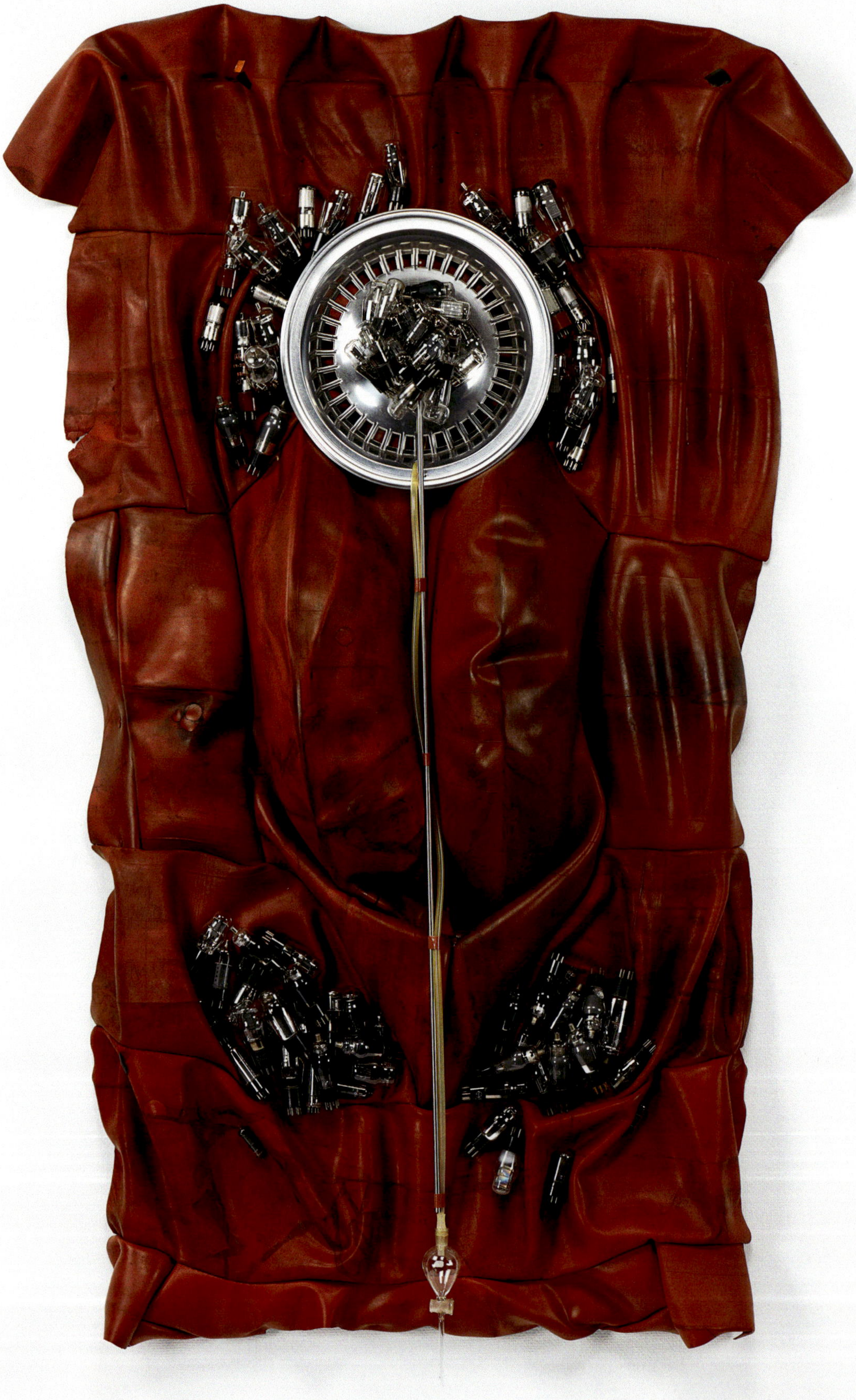

LINKS
Genpei Akasegawa
Sheets of Vagina (Second Present), 1961/94
Gummi, Aluminium, Glas, Vakuumröhren, Holz etc.
182 × 91 × 30 cm

UNTEN
John Chamberlain
Yorikke, 1962
Verchromter und lackierter Stahl
67 × 84 × 54 cm

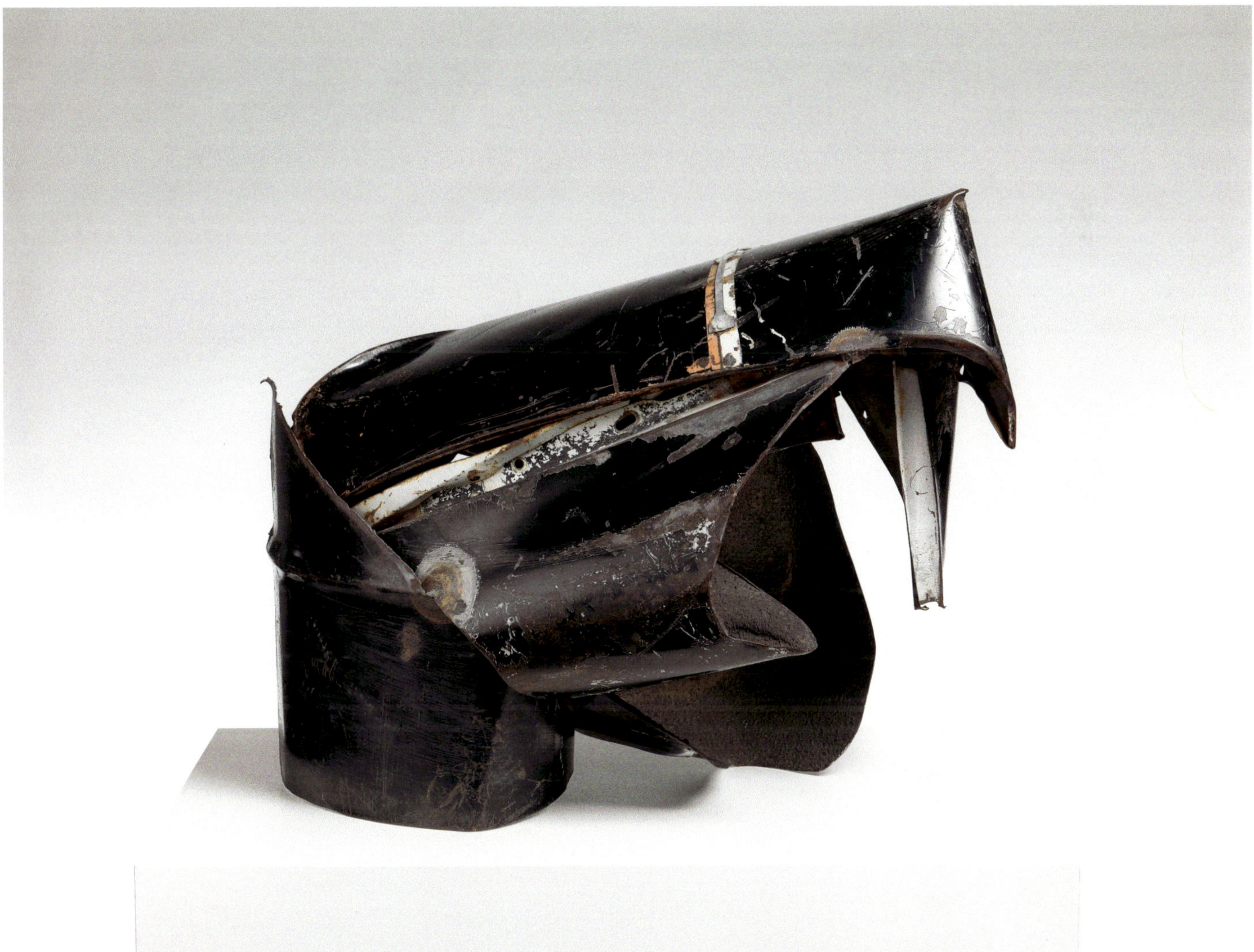

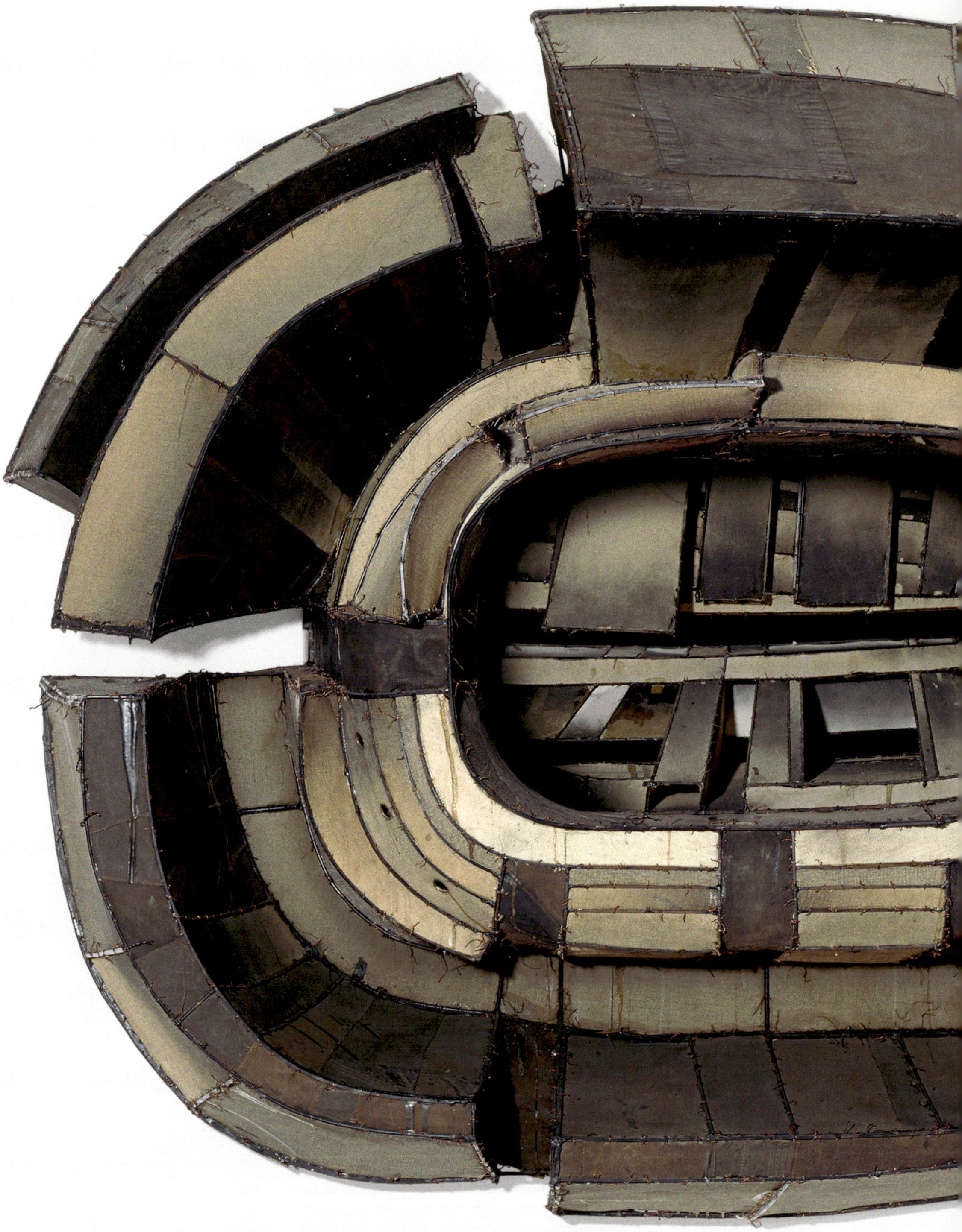

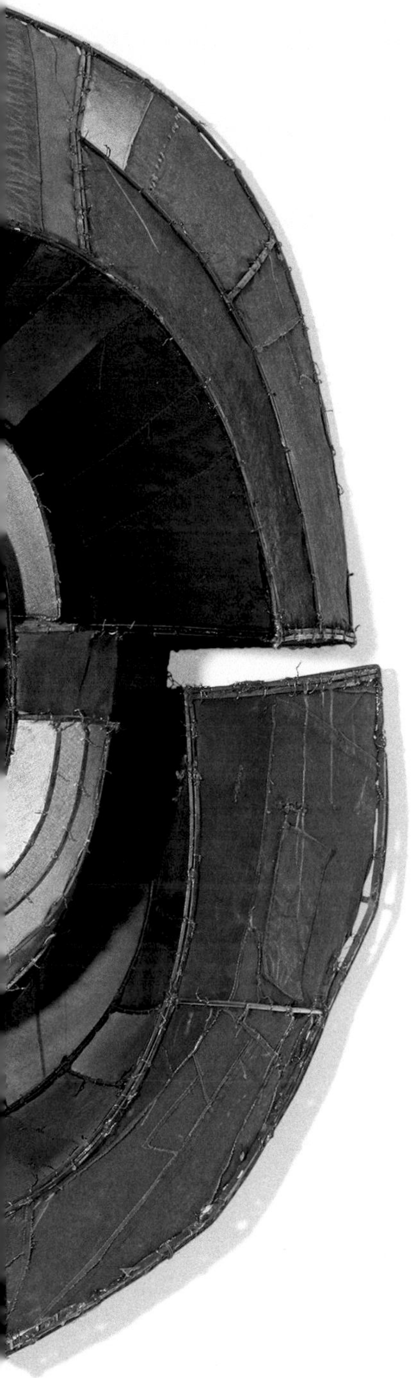

Lee Bontecou
Untitled, 1962
Geschweißter Stahl, Leinwand, Draht und Ruß
184 × 218,5 × 81 cm

Motoharu Jōnouchi
Shelter Plan, 1964
16-mm-Film (digitalisiert), s/w, ohne Ton
19 Min.

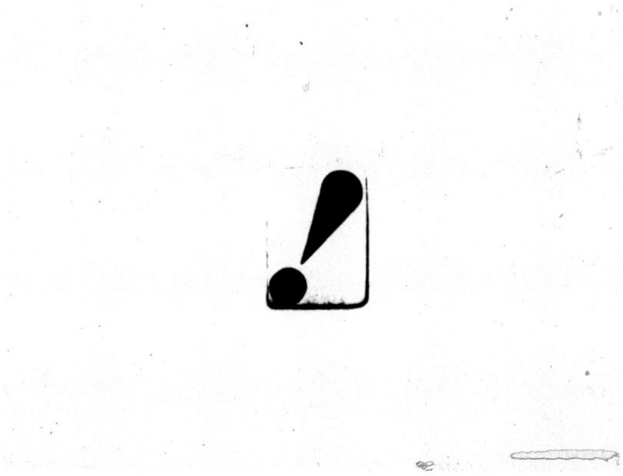
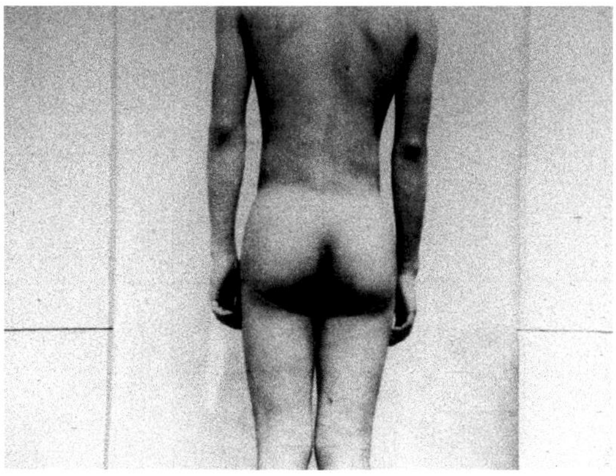
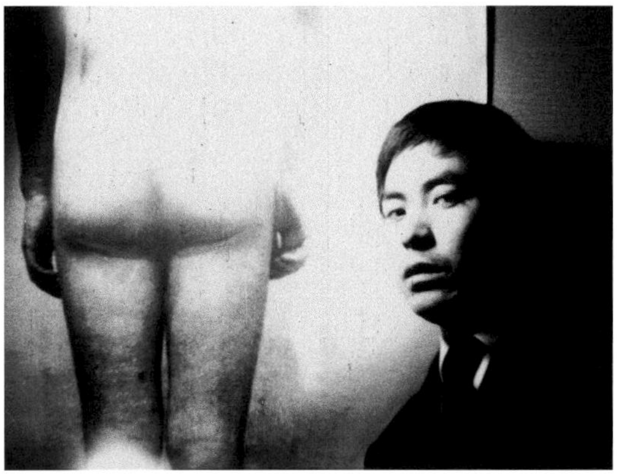
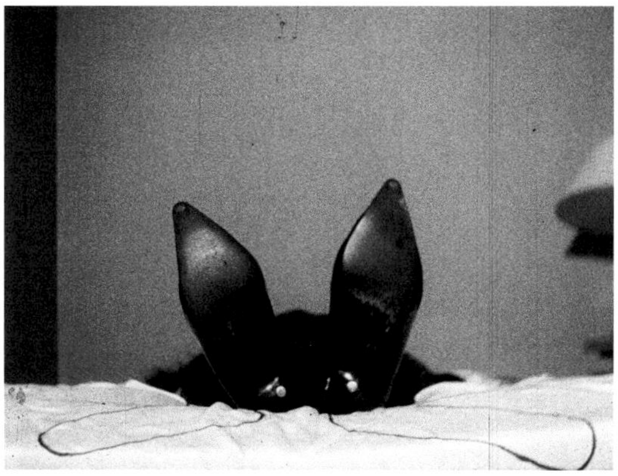
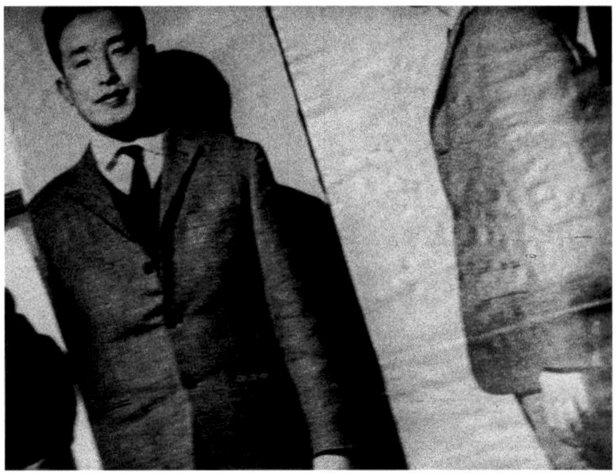
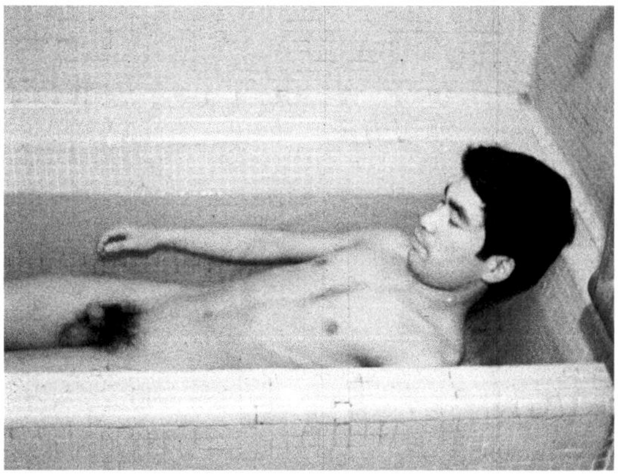

Melvin Edwards
The Sharp-ville, 1983
Geschweißter Stahl
20,3 × 19,8 × 21,6 cm

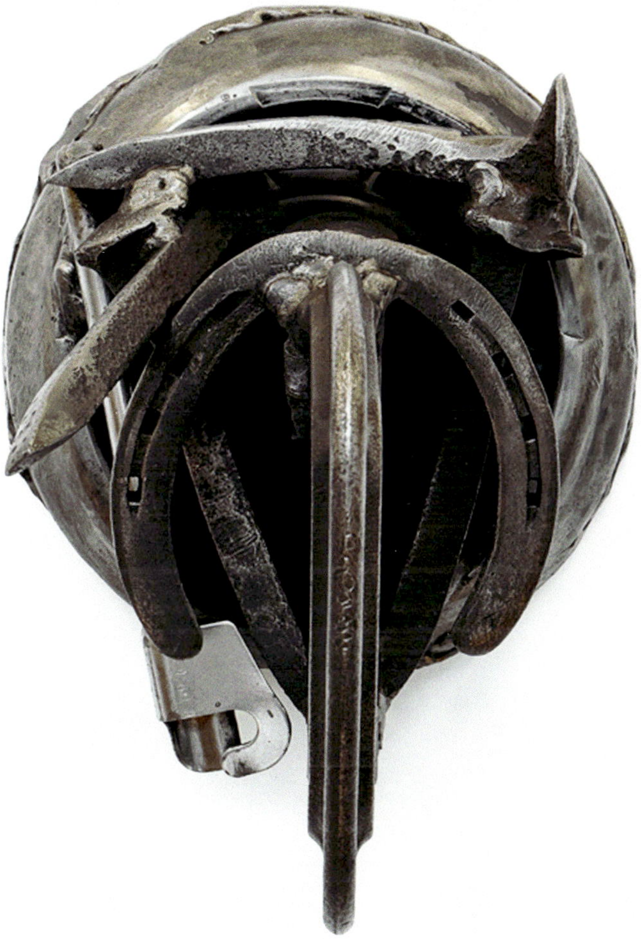

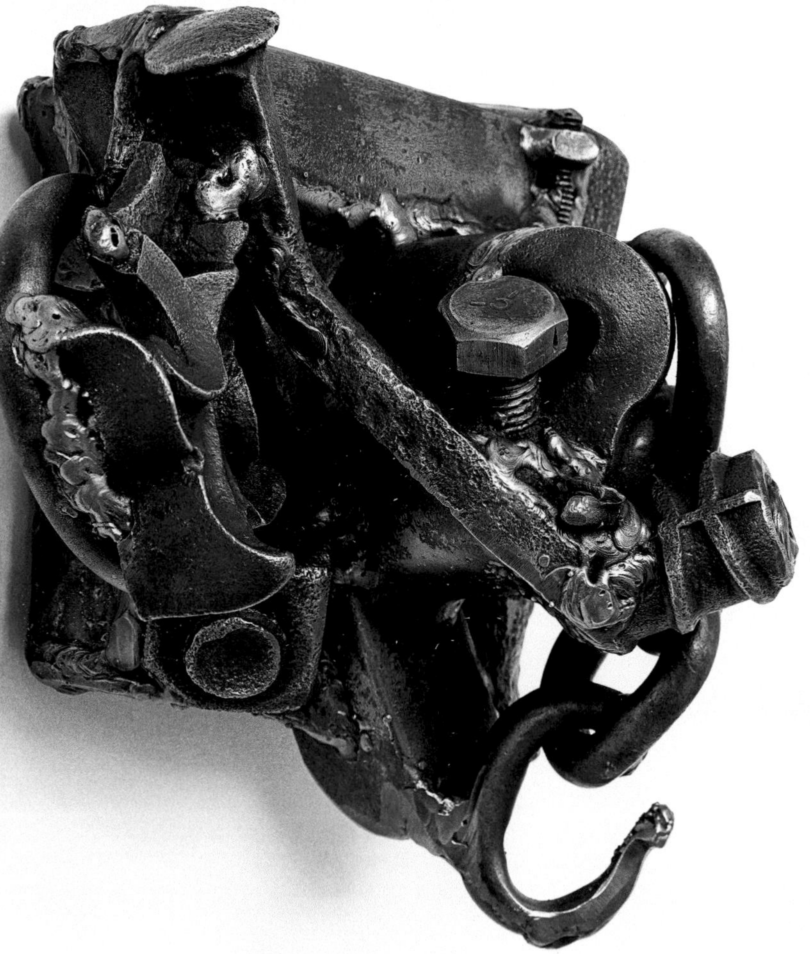

Melvin Edwards
Welldone, 1996
Geschweißter Stahl
22,3 × 23,6 × 18,5 cm

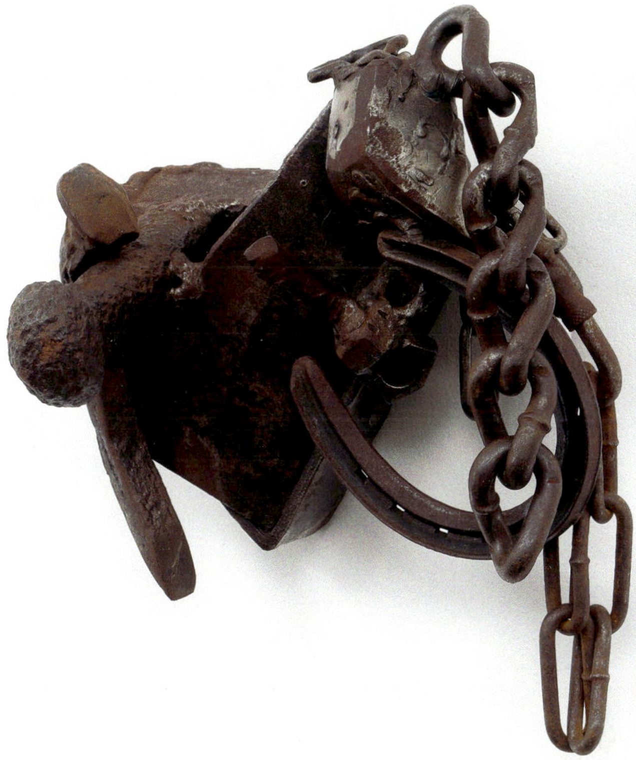

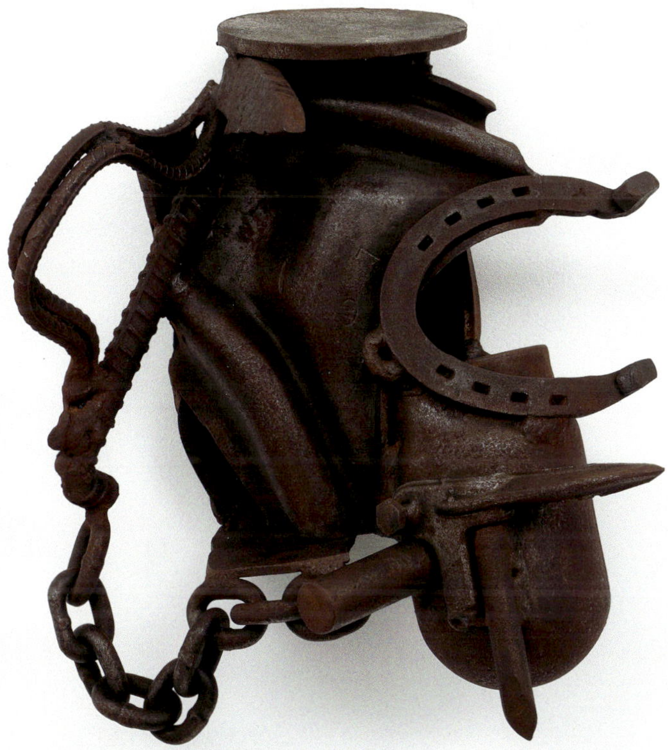

OBEN
Melvin Edwards
South African Poetry, 1986
Geschweißter Stahl
23,5 × 26 × 16,5 cm

UNTEN
Melvin Edwards
It Has to Be, 1991
Geschweißter Stahl
36,5 × 34 × 20,5 cm

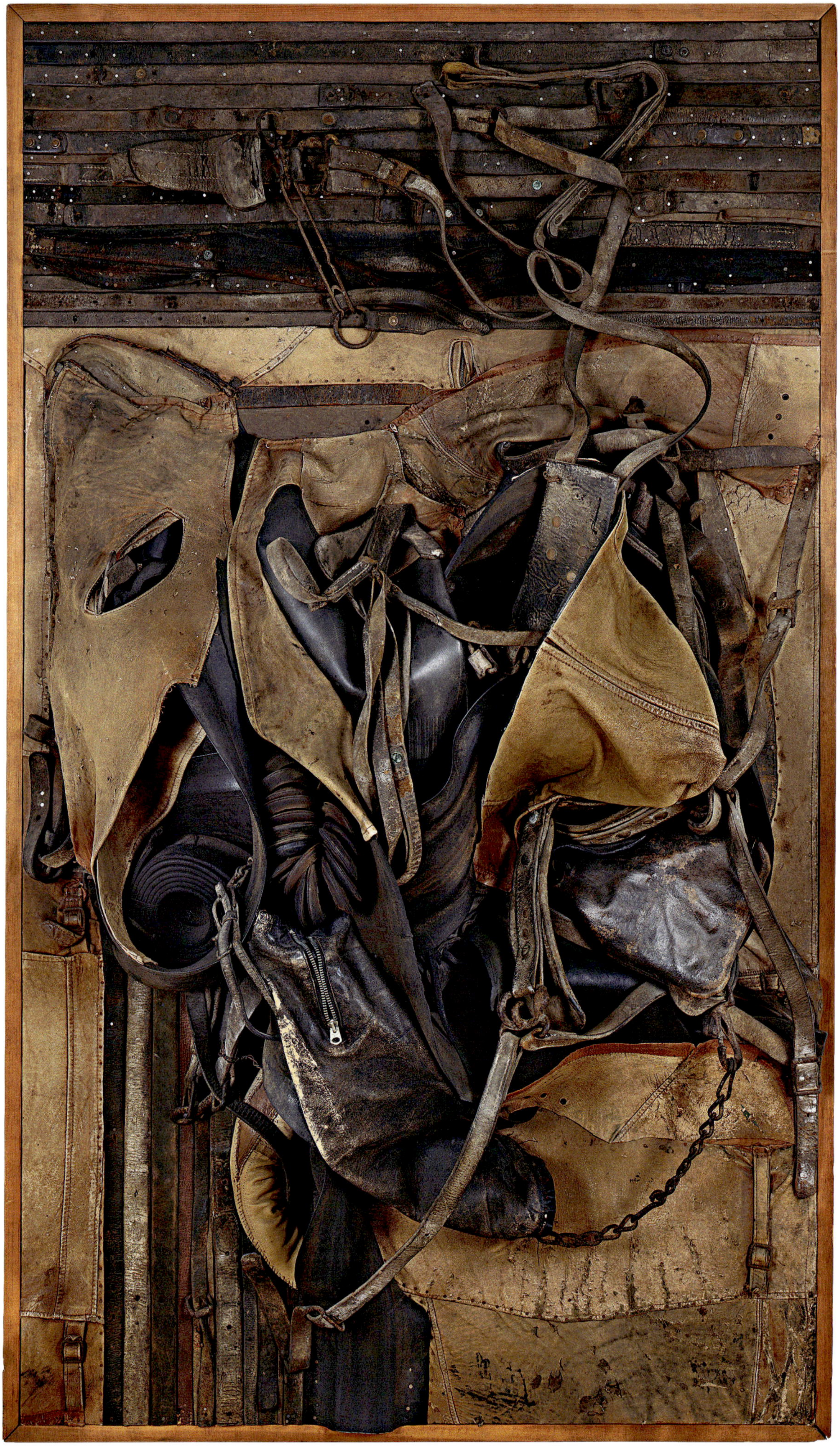

Nancy Grossman
Potawatami, 1967
Assemblage aus Leder, Gummi und Metall auf Sperrholz
160,3 × 96,5 × 29,8 cm

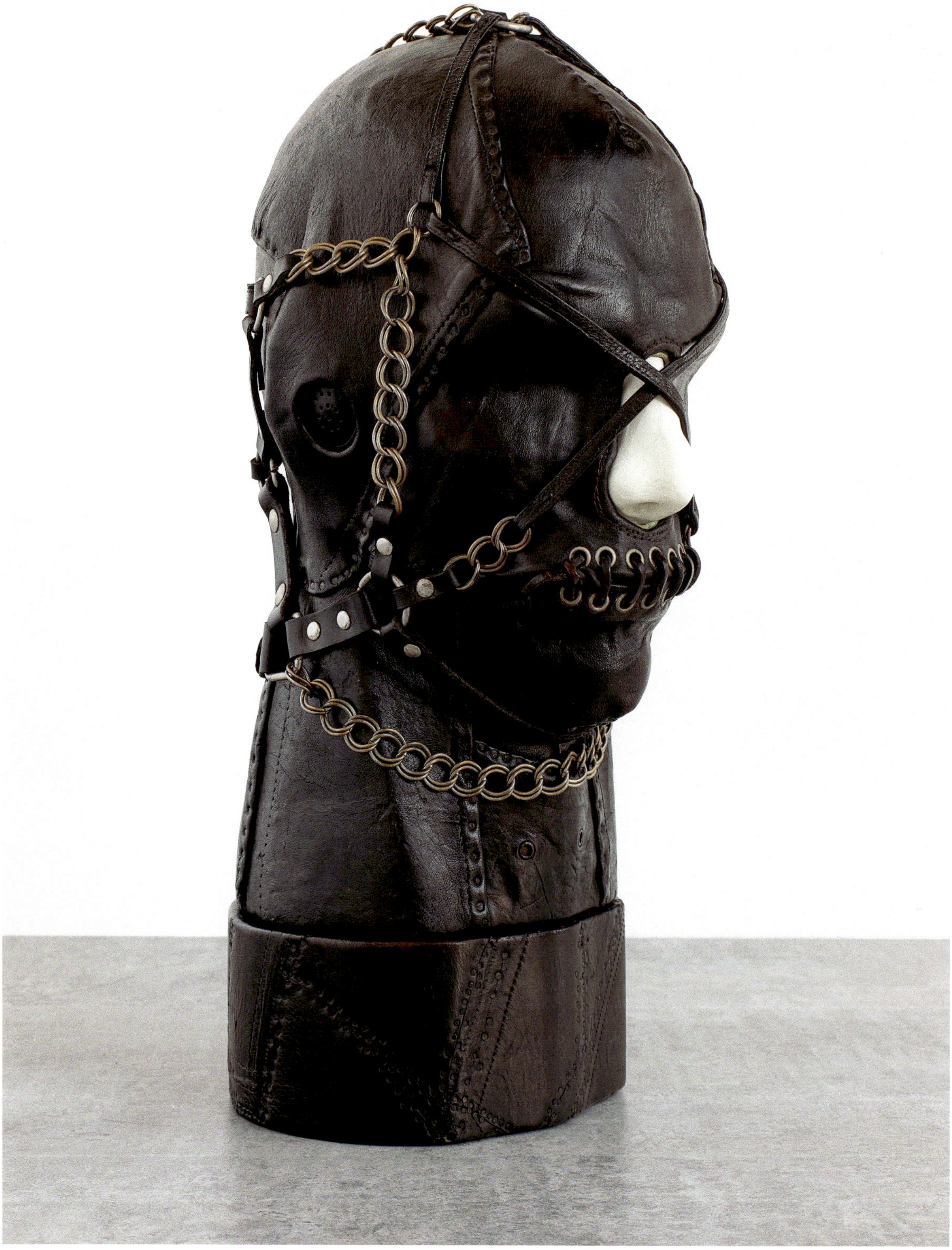

Nancy Grossman
Untitled, 1968
Leder, Holz, Kunstharz und Eisenwaren
42,9 × 19,1 × 22,2 cm

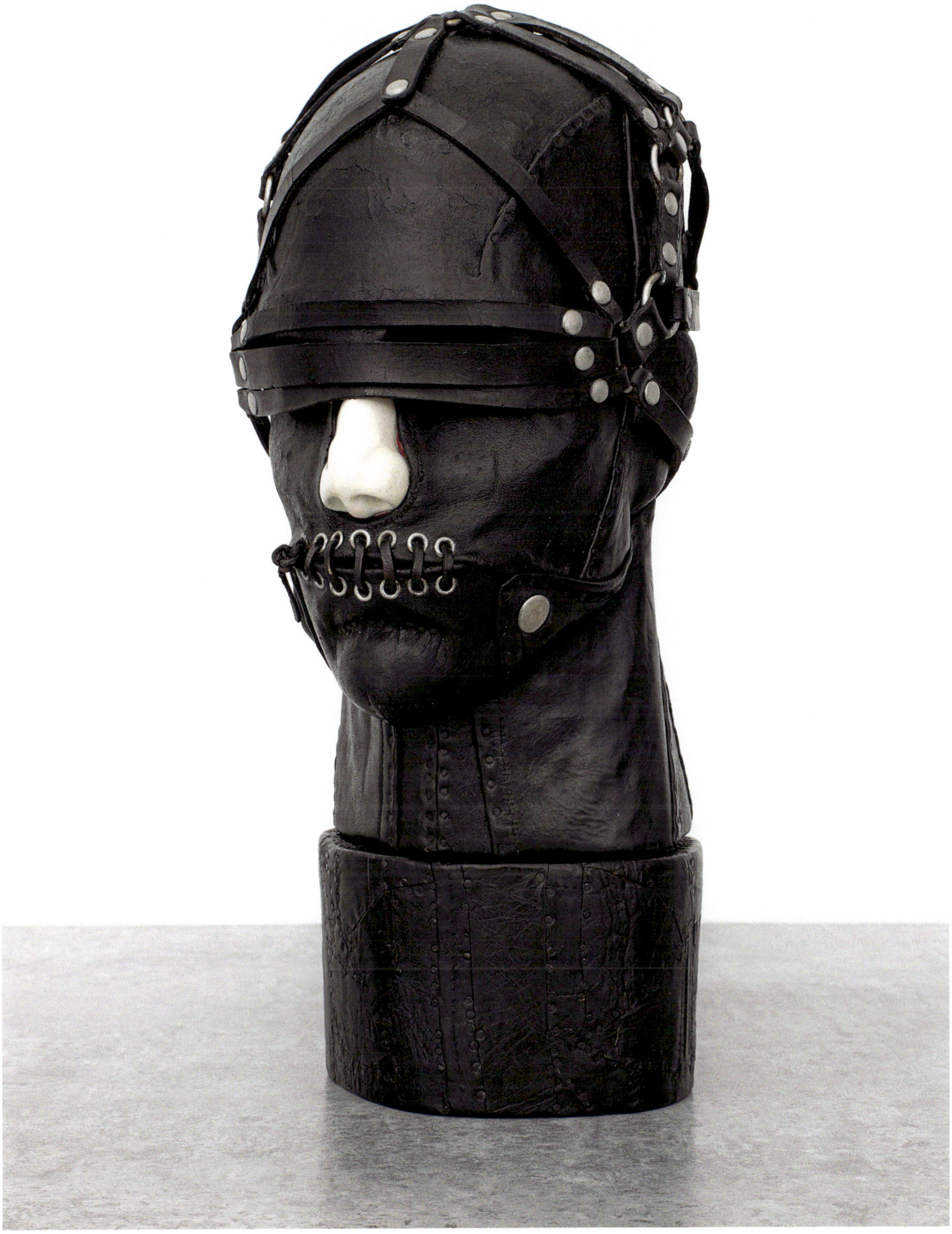

Nancy Grossman
Untitled, 1968
Leder, Holz, Kunstharz und Eisenwaren
43,2 × 19,1 × 21 cm

UNTEN
Barbara Chase-Riboud
Zanzibar, 1973
Schwarz patinierte Bronze, Seide, Wolle, Baumwolle und Synthetikfaser über Stahlgestell
141,3 × 55,2 × 30,5 cm

RECHTS
Senga Nengudi
Inside / Outside, 1977
Gummi, Nylon, Schaumstoff, Sand
173,5 × 51,5 × 16 cm

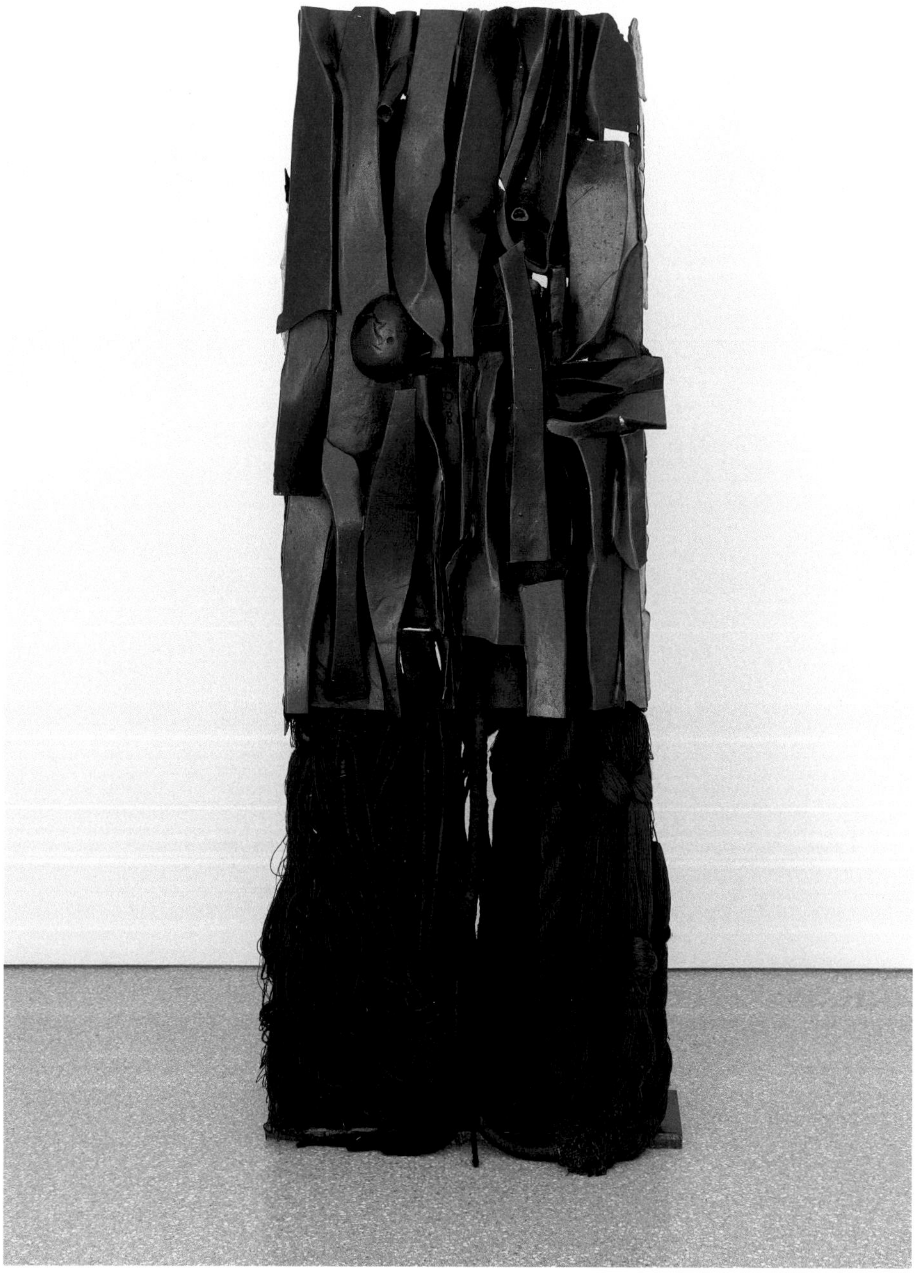

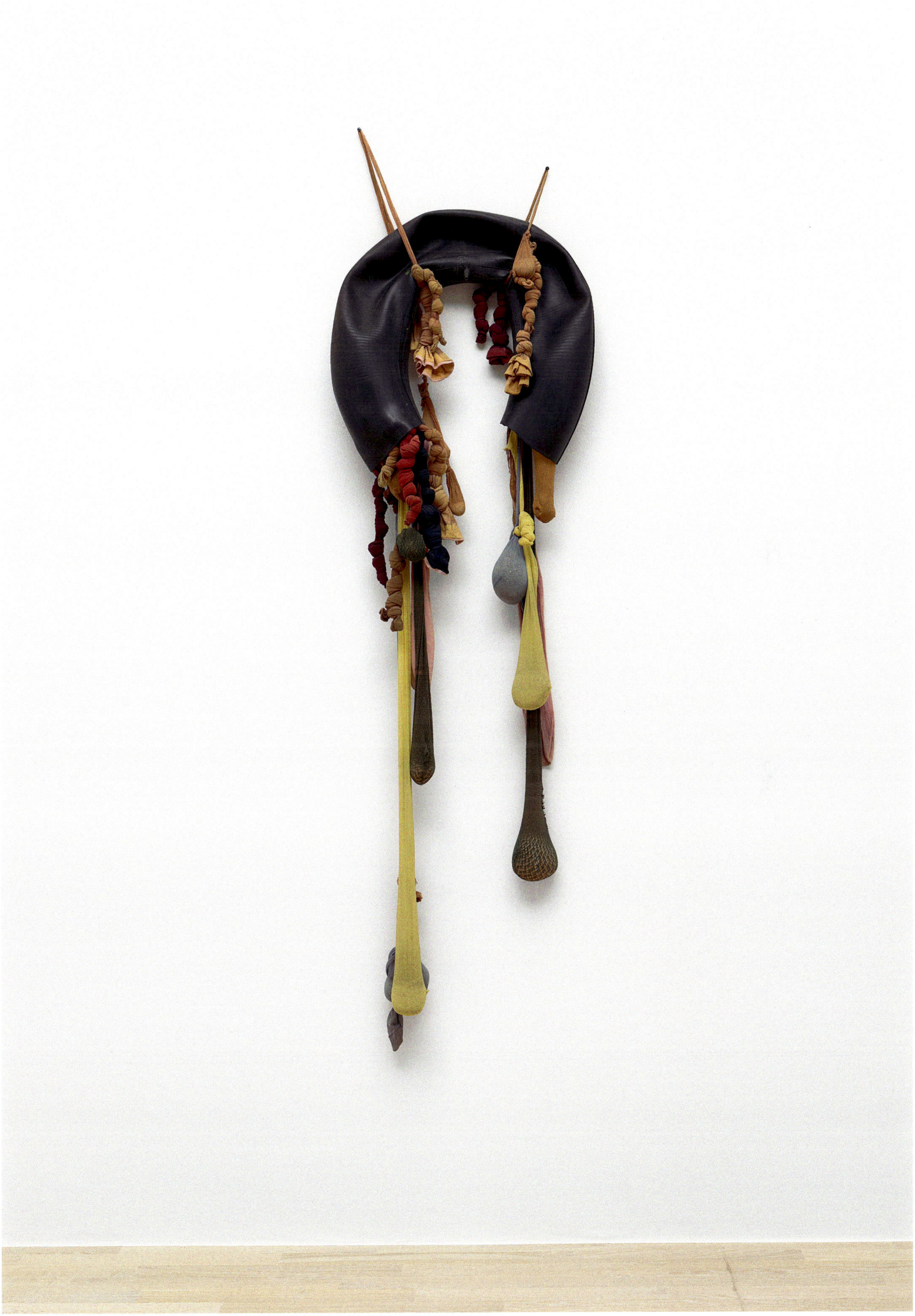

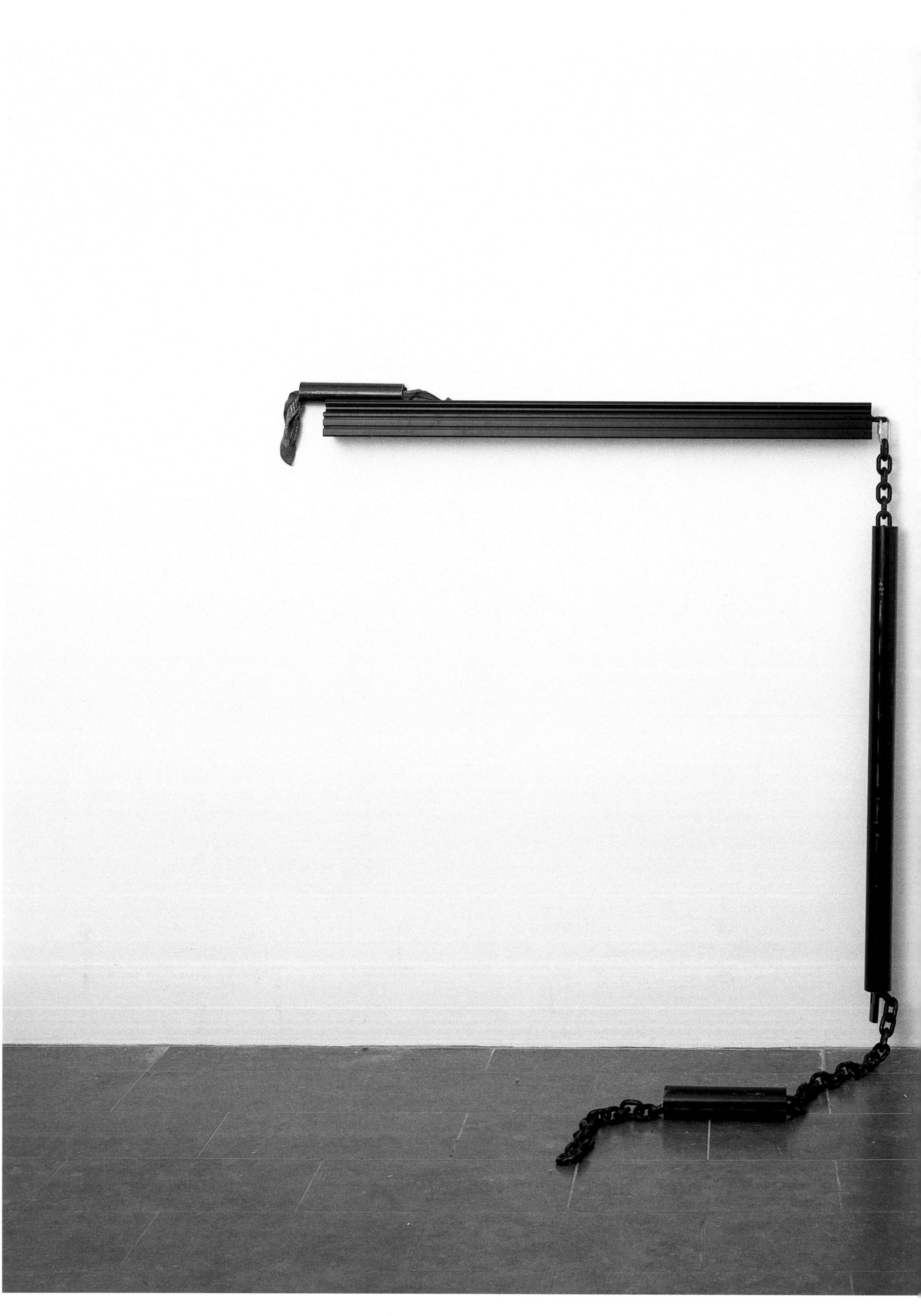

Arthur Jafa
Boxer Rebellion, 2020
Metallschiene, Stahlrohre, Ketten, Stoff
177,8 × 162,6 × 100,3 cm

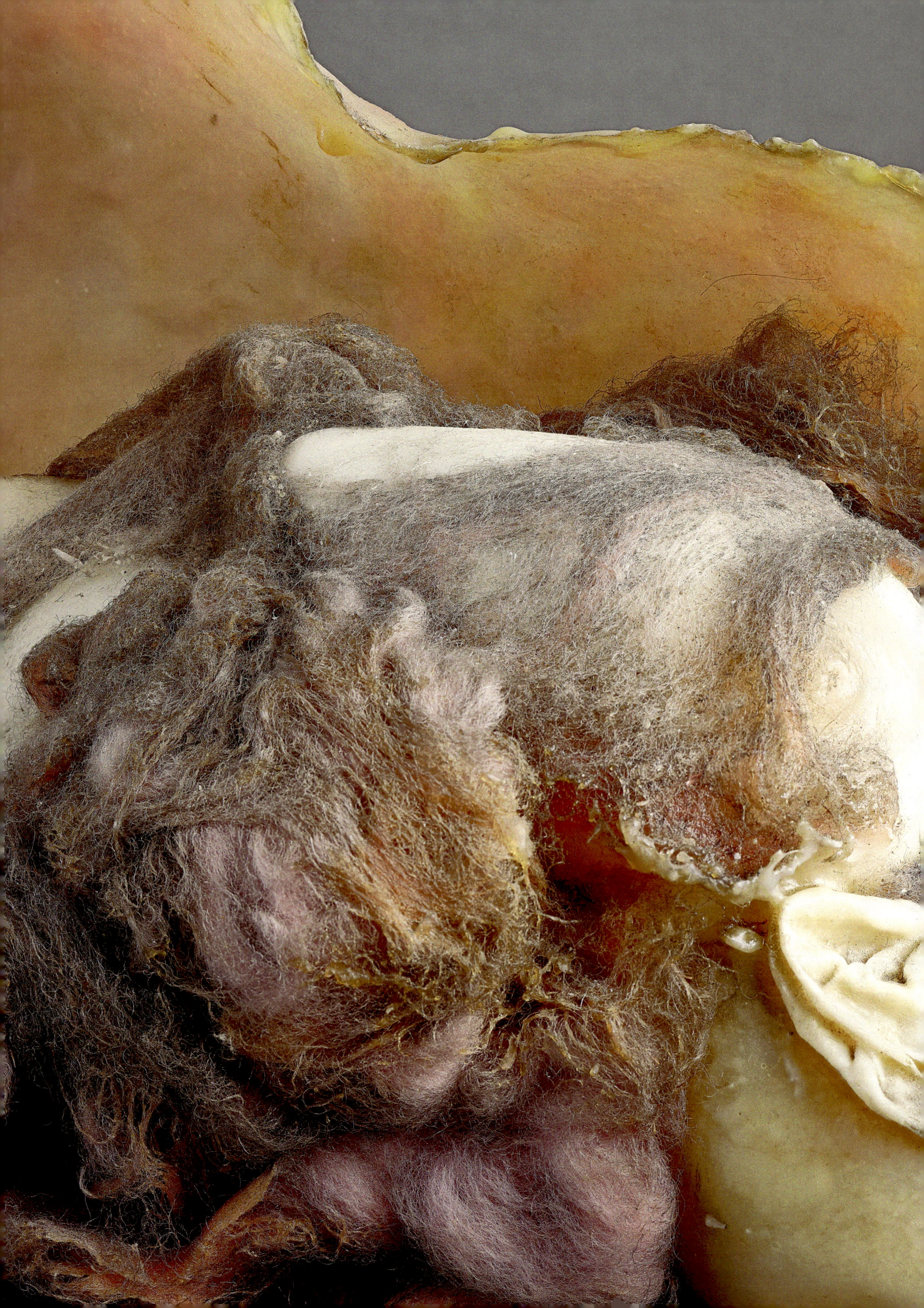

ZERGLIEDERT

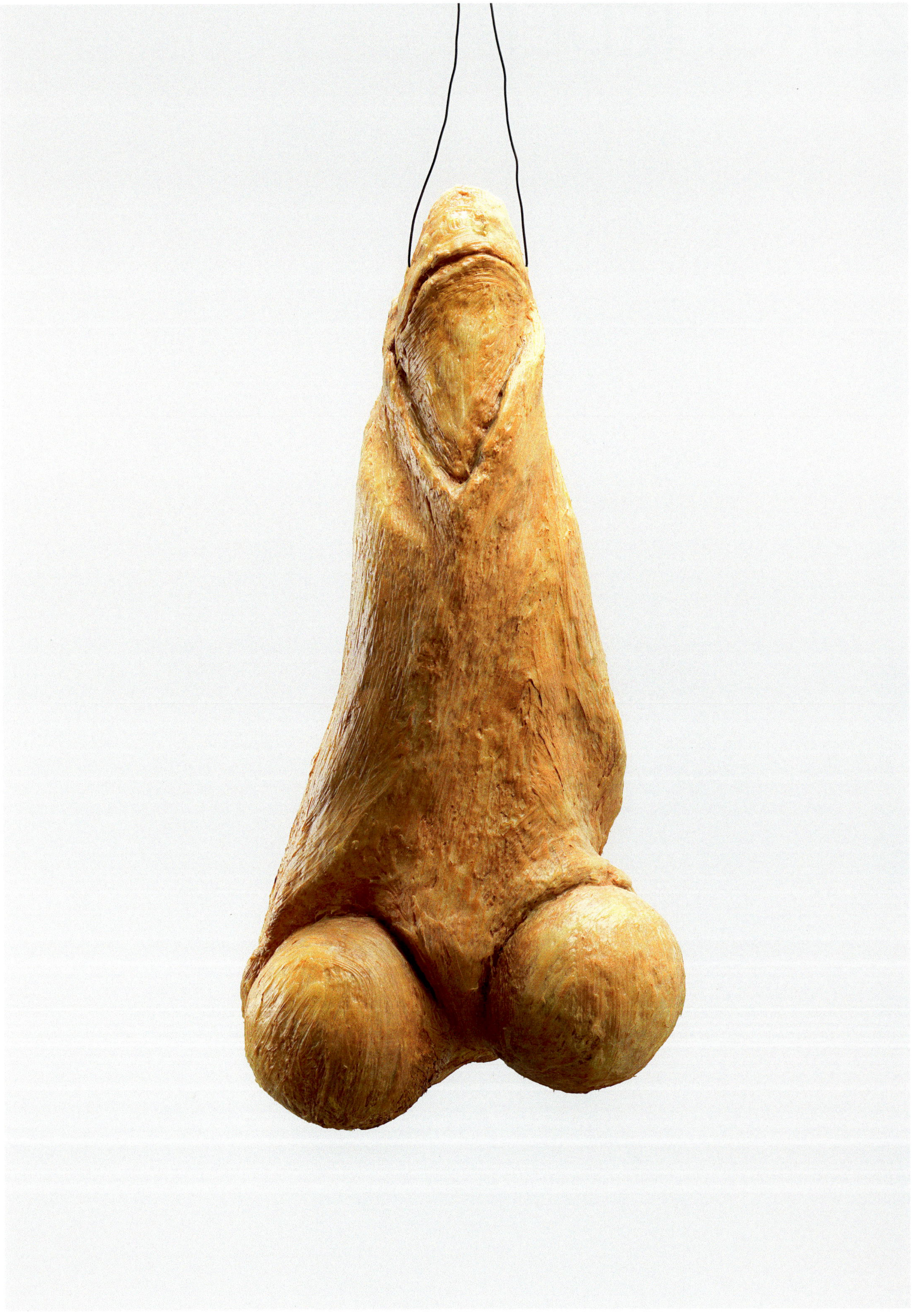

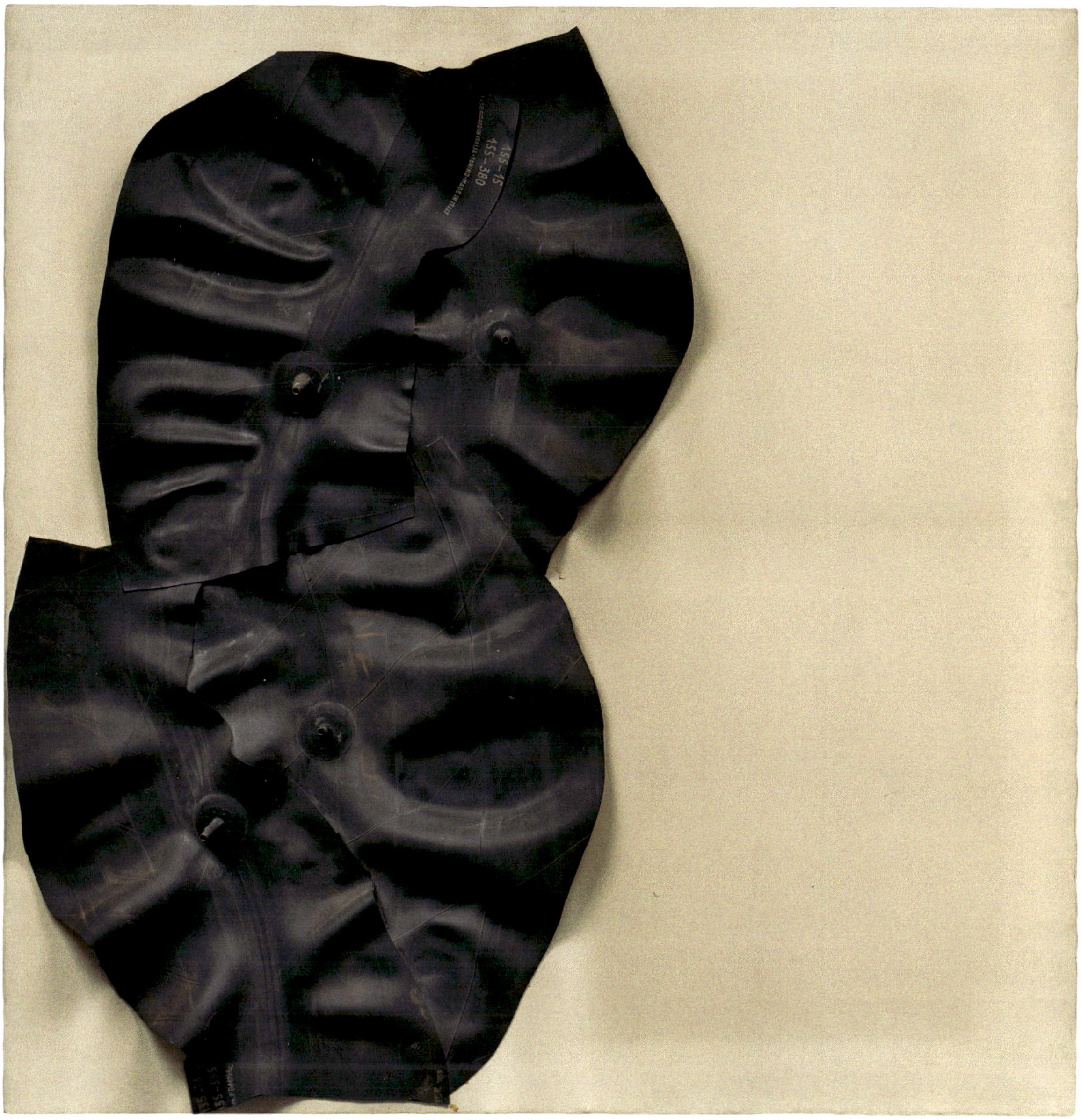

LINKS
Louise Bourgeois
Fillette (Sweeter Version), 1968–1999, Guss von 2001
Latex über Gips
57 × 28,6 × 17 cm

OBEN
Carol Rama
Autorattristatrice n. 10, 1970
Reifen-Collage auf Leinwand
100 × 100 × 2 cm

Alina Szapocznikow
Sans titre (Fétiche VII), 1971
Polyesterharz, Nylonstrümpfe, Wolle, Holz
34,1 × 52,5 × 40 cm

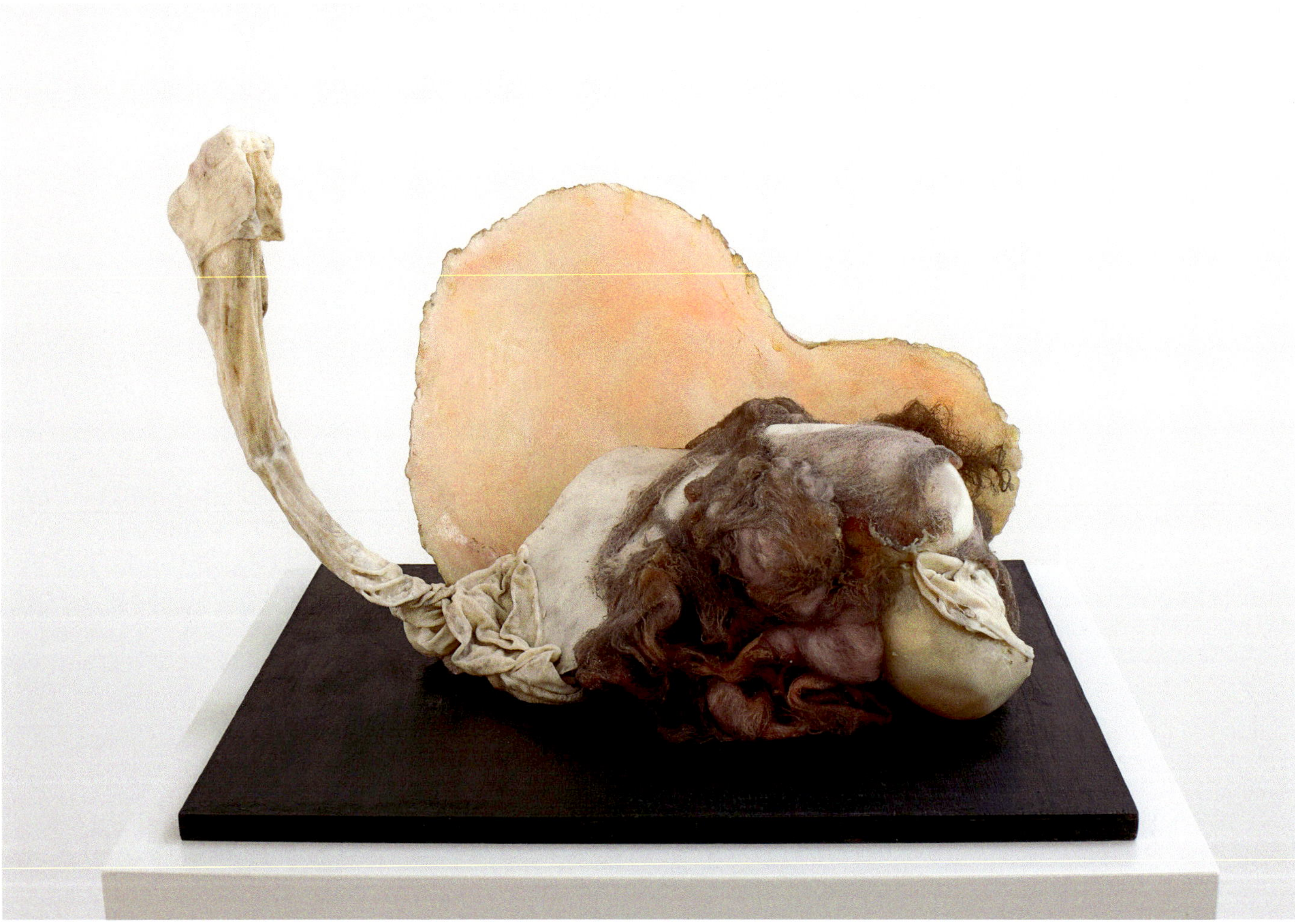

Alina Szapocznikow
Sculpture (Fétiche IV), 1971
Polyesterharz, Nylonstrümpfe, Damenunterwäsche, Holz
27,3 × 49,8 × 40 cm

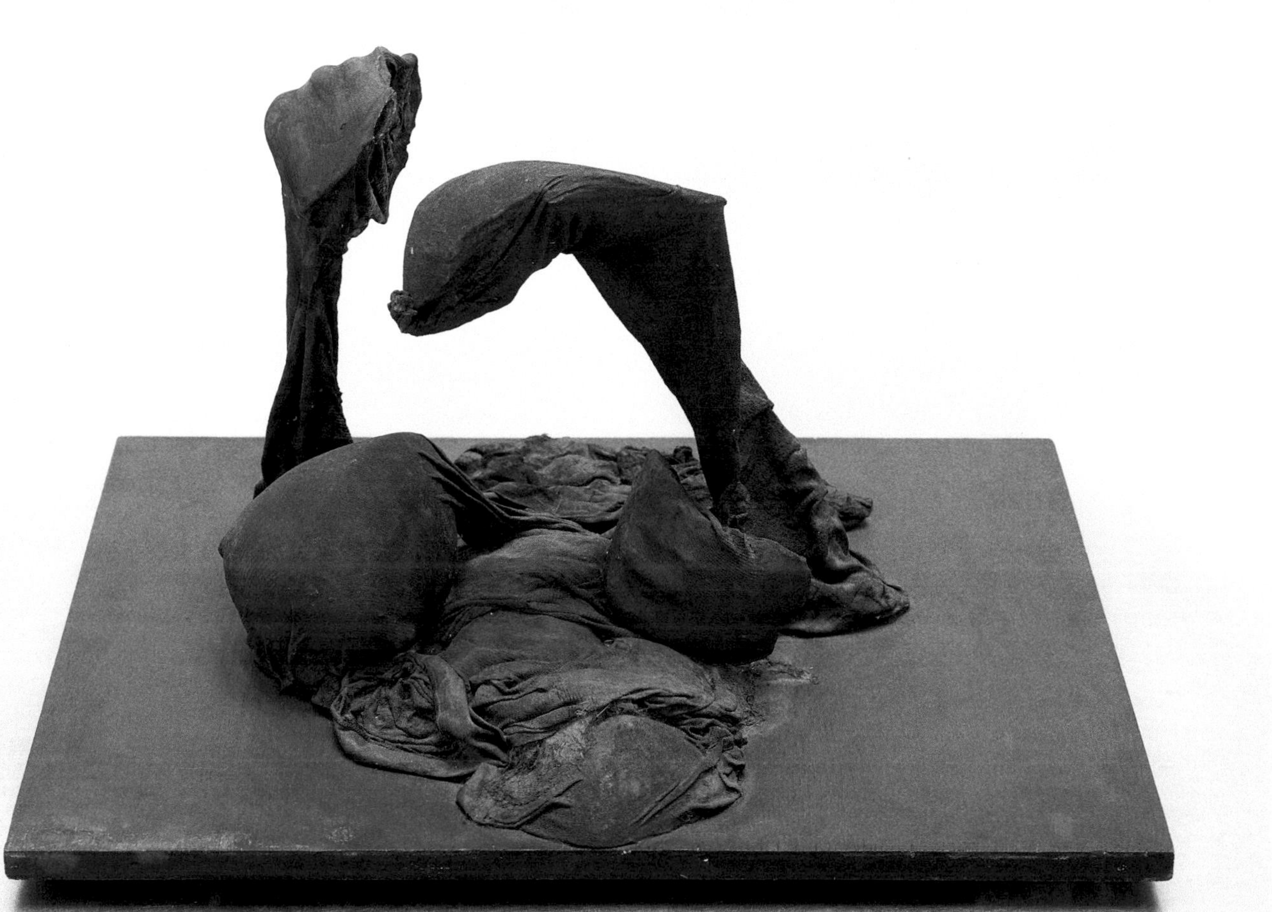

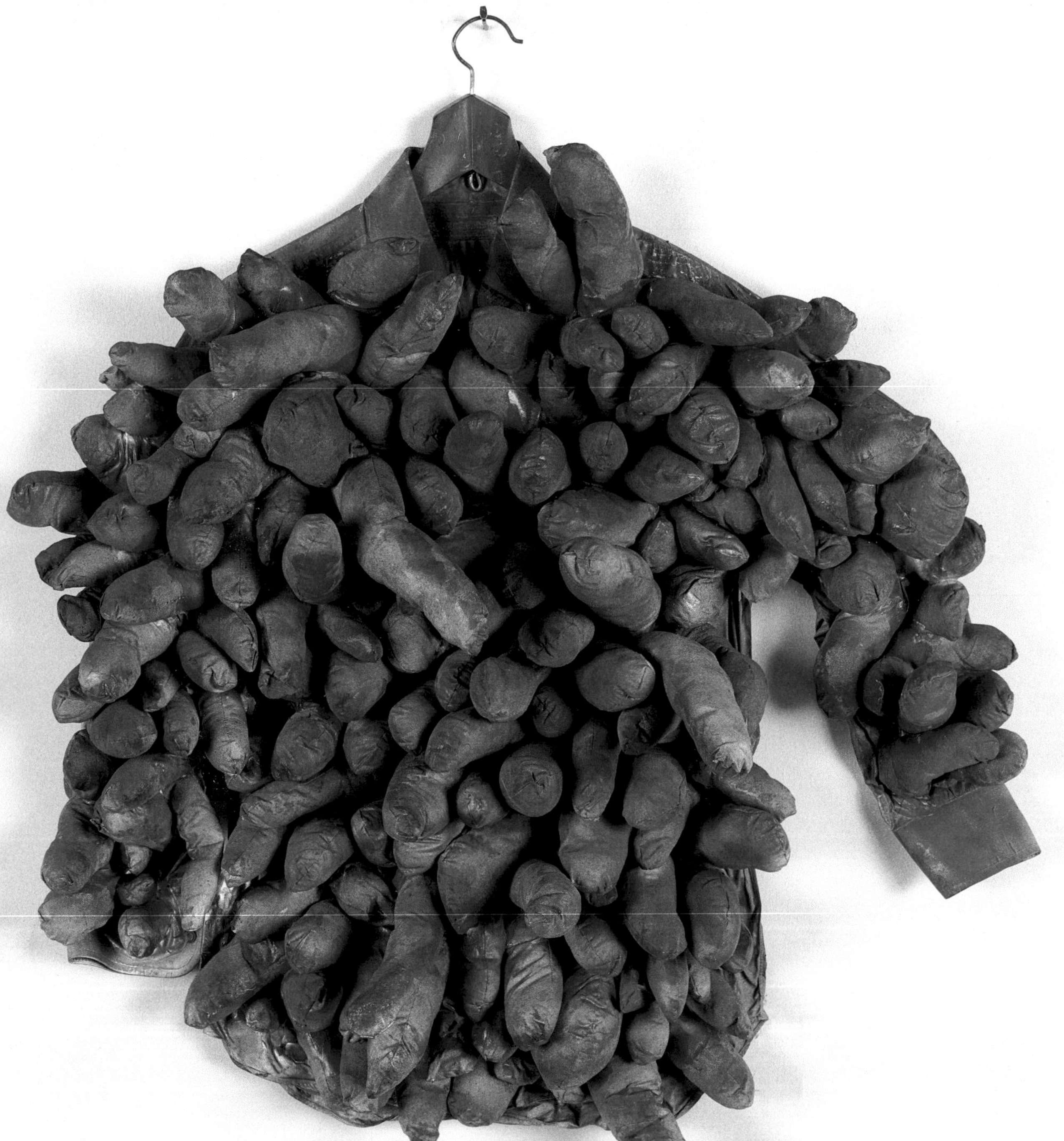

LINKS
Yayoi Kusama
Sex Obsession, 1976
Hemd, gefüllter Stoff, Kleiderbügel, Farbe, Silbersprühfarbe
90 × 80 × 25 cm

UNTEN
Tetsumi Kudo
Fossil in Hiroshima 8.15 – 6. Aug. 1945 Phosphorescence Kudo, 1973
Objekte, Güsse, Fasern, Kunstharz, Kobaltchlorid
19 × 49 × 5,5 cm

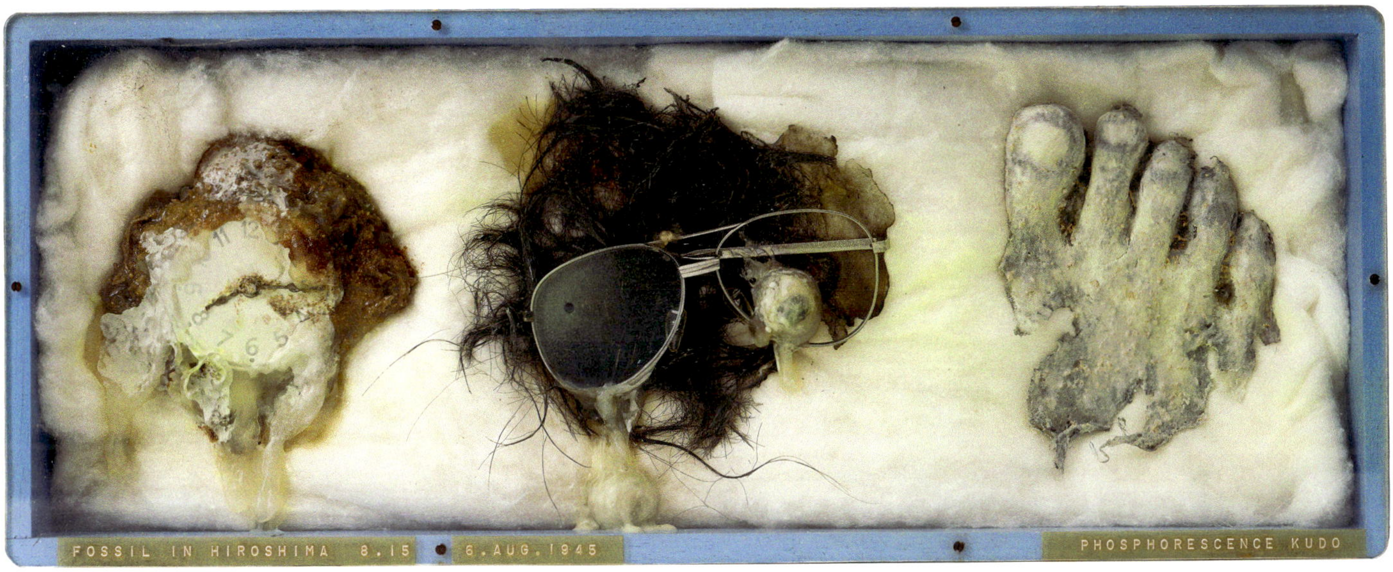

ALLE
Tetsumi Kudo
Fossil in Hiroshima, 1976
Sprühfarbe auf geprägtem Papier
65,5 × 50 cm

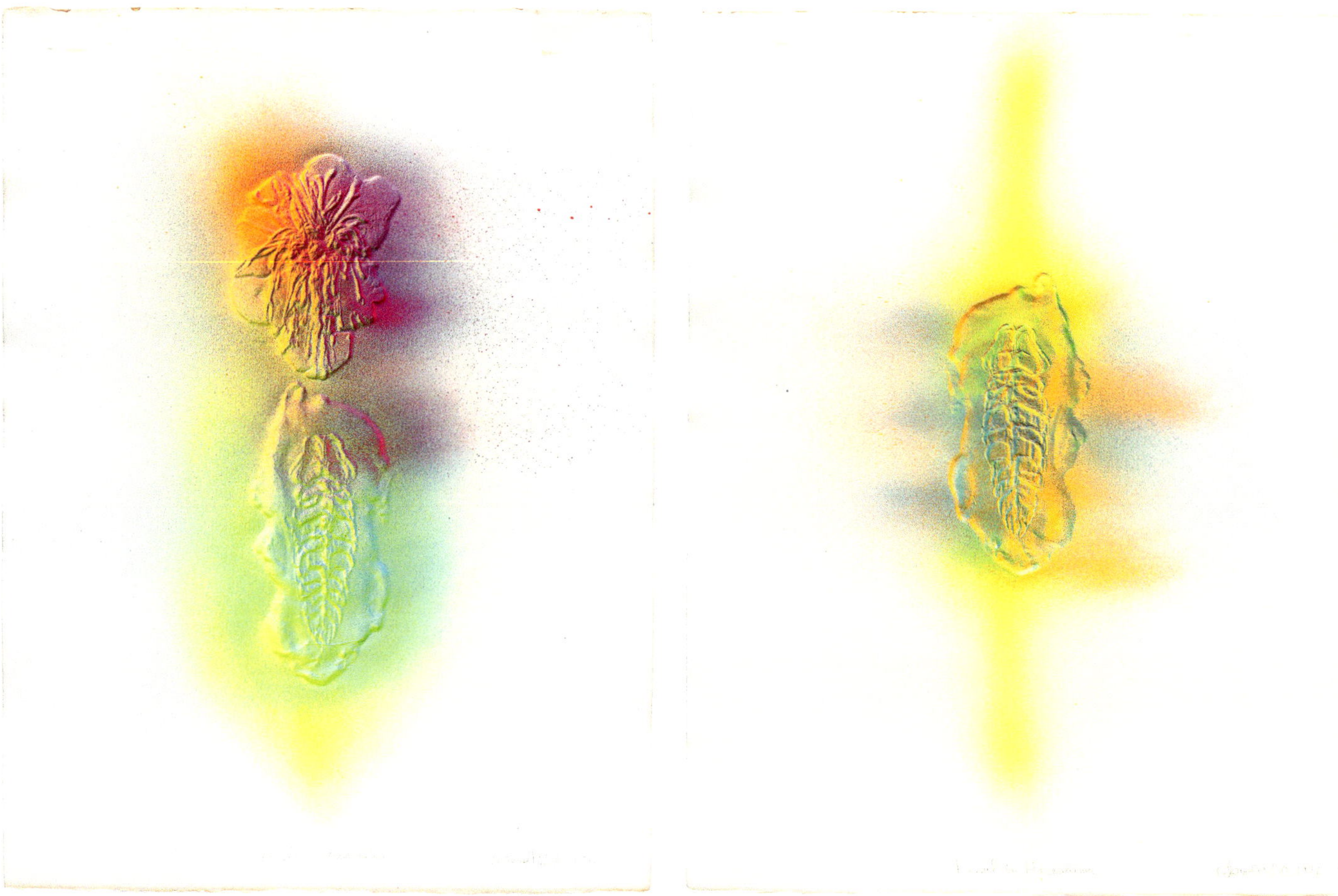

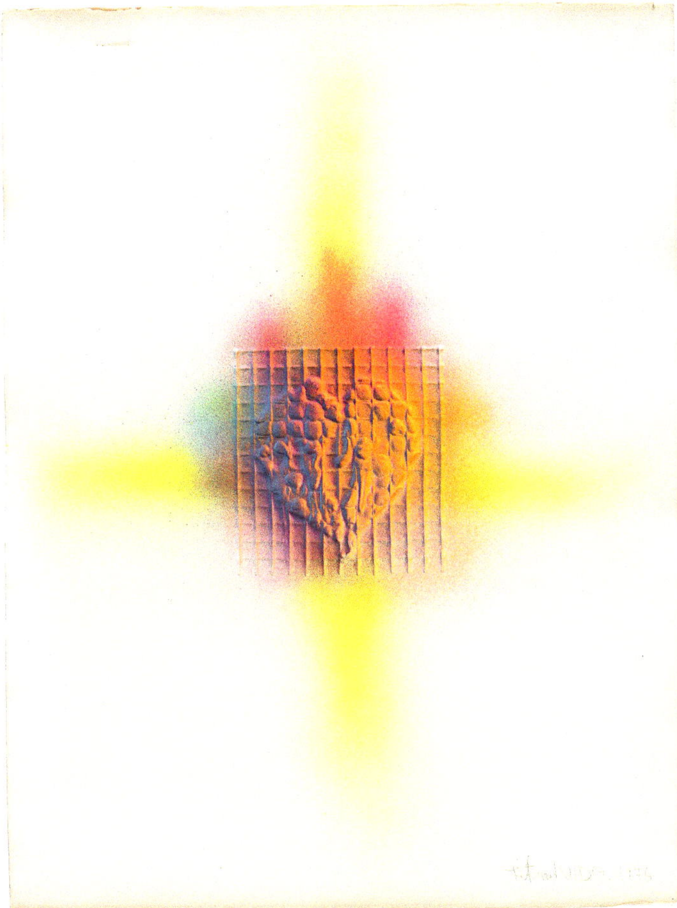

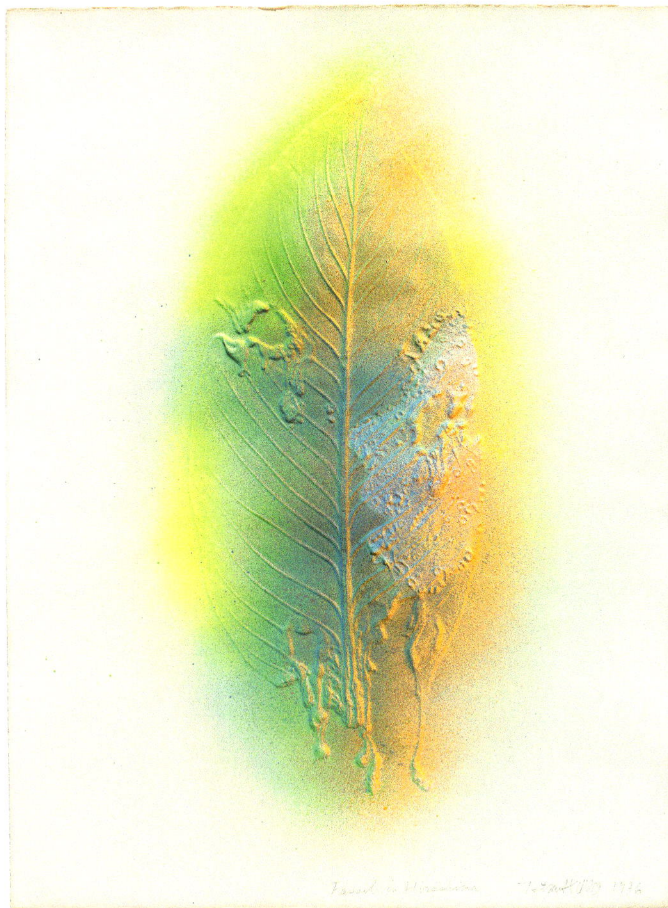

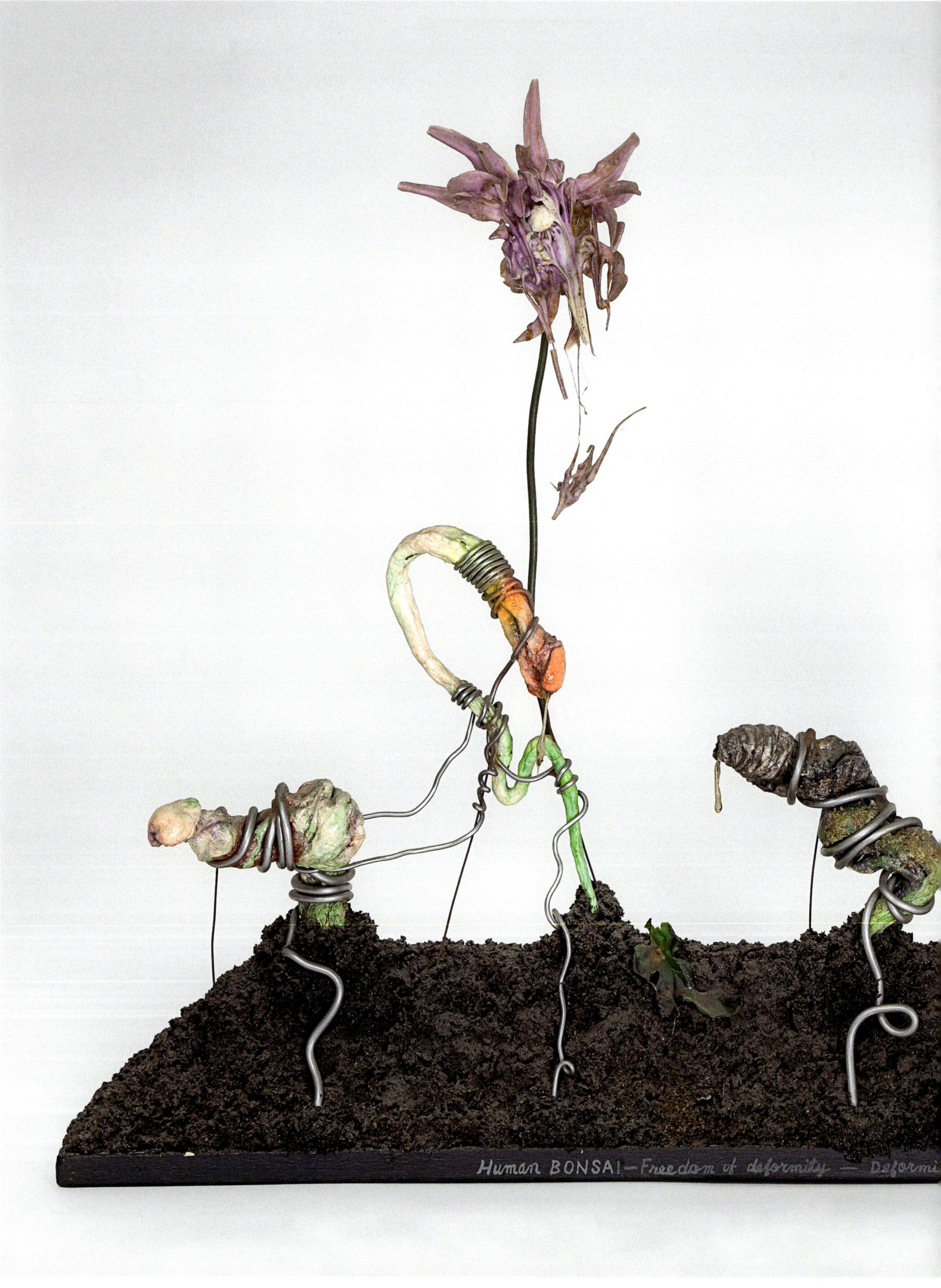
Human BONSAI – Freedom of deformity – Deformi

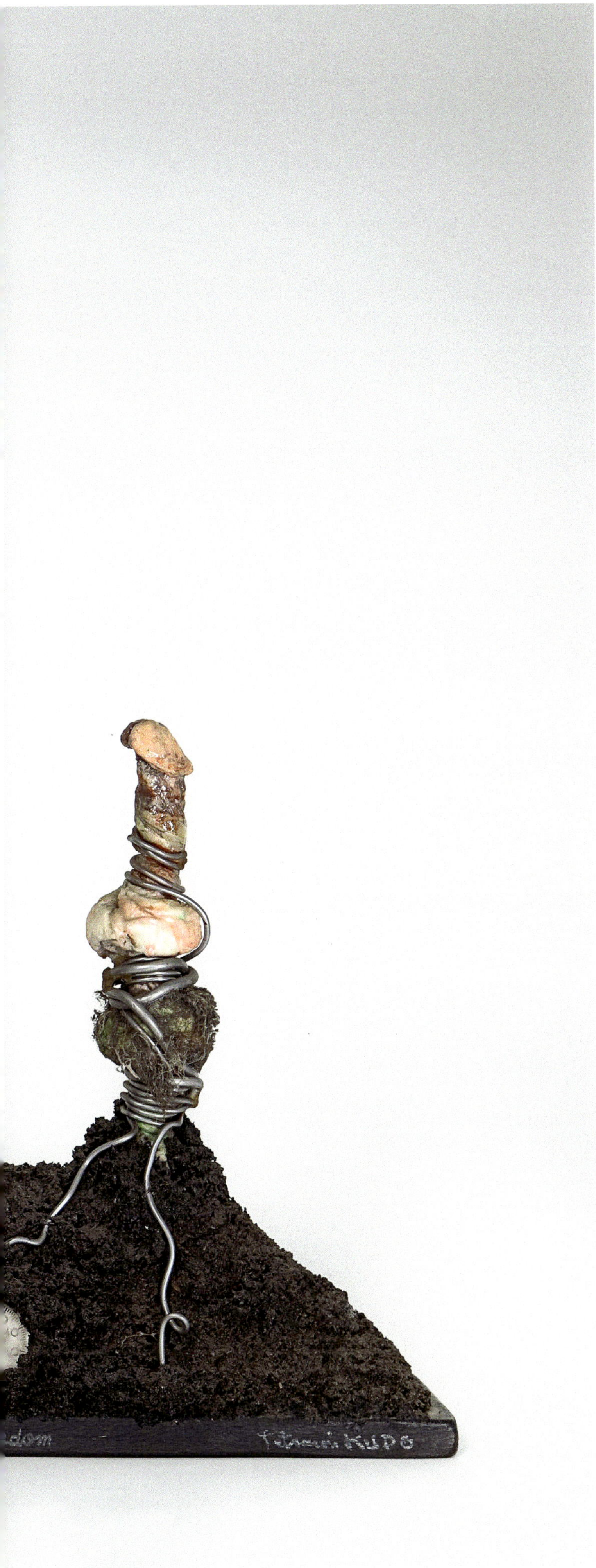

Tetsumi Kudo
Human Bonsai – Freedom of Deformity –
Deformity of Freedom, 1978
Kunststoff, Holz, Erde, Baumwolle, Eisen, Metall, Kunstharz, Thermometer, Klebstoff und Farbe
59,1 × 74 × 17,8 cm

UNTEN
Paul Thek
Untitled (from the series *Technological Reliquaries*), 1965/66
Bienenwachs, Acrylglas, Melamin-Laminat und Metall
26,5 × 98,6 × 64,8 cm

RECHTS
Paul Thek
Untitled (from the series *Technological Reliquaries*), 1966
Wachs, Acrylglas, Ölfarbe, Melamin-Laminat und Metall
227,3 × 33 × 33 cm

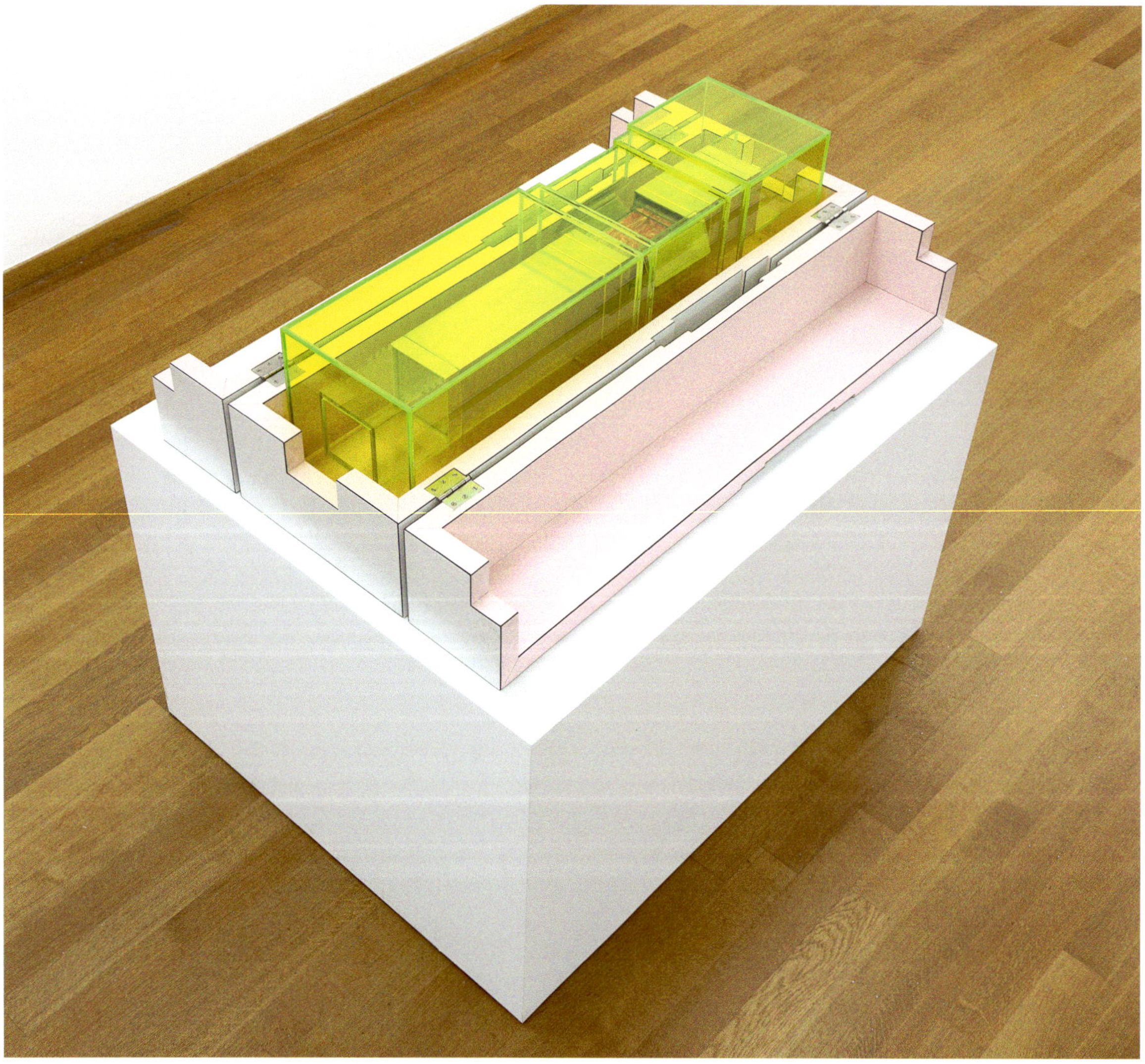

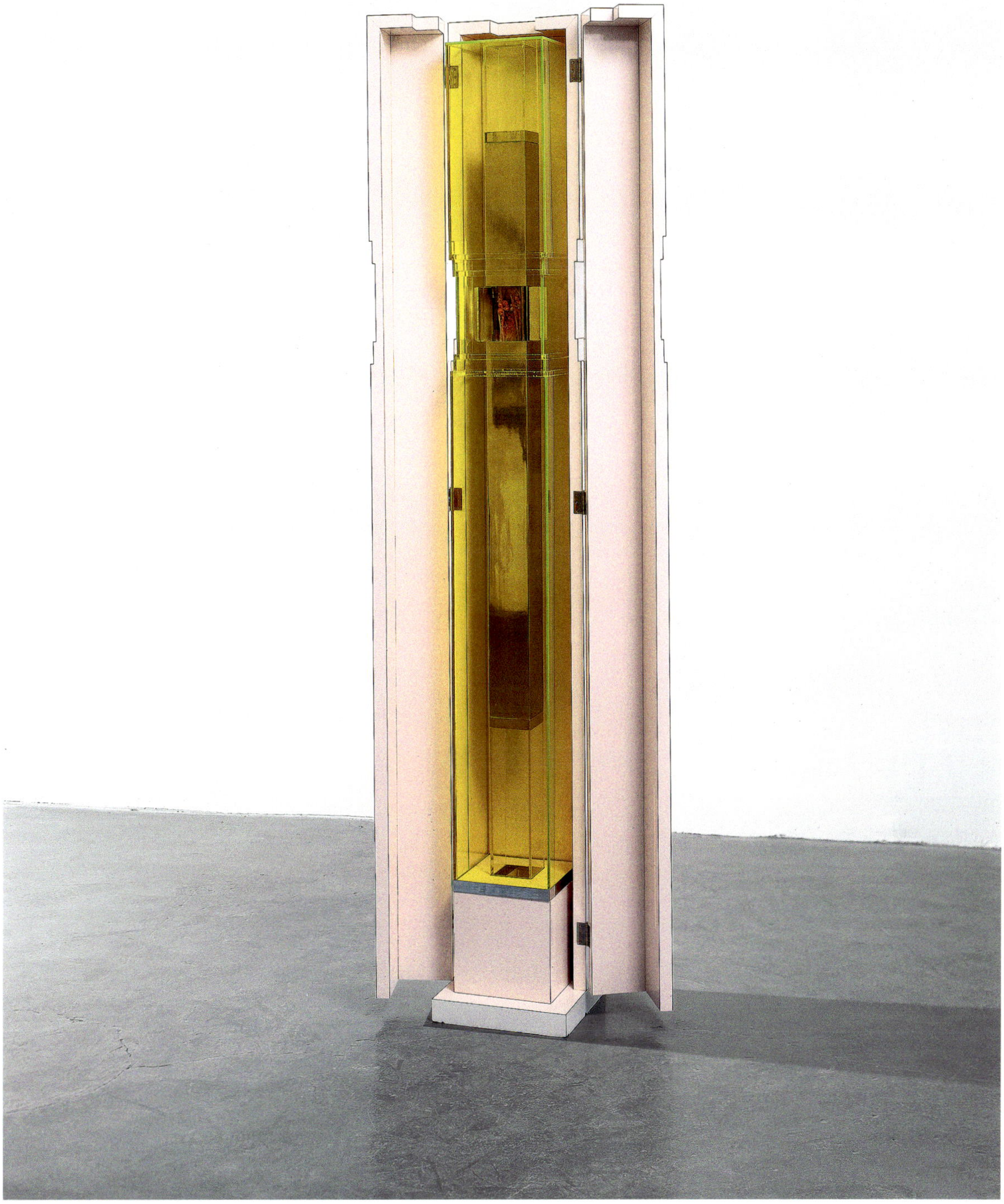

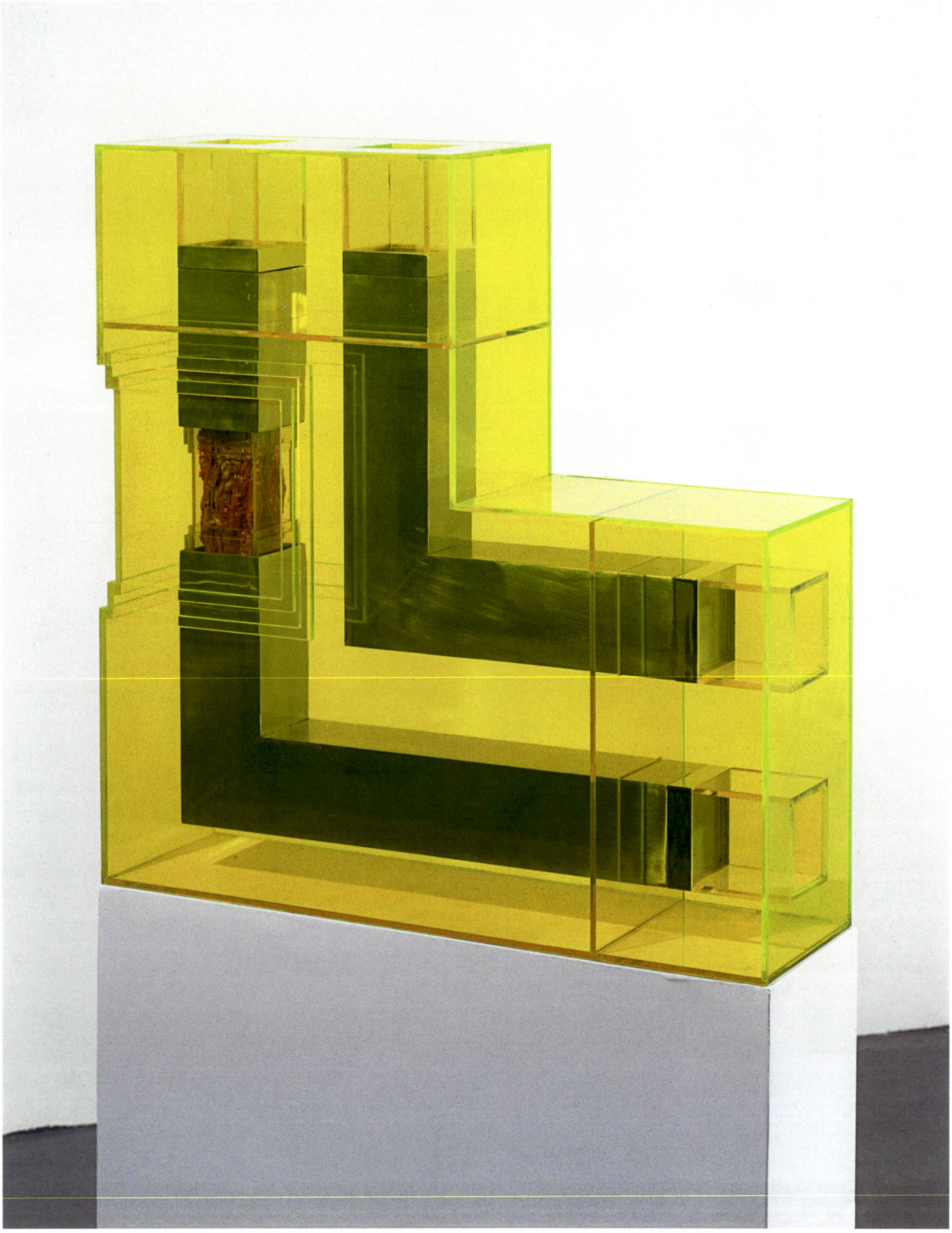

OBEN & RECHTS
Paul Thek
Untitled (L-Column) (from the series *Technological Reliquaries*), 1965/66
Wachs, Acrylglas und Metall
77,5 × 77,5 × 22,9 cm

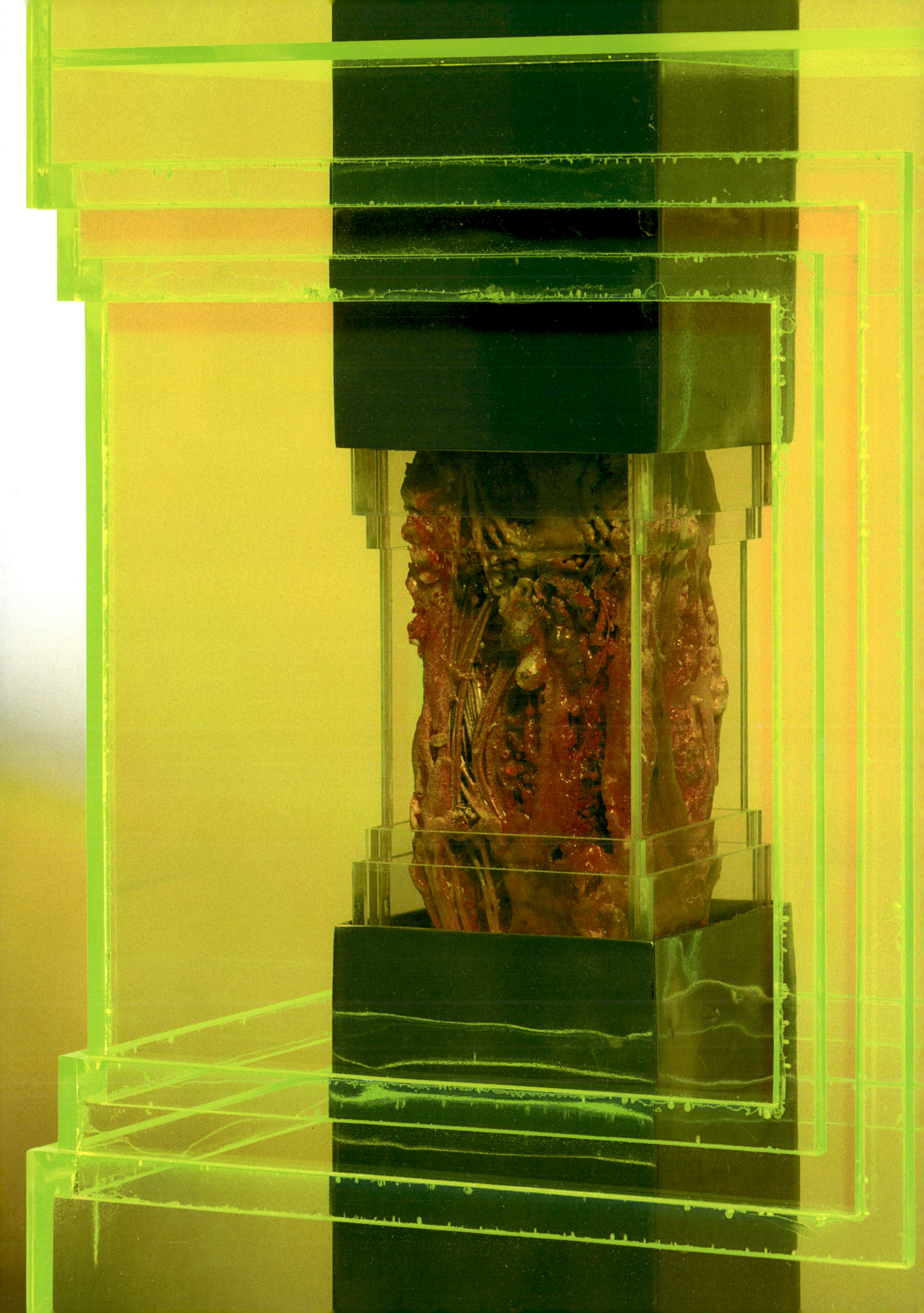

HYBRIDE FIGURATIONEN

Skulpturale Erzählungen zum Zustand von Körpern

FRANZISKA LINHARDT

Ursprünglich aus den Naturwissenschaften kommend, definierte der Begriff ‚Hybridität' die Vermischung von Verschiedenem oder das Entstehen von Neuem durch die Überschreitung von Grenzen. Er wurde bald schon in zahlreichen Neudefinitionen in verschiedenen Bereichen eingesetzt und hat sich insbesondere in postkolonialen Kontexten zu einem kulturtheoretischen Schlüsselbegriff entwickelt.[1] Die Gemeinsamkeit der interdisziplinären Definitionen und Umdeutungen von Hybridität liegt in dem Durchkreuzen und Überwinden einer gewissen Ordnung. Im Kontext des Essays stellt dies ebenso wie in der Ausstellung *Future Bodies from a Recent Past – Skulptur, Technologie, Körper seit den 1950er-Jahren* die Grenzsetzung zwischen Körpern und Technologien, zwischen einem ‚Selbst' und seiner Umgebung oder dem ‚Wir' und dem ‚Anderen' dar. Denn während im vergangenen Jahrhundert die Technologie noch als das Fremde, Unheimliche und doch Näherkommende galt, werden Körper und Technologie heute als äußerst eng verwoben wahrgenommen. Ihr Verhältnis zeichnet sich, wie die Philosophin Rosi Braidotti betont, durch „ungeahnte Ausmaße von Nähe und Durchdringung"[2] aus.

Eine Erzählung von hybriden Körpern, die in ein Geflecht von technologischen Beziehungen und Infrastrukturen eingebunden sind – Körpern also, die ihre Wechselwirkung mit (und die Abhängigkeit von) Technologien bezeugen –, drängt sich deswegen geradezu auf.[3] Ganz aktuell verweist der durch die Pandemie populär gewordene Hashtag #TogetherApart auf die materiellen Paradoxien des Miteinanders in einem digitalen Zeitalter, in dem die Technologie gewissermaßen die Schnittstelle unserer Sozialität ist. Im Alltag werden unsere Körper und ihre Aktivitäten rund um die Uhr überwacht, Algorithmen bauen eine Realität auf und werden durch Metadaten zusammengehalten, die unsere Welt strukturieren. Durch Innovationen in der Medizintechnologie verschwinden auch die körperlichen Grenzen zwischen Natürlichem und Künstlichem oder Gewachsenem und Produziertem. Computer berechnen und beeinflussen den Körper und seine Affekte, Maschinen helfen bei Operationen, produzieren Prothesen und Ersatzkörper. In vielerlei Hinsicht sind wir und unsere Körper heute in einer Zukunft angekommen, die vielmehr Gegenwart als Vision ist. Die Medientheoretikerin Marie-Luise Angerer formuliert es auf die Frage hin, aus was Menschen und ihre Körper gemacht seien, folgendermaßen:

> Aus Haut und Knochen, Nukleinsäure, Proteinen und Parasiten, aus einer Seele, aus Sprache und

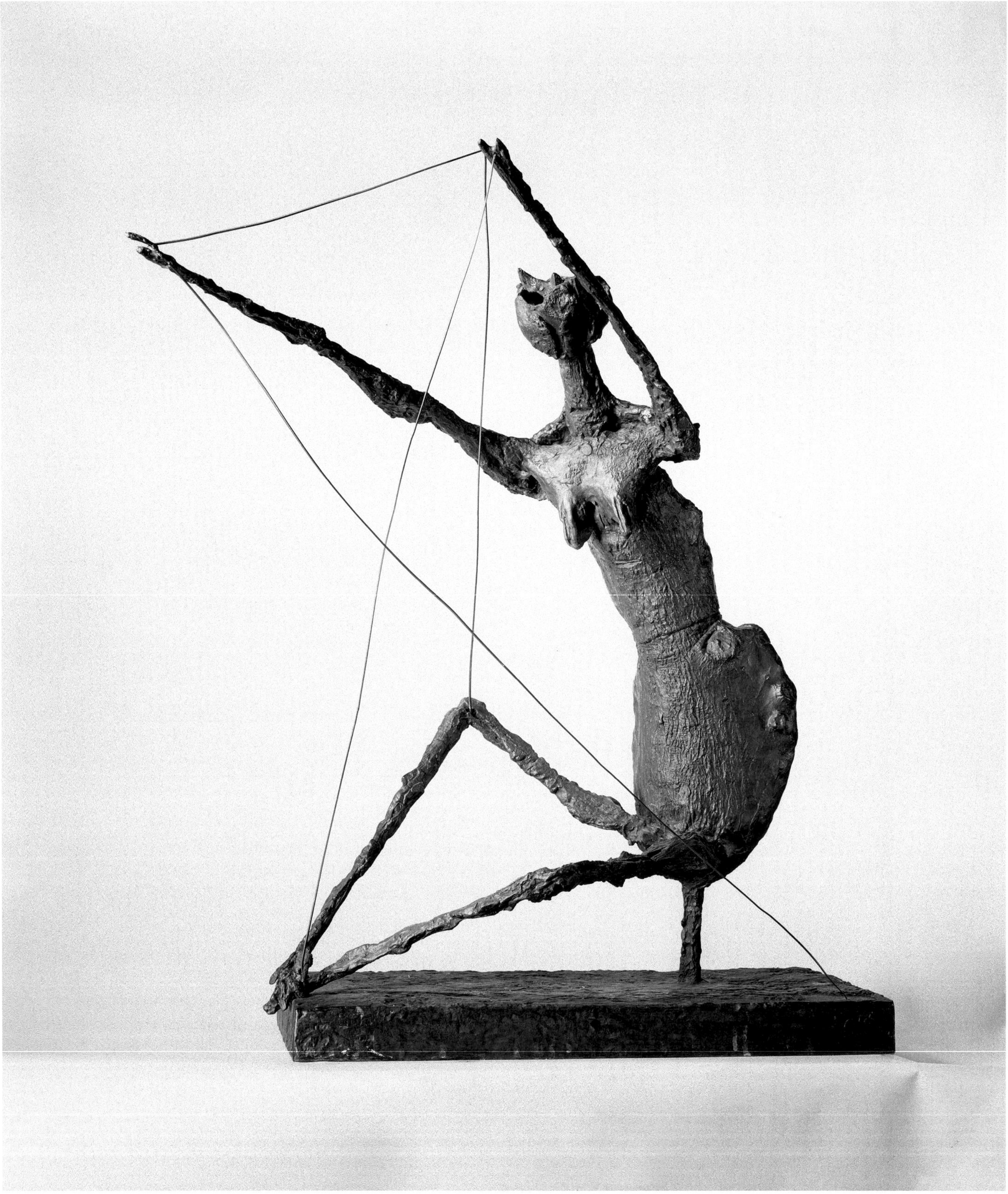

ABB. 1
Germaine Richier, *La Fourmi* [Die Ameise], 1953, Bronze, 97 × 41 × 69 cm, Bayerische Staatsgemäldesammlungen – Sammlung Moderne Kunst in der Pinakothek der Moderne, München

Bewusstsein, aus Nerven, Blut und Überzeugungen, Begehren und Begierden – aber in allererster Linie ist der Mensch ein historisch variables Set von Zuschreibungen und Setzungen. […] Hybride sind hier weder Zukunftsfiguren noch Prototypen für Science-Fiction-Filme und Computerspiele, sondern vor allem Verweise auf das Hier und Jetzt. Heute sind Gemeinsamkeiten, graduelle Unterschiede und Relationen zwischen dem Menschen und anderen wichtiger geworden als starre Konzeptionen.[4]

Die Kunst der Gegenwart ist bevölkert von hybriden Figurationen, von skulpturalen Techno-Körpern oder rematerialisierten Avataren. Zeitgenössische Künstler:innen wie Aleksandra Domanović (S. 214–216), KAYA (S. (S. 218/219), Mark Leckey (S. 207–213) oder Seth Price (S. 220/221) setzen sich in ihren Werken auf unterschiedliche Weise mit diesen Vorstellungen von Körpern auseinander. Körper sind Teil materieller und immaterieller Kreisläufe, eingebunden in Rückkopplungsschleifen von Informations-, Digitalisierungs- und Medientechnologien und der sie umgebenden Dingwelt. Sie befragen aktuelle Wahrnehmungen und Verständnisse von Körperlichkeit, Materialität und Subjektivität, die nicht unbedingt immer abgeschlossen, sondern fragmentiert, durchlässig, erweitert oder zusammengesetzt sind. Diese Beschäftigung mit den Repräsentationen hybrider Körper kann als Versuch gelesen werden, dualistische Denkmodelle aufzubrechen oder lineare Erzählungen von den Grenzsetzungen zwischen Körpern und Technologien zu hinterfragen.

Vor diesem Hintergrund eine Ausstellung zu Skulptur zu machen, fühlt sich in der (digital) vernetzten ‚postmedialen'[5] Welt des 21. Jahrhunderts wie ein monströser Anachronismus an. Doch lassen sich an den kritischen Aushandlungen der Schnittstellen von Subjekt, Objekt und Raum Vorstellungen von Körpern, Repräsentationssystemen oder Gattungsbegriffen öffnen und differenzieren. In skulpturalen Werken und ihren Geschichten erzählen sich die Erfahrungen von Grenzen und deren Überwindung, von verkörperter Technologie oder fragmentierter Darstellung sowie von materiellen Verstrickungen zwischen Körpern und Umwelt aus vielfältigen Perspektiven. Dieses Essay bedient sich des Motivs der Hybridität, um aus einer bewusst gegenwärtigen Perspektive die skulpturalen Körper einer jüngeren oder jüngsten Vergangenheit zu betrachten und populäre Erzählungen von Körpern, Technologien und Skulpturen zu überprüfen.

Die Kunstwerke der Ausstellung, die im Folgenden vorgestellt werden, sind zwischen 1952 und 2022 entstanden, doch nicht nur zu unterschiedlichen Zeitpunkten, sondern auch in verschiedenen geografischen, soziopolitischen und kulturellen Kontexten. In ihnen artikulieren sich die hybriden Figurationen in unabgeschlossenen Körperformationen, in der Korrelation organischer und künstlicher Materialien, dem Verschmelzen von Körperformen mit Alltagsobjekten oder dem Einsatz von (Medien-)Technologien zur eigenen Handlungsmacht. Als künstlerische „Tragetaschen"[6] bekannter und weniger bekannter Geschichten zur skulpturalen Darstellung und Auffassung von Körpern transportieren diese sowohl optimistische als auch unbequeme Vorstellungen zur Wechselwirkung von Technologien und Körpern ihrer jeweiligen Gegenwart.

HYBRIDE DER NACHKRIEGSZEIT

Mit *Pnąca* (1959, Die Kletternde, S. 24) begegnet den Betrachter:innen etwas unter Augenhöhe eine Skulptur in einer Körperlichkeit, die zugleich organisch und monströs ist. Biomorphe und florale Formen erheben sich zu einer Gestalt, die in ihren Proportionen und ihrer Größe noch den Körper aufruft, in ihrer Porosität und mit ihren Bruchstellen jedoch auf beinahe brutale Art auf ihre Geschichte der Materialität und physischen Instabilität verweist. Wurden Eisen und Beton sowohl zur Herstellung der Zaunpfähle in Konzentrationslagern als auch in den Wolkenkratzern in Detroit verwendet, so verwandeln sie sich hier in einen nach oben strebenden skulpturalen Körper, dessen fragiles Betonfleisch sich um ein unsichtbares Innengerüst wölbt.

Alina Szapocznikows Skulptur *Pnąca* entstand zu einem Zeitpunkt, als die polnische Künstlerin die affirmative, heroische Sprache der Kunst des sozialistischen Realismus infrage zu stellen begann und ungewöhnliche Materialien und Techniken in ihr Werk einbezog. Vor allem aber zeugen ihre Skulpturen von der Abkehr eines propagierten traditionellen Anspruchs des Mediums auf die Souveränität des Körpers. Zuvor hatte sie einige Jahre in Prag und Paris gelebt und den existenzialistischen Zeitgeist Frankreichs in ihre Werke

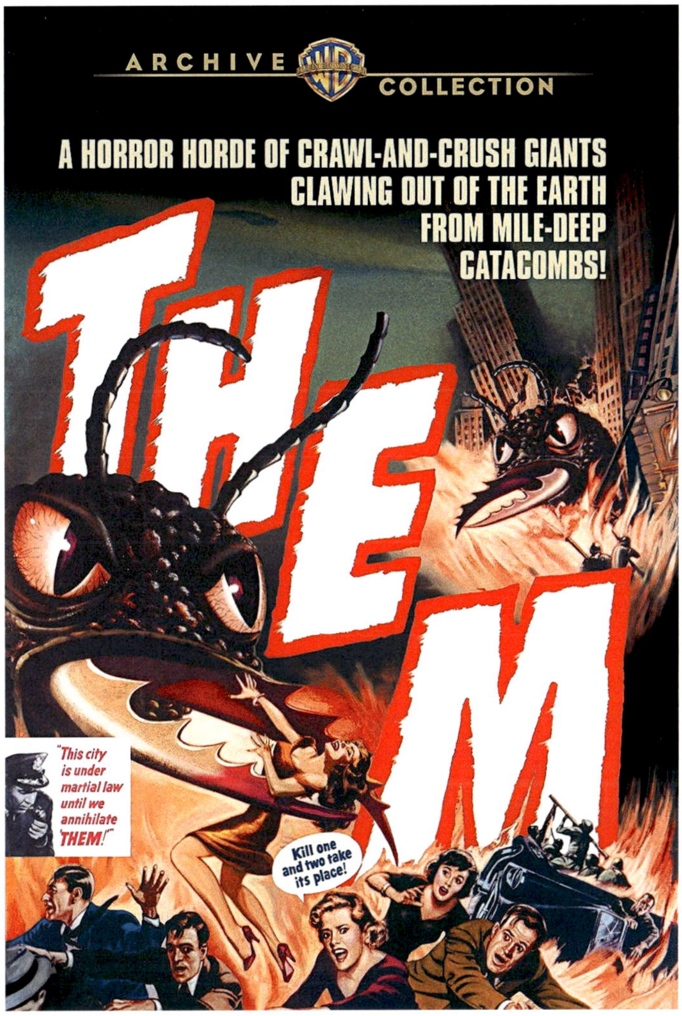

ABB. 2
Filmplakat zu Gordan Douglas' *Them!*, 1954, Warner Bros. Entertainment Inc.

einfließen lassen, in denen sie auf die unsichere politische Gegenwart Polens und gleichzeitig auf eine traumatische Vergangenheit zurückblickte. Szapocznikow, Tochter einer jüdischen Familie, wurde zu Beginn des Zweiten Weltkriegs in den Gettos in Pabianice und Łódź, später in den Konzentrationslagern Auschwitz und Bergen-Belsen gefangen gehalten.[7] Die Kunsthistorikerin Agata Jakubowska bezeichnet die frühen Skulpturen der Künstlerin, zu denen auch *Pnąca* zählt, als „Körperruinen", die den Körper nach zahlreichen Konfrontationen mit der Außenwelt zeigen.[8] Doch die traumatischen Erfahrungen des Kriegs und seine Auswirkungen auf den Körper und dessen Wahrnehmung spiegeln sich nicht nur in Szapocznikows Wahl und Bearbeitung des Werkmaterials. *Pnąca* ist als zweiter und überarbeiteter Wettbewerbsvorschlag der Künstlerin für ein Denkmal für die Held:innen des Warschauer Getto-Aufstandes entstanden.[9] Doch die Skulptur entsagt sich einem Anspruch auf Monumentalität, disproportioniert trotzt sie jedem Gleichgewicht und der Schwerkraft. Sie wächst und strebt förmlich nach oben und scheint von einer eigenen, nahezu kollektiven Fragilität zu zeugen, in der zusammenkommende Körper nicht nur von einer traumatischen Geschichte, sondern von einem antiheroischen Aufbruch erzählen.[10] Es ist ein neuer, ein zurückgeforderter hybrider Körper, der keine absoluten Grenzen nach außen setzt, sich verletzlich und verhandelbar zeigt und 1959 ebenso von einem Blick in die Vergangenheit wie in die Zukunft zeugt.

Die menschlichen Formen in den Werken der französischen Künstlerin Germaine Richier dagegen scheinen diesen Akt des fragilen Werdens bereits durchlebt zu haben. Aus dem klassischen Material Bronze geschaffen, erscheinen sie zwar von einer körperlichen Ganzheit, die jedoch perforiert und zerfurcht ist. Sie erzählen von der grundlegenden (dystopischen) Offenheit des Körpers und seiner Durchdringung durch die Umwelt. Richier revolutionierte die figurative Bildhauerei der Nachkriegszeit, indem sie über die Rollen und Möglichkeiten der Skulptur reflektierte, die von den Dramen[11] dieser Zeit geprägt waren – Dramen, zu denen für Richier auch die Gräueltaten des Zweiten Weltkriegs und die atomare Bedrohung durch den Kalten Krieg zählten. Vor allem stellen sich viele ihrer Skulpturen als von der Künstlerin selbst so bezeichnete ‚Hybride'[12], als Mischwesen mit menschlichen, tierischen und pflanzlichen Komponenten, vor. Wenngleich Richiers Skulpturen Referenzen zu christlichen Ikonografien oder Mythologien der Antike und dem Existenzialismus anreißen, rufen sie gleichermaßen volkstümliche Mythen und Naturmagie auf, in denen Dinge und Wesen ihre Lebensumgebung beseelen.[13] Ihr Krallenwesen *Le Griffu* (1952, S. 25) offenbart sich als unheimliche Kreatur zwischen gezäumter Fledermaus und Mensch, während Insektenhybride wie *La Fourmi* (1953, Die Ameise, Abb. 1) den Science-Fiction-Horrorfilm *Them!* von 1954 antizipieren könnten: Riesige Ameisen, die durch Atomtests in der Wüste von Nevada entstanden sind, stellen eine Bedrohung für die gesamte Menschheit dar (Abb. 2). Im Kontext des Kalten Krieges verwandelten sich hybride Wesen von surrealen Träumen in reale Varianten der evolutionären Vergangenheit und Zukunft und nahmen die Vorstellung einer radioaktiven Mutation vorweg. Wie der Kunsthistoriker Alex J. Taylor ausführt, zeugen auch die Skulpturen von Theodore Roszak, Eduardo Paolozzi (S. 27) oder Lynn Chadwick nicht nur von den traumatischen Erfahrungen vor und während der Kriege, sondern auch von gesellschaftlichen Sorgen und Schuldgefühlen nach ihnen sowie der Angst um ein atomares Wettrüsten.[14] Diese Befürchtungen einer möglichen Auslöschung oder aber Überwindung der Menschen ist in der Skulptur ab den 1950er-Jahren ebenso präsent wie in ihrem populärkulturellen Kontext, den Science-Fiction-Büchern und -Filmen. Ähnlich den hybriden ‚Monstern' in der Skulptur basierten auch diese Darstellungen auf fantasievollen Kreuzungen von Pflanzen, Insekten, Dinosauriern, Außerirdischen, Objekten oder formlosen Massen. Wie die Schriftstellerin Susan Sontag in ihrem Essay „Die Katastrophenphantasie" (1965) erläuterte, löste die Suche nach dem grob Vertrauten im Fremden durch Science-Fiction auf eine groteske Weise diese Vorstellung von hybrider Figuration ein:

> Unsere Zeit ist unleugbar eine Zeit der Extreme. […] [D]ie Phantasie kann zweierlei tun: Sie kann uns vor der unerträglichen Langweile retten und uns von den – realen oder vorausgeahnten – Schrecken ablenken […] und sie kann das seelisch Unerträgliche auf ein normales Maß reduzieren und so dagegen abhärten. Im ersten Falle verschönert Phantasie die Welt. Im zweiten Falle neutralisiert sie die Welt. In den Science-fiction-Filmen erfüllt die Phantasie beide Aufgaben. Diese Filme spiegeln die weltweiten Ängste wider und mildern sie gleichzeitig. Sie impfen dem Betrachter eine merkwürdige Gleichgültigkeit gegenüber dem Gedanken an Strahlenschäden, radioaktive Verseuchung und Zerstörung ein, einem Gedanken, den ich selber als durchaus beunruhigend und deprimierend empfinde. Die Naivität der Filme mischt das Gefühl des Andersseins, der Fremdheit mit einer wohlabgewogenen Dosis des allzu Vertrauten.[15]

Sontags Beschreibung gilt dem Versuch, die unerträglichen Schrecken zu vertreiben, indem sie figurativ heraufbeschworen und dadurch gebändigt wurden. Auch die skulpturalen Erzählungen der Ausstellung handeln nicht nur von einem erschütterten, fragilen Körpersein und der Überschreitung von Grenzen zwischen ‚innen' und ‚außen'. Die hybriden Figurationen fallen aus einer vertrauten Ordnung der Darstellung des Körpers hinaus und zeugen von der Suche nach einem neuen Menschenbild oder vielmehr einer neuen Wirklichkeit des Menschen.

Während Richier, Szapocznikow oder Paolozzi in den 1940er- und 1950er-Jahren (noch) auf klassische Materialien wie Bronze oder Stein setzten, um mit ihnen ambivalente Körper zwischen Figuration, Abstraktion und Phantasma zu formen, schuf der japanische Künstler Tetsumi Kudo zwei Jahrzehnte später ganz andere Perspektiven für die Vorstellung von postapokalyptischen Körpern. Nachdem er 1962 von Tokyo nach Paris gezogen war, referieren viele von Kudos Werken nicht nur in ihren Darstellungen, sondern auch in ihren Titeln ganz konkret auf die atomaren Katastrophen in Hiroshima und Nagasaki. In seinen Arbeiten wie *Fossil in Hiroshima 8.15 – 6. Aug. 1945 Phosphorescence Kudo* (1973, S. 89) zeugen geschmolzene und beschädigte Objekte und synthetische Körperfragmente, eingebettet in eine saugfähige Baumwollbox und mit phosphoreszierender Farbe bemalt, von der bizarren Buchstäblichkeit des menschlichen Körpers und des durch die nukleare Explosion zerstörten Lebens. Die Atombombenabwürfe der USA über Hiroshima und Nagasaki stellten für Japan und die Welt eine historische Zäsur dar; das darauffolgende atomare Wettrüsten während des Kalten Krieges war auch in den USA und Europa mehr als deutlich zu spüren. Wenn wie in *Human Bonsai – Freedom of Deformity – Deformity of Freedom* (1978, S. 92/93) aus Kunststoff geformte, deformierte und angekettete männliche Genitalien in einer postatomaren Szenerie zusammen mit künstlichen Pflanzen wie in einer mutierenden Vegetation koexistieren, wirken die Werke förmlich wie Sets für Science-Fiction-Filme. Doch ihr Skript handelt nicht nur von Deformationen und Zerstörung, sondern auch von den komplizierten Verhandlungen über Identität und Sexualität: Die gegeißelten Phalli zeugen von einer Auseinandersetzung mit der Ambivalenz zwischen sexueller Revolution einerseits und der künstlichen Regulation von Körpern und Reproduktion in einer sich radikal verändernden japanischen Gesellschaft andererseits.[16] Die nukleare Katastrophe war sowohl Sinnbild für menschliches Machtstreben als auch für Kontrollverlust und zeigte Kudo zufolge die Paradoxien des Humanismus auf, die es zu überwinden galt:

> Wie auch immer das genau aussehen mag, es ist wichtig, sich über den Zusammenhang zwischen Umweltverschmutzung, der Verbreitung von Elektronik (Mechanismus), der Zersetzung der Menschheit (Humanismus) und der alten und traditionellen Werthierarchie Gedanken zu machen. Sie zersetzen und durchdringen sich, jedes Element die anderen (Menschheit gegen Natur, Menschheit gegen Mechanismus – Elektronik etc.), und in unserer Gesellschaft und im Kosmos werden sie eine komplett neue Ökologie schaffen.[17]

In seinen Werken thematisierte Tetsumi Kudo nicht nur den anfechtbaren privilegierten Status des Menschen und die ideologischen Grenzziehungen der westlichen Moderne zwischen diesem und seiner Umgebung. Vielmehr prophezeite der Künstler auch in seinen Skulpturen eine „neue Ökologie", in der Natur und Technologie als integrale Bestandteile des Menschen verstanden werden. Mit dieser Vorstellung von körperlicher Hybridität werden einerseits die transkontinentalen, existenzialistisch-düsteren Post-Hiroshima-Stimmungen deutlich. Andererseits kündigte Kudos Auseinandersetzung mit der Verbundenheit von Körpern, Orten, Umgebungen und Technologien das Potenzial des Neuen Materialismus oder das Konzept des ‚Postanthropozentrismus' an, die in den philosophischen Bewegungen der letzten Jahrzehnte an Bedeutung gewannen und die Vormachtstellung des Menschen anzweifeln.[18]

VERRÜCKT WIE MASCHINEN

Im Kontext des Kalten Krieges schien der imperiale Wettstreit um den Weltraum als letzte Expansionsgrenze auf. Die Eroberung und Kolonialisierung des Weltalls durch die Raumfahrt ab den späten 1950er-Jahren brachte die Faszination für neueste Technologien und Materialien, die Zelebration der Astronauten und gleichermaßen 1963 mit Walentina Tereschkowa auch die erste Kosmonautin im All mit sich. Im Zuge dieser techno-humanen Herausforderung wurde auch die Entwicklung der Raumfahrtmedizin forciert, die auf die Einrichtung lebenserhaltender Atmosphären in einem radikalen Außen der Erde zielte und damit die Gestaltung des menschlichen Lebens und die seines Lebensraums in eins setzte. Der Psychologe Nathan S. Kline und der Neurobiologe Manfred E. Clynes führten dafür den Neologismus des ‚Cyborgs' als Akronym für ‚cybernetic organism' ein, den sie als ein selbstregulierendes Mensch-Maschine-System vorstellten.[19] Der Cyborg, eine Ableitung aus dem techno-organischen Denkmodell der Kybernetik, ist damit ebenfalls ein Produkt des ‚space age' oder vielmehr des ‚Sputnik-Schocks' und damit auf wissenschaftlicher Ebene sowohl Teil des Wettrüstens als auch eines Fortschrittsglaubens. So leuchtet es ein, dass die beiden Namensgeber dieser hybriden Figur 1960 die gezielte Verbesserung des Menschen und seiner körperlichen Funktionen anstrebten, um in einer noch unbekannten außerirdischen Umgebung überleben zu können.[20] Die Reaktion auf diese Vorstellung eines erweiterten Körpers und neuen Menschen in einem durch und durch technologischen Gefüge fiel zu Beginn der 1960er-Jahre durchaus ambivalent aus, wie ein Artikel im US-amerikanischen Magazin *Popular Science* zeigt: „Entmenschlicht und betäubt, verschaltet und verbunden mit elektronischen Teilen, die natürliche ersetzen, könnte ein:e Astronaut:in überleben. Aber würden wir ihn:sie dann nach wie vor als Menschen denken?"[21]

Der Kampf um die Hoheit im Weltraum und die Vorstellungen von hybriden Körpern als Cyborgformationen brachten und bringen immer neue Fantasien und Utopien wie auch ambivalente Ideologien mit sich, die Künstler:innen in ihren Werken thematisier(t)en. In *Future Bodies from a Recent Past* sind Kiki Kogelniks schablonenhafte Darstellungen eines *Space Angel* (1964, S. 141) oder einer *Mechanical Woman III* (1965) zu sehen, während die *Bródno People* (2010, S. 156/157) – hybride Figurationen in Form aus gefundenen Objekten zusammengesetzter Kosmonaut:innen, die der Künstler Paweł Althamer als utopische Alter Egos im Kollektiv mit Nachbar:innen schuf – durch den Ausstellungsraum prozessieren. Lynn Hershman Leesons Werke der 1960er- und 1970er-Jahren dagegen zeugen von dem frühen Interesse an der maschinellen Existenz in menschlichen Formen: In *X-Ray Woman* (1966, S. 147) wurde die zart gezeichnete hybride Figur mit Zahnrädern anstelle von Hüften sowie komplexen Ziffernblättern als Teilorganen ausgestattet, in ihrem Bauch tummeln sich drei zusammengerollte Säuglinge, während mehrere Miniversionen des vitruvianischen Menschen ihre Organe und Mechanik bespielen. Der Titel – ein Verweis auf die in den 1960er-Jahren radikal weiterentwickelten nicht invasiven bildgebenden Verfahren der Röntgentechnologie – verbindet sie mit einer weiteren Collage Hershman Leesons: Ein rauchender *X-Ray Man* (1970, S. 146) mit applizierter Kunststoffprothese, Sichtschutz und einem schablonenartig aufgesprühten Herzumriss entstand nur wenige Jahre, nachdem in den USA die erste Herztransplantation stattfand (und missglückte). Ein ähnlich gelagertes Interesse für aus modularen Komponenten ‚neu' zusammengesetzte Körper verfolgte der deutsche Künstler Joachim Bandau. Seine Werke betitelte er tatsächlich als ‚Transplantationsobjekte' wie *Transplantationsobjekt VI (Kölner Spritze)* (1968, S. 128) in leuchtendem Rotorange oder als ‚Organgeräte' wie *Schwarzes Organgerät* (1970, S. 160). Aus Teilen zerlegter Schaufensterpuppen formte er neue ‚Figuren', die er mit glasfaserverstärktem Polyester, Lack oder Gummi überzog und mit neuen Gliedmaßen und Öffnungen in Form von Schläuchen, Griffen oder Duschköpfen erweiterte. Ihre irritierend glänzenden Oberflächen suggerieren den Reiz der aufstrebenden Konsumkultur und der Kommerzialisierung von Begehren und zeugen davon, dass er – wie auch Kogelnik und andere Künstler:innen der Ausstellung – von der Pop-Art beeinflusst war. Doch dieser begegnete Bandau auch mit der pessimistischen Schärfe der Frankfurter Schule dieser Zeit: In einer „Ästhetik der Gewalt"[22] – wie er sie selbst beschreibt – nahm er Bezug darauf, wie Körper neuen Formen der Gewalt, Manipulation und Kontrolle unterworfen waren.[23] Die Werke des Künstlers entstanden im Kontext rasend schnell fortschreitender medizinischer und technologischer Entwicklungen in einer ambivalenten Zeit des Nachkriegsdeutschlands, deren utopische, aber vor allem dystopische Realitäten er reflektierte.

Während Bandau alle modularen Komponenten unter einer plastifizierten Oberfläche verschwinden und zusammen zu einem „blinden Automat[en] mit unklarer Funktion [...] und nur noch angedeuteten Gliedmaßen"[24] werden ließ, blickten Kogelnik und Hershman Leeson nicht nur unter die Körperoberfläche, sondern auch auf sie als Projektionsfläche. In ihren frühen Collagen bilden sich Körper aus Assemblagen körper-technoider Versatzstücke, von Diagrammen und Vektoren – vor allem aber aus einem differenzierten Spiel mit binären Zuschreibungen. In ihren Cyborg-Neukonzeptionen spielten sie kritisch mit der Aufhebung der Souveränität des Menschen und der ‚Vervollständigung' der (meist weiblichen)[25] ‚unzulänglichen' Körper durch Maschinen und den damit verbundenen Biopolitiken und Rationalisierungsprozessen.

Der Auseinandersetzung mit gesellschaftlichen Rollenbildern und ihrem Verhältnis zum Geschlecht (und zur Technologie) stellte sich auch die Künstlerin Eva Hesse. Insbesondere Hesses Serie der sogenannten mechanischen Zeichnungen, zu denen die beiden Blätter *ohne Titel* zählen (beide 1965, S. 144, 145), die die Künstlerin während eines Studio-Aufenthalts über einer verlassenen Textilfabrik in Kettwig im Ruhrgebiet schuf, ist hier bezeichnend. In ihrer suggestiven und klaren grafischen Sprache verbinden sich Maschinenteile und seltsam gegliederte Geräte mit menschlichen Organen, Körpergelenken und Membranen. In den feinen Linien und schematischen Umrissen scheint es, als seien die Körperteile oder das Fleisch selbst in Apparaturen gefasst. Weder tatsächliche Körper noch funktionale Mechanik beschreibend, zeugen auch sie von dem Spiel mit der (Neu-)Konfiguration von Mensch und Maschine, das Hesse in einem Brief an ihren Künstlerkollegen Sol LeWitt als „Nonsens" bezeichnete: „Zeichnung – sauber – klar – aber verrückt wie Maschinen, Formen größer + gewagter – deutlich beschrieben, sodass es seltsam ist. Sie werden buchstäblich Nonsens."[26] Doch kann der „Nonsens" in seinen Verbindungen einen produktiven Überschuss liefern. Denn auch Hesse spielte in diesen techno-organischen Elementen mit der Grenzverwischung zwischen Körper und Technik. Körper sind abstrahiert, eine körperliche Zuordnung der dargestellten Teile wird obsolet, ebenso löst sich die Vorstellung klar unterscheidbarer Geschlechtsidentitäten und -verkörperungen ineinander auf. Damit stellten sie Marcel Duchamps oder Francis Picabias zu dieser Zeit so zelebrierte Junggesellenmaschinen und andere mechanisch-erotische Parodien der Geschlechterrollen auf den Kopf.[27] Während ihres Aufenthalts in Deutschland las Hesse das heute zur feministischen Standardliteratur zählende Werk *Das andere Geschlecht* (1949), in dem Simone de Beauvoir in existenzialistischem Ton die Vorstellung der Frau als das „andere Geschlecht", als „Objekt" und deren Unterdrückung als gesellschaftlich beziehungsweise patriarchal bedingt definiert.[28] In Hesses Tagebucheinträgen dieser Zeit wechseln sich Beschreibungen ihrer neuen Werke mit Gedanken zu de Beauvoirs Überlegungen ab.[29] Insbesondere das von der Philosophin vorgestellte Konzept der ‚Transzendenz' als Erfahrung jenseits der alltäglichen Konfrontation mit der binären Geschlechterdifferenz und als Befreiungsschlag von gesellschaftlich konstruierten Verhaltensweisen inspirierte Hesse in ihren Zeichnungen und später auch in ihren Reliefs oder Skulpturen. Sie kündigten diesen ‚anderen Raum' – quasi „ein Zimmer für sich allein"[30] jenseits starrer Konzeptionen – an, den die Künstlerin, durch de Beauvoir inspiriert, nicht nur schaffen, sondern erweitern wollte und in welchem sie die Werke mit progressiven sozialen Ordnungen verband.[31] Hesses Zeichnungen lassen ebenso wie die Arbeiten von Hershman Leeson oder Bandau erahnen, dass diese Vorstellung eines ‚Anderen' nicht in einem abstrakten Außen des Weltalls, sondern im Alltag und der eigenen soziopolitischen und körperlichen Realität liegt, deren Ideologien und Grenzsetzungen es anzuzweifeln galt und gilt.

MATERIAL SEIN UND MATERIAL HABEN

Die gesellschaftlichen und ideologischen Umbrüche der 1960er-Jahre mit der zunehmend spektakulären Zurschaustellung von Körpern und ihrer Veränderbarkeit trugen, begünstigt durch medizintechnologische Entwicklungen wie die Verhütungspille, zu einer substanziellen Verschiebung und Hybridisierung von Körperbildern bei. Das Momentum der zweiten Welle der Frauenbewegung und der Bürger:innenrechtsbewegung fand sein Echo in der Kunstproduktion der US-amerikanischen und europäischen Metropolen: „Achtundsechzig wurde es benannt. Sechsundsechzig war all die Energie da",[32] wie die Kunstkritikerin und Kuratorin Lucy R. Lippard reflektierte. 1966 eröffneten in New York zwei Ausstellungen: *Erotic Art 66* in der Sidney Janis Gallery und *Eccentric Abstraction* in der Fischbach Gallery, die auf ihre jeweilige Art die politischen Umwälzungen, Streiks und Unruhen des Women's Liberation Movement ankündigten. Während erstere konventionelle Pop-Figurationen neben expliziten Darstellungen von Erotik und Sexualität präsentierte, lud Lippard in der von ihr initiierten zweiten Ausstellung Künstler:innen ein, die dezidiert abstrakte Objekte aus weichen und/oder synthetischen Materialien schufen, die sich über ihre Sinnlichkeit vermittelten.[33] Die von ihr versammelten Werke, unter anderem von Eva Hesse, Louise Bourgeois, Yayoi Kusama, Bruce Nauman oder Robert Breer, zeugten von einem künstlerischen Vokabular, das qua Einsatz (synthetischer) Materialien die erotischen Register der Körperlichkeit oder sogar eine viszerale Leiblichkeit evozierten. Abseits der *Eccentric Abstraction*-Peergroup und euphorisierender ‚make love, not war'-Privilegien New Yorks verhandelten Alina Szapocznikow oder die in Turin lebende Künstlerin Carol Rama in ihren Skulpturen der 1960er- und 1970er-Jahre ebenfalls Körperlichkeit, Materialität und Affekt, jedoch in offensiverer figurativer Anspielung. Rama wurde in den 1930er- und 1940er-Jahren durch ihr grafisches Werk mit erotischen Szenen und Darstellungen von Sexualität, Krankheit und von Amputationen gezeichneter Körper bekannt, die sich abseits gesellschaftlich akzeptierter Vorstellungen von intakter Körperlichkeit bewegen. Daher wurde ihr Schaffen schon bald von der faschistischen Regierung Italiens als ‚obszön' deklariert und zensiert.[34] Während sie also bereits in ihren frühen Arbeiten normative Regelungen für Körpervorstellungen in einem repressiven System überschritt, arbeitete Rama später mit industriellem Material wie Fahrradschläuchen, die durch ihre Haptik an gealtertes Fleisch erinnern, und ihrer somatischen Wirkung.[35] So werden etwa in *Autorattristatrice n. 10* (1970, Selbstbetrübende Nr. 10, S. 85) schwarze

Gummischläuche aufgeschlitzt auf der Leinwand präsentiert. In ihrer exzentrischen Abstraktheit, affizierenden Materialität und referenzreichen Formensprache lassen sie Assoziationen mit dem Körper wie etwa vereinzelten Brustwarzen zu.

Die Wiederholung und Variation von Körperfragmenten zwischen der Reminiszenz einer industriellen Fließbandästhetik und dem Enthusiasmus für experimentelle Materialien zeichnen auch Szapocznikows Skulpturen ab den 1960er-Jahren aus. Nachdem sie 1963 erneut von Warschau nach Paris übergesiedelt war, begann die Künstlerin, neue industrielle Stoffe zu erproben. Ihre späteren Arbeiten sind geprägt von Experimenten mit Substanzen wie Polyurethan oder Kunstharz, die zu dieser Zeit vor allem in Bereichen wie dem kommerziellen Baugewerbe eingesetzt wurden und ihr neue formale und inhaltliche Möglichkeiten eröffneten. Insbesondere in ihren Fetisch-Skulpturen (beide 1971, S. 86, 87) kombinierte die polnische Künstlerin Abgüsse von teilweise eigenen Körperteilen – isolierten Brüsten, Mündern oder Füßen aus Polyesterharz – mit den sie umgebenden Dingen oder Alltagsgegenständen. Aus ihnen schuf sie „unbehagliche Objekte"[36], wie Szapocznikow sie selbst nannte. Nylonstrumpfhosen, Haare oder Unterwäsche ließ sie mit düsterer Anlagerung von Materie und Abgüssen von Gesichtern, Brüsten, Armen als indexikalische Spuren realer, figurativ zerstückelter Körper amalgamieren. Der skulpturale Körper wurde auf diese Weise fragmentiert, transponiert und vervielfältigt zu einem duchampschen ‚Readymade'-Gespenst.[37] Alina Szapocznikows Einsatz von Werkstoffen zeigt auf, wie sich Technologie nicht nur in die Körper, sondern vor allem auch in die Materie einschreibt. Ihre Verwendung von Material wie Nylonstrümpfen verbindet sie mit den Werken weiterer Künstler:innen dieser Ausstellung: Senga Nengudi (S. 79), Sarah Lucas (S. 136) oder Alexandra Bircken (S. 222/223) gehen in ihren Skulpturen jeweils auf ganz unterschiedliche Art mit dem synthetischen Stoff, seiner Dehnbarkeit und durchlässigen Nähe zum Körper um.[38] Als in den 1930er-Jahren entwickelte Kunstfaser erzählt Nylon in seiner Materialikonografie und -geschichte jedoch nicht nur von der Zurschaustellung bestrumpfter und geschützter Körperteile und der Fetischisierung des meist weiblichen Körpers, sondern auch von seiner militärischen Relevanz im Zweiten Weltkrieg, wo es als Material für Fallschirme, Splitterschutzwesten oder Kampfuniformen eingesetzt wurde.[39] Dies unterstreicht auch die Ambivalenz von Szapocznikows Werken dieser Zeit: In ihren Skulpturen ist der Körper gleichzeitig als psychologischer Raum und als Ort physischer Manipulationen sichtbar, er changiert zwischen Mimese und Monstrosität, zwischen Synthetik und Fragmentierung. Der Moment der Transformation und des manifesten Dazwischen ist hier auf mehreren Ebenen präsent. Es findet eine äußerst radikale Aufhebung nicht nur der Grenzen zwischen Objekt und Skulptur statt, sondern auch zwischen Dingen und Personen, zwischen Körpern und Objekten, zwischen dem Körper und seinem Umfeld.

NICHT ZU OBJEKTEN WERDEN

Während Alina Szapocznikow in ihren „unbehaglichen Objekten" den fragmentierten Körper mit Erscheinungen der Warenkultur kombinierte, wurden in Nicola L.s von ihr so umschriebenen „funktionalen Objekten"[40] Körper selbst zu Gebrauchsgegenständen: Einen menschengroßen Fuß ließ sie zu einem Sessel, Augen- und Lippenformen zu Lampen, aufeinandergetürmte Körperteile zu einem Sofa oder eine überzeichnete Körpersilhouette zu einem Schrank werden. Ebenso wie Ruth Franckens *Siège Homme* (1971, Menschenstuhl), der den Abguss eines männlichen Körpers in ein Massenprodukt verwandelte, waren Nicola L.s Skulptur-Möbel-Hybride für den alltäglichen Gebrauch bestimmt. Indem sie den (weiblichen) Körper als Instrument und Objekt erforschen, reflektieren die anthropomorphen Werke gleichermaßen spielerisch die Konstruktion der weiblichen Identität und stereotype Rollenvorstellungen im häuslichen oder im öffentlich-medialen Umfeld. Auch Nicola L.s *Little TV Woman: „I Am the Last Woman Object"* (1969, S. 129), ein überdimensionierter, stoffpuppenartiger Körper, ausgestattet mit Schubladen anstelle von Brüsten und einem Fernsehmonitor anstelle eines Bauches, kann in dieser Hinsicht gelesen werden. Erstmalig im Schaufenster einer Schmuckboutique in Paris gezeigt, steht auch diese Skulptur für das Wechselspiel zwischen profaner Warenkultur und High Art.[41] In *Little TV Woman* gilt der Einsatz des verdinglichten weiblichen Körpers als semiotische Kritik an Geschlechterstereotypen dieser Zeit: „Ich bin das letzte weibliche Objekt. Du kannst meine Lippen nehmen, meine Brüste berühren, meinen Bauch liebkosen, mein Geschlecht. Aber, ich wiederhole, es ist das letzte Mal", heißt es auf dem Bildschirm des Monitorbauchs der Skulptur, der als Audiospur von der Künstlerin selbst im Französischen rezitiert wird. Als skulpturales Möbelstück in Form eines Frauenkörpers lädt das Werk zur Interaktion oder vielmehr zur Berührung ein, die es gleichzeitig infrage stellt. Damit steht die Arbeit nicht nur für eine sarkastische Persiflage der Objektivierung des weiblichen Körpers, sondern erzählt auch von dessen Kommodifizierung durch neue technologische Mittel oder Medien.

Während *Little TV Woman* durch die Integration eines Monitors in das Kunstwerk auf das Fernsehen als Inbegriff der zeitgenössischen Unterhaltungsindustrie aufmerksam machte, wandten sich zur selben Zeit viele Künstler:innen dem neuen Medium Video zu. Durch die zweite feministische Welle gestärkt und mit neuen Technologien ausgestattet, forderten sie die Kunst durch den Einsatz von Video heraus, das sie bald als Mittel für eine utopische Vision einsetzten. Denn es war mit dem Auftreten von Sonys Portapak-Kamera im Vergleich zu anderen künstlerischen Medien unbelastet von patriarchalen Konventionen, nicht aber von deren Sehgewohnheiten – als ‚male gaze', als männlicher Blick, eindringlich feministisch theoretisiert[42] –, die es ad absurdum zu führen galt. Diese Auseinandersetzungen bestimmen die Arbeit von Friederike Pezold, die sich wie viele Künstler:innen der Zeit das Medium Video in einem emanzipatorischen Sinne zu eigen machte. In *Die neue leibhaftige Zeichensprache nach den Gesetzen von Anatomie, Geometrie und Kinetik* (1973–1977, S. 133) filmte die österreichische Künstlerin in Nahaufnahmen einzelne Körperteile, hier vor allem die sinnlichen Ausschnitte wie den Genitalbereich, die Brüste oder den Mund, und präsentierte die Aufnahmen auf übereinandergestapelten oder nebeneinandergezeigten Monitoren. Die von Pezold fokussierten Körperteile sind weiß und schwarz bemalt und werden so in reduzierte Formen mit einem abstrahierenden Effekt übersetzt, die den Körper in minimale grafische Zeichen umwandeln. Im Zeitgeist der feministischen Bewegungen der späten 1960er-Jahre kritisierte sie damit die Zurschaustellung und Objektivierung des weiblichen Körpers unter der patriarchalen Blickdoktrin. Das spiegelte die Künstlerin in ihren medialen Darstellungen des Körpers, zerlegt in Teile, die sie jeweils als ‚Werk' oder ‚Stück' – *Augenwerk, Mundwerk, Bruststück, Schamwerk* –

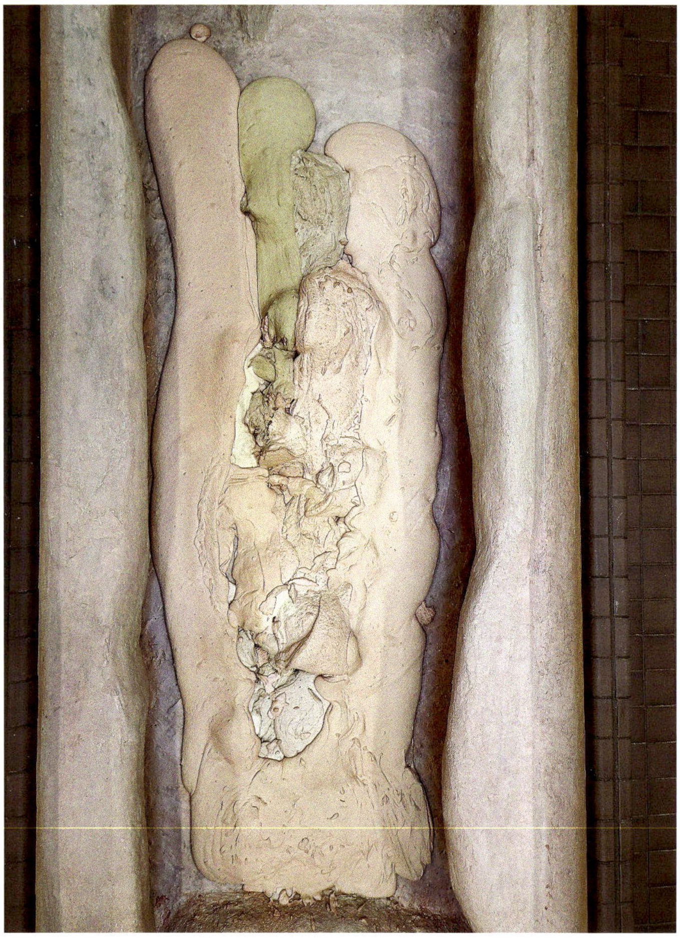

ABB. 3
Tishan Hsu, *Transfusion*, 1988 (Detail), Keramikfliesen, Verbundstoff, Chrom, Gummi, Acryl, Edelstahl, Holz, 93,9 × 231,1 × 134,6 cm, Courtesy der Künstler und Miguel Abreu Gallery, New York

betitelte und auf ihre jeweiligen körperlichen Bewegungen überprüfte. *Die neue leibhaftige Zeichensprache* perpetuierte die Auflösung der Einheit körperlicher Selbsterfahrung, die Slavoj Žižek viele Jahre später in der Pornografie beobachtete: dass der:die Betrachter:in die Körper der Darsteller:innen „nicht als einheitliche Totalitäten wahrnimmt, sondern als eine Art vage koordinierte Anhäufung von Partialobjekten".[43] In den Darstellungen des Körpers verweigerten sich die Bestandteile immer mehr der Einbeziehung in das Körperganze. Gleichzeitig schuf Pezold aus diesen sich widersetzenden Partialobjekten TV-Körper-Assemblagen. Der eigene Körper war fragmentiert, abstrahiert und gleichermaßen sinnlich in seiner Zeichensprache durch das Video repräsentiert und mediatisiert. Durch die Monitore war er nachträglich als Skulptur verkörpert, die beliebig (re)kombinierbar getürmt zur Schau gestellt werden konnte. Diese räumlich-mediale Anordnung fordert die Zuschreibungen zwischen Subjekt und Objekt, Modell und Künstlerin, zwischen Körper und Apparat, auch zwischen Video und Skulptur heraus. Wie viele Werke dieser Zeit können Nicola L.s oder Friederike Pezolds Hybride zwischen Skulptur, Video, Objekt oder Körper weder als naive noch als essenzialistische Antworten auf den Aufruf der sexuellen Revolutionen zum Vergnügen gelesen werden. Mit ihren hybriden Figurationen zerstückeln sie vielmehr den (männlichen) Blick: Sie konfrontieren ihn unmittelbar mit der Karikatur eines Machtgefälles oder bieten ihm eine unzusammenhängende Anordnung von Körperteilen. So destabilisieren sie frauenfeindliche wie auch konsumorientierte Visualisierungspraktiken mit einer wissenden Ironie.

Diese Aneignung und Transformation der Analogien von Erotizismus und weiblicher Subjektivität sowie deren provokativer, gleitender Nuancen zwischen Begehren und Ausbeutung wurden in den 1990er-Jahren in einer ganz anderen Art und Weise angegangen. So zeugen beispielsweise bereits die frühen Arbeiten Shu Lea Cheangs von der gemeinschaftlichen oder vielmehr „fragmentiert kollektiven"[44] Darstellung von Körpern und ihrer Verstrickung in technologische Repräsentationsmodi. Insbesondere *Those Fluttering Objects of Desire* (1992/93, wiederhergestellt 2018/2022, S. 134, 135), eine partizipative Mehrkanalinstallation, die 1993 auf der Whitney-Biennale ausgestellt wurde, untersucht Politiken des Begehrens mit und durch Video- und Audiobeiträge in Selbstregie von über 20 eingeladenen Künstler:innen, Filmemacher:innen und Schriftsteller:innen aus Cheangs persönlichem Umfeld.[45] In den Kurzfilmen für *Channels of Desire* (S. 135) erzählen Frauenstimmen und -bilder – in Form von aneinandergereihten Polaroids – über ihre Körper und ihre vielfältigen kulturellen Herkünfte sowie über homo- und heterosexuelle Begegnungen und Queerness. Sie waren in der Installation durch rote Wählscheibentelefone und Fernsehbildschirme rezipierbar, die zu Beginn der 1990er-Jahre als Sinnbild für eine technologische Landschaft und eine illusorische Verbundenheit durch Technologie galten. Dies erforderte jedoch den aktiven Münzeinwurf der Besucher:innen, die so selbst zu zahlenden Konsument:innen wurden und – in der erneuten Präsentation des Werks im Museum Brandhorst – wieder werden. Angelehnt an münzbetriebene Pornokabinen oder Pay-per-View-Filme im Kabelfernsehen, die in den USA in einer Prä-Internet-Welt zur Generierung von Lust gegen Geld genutzt wurden, erinnern sie einerseits daran, dass das Medium Video als Low-Budget-Technologie seine Anfänge auch in der Pornobranche hatte. Andererseits untergräbt *Those Fluttering Objects of Desire* in seiner Polyphonie „die konventionellen Vorstellungen von Race und Sexualität mit Schönheit, Ironie, Humor und selbst definierter Sinnlichkeit".[46] Denn die persönliche Regie der jeweiligen Aufnahmen vermeidet patriarchale Blickregime. Ihre Erzählungen handeln von einfallenden Grenzen zwischen privater und öffentlicher Intimität[47] und gleichzeitig von individueller wie kollektiver Selbstermächtigung. Sie thematisieren Erotik und Begehren, sexuelle Akteur:innen und Genderfluidität und erzählen Geschichten, die sich gegen ein kulturelles Mansplaining richten.

SCHAUDER DES WEDER-NOCH

In *Technologies of the Gendered Body* schreibt Anne Balsamo 1996, dass die Idee der Verschmelzung des Biologischen mit dem Technologischen ab Ende der 1980er-Jahre die Vorstellungskraft der westlichen Kultur durchdrungen habe und der „technologische Mensch" zu einer vertrauten Figuration des Subjekts der Postmoderne geworden sei.[48] Der menschliche Körper sei nun ein „Techno-Körper", eine Grenzfigur, die auch zu einem ideologischen Tauziehen zwischen verschiedenen konkurrierenden Bedeutungssystemen führen werde.[49] Der von Balsamo beschriebene Zustand des Körpers lässt sich in den

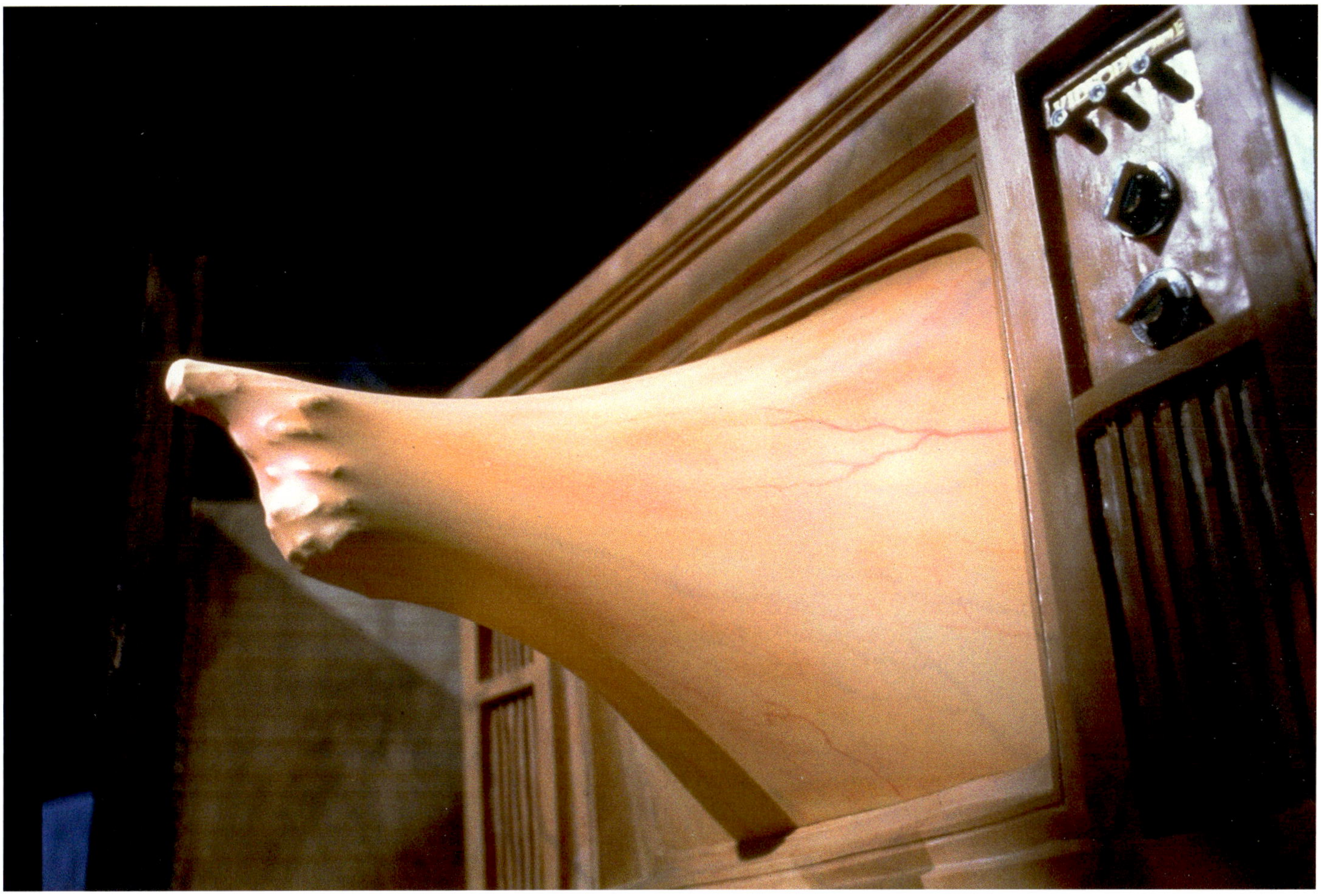

ABB. 4
Standbild aus David Cronenbergs *Videodrome*, 1983,
Courtesy Universal Studios Licensing LLC

Werken des chinesisch-amerikanischen Künstlers Tishan Hsu erkennen. In seinen Malereien und Druckgrafiken der 1980er- und 1990er-Jahre wie etwa *Cordless* (1989, S. 168) verschmelzen nicht identifizierbare Körperöffnungen, Gliedmaßen und Proxy-Organe nahtlos mit Schaltapparaturen und Rastern, während seine skulpturalen Objekte an Hybridformen zwischen Möbeln, organischen Körpern und damals neu auf den Markt gekommenen Personal Computern (PC) wie den Macintosh erinnern. Wie viele Künstler:innen seiner Zeit war Hsu mit elektronischen Medien aufgewachsen, hatte sich jedoch vergleichsweise früh in seinem Werk mit Computertechnologien auseinandergesetzt und war stark beeinflusst von den aufkommenden Simulationstheorien des französischen Soziologen Jean Baudrillard.[50] Doch während der Poststrukturalismus und der Dekonstruktivismus zu dieser Zeit das unabhängige Subjekt hinterfragten, seinen realen Körper aushöhlten und durch einen virtuellen Doppelgänger ersetzten, brachte Tishan Hsu die Körperlichkeit als Materie und Material zurück. In seinen skulpturalen Objekten wie dem raumgreifenden Werk *Transfusion* (1988, S. 169) hat sich ein Körper mit einem dunkelbraun gefliesten Objekt vereinigt, das an eine mobile Badewanne mit jeweils vier kleinen Beinen mit Rädern an der Ober- und Unterseite erinnert. Fast wirkt die Skulptur funktional, präsentiert sich, als hätte sie eine Aufgabe zu erfüllen – situiert sich zwischen hochtechnischer Operation und tristem Behördengang. Hsus Werke erzählen von Körpern und wie sie durch postindustrielle Institutionen und Technologien reguliert, diszipliniert, kategorisiert und untersucht werden, oder sie bringen das Bewusstsein für Körperlichkeit erst in jene Institutionen zurück. Damit nehmen sie Ende der 1980er-Jahre auf eigentümliche Art vorweg, was in den 1990er-Jahren die Hinwendung zum sterilen Körper etwa in Robert Gobers Waschbecken (S. 175) oder die Faszination für medizintechnologische oder pharmakologische Prozesse in Matthew Barneys Performances, Installationen und Filmen (S. 170, 171) kennzeichnen sollte. Doch in der ausgehöhlten Innenseite von *Transfusion* offenbart sich der körperliche Affekt oder gar Horror aus hineingeschüttetem Gummi in zarten hellrosa Tönen (Abb. 3). Beeinflusst von den postformalistischen Ansätzen von Künstler:innen wie Eva Hesse und Lynda Benglis der 1960er- und 1970er-Jahre, die den Körper durch ihren Umgang mit synthetischem Material und seinen organischen, nahezu biomorphen Qualitäten als politisches Schlachtfeld neu positionierten, adaptierte Hsu

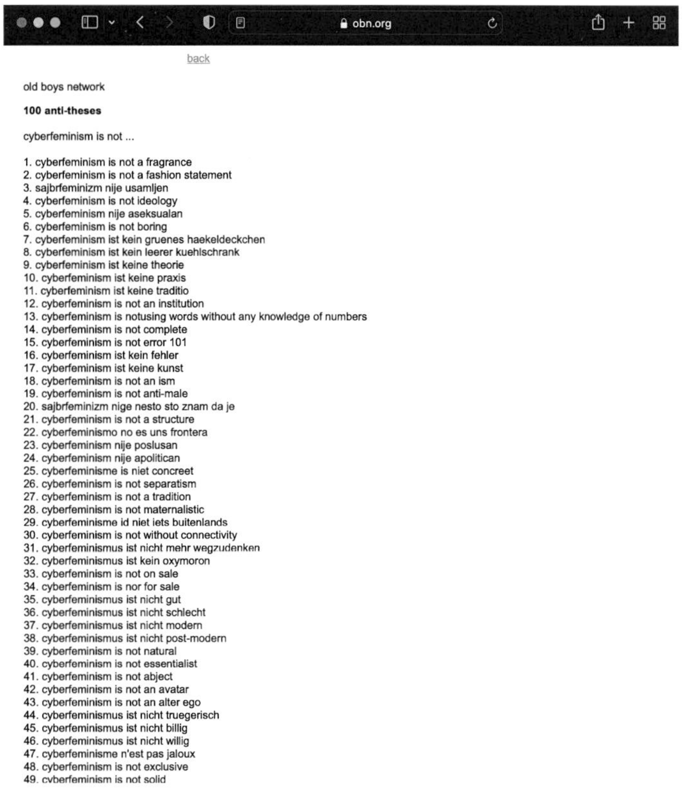
obn.org

back

old boys network

100 anti-theses

cyberfeminism is not ...

1. cyberfeminism is not a fragrance
2. cyberfeminism is not a fashion statement
3. sajbrfeminizm nije usamljen
4. cyberfeminism is not ideology
5. cyberfeminism nije aseksualan
6. cyberfeminism is not boring
7. cyberfeminism ist kein gruenes haekeldeckchen
8. cyberfeminism ist kein leerer kuehlschrank
9. cyberfeminism ist keine theorie
10. cyberfeminism ist keine praxis
11. cyberfeminism ist keine traditio
12. cyberfeminism is not an institution
13. cyberfeminism is notusing words without any knowledge of numbers
14. cyberfeminism is not complete
15. cyberfeminism is not error 101
16. cyberfeminism ist kein fehler
17. cyberfeminism ist keine kunst
18. cyberfeminism is not an ism
19. cyberfeminism is not anti-male
20. sajbrfeminizm nige nesto sto znam da je
21. cyberfeminism is not a structure
22. cyberfeminismo no es uns frontera
23. cyberfeminism nije poslusan
24. cyberfeminism nije apolitican
25. cyberfeminisme is niet concreet
26. cyberfeminism is not separatism
27. cyberfeminism is not a tradition
28. cyberfeminism is not maternalistic
29. cyberfeminisme id niet iets buitenlands
30. cyberfeminism is not without connectivity
31. cyberfeminismus ist nicht mehr wegzudenken
32. cyberfeminismus ist kein oxymoron
33. cyberfeminism is not on sale
34. cyberfeminism is nor for sale
35. cyberfeminismus ist nicht gut
36. cyberfeminismus ist nicht schlecht
37. cyberfeminismus ist nicht modern
38. cyberfeminismus ist nicht post-modern
39. cyberfeminism is not natural
40. cyberfeminism is not essentialist
41. cyberfeminism is not abject
42. cyberfeminism is not an avatar
43. cyberfeminism is not an alter ego
44. cyberfeminismus ist nicht truegerisch
45. cyberfeminismus ist nicht billig
46. cyberfeminismus ist nicht willig
47. cyberfeminisme n'est pas jaloux
48. cyberfeminism is not exclusive
49. cyberfeminism is not solid

ABB. 5
Bildschirmfoto von Old Boys Networks „100 anti-theses", 1997, Courtesy Old Boys Network

seine Herangehensweise jedoch nicht nur durch das sich in den 1980er-Jahren weiterentwickelnde Material.[51] Er spielte auch mit den ‚abjekten' Affekten von Körper und Material, welche die Psychoanalytikerin Julia Kristeva als Horror des Weder-Noch und damit die unangenehme Erfahrung der eigenen Durchlässigkeit umschreibt, die keine Grenzsetzungen respektiert.[52] „Lang lebe das neue Fleisch", prognostiziert der Protagonist in den letzten Szenen von David Cronenbergs *Videodrome* (1983) und fasst damit in Worte, was sich den gesamten Film hinüber steigert und gewissermaßen auch in den Werken von Hsu aufscheint: Fleischlichkeit stülpt sich aus Fernsehern und über Waffen (Abb. 4), digitale Geräte befinden sich in klaffenden Bauchhöhlen, Körper werden gesteuert und dominiert. In dieser techno-organischen Exzentrik stellt sich der Körper materiell wie konzeptuell vor allem als Schnittstelle vor, die verschiedene Systeme von ‚Realitäten' miteinander verbindet.

SÜCHTIG NACH KONTAKT

Die Beschäftigung mit den Auswirkungen der Technologie auf die Art und Weise, wie sich Körper in der Welt verorten, lässt an die ironisch gebrochenen Artikulationen Donna Haraways zu ihrer Figur ‚*der* Cyborg' denken, mit der sie Clynes'/Klines Cyborg als extraterrestrische Figur aus dem militärisch-industriellen Komplex der 1960er-Jahre revolutionierte.[53] Mit ihrem „Manifest für Cyborgs" (1985) entwarf die US-amerikanische Theoretikerin und Biologin einen der bis heute populärsten Texte zum Mensch-Maschine-Komplex: „Cyborgs sind kybernetische Organismen, Hybride aus Maschine und Organismus, ebenso Geschöpfe der gesellschaftlichen Wirklichkeit wie der Fiktion."[54] Haraways Cyborg stand in den 1980er-Jahren für eine kritische Utopie der Verschaltung von Subjekt und Technologie, vor allem für die Ablehnung und Überwindung starrer Grenzen, die ‚Mensch' von ‚Maschine', ‚Mann' von ‚Frau', ‚physisch' von ‚nicht physisch' oder ‚Selbst' von ‚Anderem' trennen. Sie kann als der Inbegriff einer feministischen Hybridfigur ab den 1980er-Jahren stehen, die das menschliche Wesen als fluide, formbare und von seiner kulturellen und technologischen Umgebung bestimmte Entität sieht. Damit hat die Cyborg nicht nur das Potenzial, hartnäckige Dualismen zu durchbrechen, die den ‚natürlichen' dem technologisch umgestalteten Körper gegenüberstellen, sondern auch das Denken über seine theoretische Konstruktion als materielle Erscheinung und als diskursiver Prozess neu zu gestalten. Hatte Hesse in den 1960er-Jahren noch über Simone de Beauvoirs berühmten Satz „Man kommt nicht als Frau zur Welt, man wird es"[55] sinniert, griff Haraway diese Formulierung auf und konstatierte Ende der 1980er-Jahre: „Körper werden demnach nicht geboren; sie werden gemacht."[56] Körper, so Haraway, sind vor allem zu Cyborgs geworden, zu Verbindungen von hybrider techno-organischer Verkörperung und Textualität.

Diese „Cyborgs [...] sind süchtig nach Kontakt".[57] Haraways Ansatz des In-der-Welt-Seins in Form von vernetzten Subjektivitäten sowie die Idee eines demontierten und wieder zusammengesetzten kollektiven Selbst fanden insbesondere in den 1990er-Jahren Anklang, als das Internet zu einem wirklichen Massenmedium gedieh. Inspiriert von den noch unerforschten Möglichkeiten digitaler Netzwerktechnologien verbreitete sich Enthusiasmus zusammen mit der Idee, der ‚Cyberspace' als imaginärer Raum aus Einsen und Nullen könne Diskriminierung auf körperlicher und materieller Ebene obsolet machen und somit neue Formen des kollektiv-feministischen Handelns und Widerstands bieten.[58]

Für das von Haraway formulierte „Selbst, das Feministinnen kodieren müssen"[59], stand vor allem das Old Boys Network, kurz OBN. 1997 in Berlin gegründet, war OBN federführend an der Organisation der Ersten Cyberfeministischen Internationalen beteiligt, die im selben Jahr auf der documenta X in Kassel stattfand und sich mittels virtueller und analoger Formate kollektiven Projekten widmete.[60] Das Old Boys Network, das in seinem Titel eindeutig auf seine Organisation als kollektives Netzwerk verweist, parodiert gleichzeitig auch das informelle System gegenseitiger Unterstützung – typisch innerhalb männlicher *weißer* Eliten –, deren sichtbare und unsichtbare Machtstrukturen (noch immer) sowohl die Kultur als auch die Technologie beeinflussen und formen.[61] Die Vorstellung von ‚Netzwerk' stand gerade in den 1990er-Jahren für eine nicht hierarchische Kommunikation, für verteilte Beziehungen, die sich zu einer reißfesten, aber dennoch fließenden und dynamischen Textur verwoben, und für die Fähigkeit, starre und strenge Machtverhältnisse infrage zu stellen – ergo für eine optimistische Auffassung von hybriden Strukturen schlechthin. OBNs eigene Definition eines Cyberfeminismus sollte demnach so offen und mehrstimmig wie möglich gehalten werden, weswegen es sich für den Ansatz einer Desidentifikation entschloss – in seinen „100 Antithesen"[62] begründete OBN schließlich spielerisch und performativ, was der Cyberfeminismus alles *nicht* sei (Abb. 5).

In der Gegenwart ist die Vorstellung einer dezentralisierten und horizontalen Struktur des World Wide Webs als Ort der Freiheit und der Utopie mindestens genauso überholt wie der Begriff ‚Cyberspace' selbst.[63] Vielmehr scheint es, als hätten sich die Machtdynamiken, die in Geschlecht, Race und Klasse verwurzelt sind, unmittelbar in die virtuellen Netzwerke des Internets übertragen, wo sie von Algorithmen und künstlicher Intelligenz reproduziert werden. Fest steht deswegen heute umso mehr, dass Technologien ebenso wie Vorstellungen von Körpern nie neutral sein können. So würden der Soziologin Ruha Benjamin zufolge insbesondere gegenwärtige automatisierte Technologien bestehende Strukturen von Diskriminierung nicht nur aufnehmen, sondern durch ihre scheinbare Objektivität weitertreiben und verstärken: „[Es ist] [d]ie Verwendung von neuen Technologien, die Ausdruck bestehender Ungleichheiten sind und diese reproduzieren, die aber als objektiver oder fortschrittlicher beworben und begriffen werden als die diskriminierenden Systeme einer vorangegangenen Epoche."[64] Dazu gehört auch die Annahme, dass jeder Körper und jedes Bewusstsein zunächst als ‚menschlich' bewertet werden, bevor sie durch künstliche Intelligenz oder Robotertechnologien fortgeschrieben oder sogar überwunden werden.[65] Dies stellt Stephanie Dinkins in ihren *Conversations with Bina48* (2014–fortlaufend, S. 217) zumindest indirekt infrage. Die transdisziplinäre Künstlerin versucht, mit Bina48 – einem intelligenten humanoiden Roboter – durch Gespräche eine buchstäbliche Mensch-Maschine-Beziehung aufzubauen. Bina48 (die Kurzform für ‚Breakthrough Intelligence via Neural Architecture mit 48 Exaflops pro Sekunde Prozessorgeschwindigkeit und 48 Exabytes Speicherkapazität') wurde von der Terasem Movement Foundation der Transgender-Aktivistin Martine Rothblatt und Hanson Robotics entwickelt und ist ein Versuch, das menschliche Bewusstsein auf einen Roboter zu übertragen, damit dieser sich eigenständig entwickeln kann. Die aufgenommenen Gesprächsfetzen zwischen Dinkins und Bina48 – die sich als Schwarze Frau vorstellt – handeln von Familie, Glaube, Herkunft oder den Bürger:innenrechten von Robotern. Damit setzt sich die Künstlerin gegen eine künstliche Intelligenz ein, die von wirklichen ‚old' – oder ‚young' – ‚white boys' geprägt ist, auf deren Netzwerke die oben genannte cyberfeministische Allianz ironisch referierte. In ihrer Praxis sucht Dinkins nach neuen (Mit-)Gestaltungsformen unterschiedlicher gesellschaftlicher Segmente, um eine integrativere, gerechtere künstliche Intelligenz zu formen. Indem Individuen ins Kollektive eintauchen und ihre fragile Kamerad:innenschaft mit neuen Technologien strategisch pflegen, werden die Aushandlungsprozesse zwischen Körpern und Technologien auf ihre Ein- und Ausschlussmechanismen überprüft und Zuschreibungen bewusst aufgebrochen.

BRÜCKEN UND LÜCKEN

In *Future Bodies from a Recent Past* artikuliert sich Hybridität in den vorgestellten Werken auf vieldeutige Weise – in Netzwerken und Konglomeraten von menschlichen und nicht menschlichen Entitäten, der Verschmelzung von Leib und Objekt oder der Wechselwirkung von Körper und System. In den hybriden Figurationen werden Körperteile ausgetauscht, Ersatzkörper erstellt, Körperlichkeit durch synthetische Stoffe erzeugt. Die unkonventionellen Herangehensweisen an Skulptur und Material konterkarieren die Vorstellung von der menschlichen Figur als statischem, in sich geschlossenem Ganzen. Sie zeigen die hybride Figuration auch in ihren verletzlichen Substanzen, fragmentierten Formen und radikalen Instabilitäten. Doch in den vorgestellten Werken scheinen Körper auch als Zeichensysteme oder Projektionsflächen sowie deren Konstruktionen und Dekonstruktionen auf. Sie lassen erahnen, wie Künstler:innen der letzten 70 Jahre nicht nur den Körper als technologisch und die Technologie als körperlich verstanden und in ihren Werken reflektierten oder materialisieren ließen. Sie zeigen auch auf, wie Technologien und Medien einer jeweiligen Zeit künstlerisch angeeignet und in emanzipatorischer Weise zu (im)materiellen Vernetzungen eingesetzt wurden, um Ideologien und deren Grenzsetzungen anzuzweifeln. Gleichermaßen holen die Werke als Installationen, Objektgemenge und in Verbindung mit Zeichnungen, Collagen, Videoformationen oder mit dem World Wide Web den konservativen Anspruch an die Skulptur buchstäblich vom Sockel und zeichnen ihre offene und vielstimmige Erzählung.

Die Vorstellung von Skulptur als hybridem Medium, das seine eigenen Konventionen und Geschichte(n) in der Beschäftigung mit technologischen Körpern oder verkörperter Technologie hinterfragt, schreibt sich bis in die Gegenwart fort. Durch die aktuelle Faszination für Entkörperlichung und Virtualisierung sowie gleichzeitig ein ungebrochenes Interesse an Körperpräsenz und Materialität erfährt insbesondere die physische Erfahrung von (Skulptur-)Körpern in Zeiten von pandemischer Zweidimensionalität eine unerwartete Relevanz. Diese Realität einer hybriden Existenz, die alles andere ist als eine ferne utopische oder dystopische Zukunft, findet sich in den skulpturalen Werken gegenwärtiger künstlerischer Positionen in *Future Bodies from a Recent Past* eindrucksvoll vorgeführt. Indem beispielsweise Judith Hopfs Skulpturenserie der *Laptop Men* (2018, S. 224, 225) – abstrahierte Figuren, zusammengesetzt aus geometrischen Flächen aus pulverbeschichtetem Stahl – im Ausstellungsraum lehnen, hocken, lümmeln, karikieren sie nicht nur die ‚primary structures'-Skulpturen der Minimal-Art-Väter der 1960er-Jahre.[66] Als Geschöpfe zwischen digitalem Gerät und Menschenwesen materialisiert sich in ihnen ebenso der ‚tech neck' einer ganzen Generation und damit eine gegenwärtige Perspektive auf die Verschmelzung von Leib und Technologie – sie hat sich in unsere Körper eingeschrieben und definiert unsere Körperhaltungen. Doch Körper(konzepte) sind heute mehr denn je durchdrungen von postfordistischen Leistungsgesellschaften und ihren Körperdiktaturen. Davon erzählen auch Nairy Baghramians Werke, die sich mit den Auswirkungen auf körperliche Veränderungen zielender Optimierungszwänge befassen: Ihre Skulpturengruppe *Scruff of the Neck* oder die Arbeit *Headgear* (beide 2016, S. 180/181, 182), die sich an die Wände oder die Decke der jeweiligen Institutionen andocken, erinnern in Form und Materialität an überdimensionierte Zahnprothesen oder kieferorthopädische Geräte. Mit ihren Brücken, Spangen und Halterungen markieren sie jedoch nicht den menschlichen Mundraum, sondern den musealen Körper als instabil und korrekturbedürftig.[67] Baghramian wendet sich damit auch den institutionellen und architektonischen Apparaten zu, die (skulpturale) Körper und ihr relationales Gefüge zusammenhalten, stützen und choreografieren. Dieser Fokus auf die Beziehung zwischen Skulptur-Körpern und ihren technologischen Um- und Binnenwelten macht auf die sie bestimmenden Systeme und ihre räumlichen und ideologischen Grenzen aufmerksam, die für eine Erzählung hybrider Figurationen in der Skulptur der Vergangenheit, Gegenwart und Zukunft so wichtig sind.

Endnoten

1 Der Literaturtheoretiker Homi K. Bhabha setzte Hybridität als interkulturelle Denkfigur ein, um Problematiken kolonialer Regierungskonzeptionen aufzudecken. Vgl. Homi K. Bhabha, „Verortungen der Kultur", in: Elisabeth Bronfen, Benjamin Marius und Therese Steffen (Hrsg.), *Hybride Kulturen. Beiträge zur anglo-amerikanischen Multikulturalismusdebatte*, Tübingen 1997, S. 123–148. Zur Einführung eines soziologischen Hybriditätsverständnisses des Körpers vgl. Alexander Bullik, Markus Schroer, „Hybride Körper. (Re-)Assembling the Body", in: Thomas Kron (Hrsg.), *Hybride Sozialität – soziale Hybridität*, Weilerswist 2015, S. 201–222.

2 Rosi Braidotti, *Posthumanismus. Leben jenseits des Menschen*, Frankfurt a. M. 2014, S. 94.

3 Christoph Vallant, *Hybride, Klone und Chimären. Zur Transzendierung der Körper-, Art- und Gattungsgrenzen. Ein Buch über den Menschen hinaus*, Würzburg 2008, S. 75.

4 Marie-Luise Angerer, „Woraus ist der Mensch gemacht?", in: *Spike Art Quarterly*, Nr. 47, Frühling 2016, S. 79. Siehe auch dies., „‚Body Options Revised': Von der Cyborg-Erweiterung zur sensitiven Verschränkung", Vortrag im Rahmen des Symposiums *Future Bodies from a Recent Past – Skulptur, Technologie, Körper seit den 1950er-Jahren*, 23.01.2021, unter: https://www.museum-brandhorst.de/videos/materialisierte-cyberkoerper-seit-den-1980er-jahren [Stand: 12.01.2022].

5 Rosalind E. Krauss, *„A Voyage on the North Sea". Broodthaers, das Postmediale* (1999), Zürich/Berlin 2008.

6 Inspiriert hat mich dazu Ursula K. Le Guins alternative feministische Technologiegeschichte einer „Tragetaschentheorie der Fiktion" aus dem Jahr 1986. Vgl. Ursula K. Le Guin, „Die Tragetaschentheorie des Erzählens" (1986), in: dies., *Am Anfang war der Beutel*, Klein Jasedow 2020, S. 12–21.

7 Jola Gola, „Chronology of Alina Szapocznikow's Life and Work", in: *Alina Szapocznikow. Sculpture Undone. 1955–1972*, Ausst.-Kat. New York/Brüssel 2011, WIELS Contemporary Art Centre, Brüssel; Hammer Museum, Los Angeles; Wexner Center for the Arts, Columbus; The Museum of Modern Art, New York, S. 178–203, hier S. 178.

8 Agata Jakubowska, *Portret wielokrotny dzieła Aliny Szapocznikow*, Poznań 2007, o. S. Zit. nach Marek Beylin, „Eine Außenseiterin: Kunst und Leben Alina Szapocznikows", in: *Human Landscapes / Menschliche Landschaften*, Ausst.-Kat. Köln 2018, The Hepworth Wakefield; Staatliche Kunsthalle Baden-Baden, hrsg. von Andrew Bonacina, Marta Dziewańska und Luisa Heese, S. 71–76, hier S. 73.

9 Gola 2011 (wie Anm. 7), S. 185.

10 Mein Dank gilt Marta Dziewańska für diesen wertvollen Hinweis.

11 „Eine Form ist in dem Maße lebendig, wie sie sich nicht vom Ausdruck zurückzieht. Und im Drama unserer Zeit können wir den menschlichen Ausdruck gerade nicht verbergen." Germaine Richier, „Statement", in: *New Images of Man*, Ausst.-Kat. New York 1959, The Museum of Modern Art, New York, hrsg. von Peter Selz, S. 129 f., hier S. 130.

12 „Eindeutig hat sich diese Form bis zu einem Punkt entwickelt, an dem ich sie ‚hybrid' nennen würde. Woher mögen diese Gefahren stammen, die uns mit Überschuss bedrohen; und die in der Mäßigung abgemildert werden." Ebd., S. 129.

13 Angela Lammert, „Germaine Richier – Der Raum der Plastik", in: *Germaine Richier*, Ausst.-Kat. Köln 1997, Akademie der Künste, Berlin, hrsg. von ders. und Jörn Merkert, S. 32–45, hier S. 44 f.

14 Alex J. Taylor, „Science Fictions", in: ders. (Hrsg.), *In Focus:* The Unknown Political Prisoner (Defiant and Triumphant) *1952 by Theodore Roszak*, 2018, Tate Research Publication, unter: https://www.tate.org.uk/research/publications/in-focus/unknown-political-prisoner/science-fictions [Stand: 5.12.2021].

15 Susan Sontag, „Die Katastrophenphantasie" (1965), in: dies., *Kunst und Antikunst. 24 literarische Analysen*, München/Wien 1980, S. 232–247, hier S. 246 f.

16 Antje Krause-Wahl, „Reproduktion und Prokreation – Tetsumi Kudos phallische Displays", in: *Tetsumi Kudo. Retrospektive*, Ausst.-Kat. Köln 2021, Fridericianum, Kassel 2016/17, hrsg. von Susanne Pfeffer, S. 301–309.

17 Tetsumi Kudo, „Pollution – Cultivation – Nouvelle Écologie", in: *Tetsumi Kudo. Pollution, Cultivation, New Ecology, Your Portrait*, Ausst.-Kat. Amsterdam 1972, Stedelijk Museum Amsterdam, S. 9–14, hier S. 12 f.

18 Vgl. dazu Rosi Braidottis zweites Kapitel zum „Post-Anthropozentrismus: Leben jenseits der Art", in: Braidotti 2014 (wie Anm. 2), S. 61–108; Josef Barla, *The Techno-Apparatus of Bodily Production. A New Materialist Theory of Technology and the Body*, Bielefeld 2019; Timothy Morton, „Queer Ecology", in: *PMLA*, Bd. 125, Nr. 2, März 2010, S. 273–282.

19 1960 hielten der Psychologe Nathan S. Kline und der Neurobiologe und Kybernetiker Manfred E. Clynes in San Antonio bei einem Symposium den Vortrag „Drugs, Space and Cybernetics", der im selben Jahr im Magazin *Astronautics* unter dem Titel „Cyborgs and Space" veröffentlicht wurde. In dieser Präsentation wurde der ‚Cyborg' das erste Mal erwähnt. Vgl. Manfred E. Clynes, Nathan S. Kline, „Cyborgs and Space", in: *Astronautics*, September 1960, S. 26 f. und S. 74–76.

20 Vgl. ebd., S. 26.

21 Toby Freedman, Gerald S. Lindner, „Must Tomorrow's Man Look Like This?", in: *Popular Science*, November 1963, S. 77–80, 188 f., hier S. 77. Eine Frage, die Parallelen zu Paul B. Preciados gegenwärtiger irdischer Beschreibung der pharmakopornografisch-kapitalisierten Körper aufweist, die durch pharmakologische Substanzen und Regime nicht nur verbessert und verändert, sondern vor allem kontrolliert werden. Paul B. Preciado, *Testo Junkie. Sex, Drogen und Biopolitik in der Ära der Pharmapornografie,* Berlin 2016.

22 Joachim Bandau, Alexandra Bircken, „Ästhetik der Gewalt. Joachim Bandau im Gespräch mit Alexandra Bircken", in: *Joachim Bandau. Die Nichtschönen. Werke 1967–1974*, Ausst.-Kat. Köln 2021, Kunsthalle Basel, hrsg. von Elena Filipovic und Renate Wagner, S. 63–77, hier S. 70.

23 Siehe hier vor allem Michel Foucaults Konzept der ‚Biopolitik' und der ‚Biomacht'. Michel Foucault, *Geschichte der Gouvernementalität*, Teil 2: *Die Geburt der Biopolitik. Vorlesung am Collège de France 1978–1979*, Frankfurt a. M. 2006.

24 Martin Herbert, „Kein Ausgang", in: Ausst.-Kat. Basel 2021 (wie Anm. 22), S. 115–129, hier S. 121.

25 Ruth Bleier, *Science and Gender. A Critique of Biology and Its Theories on Women*, New York 1984.

26 Eva Hesse, Brief an Sol LeWitt, 2.04.1965. Zit. nach Kirsten Swenson, *Irrational Judgments. Eva Hesse, Sol LeWitt, and 1960s New York*, New Haven/London 2015, S. 66, 177.

27 Kirsten Swenson, „‚Impossible Machines': Drawing into Sculpture", in: *Eva Hesse 1965*, Ausst.-Kat. New Haven/London 2013, Hauser & Wirth, London, hrsg. von Barry Rosen, S. 84–94, hier S. 88 f.

28 Simone de Beauvoir, *Das andere Geschlecht. Sitte und Sexus der Frau* (1949), Hamburg 2000.

29 Eva Hesse, Tagebucheintrag, 19.11.1964, in: dies., *Diaries*, hrsg. von Barry Rosen und Tamara Bloomberg, Zürich/New Haven/London 2016, S. 409.

30 Virginia Woolf, *Ein Zimmer für sich allein* (1929), Stuttgart 2013.

31 Bereits wenige Jahre später stellte die Theoretikerin Shulamith Firestone ihre Vision einer kybernetischen feministischen Revolution vor, in welcher durch den Einsatz von Technologie Arbeitsverhältnisse, klassische Familienstrukturen, Gender und Sexualität umgestürzt und verändert werden sollten. Vgl. Shulamith Firestone, *Frauenbefreiung und sexuelle Revolution* (1970), Frankfurt a. M. 1975.

32 Lucy R. Lippard, „Out of the Past. A Conversation on Eva Hesse, Lucy R. Lippard, Nancy Holt, and Robert Smithson; James Meyer, postscript", in: *Artforum*, Bd. 46, Nr. 6, Februar 2008, S. 236–249, hier S. 246.

33 „Die in der exzentrischen Abstraktion verwendeten Materialien sind offensichtlich von besonderer Bedeutung. Mit ihren überraschenden Oberflächen unterscheiden sich die Arbeiten immer noch radikal von jeglichem skulpturalen Kontext, und selbst wenn sie nicht dazu gedacht sind, berührt zu werden, so sollen sie doch eine sinnliche Reaktion hervorrufen." Lucy R. Lippard, „Eccentric Abstraction", in: dies., *Changing. Essays in Art Criticism*, New York 1971, S. 98–111, hier S. 105.

34 Paul B. Preciado, „The Phantom Limb. Carol Rama and the History of Art", in: *The Passion According to Carol Rama*, Ausst.-Kat. Barcelona 2014, Museu d'Art Contemporani de Barcelona; Musée d'art moderne de la Ville de Paris; Espoo Museum of Modern Art, Helsinki; Irish Museum of Modern Art, Dublin; Galleria Civica d'Arte Moderna e Contemporanea, Turin, hrsg. von dems., Anne Dressen und Teresa Grandas, S. 13–33, hier S. 14.

35 In ihren späteren Werken arbeitete Rama zudem mit Prothesen, Kunststoffaugen, Wimpern, Fingernägeln, Zähnen, medizinischen Geräten, Einläufen, Spritzen. Dieser geradezu exzessive Materialeinsatz veranlasste Paul B. Preciado auch dazu, sie von parallel laufenden italienischen Strömungen wie der Arte Povera abzugrenzen: „Ihre Arbeit ist eher viszeral und dreckig als ärmlich. Ramas Povera war eine queere Povera." Vgl. ebd., S. 19.

36 Alina Szapocznikow, „My work has its roots ..." (März 1972), in: *Alina Szapocznikow. Awkward Objects*, Ausst.-Kat. Warschau 2011, Muzeum Sztuki Nowoczesnej w Warszawie, Warschau, hrsg. von Agata Jakubowska, S. 13.

37 Anke Kempkes, „Ready-mades des Körpers – Alina Szapocznikow", in: *Flesh at War with Enigma*, Ausst.-Kat. Basel 2004, Kunsthalle Basel, hrsg. von Adam Szymczyk, S. 39–48.

38 Zu dem unterschiedlichen Einsatz von Nylonstrümpfen in den Skulpturen von Sarah Lucas, Senga Nengudi, Bruce Conner u. a. siehe Anne M. Wagner, „Sarah Lucas: Ordinary Language and Bodily Magic", in: *Sarah Lucas. Ordinary Things*, Ausst.-Kat. Leeds 2012, Henry Moore Institute, Leeds, hrsg. von Lisa Le Feuvre, S. 46–53, hier S. 50 f.

39 Vgl. Pap Ndiaye, *Nylon and Bombs. DuPont and the March of Modern America*, Baltimore 2007.

40 Ruba Katrib, „Nicola L.", in: *Nicola L.: Works, 1968 to the Present*, Ausst.-Kat. New York 2017, SculptureCenter, New York, S. 2–6, hier S. 4.

41 Nicola L. kann als eine der weiblichen Positionen genannt werden, die das Genre des Pop – das oft als Machismo-Bewegung angesehen wurde – subversiv transformierten. Siehe hierzu Kalliopi Minioudaki, „Pop Proto-Feminisms: Beyond the Paradox of the Woman Pop Artist", in: *Seductive Subversion. Women Pop Artists 1958–1968*, Ausst.-Kat. Philadelphia/New York/London 2010, University of the Arts, Philadelphia; Sheldon Museum of Art, Lincoln; Brooklyn Art Museum; Tufts University Art Gallery, Medford, hrsg. von Sid Sachs und ders., S. 90–141, oder *Power Up. Female Pop Art*, Ausst.-Kat. Köln 2010, Kunsthalle Wien; Phoenix Art/Stiftung Falckenberg, Hamburg; Städtische Galerie Bietigheim-Bissingen, hrsg. von Angela Stief und Martin Walkner.

42 Laura Mulvey, „Visual Pleasure and Narrative Cinema", in: *Screen*, Bd. 16, Nr. 3, Herbst 1975, S. 6–18; Anne Anlin Cheng, „Shine: On Race, Glamour, and the Modern", in: *PMLA*, Bd. 126, Heft 4, Oktober 2014, S. 1022–1041.

43 Slavoj Žižek, *Körperlose Organe. Bausteine für eine Begegnung zwischen Deleuze und Lacan*, Frankfurt a. M. 2005, S. 236. Der Begriff der ‚Partialobjekte' entstammt Gilles Deleuzes und Félix Guattaris *Anti-Ödipus* (1972), vgl. auch Patrizia Danders Essay in vorliegender Publikation.

44 Elisabeth Sussman, „Coming Together in Parts: Positive Power in the Art of the Nineties", in: *1993 Biennial Exhibition*, Ausst.-Kat. New York 1993, Whitney Museum of American Art, New York, hrsg. von ders., S. 12–25, hier S. 13 f.

45 Beitragende zu *Channels of Desire* waren: Helen Lee, Robbie McCauley, Coco Fusco, Gloria Miguel, Pamela Jennings, Adriene Jenik und J. Evan Dunlap, Rea Tajiri, Valerie Soe, Mary Ann Toman, Victoria Maldonado, Tati Nguyen, Shu Lea Cheang, Lona Foote, Robin Vachal und Suzi Silbar, Yong Soon Min und Allan deSouza, Indu Krishnan und Cheryl Dunye; zu *1-900-Desires* trugen bei: Lawrence Chua, bell hooks, Laurie Carlos, Renee Tajima, Jessica Hagedorn, Robbie McCauley. (Genannt in der Reihenfolge des Auftretens.)

46 Sussman 1993 (wie Anm. 44), S. 33. Zur Verwendung des Begriffs ‚Race' in diesem Katalog vgl. die Erläuterung auf S. 193, Anm. 1.

47 bell hooks, „Being the Subject of Art", in: dies., *Art on My Mind. Visual Politics*, New York 1995, S. 133–137, hier S. 135.

48 Anne Balsamo, *Technologies of the Gendered Body. Reading Cyborg Women*, Durham/London 1996, S. 5.

49 Ebd.

50 Vgl. Jean Baudrillard, *Simulacra and Simulation* (1981), Ann Arbor 1994. Exzerpte aus Baudrillards Simulationstheorie, in der er konstatiert, dass die Simulation die Realität ausgehöhlt und abgelöst habe, zitierte Tishan Hsu zu dieser Zeit in seinen eigenen Ausstellungskatalogen. Vgl. Jeannine Tang, „Simulation and Security: Tishan Hsu's New York and Cologne, 1987–1990", in: *Tishan Hsu: Liquid Circuit*, Ausst.-Kat. New York 2020, Hammer Museum, Los Angeles; SculptureCenter, New York; Rose Art Museum, Brandeis University, Waltham, hrsg. von Sohrab Mohebbi, S. 52–71, hier S. 55.

51 Tang 2020 (wie Anm. 50), S. 59–61.

52 „Nicht ich. Nicht das da. Aber auch nicht nichts." Julia Kristeva, *Powers of Horror. An Essay on Abjection*, New York 1982, S. 2.

53 Ich verwende hier bewusst den weiblichen Artikel ‚die' Cyborg, um die Figur von dem ursprünglichen Konzept des Cyborgs von Clynes/Kline abzugrenzen, wie es auch die deutsche Übersetzung tat, wenn in Haraways Manifest eindeutig von „der Cyborg" als oppositioneller feministischer Erzählfigur die Rede war. Vgl. Donna Haraway, „Ein Manifest für Cyborgs. Feminismus im Streit mit den Technowissenschaften" (1985), in: dies., *Die Neuerfindung der Natur. Primaten, Cyborgs und Frauen*, Frankfurt a. M./New York 1995, S. 33–72.

54 Ebd., S. 33.

55 de Beauvoir 2000 (wie Anm. 28), o. S.

56 Donna Haraway, „Die Biopolitik postmoderner Körper. Konstitutionen des Selbst im Diskurs des Immunsystems" (1989), in: Haraway 1995 (wie Anm. 53), S. 160–199, hier S. 170. Auch Judith Butler ist hier die philosophische Schlüsselfigur, siehe zum Beispiel Judith Butler, *Körper von Gewicht. Die diskursiven Grenzen des Geschlechts*, Frankfurt a. M. 1997.

57 Haraway (1985) 1995 (wie Anm. 53), S. 36.

58 Die Kombination von ‚Cyber' und ‚Feminismus' galt zu Beginn der 1990er-Jahre gleichermaßen als Kritik an den stereotypen ‚cyberbabes' in den Science-Fiction-Landschaften der 1980er-Jahre wie als provokativer Aufruf zum emanzipatorischen Einsatz digitaler Technologie und Konnektivität im Internet. Sadie Plant wird oft fälschlicherweise als Begründerin des Begriffs genannt. Ihre Publikation *Nullen + Einsen* (1997) gilt jedoch als prominenter Beitrag zum vormillenialen Cyberfeminismus dieser Zeit. Vgl. Sadie Plant, *Nullen + Einsen. Digitale Frauen und die Kultur der neuen Technologien*, Berlin 1998.

59 Haraway (1985) 1995 (wie Anm. 53), S. 51.

60 Die Erste Cyberfeministische Internationale fand 1997 in einem ‚hybriden Workspace' in der Orangerie in Kassel statt. Vgl. Cornelia Sollfrank, Old Boys Network (Hrsg.), „First Cyberfeminist International. Dokumentation des Hybrid Workspace der documenta X", Kassel 1997, unter: https://obn.org/obn/obn_pro/kassel/index.html [Stand: 12.12.2021]. (Die Website des OBN fungiert als Archiv, in dem viele der Aktivitäten und Materialien der cyberfeministischen Allianz dokumentiert sind.)

61 Cornelia Sollfrank, „Revisiting the Future", 8.12.2017, unter: https://archive.transmediale.de/de/content/revisiting-the-future [Stand: 12.12.2021].

62 Unter: https://obn.org/obn/reading_room/fs_read.html [Stand: 12.12.2021], siehe dazu auch Anm. 60.

63 Eine kritische Revision des Cyberfeminismus zum Ende des 20. Jahrhunderts aus der Gegenwartsperspektive unternimmt u. a. Helen Hester, „After the Future: n Hypotheses of Post-Cyber Feminism", unter: https://beingres.org/2017/06/30/afterthefuture-helenhester [Stand: 15.12.2021]. Online bietet der von Mindy Seu initiierte Cyberfeminist Index eine fluide Übersicht und Sammlung zu den vielfältigen globalen cyberfeministischen Praktiken von den 1990er-Jahren bis in die Gegenwart. Er zeigt auf, wie der Cyberfeminismus immer wieder angefochten, neu erdacht, entlarvt und erweitert wurde. Unter: https://cyberfeminismindex.com [Stand: 12.12.2021].

64 Ruha Benjamin, *Race After Technology. Abolitionist Tools for the New Jim Code*, Cambridge, Mass. 2019, S. 6. Benjamin zeigt dies nicht in hochkomplexen abstrakten technologischen Systemen auf, sondern an Beispielen von Alltagstechnologien wie Seifenspendern über Textverarbeitungsprogramme bis hin zu Gesichtserkennungssoftware und Algorithmen zur Verbrechensvorhersage.

65 Zu der Frage nach der Beziehung zwischen Ethik und Technologie, Mensch und Maschine bzw. das Recht auf Personenstatus siehe auch Louis Chude-Sokeis Essay in vorliegender Publikation.

66 Anna Gritz, „Schwache Cyborgs", in: *Judith Hopf. A Reader*, Ausst.-Kat. Berlin/London 2018, KW Institute for Contemporary Art, Berlin, hrsg. von ders., S. 65–72, hier S. 66.

67 Kerstin Stakemeier, „Nairy Baghramian", in: *Artforum*, Bd. 55, Nr. 8, April 2017, unter: https://www.artforum.com/print/reviews/201704/nairy-baghramian-67197 [Stand: 9.01.2022].

DIE GESETZLOSE LEBENDIGKEIT DER SKULPTUR, CA. 1960–1980

Die Monster des Formalismus, kybernetische Zusammenbrüche und die Freude an der Abweichung

JENNY NACHTIGALL

Was bedeutet es, gegen das Gesetz oder außerhalb des Gesetzes von Haus und Staat zu stehen, von Haus und Staat, die du konstituierst und die dich ablehnen? Was bedeutet es, das abzulehnen, was dir verweigert wurde?
– Fred Moten[1]

Eine queere Phänomenologie wäre vielleicht anders orientiert [...] sie könnte Freude und Begeisterung sogar im Schrecken finden.
– Sara Ahmed[2]

Vor mehr als 200 Jahren veröffentlichte Gotthold Ephraim Lessing, Universalgelehrter der Aufklärung, eine heute kanonische Studie über die Unterscheidung der Künste. Sie ist nach der antiken griechischen Skulptur *Laokoon* benannt (1766) und enthält eine Warnung: „Die bildenden Künste insbesondere, außer dem unfehlbaren Einflusse, den sie auf den Charakter der Nation haben, sind einer Wirkung fähig, welche die nähere Aufsicht des Gesetzes heischet."[3] Drastische Maßnahmen wurden gefordert, denn Skulptur habe die üble Fähigkeit, das Subjekt übermäßig zu animieren, während es doch die Aufgabe der Kunst war, Gefühle und affektive Kräfte zu regulieren, die das Kontrollempfinden des Subjekts gefährden könnten – so zumindest die Moral der idealistischen Ästhetik.

Es mag zwar seltsam anmuten, heute noch diese Zeile aus dem *Laokoon* aufzurufen, aber Lessings Aufforderung zur Überwachung eines Überschusses an Gefühl, wie die Skulptur ihn seiner Meinung nach auslösen kann, ist im Verlauf der Jahrhunderte de facto nicht aus der Mode gekommen. Für die historische Phase, mit der sich dieses Essay befasst, war das Paradigma gesetzmäßiger Unterscheidung und ästhetischer Regulierung, wie es im *Laokoon* zum ersten Mal formuliert wurde, zentral. Gegen Mitte des 20. Jahrhunderts war es in den USA maßgeblich für jenen einflussreichen Formalismus, der die internationalen Debatten in der westlichen Kunstgeschichte auf Jahrzehnte hinaus bestimmen sollte – inklusive derer, die von den nicht minder prominenten Gegenspieler:innen dieses Formalismus angeführt wurden.[4] Manchmal baut sich die Kunstgeschichte ihre eigenen Echokammern, in denen man den Geistern der Vergangenheit begegnen und den ästhetischen Gesetzen des 18. und 19. Jahrhunderts in neuem Sprachgewand lauschen kann. Etwas entkommt dem Gefängnis der Tradition jedoch immer (braucht doch jedes Gesetz seine Gesetzlosigkeit, von der es zehrt).[5] Die einfache,

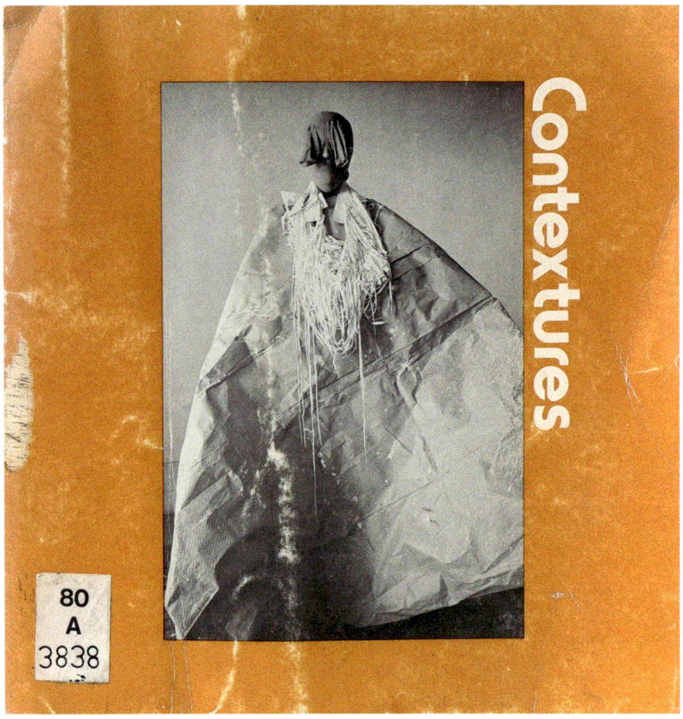

ABB. 1
Umschlagvorderseite von Linda Goode Bryant und Marcy S. Philips (Hrsg.), *Contextures*, Just Above Midtown, New York 1978, mit einer Abbildung von Senga Nengudi, *Study for Mesh Mirage*, 1977, Buchausgabe der Universitätsbibliothek Heidelberg

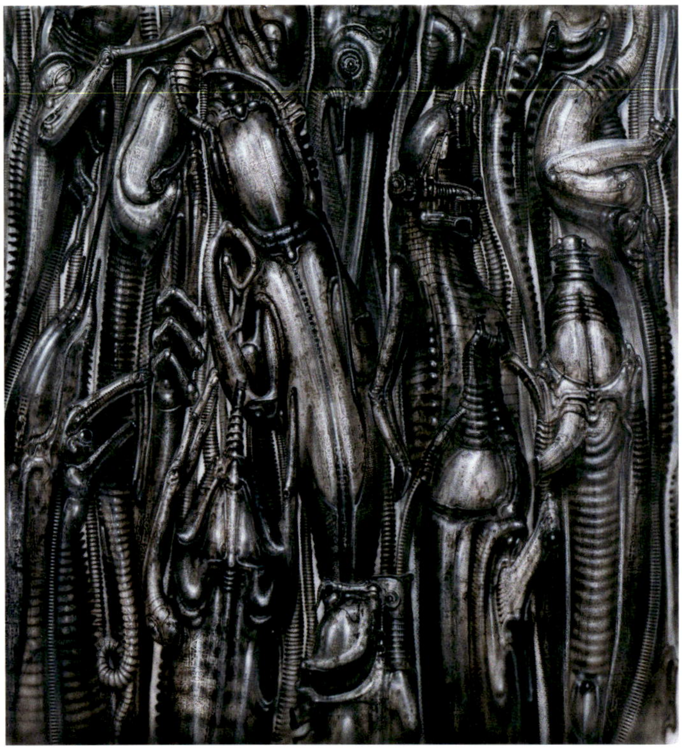

ABB. 2
HR Giger, *Alien Monster II*, 1978 (Detail), Acryl auf Papier auf Holz, 140 × 140 cm, Privatsammlung

aber entscheidende Frage, die sich dann stellt, ist, ob man sich seine Kunstgeschichte aus der Perspektive des Gesetzes oder aus der seiner Desorientierung erzählt, aus der Perspektive des potenziell ausufernden Wucherns von Bedeutungen, die das Gesetz stets begleiten – und die es nie vollständig kontrollieren kann.[6]

Die Rede von der gesetzlosen Lebendigkeit der Skulptur versteht sich – aus Ermangelung einer besseren Formulierung – als Platzhalter für eine Strömung, die quer zu den verschiedenen abstrakten wie auch figurativen Spielarten der Objektproduktion in der Phase von etwa 1960 bis 1980 steht, für eine Strömung, die im Rahmen der dominanten formalistischen und strukturalistischen Dekrete, die die Kunsttheorie und -kritik jener Zeit beherrschten, nicht lesbar war. Historisch gesehen passt diese Perspektive zu psychoanalytisch informierten und feministischen Revisionen des Formbegriffs, wie sie etwa Lucy R. Lippard in ihrer auf Skulptur fokussierten Ausstellung *Eccentric Abstraction* (1966) in der Fischbach Gallery in New York vornahm. Diese Intervention in den Macho-Minimalismus[7] betonte eine kühle oder aggressive Erotik in der Verwendung von Material und Form, die eine heterogene Gruppe von Künstler:innen (wie etwa Eva Hesse oder Louise Bourgeois) kennzeichnete. Ihre Arbeiten laden „zur Berührung ein, aber weisen Gefühle zurück".[8] Auch wenn die Perspektive der gesetzlosen Lebendigkeit ebenfalls an der Frage interessiert ist, wie Objekte ‚sinnliche Reaktionen' hervorrufen, so unterscheidet sie sich doch von der postminimalistischen Beschäftigung mit dem Viszeralen. Hier geht es nicht in erster Linie darum, wie Objekte die (aggressiven, sexualisierten) psychischen Dynamiken des Betrachtens mobilisieren und dabei ein kohärentes Subjekt destabilisieren, sondern eher darum, wie sich Skulptur mit den psychomateriellen Effekten unterschiedlicher Lebensweisen befasst. Die Betonung liegt hier auf der Beziehung zwischen Subjekten und differenziell strukturierten Lebenswelten, und das heißt, auf der Tatsache, dass das skulpturale Verhältnis zu Objekthaftigkeit und Materialität ebenso wie der Sinn für deren Viszeralität von Gender, Race und Klasse geformt sind (dass diese Begriffe und ihr Verständnis, anders ausgedrückt, nicht universal sind).[9] 1978 veröffentlichte Linda Goode Bryant, die Betreiberin von Just Above Midtown, einer New Yorker Galerie, die sich auf hauptsächlich abstrakt arbeitende Schwarze Künstler:innen konzentrierte, zusammen mit Marcy S. Philips den Aufsatz *Contextures* (Abb. 1), der die Bedeutung derart situierter, parakünstlerischer Elemente für einen gleichermaßen ästhetisch und sozial ausgerichteten Blick auf die Abstraktion hervorhob. Unter Bezug auf die Arbeit von Künstler:innen wie etwa David Hammons oder Senga Nengudi beschrieben Goode Bryant und Philips eine Kunst, die sich nicht am duchampschen Erbe des Readymades orientierte, sondern auf sozialer Spezifität und den „vergänglichen Eigenschaften des Übriggebliebenen"[10] beruhte. Dieses Essay denkt Form in der Folge von Goode Bryant und Philips von der Materialität des Lebens (unabhängig davon, ob es sich um ein menschliches, nicht menschliches oder technologisches Leben handelt) – und nicht von den Konzepten der Kunst oder Philosophie.[11] Es möchte aufzeigen, wie Skulptur in der Nachkriegszeit, als die Malerei zur Verkörperung von Freiheit und Rationalität westlicher Prägung hochstilisiert wurde, häufig zu dem Ort wurde, an dem sich die liberalen Fantasien von ästhetischer Autonomie und Reinheit aufzulösen begannen.

Was dieser Text also anbietet, ist, erstens eine Lektüre der (formalistischen, strukturalistischen) Gesetze der Kunstgeschichte aus der Perspektive ihrer materiellen Grenzen. Er tut dies unter Rückgriff auf exemplarische Fälle von Skulptur, die diese Grenzen sichtbar werden lassen (unfreiwillig etwa bei Hans Haacke, mit voller Absicht bei Paul Thek). Zweitens skizziert dieser Text die Gemeinsamkeiten sowie unerwarteten Allianzen zwischen Praktiken gesetzloser Lebendigkeit, die etwa 1960 bis 1980 unabhängig voneinander in Turin, Los Angeles und Tokyo/Paris entstanden. Dazu zählen die riesigen Aluminiumskulpturen von Marisa Merz, die einen Vorstellungsraum nach außen stülpen, in dem die Interieurs der 1960er-Jahre, die verlockend schimmernden Chromoberflächen neuer Autos und HR Gigers *Alien*-Skizzen aufeinandertreffen (Abb. 2 und 3);[12] dazu zählen aber auch Senga Nengudis sandgefüllte Strumpfhosenobjekte (Abb. 4), schwarze oder braune körperlose Organe, die Mitte der 1970er-Jahre ebenso wenig bekannt waren oder ausgestellt wurden wie Merz' Arbeiten; und dazu zählt schließlich Tetsumi Kudos Neuformulierung von Skulptur unter den Vorzeichen einer toxischen Ökologie, in der die kybernetische Domestizierung des Körpers umkippt (Abb. 5). Merz, Nengudi und Kudo fanden in den einflussreichen Kunsttheorien der Nachkriegszeit keine Berücksichtigung, ebenso wenig in den darauffolgenden Revisionen. Und auch Alina Szapocznikow, Barbara Chase-Riboud oder Rosemary Mayer kamen weder hier noch da vor, um nur einige weitere zu nennen. Denkt man an die nationalistische Kurzsichtigkeit und die Identitätspolitiken des amerikanischen Formalismus oder seiner gleichermaßen chauvinistisch geprägten Gegenstücke in Europa, so ist das nicht weiter überraschend.[13] Lange haben diese Politiken von anderen Szenen abgelenkt – und das heißt auch von ebenjener gesetzlosen Lebendigkeit, die außerhalb, unter oder neben den Gesetzen des Formalismus blühte.[14]

Heute, nach dem ‚material turn' in den Geisteswissenschaften und insbesondere dank der Interventionen des Feminismus und der Black Studies in den Bereich sprachzentrierter Epistemologien sehen die Dinge – sehr buchstäblich – ziemlich anders aus. Auch wenn diese Interventionen ungeachtet der jeweiligen Themen Konsequenzen für die Art und Weise haben, wie Theorie verwendet wird, so haben sie für die Geschichte und Theorie der Skulptur doch besondere Auswirkungen. Die Neukonzeptionierung des Dings und der Objekthaftigkeit durch die Black Studies hat weitreichende Implikationen für das Verständnis von Skulptur, und zwar insofern, als sie es notwendig macht, die hierarchische, gegenderte und rassifizierte Beziehung zwischen Subjekt und Objekt, wie sie den ästhetischen Protokollen der Skulpturtheorie unterliegt, zu historisieren und zu rematerialisieren. Notwendig wird dies, da, wie Huey Copeland schreibt, „der:die Versklavte als Ding erscheint, das keines ist [‚thing-that-is-not-one'], als eine Form von Readymade, das nicht nur den Status des Kunstwerks infrage stellt, sondern sich auch mit Theorien des ‚Dinghaften' im kulturellen Diskurs des Westens überschneidet und diese neu fasst – die Ware, das Skulpturale oder das Material selbst".[15] Im regulativen Diskurs der idealistischen Ästhetik ist das Festhalten an den Dingen und an Materialität jenes an einer Pathologie, der die Regulierung beikommen soll. Das gesamte Programm dieser Regulierung (der Gefühle, der Imagination, der Menschen), wie es sich die Ästhetik seit dem 18. Jahrhundert zum obersten Ziel erhoben hatte, beruht auf der Kontrolle der vermeintlichen Pathologie einer Verstrickung mit der materiellen

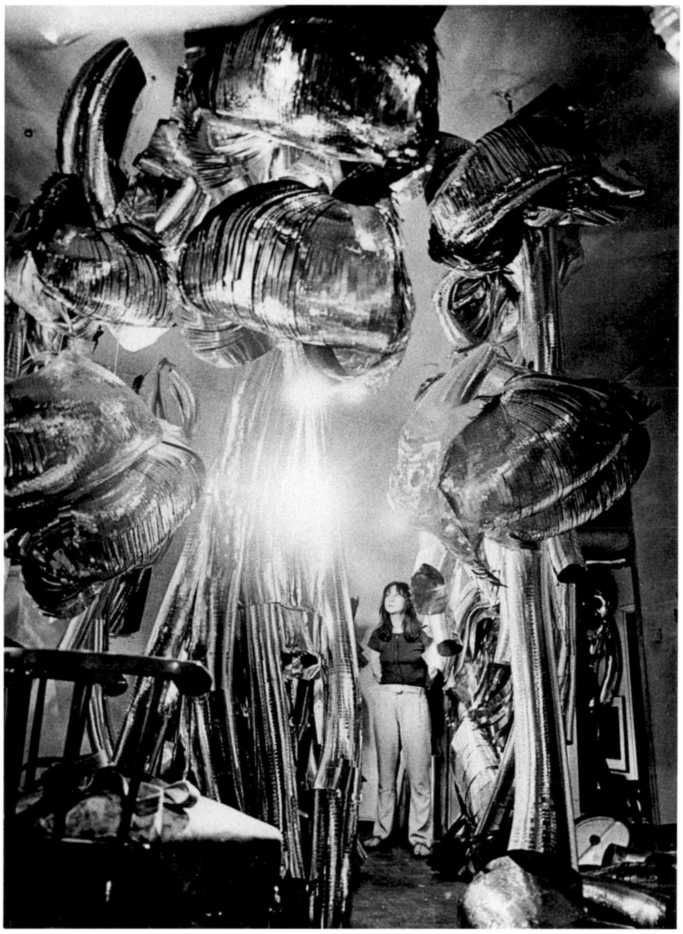

ABB. 3
Marisa Merz in ihrer Turiner Wohnung 1966/67 mit *Untitled (Living Sculpture)*, 1966, Aluminium, Maße variabel, Tate, Courtesy Fondazione Merz

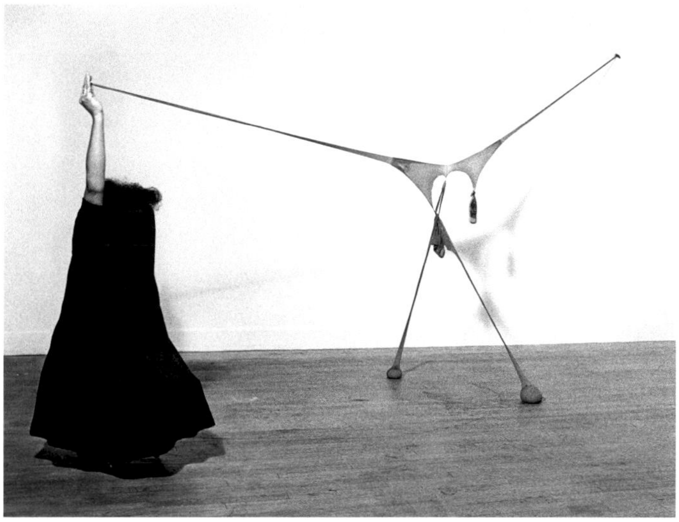

ABB. 4
Senga Nengudi, *Studio Performance with R.S.V.P*, 1976, Silbergelatineabzug, 71,1 × 101,6 cm, Courtesy die Künstlerin, Sprüth Magers und Thomas Erben Gallery

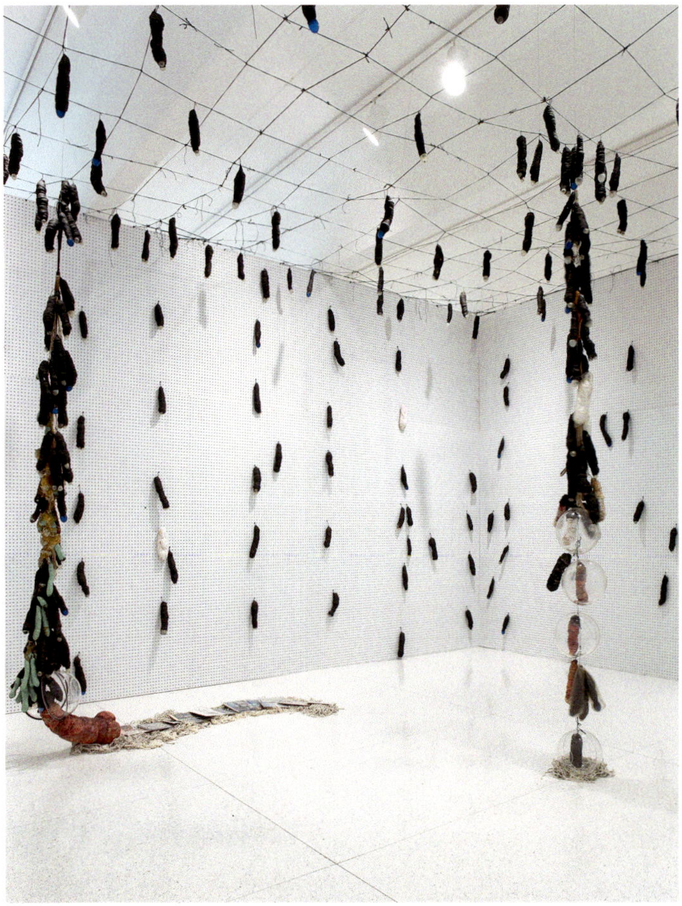

ABB. 5
Tetsumi Kudo, *Philosophy of Impotence, or Distribution Map of Impotence and Appearance of Protective Domes at the Points of Saturation*, 1961/62 (Detail), Plastikschüsseln, Papier, Baumwolle, Plastik, Polyester, Klebeband, Glühlampen, Schnur, Zeitschriftenseiten, Gesamtmaße variabel, T. B. Walker Acquisition Fund, 2009
Ausstellungsansicht *Tetsumi Kudo: Garden of Metamorphosis*, Walker Art Center, Minneapolis 2008

Welt (und das hieß eben auch: Kontrolle über Frauen, Schwarze Menschen oder all jene, die nicht ins Muster einer universalen Menschheit passen).[16] Das Problem mit der Ästhetik sind insofern nicht, oder zumindest nicht vorrangig, die rassistischen oder sexistischen Bemerkungen, die man etwa in Kants *Kritik der Urteilskraft* (1790) oder in Interpretationen von Lessings *Laokoon* finden kann. Das Problem ist vielmehr struktureller Natur und betrifft den Antimaterialismus der Ästhetik und die Art und Weise, auf die er durch und durch gegendert und rassifiziert ist.[17] Der Formalismus wiederum hielt in der Folge die Prämissen dieses Antimaterialismus mithilfe eines angepassten Regelwerks zur Reinheit und der Abgrenzung der Gattungen aufrecht (anders formuliert: vom *Laokoon* zum „neueren Laokoon" und der Medienspezifik).[18]

Reinheit ist jedoch eine Fantasie, der auch der Formalismus nicht gerecht werden konnte. Das Gesetz, das er verkörpern wollte, war ein seltsamer Hybrid, eine Art Monster, wenn man so will, entstanden aus der Fusion des regulativen Diskurses der idealistischen Ästhetik mit dem Szientismus und Positivismus der Ära des Kalten Kriegs. Insofern sollte auch die Auseinandersetzung des amerikanischen Formalismus mit der Abgrenzung der verschiedenen Gattungen der Kunst nicht von der Tatsache ablenken, dass er selbst zumindest ein Stück weit eine Art Frankenstein-Kreatur war. Seine Gesetze waren – wie es in einem gewissen Maß für jedes Gesetz gilt – nicht gegeben, sondern gemacht, hervorgebracht von Macht, Konvention und einem dominanten Narrativ, um alles miteinander zu verbinden und die sichtbarsten Nähte zu verdecken.

Im Folgenden geht es weiter mit einer schnellen Tour auf dem Geisterzug des Formalismus. Der Zug hält an bekannten Stationen, aber auch an ein paar ungewohnten Destinationen, darunter etwa der vernachlässigte und erst jüngst wieder zu neuem Leben erweckte Diskurs um die Systemästhetik. Sein Ausgangspunkt ist eine Studie über die Auflösung von Skulptur aus der Feder des ehemaligen Ingenieurs, Bildhauers und Kritikers Jack Burnham. Burnhams Buch *Beyond Modern Sculpture. The Effects of Science and Technology on the Sculpture of this Century* (1968) sowie eine Reihe von Essays, die Burnham für *Artforum* verfasste – darunter ein Aufsatz „Systems Aesthetics" (1968) –, sind ambitionierte Texte, die sich explizit als Gegenpol zum vorherrschenden Diskurs des amerikanischen Formalismus positionierten, wie er von den Kritikern Clement Greenberg und Michael Fried vertreten wurde.[19] Burnhams Ansatz war, auch wenn er es selbst nicht so empfunden hat, nicht gänzlich inkompatibel mit dem von Greenberg und Fried. Auch er orientierte sich an den Gesetzen der Vernunft. Auf Grundlage dieser Gesetze wollte Burnham der Skulptur neues Leben einhauchen – ein Leben, das nur aus Worten und Codes, jedoch nicht als körperliches, materielles bestand.

MONSTRÖSER FORMALISMUS UND SYSTEMISCHE FEHLFUNKTIONEN

Für Clement Greenberg beruhte der Formalismus auf der Ausübung der Gesetze der Vernunft. Er verkörperte einen Stil, der „Rationalisierung atmet"[20]. In den USA der 1950er- und 60er-Jahre erzählte der Formalismus eine Geschichte der Reinigung und Kontrolle, in der die weltlichen Verstrickungen der Skulptur und die Tatsache, dass ihre Materialität nie nur der Kunst alleine zuzurechnen ist, aus dem Blickfeld verdrängt wurden. Grundlegend für dieses Narrativ, das die Trennung zwischen den verschiedenen Künsten propagierte und sich über die saubere Abgrenzung der Kunst von der Objekthaftigkeit sorgte,[21] war das vermeintliche Privileg des Sehens.

Auch wenn es überraschen mag, so kommt der Skulptur in der hierarchischen Verwaltung des Sinnlichen, die das Sehen an die Spitze stellte, eine entscheidende Rolle zu. Wie der Kunsthistoriker David Getsy argumentiert, stellte die Beziehung zwischen „Optikalität" und konstruierter Skulptur eines der zentralen Themen der formalistischen Ästhetik dar,[22] die Skulptur zunehmend als „Bild im dreidimensionalen Raum"[23] begriff. „Der menschliche Körper", so Greenberg 1958 im Brustton der Überzeugung, „wird in der Skulptur wie in der Malerei nicht mehr als das Agens des Raums vorausgesetzt; die treibende Kraft ist nun allein das Sehen."[24] Historisch gesehen schien es für Hüter:innen der ästhetischen/sozialen Ordnung immer schwieriger, Skulptur zu regulieren. Durch ihre mediale Nähe zu anderen Objekten in der Welt sowie die lästige Tatsache ihrer Dreidimensionalität entzieht sich Skulptur der vollständigen Erfassung durch ein sehendes Subjekt. Diese unsichere Situation zeitigte Effekte (Gefühle), die für einige die „Aufsicht des Gesetzes" (Lessing) erforderten und für andere praktische Lösungen wie die einer reliefartigen Frontalskulptur (Hildebrand) notwendig machten, die das Subjekt in einem Zuge wahrnehmen und auf diese Weise besitzen kann.[25]

Greenbergs Paradigma des „Sehen[s] allein" (‚eyesight alone') war Teil dieser ästhetischen Tradition der Regulierung, aber mischte dem Ganzen noch eine gute Portion des Positivismus und Rationalismus der Kalten-Krieg-Ära bei.[26] In den Worten von Caroline A. Jones lieferte „der Positivismus [...] das notwendige Protokoll, damit der Formalismus funktionieren konnte",[27] und verzahnte die Bürokratisierung der Sinne mit dem technokratischen Ethos der Geopolitik des Kalten Kriegs. Die Ablösung des Sehens von der Vielschichtigkeit und Unvorhersehbarkeit eines lebenden, fühlenden Körpers etablierte es als quasi-maschinistische Tätigkeit, während das Subjekt inhuman erscheint.[28] Auch wenn weder Greenberg noch sein Student Michael Fried diese Richtung einschlagen werden, so wird in den darauffolgenden Jahrzehnten die Kybernetik zunehmend als neues Modell dieser Inhumanität und als Agentin der Erlösung fungieren.[29] Im Bereich der Kunst war Jack Burnham einer der prominentesten Fürsprecher:innen dieser Richtung.

Burnham bediente sich eines eklektischen Repertoires von Theorien, in die neben anderem Norbert Wieners Kybernetik, die allgemeine Systemtheorie des Biologen Ludwig von Bertalanffy oder die Unternehmenskommuniqués der RAND Cooperation einflossen. Auf dieser Grundlage formulierte er eine Systemästhetik, die vom Pathos radikaler Veränderung getragen wurde. Eine von Burnhams zentralen Thesen betraf den „Übergang von einer objektorientierten zu einer systemorientierten Kultur"[30]. In seinen Augen stand die Menschheit an der Schwelle zu technologisch neu formatierten Lebensformen, und insbesondere die zeitgenössische Skulptur könne dabei helfen, den Übergang zu einer „Neuschaffung des Lebens mit nicht biologischen Mitteln"[31] zu erleichtern. Durch die Auflösung von Skulptur im System könne der uralte Mythos einer lebendigen Skulptur (Pygmalion, der sich in seine eigene Statue verliebt) endlich verwirklicht werden – und zwar technologisch. Oder, wie es Courtney Fiske treffend formuliert: „Kunst wird zu Leben, aber nur mittels Technologie."[32] Im Gegensatz zu Pygmalion aus Ovids *Metamorphosen* nähert sich Kunst hier jedoch nicht über extreme mimetische Ähnlichkeit dem Leben an, sondern dank ihrer Fähigkeit, das Leben strukturell neu zu erschaffen – als System.

Es lohnt sich, ins Gedächtnis zu rufen, dass diese Überlegungen um 1968 herum angestellt wurden, also zu einem Zeitpunkt, als die Bürger:innenrechts- und feministischen Bewegungen, die Proteste gegen den Vietnamkrieg und die Studierendenrevolten auf der ganzen Welt für Veränderung und die Überzeugung kämpften, dass diese gemeinsam erreicht werden können. Keiner ihrer Ansätze zur Überwindung der rassifizierten, gegenderten und klassenbasierten Unterdrückungssysteme findet sich in Burnhams Arbeit wieder. Stattdessen ersetzt Burnham die Politiken des Kollektivs wie in einem dubiosen Taschenspielertrick durch die Operationen der Systemästhetik – als wäre Geschichte ein Programm, dem nur das passende Update für den reibungslosen Ablauf fehlte. Die Systemästhetik wollte „die Erde biologisch lebenswert halten, akkuratere Modelle der sozialen Interaktion produzieren, die wachsende Symbiose in der Beziehung von Mensch und Maschine verstehen, Prioritäten für die Verwendung und Erhaltung der natürlichen Ressourcen setzen und weibliche alternative Muster der Erziehung, Produktivität und Freizeit etablieren".[33] In anderen Worten: Systemästhetik würde all die drängenden Probleme der Menschheit lösen, an denen politische Organisierung scheiterte. Nur kam es natürlich anders. In den 1980er-Jahren wird Burnham das selbst

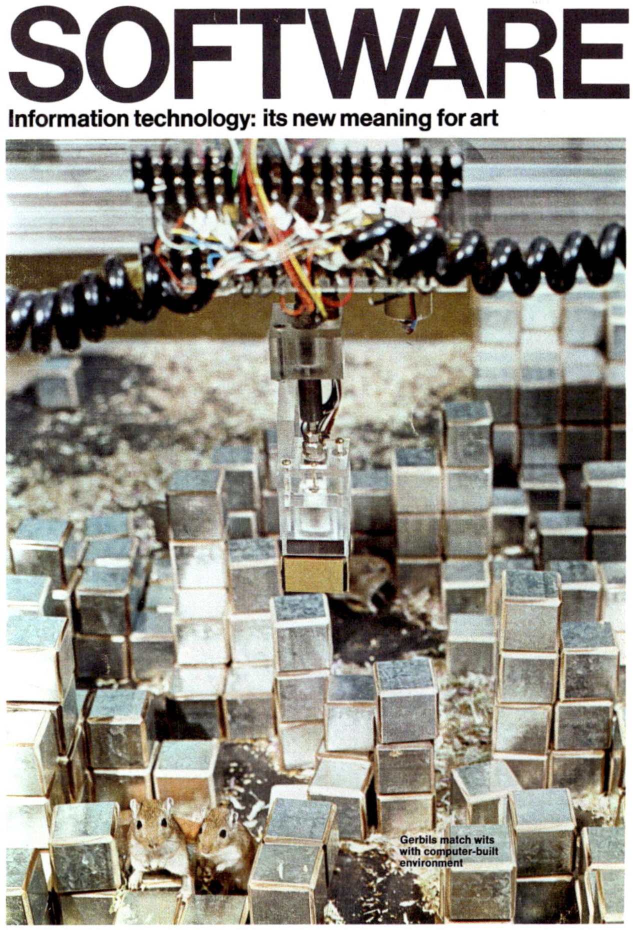

ABB. 6
Umschlagvorderseite von *Software. Information technology: its new meaning for art*, Ausst.-Kat. New York 1970, Jewish Museum, New York

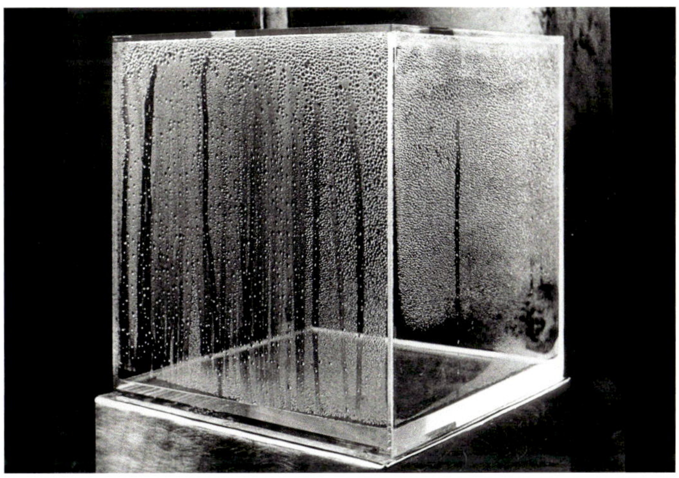

ABB. 7
Hans Haacke, *Condensation Cube*, 1965, transparentes Acrylglas, destilliertes Wasser, Klima des jeweiligen Ausstellungsortes, 76 × 76 × 76 cm, MACBA Collection. MACBA Foundation. Schenkung des National Committee und Board of Trustees Whitney Museum of American Art

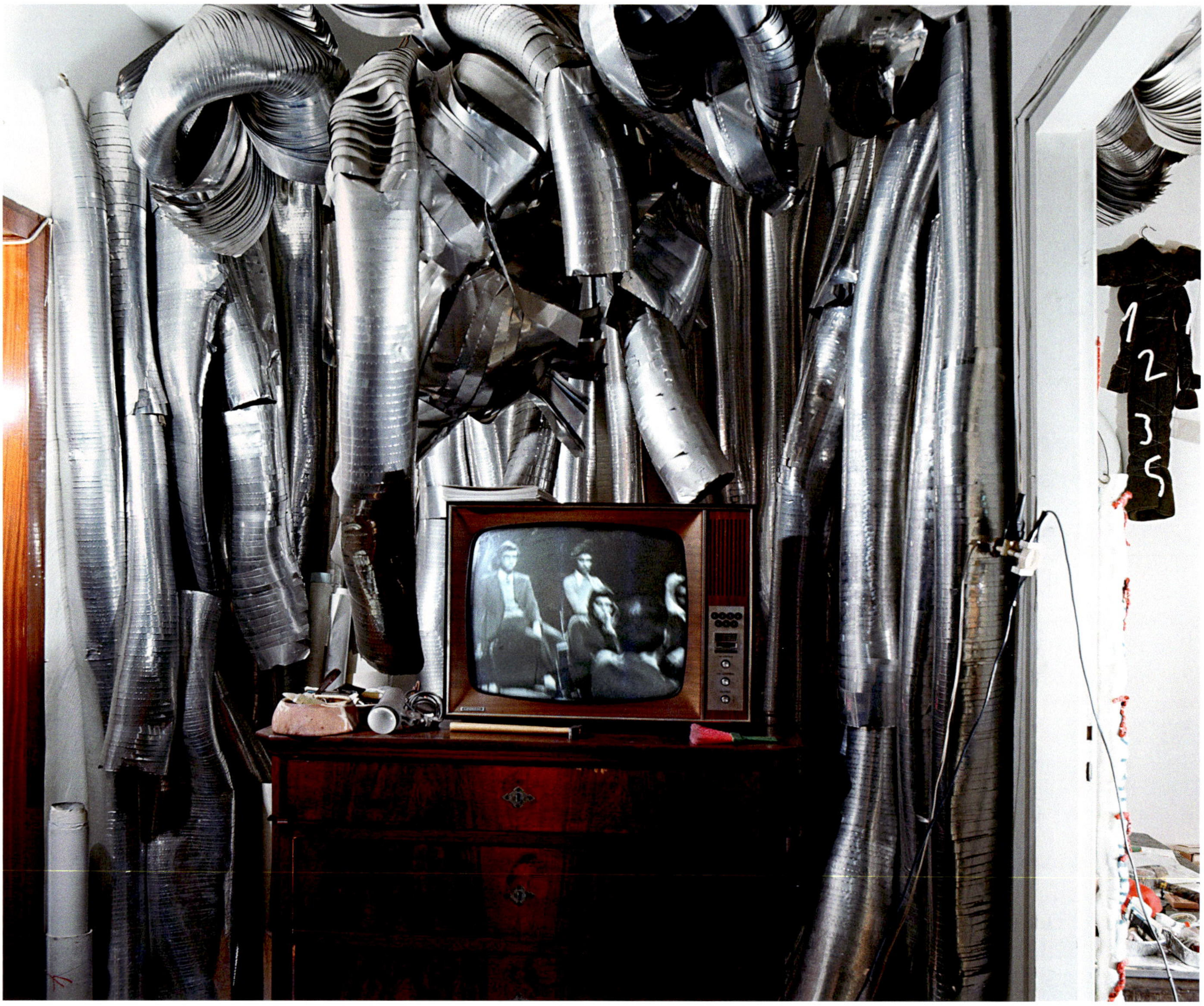

ABB. 8
Ansicht aus der Wohnung von Marisa Merz in Turin mit *Untitled (Living Sculpture)*, 1966, Aluminium, Maße variabel, Tate, Courtesy Fondazione Merz

bereitwillig zugeben.[34] Die Warnsignale waren jedoch bereits viel früher zu vernehmen.

1970, zur Zeit eines veritablen Booms an Ausstellungen über Kunst und Technologie in den USA und Europa,[35] kuratierte Burnham eine Ausstellung mit dem Titel *Software. Information technology: its new meaning for art* (Abb. 6). Im Geiste der Systemästhetik enthielt *Software* Beiträge von Künstler:innen, Ingenieur:innen und Architekt:innen und stellte eine Art Praxistext für Burnhams Theorie dar. Das emblematische und öffentlichkeitswirksamste Werk der Ausstellung war eine Installation der Architecture Machine Group (ArcMac), der Vorgängerin des heutigen Media Lab am Massachusetts Institute of Technology (MIT). *SEEK* bestand aus einem computerisierten Environment aus Plexiglasblöcken, das von Wüstenmäusen bewohnt wurde. Ein Roboterarm sollte die kleinen Nager kontrollieren. Nach dem interaktiven Versprechen von *SEEK* sollte der Computer vom Verhalten der Tiere lernen und seine Handlungen (Füttern, Säubern etc.) entsprechend anpassen. In Form eines Miniaturmodells pries *SEEK* damit die Vorzüge eines technologisch optimierten Lebens an, das sich vermeintlich am Horizont abzeichnete. Die Computer aber fielen ständig aus, die Interaktion mit den Tieren lief miserabel, sodass dann gegen Ende der Ausstellung „die kotbeschmierten Wüstenmäuse im Schatten der kaputten Roboterarme"[36] saßen. Überraschen tut es daher nicht, dass ein Kritiker in einer Besprechung der Ausstellung („Gerbils Ex Machina") schlussfolgerte: „Künstler, die sich ernsthaft auf technologische Prozeduren einlassen, sollten von Zeit zu Zeit daran denken, wie es vier süßen Wüstenmäusen erging."[37]

Das Problem, das *SEEK* in extremer Weise verdeutlicht, ist, dass Systeme nicht funktionieren. Die Arbeit zeigt die materiellen Grenzen abstrakter Modelle und Prototypen auf. Denn Systeme arbeiten nie ohne Brüche und Zusammenbrüche.[38] Oder, um auf etwas zurückzukommen, das bereits zu Beginn dieses Aufsatzes erwähnt wurde: Gesetze produzieren einen Überschuss an Gesetzlosigkeit. Die Materialität einer solchen Gesetzlosigkeit ist jedoch nicht notwendigerweise empirisch greifbar (wie im Fall des verschmutzten und kaputten Environments). Sie kann ebenso im Raum der Vorstellung existieren, in der Fantasie. Eines von Burnhams Lieblingskunstwerken, Hans Haackes *Condensation Cube* (1965, Abb. 7), ist hierfür exemplarisch. Haackes *Cube* war als quasi-kybernetisches Feedbackmodell entwickelt worden, das unabhängig von der phänomenologischen Korrelation zwischen Objekt und verkörperte:r Betrachter:in existiert, einer Korrelation, die Burnhams Systemästhetik hinter sich lassen wollte. Die Existenz dieses Objekts ist weder auf die idealistisch stillgestellte Zeit eines formalistischen Subjekts zurückzuführen noch auf die gelebte Zeit der Phänomenologie, sondern nur auf eine nicht menschliche Zeit, immanent „nicht dem Selbst, sondern dem System: ein komplexes Ganzes, das mit seiner Umgebung geschaffen und aufrecht gehalten wird".[39] Und selbst wenn die Arbeit/das System den:die Betrachter:in nicht zur Vervollständigung braucht (der:die Betrachter:in ist nur eine berechenbare Variabel unter anderen), so braucht der:die Betrachter:in die Arbeit (sie interagiert mit seinen:ihren Begehren und Erinnerungen). Die Art und Weise, wie die Materialität einer Arbeit erfahren wird, überschreitet jegliche Modell-Vision von Nicht-Korrelation. Im Fall von Haacke ließe sich beispielsweise behaupten, dass sein *Cube* die Vorliebe des Minimalismus für industriell hergestelltes Plastik oder die Physik von Kondensation signalisiert.[40] Er ruft jedoch auch einen Körper auf, wenngleich nur in seiner Abwesenheit und seinen Effekten: als Schweiß. *Condensation Cube* ist ein schwitzender Würfel, ein Raum, der Schweiß produziert. Nur wenig später sollten Paul Theks mit künstlichem Fleisch gefüllte Würfel aus der Serie *Technological Reliquaries* (1965/66, S. 94–97) den unterdrückten Körper des Minimalismus auf besonders treffende und komische Weise dramatisieren. Doch schon Haackes scheinbar sterile und klinische Arbeit erzählt, wenn auch nur widerwillig, vom Umstand, dass Objekte in der Betrachtung die Tendenz haben, unrein zu werden.

Burnhams Systemästhetik war für die Dynamiken der Fantasie und Projektion, die Objekte und Materialien bei uns in Gang setzen – und das heißt: für unsere unterschiedliche Investition in deren Belebung –, ebenso blind wie Greenbergs prototypisches „Sehen allein". In dieser Hinsicht war der linksliberale Ikonoklast, der die ‚moderne Skulptur hinter sich lassen' wollte, nicht weit entfernt von den konservativen Kustod:innen des Modernismus. Ihnen gemeinsam war das Versprechen der Dematerialisierung und der Entkörperlichung im Sinne einer Befreiung (von den Beschränkungen des fühlenden Körpers, von der Differenz). Ihr Begehren nach einer solchen Transzendenz gelebter Materialität hatte lediglich unterschiedliche Beweggründe und verfolgte andere Strategien, um sie zu erreichen.

SKULPTUR UND (DES)ORIENTIERUNG

Die Sackgassen dieser Strategien blieben auch den zeitgenössischen Kritiker:innen nicht verborgen. In *Passages in Modern Sculpture* von 1977 lehnte Rosalind E. Krauss Burnhams Ansatz auf Grundlage seiner „technokratischen Prämissen"[41] ab. Die Kritik an ihrem früheren Lehrer Greenberg und dessen positivistischen Vorlieben fiel dagegen (zumindest in den 1970er-Jahren) weniger explizit aus. Sie war indirekter formuliert in der Betonung, ein rigoroses Verständnis von Form und Struktur mit einem phänomenologischen Ansatz kombinieren zu müssen, und sie kulminierte in einem Lob des Minimalismus: In den Arbeiten von Donald Judd, Robert Morris oder Richard Serra, so Krauss, nehme der Minimalismus die charakteristischen Züge der modernen Skulptur (Auguste Rodin und Constantin Brâncuși) gegen den piktorialen Illusionismus seiner klassischen Vorläufer:innen auf und radikalisiere diese – eine dezentrierende Bewegung, nach der Skulptur sich nicht mehr am inneren privaten Kern (oder ihrem menschlichen ‚Rückgrat') orientiere, sondern an den Oberflächen. Nicht länger modelliere die Skulptur nun „ihre Struktur entsprechend der Privatheit des psychosozialen Raums, sondern entsprechend der öffentlichen, konventionellen Natur dessen, was man den kulturellen Raum nennen könnte".[42] Oder, anders ausgedrückt: Der Maßstab der modernen Skulptur war nicht länger der menschliche Körper als kohärentes Ganzes, und der Minimalismus hat diese Tatsache lediglich zu ihrer logischen Schlussfolgerung gebracht. Und doch ist Krauss schnell dabei hinzuzufügen, dass „unsere Körper und unsere Erfahrung dieser Körper weiterhin der Gegenstand von Skulptur sind – selbst wenn eine Arbeit aus mehreren Hundert Tonnen Erde besteht".[43] Die Frage bleibt, was denn ‚unsere' Erfahrung – deine, meine, wessen auch immer – eigentlich sein soll. Und wenn es doch, denkt man einmal darüber nach, eigentlich klar ist, dass ‚wir' ‚uns' keinen Körper teilen – welchen Körper sollen dann ‚mehrere Hundert Tonnen Erde' aufrufen? Nicht jede:r ist als Körper lesbar, manche nur als Fleisch[44] oder kaum als lebendig (als Dinge). Es handelt sich hierbei nicht um ein theoretisches Problem im engeren Sinne.

Das Problem, um das es hier geht, reicht tiefer als die Kunstgeschichte oder Skulpturtheorie und deren methodologische Trends und blinde Flecke. Es handelt von dem angespannten Verhältnis zwischen Lebensweisen und Denkweisen. Während diese Beziehung in einem akademischen Diskurs mit Schlagseite in Richtung von Wissenschaftlichkeit mit großem W dazu tendiert, Anathema zu sein, ist der Feminismus in seinen konsequenteren Formen eine Praxis, die die Unterscheidung von privatem Kern und öffentlicher Oberfläche ebenso wie die zwischen Biografie und Methode verunsichert. Wie Sara Ahmed in ihrer queeren Lektüre der Phänomenologie gezeigt hat, verfügt diese über keine Sprache, um unterschiedliche Erfahrungen der Verkörperung zu fassen (ihre konzeptuelle Grammatik orientiert sich an spezifischen Körpern, lässt andere aus). Der Feminismus hat eine solche Sprache.[45]

Sowohl die feministische als auch die Schwarze Kritik an der Phänomenologie betonen die Tatsache, dass die Arbeit der Desorientierung nicht nur eine theoretische ist, sondern gelebt werden muss und dass es sich dabei nicht nur um ein Projekt der Kritik handelt, sondern des Überlebens. Insbesondere die Interventionen der Black Studies haben dem Denken über die Dinge eine andere Dringlichkeit und Materialität verliehen, gegen die die Grabenkämpfe des Neuen Materialismus und der Objektontologie wie eine belanglose Nabelschau wirken.[46] Während Letztere ihre Rückkehr zu den Dingen häufig aus methodologischen Überlegungen heraus vollziehen, deren Grundlagen philosophische Diskurse und Laborsettings sind, beschreiben und fordern die Black Studies mehr als eine Störung des methodologischen Protokolls.

Fred Moten argumentiert diesbezüglich, dass die ‚Black radical tradition' der „Einbruch des Dings in den Diskurs des Objekts ist, von dem es ausgeschlossen wurde und den es erst möglich gemacht hat".[47] Damit ist nichts anderes gemeint als der nachaufklärerische philosophische Diskurs, den Männer wie Lessing und Immanuel Kant definiert haben und der selbst wiederum die Protokolle der Kunstgeschichte mitgeformt hat. Der „Einbruch des Dings" ist auch der Einbruch der Materialität, deren Einhegung Ziel des regulativen Ästhetikdiskurses der Philosophie wie der Kunstgeschichte als dessen Erbin war. Kunstobjekte lassen sich jedoch nicht vollends regulieren und begrenzen.

BEMERKUNGEN ZUR GESETZLOSEN LEBENDIGKEIT DER SKULPTUR

Los Angeles, USA, 1975. Senga Nengudi beginnt damit, ihre gebrauchten Strumpfhosen (oder die ihrer Freundinnen und anderweitig gefundene) mit Sand zu füllen, auf Autoreifen oder Steine aufzuziehen, sie an die Wand zu heften oder diese Stellvertreter:innen Schwarzer oder brauner Körper wie Kaugummi in die Länge zu ziehen. Nengudis Entwicklung als Künstlerin begann Mitte der 1960er-Jahre, als das Black Arts Movement an Fahrt aufnahm. Damals fing sie an, im Watts Towers Arts Center in Los Angeles, einem Kunsterziehungsprogramm, das vom Künstler Noah Purifoy und anderen gegründet worden war, Kunst zu unterrichten. Wie Stephanie Weber argumentiert, kombinierte Nengudi Purifoys Beschäftigung mit der (rassifizierten) Politik der Reste (am bekanntesten wohl in seinen Assemblagen aus Überresten der Watts Rebellion im August 1965) mit der vitalistischen Belebung von Material, wie sie es von der japanischen Künstler:innengruppe Gutai kannte, und entwickelte aus dieser Spannung einen ganz eigenen distinkten Umgang mit der Lebendigkeit von Skulptur.[48] In Zentrum ihrer Arbeit steht der Schwarze weibliche Körper, jedoch nicht als kohärente Figur. Stattdessen materialisiert Nengudi den Körper aus den Effekten heraus, die soziale Beschränkungen und systemische Ungleichheit auf ihn haben: das Gewicht, das ihn nach unten zieht, die Spannung bis zum Zerreißen, der Widerstand gegen eine gesellschaftliche Gewalt, die sich als naturgegeben maskiert. Nengudis Skulpturen zeigen Körper, die immer schon sozial sind, aber sie tun dies nicht im Modus des Figurativen und der Repräsentation, sondern durch die Zurschaustellung ihrer Materialität – dadurch, wie Schwerkraft oder Spannung Materialien wie Nylon, Gummi, Plastik, Wasser oder Stein formieren und deformieren.

Eine solche Annäherung an Materialität unterscheidet sich von der rassifizierten Gewalt des Nominalismus, wie ihn Huey Copeland im Hinblick auf Schwarze Körper als „Readymades *avant la lettre*"[49] analysiert hat. Nengudis Ansatz stellt sich damit in eine Entwicklungslinie, die Linda Goode Bryant und Marcy S. Philips ‚contextures' (Kontexturen) nennen und die, um es noch einmal ins Gedächtnis zu rufen, explizit als Gegenmodell zum konzeptuellen Ansatz des Readymades und dessen Verständnis von Gesetz und Überschreitung formuliert ist.[50] Die Neufassung von Skulptur als Topologie, als Zeichnung im Raum, wie sie Arbeiten etwa aus Nengudis Werkreihe *R.S.V.P.* (ab den 1970er-Jahren) vornehmen, könnte nicht weiter entfernt sein von der formalistischen Domestizierung der Skulptur zum Bild. Jedenfalls ist *R.S.V.P.* buchstäblich nach dem Körper gezeichnet und von einer Nähe zu den spezifischen Körpern geprägt, die das Material einst, wenn auch prekär, stützten. Die Anwesenheit dieser Körper kann nicht aus der Skulptur herausgerechnet werden. Ungeachtet der Spärlichkeit der präsentierten Topologie sind Nengudis Materialien buchstäblich von einer körperlichen Anwesenheit bestimmt. Topologie funktioniert hier nicht als Reduktion (vom Körper zur Zeichnung), sondern als Form der Intensivierung, in der Körperlichkeit in Beziehungen und Linien im Raum komprimiert werden. *R.S.V.P.* verkompliziert insofern das Verständnis von Materialität als etwas, das zwar spärlich aussehen kann und dennoch die volle Kraft dessen aufruft, was es heißt, einen Körper zu haben, einen Körper, der von Differenz markiert ist, einen Körper, der sich verändert, der abgenutzt ist und abgenutzt werden kann, für einige immer mehr als für andere. Nengudis Skulptur verleiht demnach der Frage Ausdruck, inwiefern Abstraktionen (Gesetze) in Körper eindringen und diese sowohl buchstäblich wie emotional deformieren können. Sie macht aber auch die Schönheit der Resilienz greifbar – und damit eine Lebendigkeit, die inmitten und trotz Gesetzen der Begrenzung blüht.

Turin, Norditalien, 1966. Marisa Merz' riesige, ausgreifende Aluminiumskulpturen nehmen fast alle Räume der Wohnung ein, in der sie mit ihrer kleinen Tochter und ihrem Ehemann lebt. Ein Jahr später werden Tonino De Bernardi und Paolo Menzio in dieser Wohnung den Underground-Horrorfilm *Il mostro verde* (1967, Das grüne Monster) drehen, in dem Merz' silberne Objekte, auch *Living Sculptures* genannt, einen Auftritt als künstliche Lebensformen haben (Abb. 8).[51] Merz war das einzige weibliche Mitglied der in der Automobilstadt Turin (dem Sitz der Fiat-Fabrik) beheimateten Künstler:innengruppe Arte Povera. Ihre Skulpturen stehen in einem Verhältnis zu ihrer Rolle als Mutter ebenso wie zu der gegenderten Technophilie der Nachkriegskonsumgesellschaft. Merz' Objekte entstehen im Kontext des klaustrophobischen Narrativs der ‚boomer'-Generation, in dem Männer und Frauen ihre jeweils zugewiesenen Plätze haben – die Frau in der häuslichen Sphäre der Küche, ausgestattet mit effizienten neuen Geräten, der Ehemann kommt in seinem glänzenden neuen Auto von der Arbeit nach Hause. Aus solchen für alle Beteiligten gleichermaßen schlechten Rollenangeboten produziert Merz monströse und verlockende Hybridwesen (wäre J. G. Ballard Feminist gewesen, hätte er sich vielleicht ähnliche Körpermaschinen ausgedacht). Die *Living Sculptures* verkörpern ein Verständnis von Skulptur, das sich weder an den idealen und unmenschlichen Räumen des Formalismus oder der Systemästhetik ausrichtet noch sich, streng genommen, phänomenologisch am menschlichen Körper orientiert. Wenn, wie Teresa Kittler es formuliert, die Kamera in *Il mostro verde* die Skulpturen in Lebewesen verwandelt,[52] so lässt sich argumentieren, dass dieser filmischen noch eine weitere, andere Belebung vorangeht, die schon im Maßstab und der Materialität der Arbeiten selbst angelegt ist. Sie ist verbunden mit dem psychologischen Raum, den das neue Massenmedium des Fernsehens für die Nachkriegsgeneration eröffnet hat: Auf jener silbrigen Leinwand hat das Fernsehen Bilder in jedes Wohnzimmer übertragen, Bilder, die so viel größer und besser erscheinen als das wahre Leben. Merz macht für *Living Sculptures* den sozialen Raum dieser mediatisierten Träume zum Maßstab ihrer Skulpturen (einschließlich der geschlechtsspezifischen Ängste, die wie ein Schatten auf diesen Träumen liegen – siehe die Erotik und die Monstrosität von *Alien*).

Paris, Frankreich, 1971. Infolge der Bombardements von Hiroshima und Nagasaki 1945 widmet sich der japanische Künstler Tetsumi Kudo der Frage, wie es sich in einer

Zivilisation leben lässt, die ihre eigene Zerstörung vorantreibt, als einer Frage, mit der man sich skulptural auseinandersetzen kann. Eine der frühesten Versionen dieser Beschäftigung stellt die großformatige Installation *Philosophy of Impotence, or Distribution Map of Impotence and Appearance of Protective Domes at the Points of Saturation* (1961/62) dar, für die Kudo schlaffe Klumpen phallischer Objekte an den Wänden und der Decke befestigt hat.[53] In Kudos Arbeit kommt der Körper – oft ist es sein eigener – nur in Einzelteilen vor (Augen, Ohren, Nase, Genitalien etc.). Und doch hat man es hier mit einer anderen Form der Fragmentierung zu tun als dem duchampschen Vermächtnis ‚vom Kunstobjekt als einem Partialobjekt', wie es sich vor allem in der US-amerikanischen Kunst der 1950er- und 60er-Jahre[54] wiederfindet oder auch in der einige Jahre später begonnenen, nun ikonischen Arbeit Yayoi Kusamas in New York, darunter *Sex Obsessional Chair* (1962/63) oder *Compulsion Furniture (Accumulation)* (ca. 1964). Wo Kusamas Logik der (Re-)Produktion, wie Mignon Nixon gezeigt hat, nach der repetitiven Logik der Triebe funktioniert,[55] war Kudos Belebung der Skulptur anderen Ursprungs. Ihr Motor ist weniger die Begehrensproduktion oder der Todestrieb, sondern vielmehr etwas, das Zersetzung oder Kontamination ähnelt – Prozessen und Kräften also, die nicht auf den menschlichen Körper beschränkt sind, sondern sich über das gesamte Kontinuum von Mensch-Maschine-Natur erstrecken. *Cultivation by Radioactivity* (1967/68) und die Serie *Pollution – cultivation – nouvelle écologie* (1971, Verschmutzung – Kultivierung – neue Ökologie) positionieren die Skulptur als hybrides Environment oder toxische Ökologie, in der sich der Unterschied zwischen organisch und technologisch, Wachstum und Zerfall auflöst.[56] Im Gegensatz zu Burnhams Glauben, dass Skulptur als System dabei helfen könnte, die Beziehung zwischen dem Menschen und einer zunehmend technologischen Umwelt zu regulieren, nimmt Kudo in seiner Arbeit die materiellen Grenzen dieser Regulierung zum Ausgangspunkt. Seine Skulpturen bringen nicht nur all das an die Oberfläche, was die Systemästhetik regulieren wollte, und dramatisieren dabei die spezifisch männliche Angst des Kontrollverlusts, wie sie die Skulpturtheorie von Winckelmann und Hildebrand bis zu Greenberg und Burnham heimgesucht hat. Darüber hinaus rahmt Kudos Arbeit die Versuche einer Dezentralisierung eines zentralen Kerns oder kohärenten Körpers in der modernen Skulptur vor dem Hintergrund eines tatsächlich gelebten und angesichts der Nuklearkatastrophe verlorenen Lebens (ein Verlust an Beherrschbarkeit, der die Grenzen ästhetischer Erfahrung überschreitet). Skulptur aber ist weder dazu da, diesen Verlust zu betrauern noch Fantasien der Ganzheitlichkeit künstlich am Leben zu erhalten. Für Kudo stellt sie eine Möglichkeit dar, neue Formen des Lebens zu navigieren, einzuüben, sich vorzustellen; Formen des Lebens, die auf den Ruinen des liberalen Humanismus und seiner toxischen Gesetze der Kolonialität und Unterwerfung wachsen. Skulptur bietet, in den Worten des Künstlers, die Möglichkeit, sich „das Wachstum einer neuen Ökologie im Sumpf der ‚verschmutzten Natur' und der ‚verfallenden Menschheit'"[57] vorzustellen.

Die gesetzlose Lebendigkeit der Skulptur, die Praktiken wie diejenigen von Kudo, Merz oder Nengudi kennzeichnet, beschreibt weder den Mangel an Form, noch ist sie Ausdruck der Vorstellung, dass eine exzessive Vitalität oder Materialität authentischer, viszeraler oder politischer wäre. Stattdessen rückt sie ein Gespür für Materialität, Verkörperung und Technologie in den Vordergrund, das innerhalb der hierarchischen Gesetze der Regulierung und formalen Unterscheidung innerhalb der Kunstgeschichte lange Zeit unlesbar blieb. Auf die gesetzlose Lebendigkeit der Skulptur zu fokussieren, bedeutet hervorzuheben, wie Skulptur die spezifischen und materiellen Erfahrungen unterschiedlicher Leben in ihren psychomateriellen und sozialen Auswirkungen vermittelt, verhandelt oder aufführt. Dabei hat man es eher mit einer Verlagerung der Betonung als mit einer Abkehr von den seit Langem bestehenden Allianzen des Feminismus mit der Phänomenologie und der Psychoanalyse zu tun. Diese Verlagerung erlaubt es, neue Fragen zu stellen und ältere umzulenken. Diese umfassen, ohne darauf beschränkt zu sein: Was heißt es, in einem Körper zu leben, der von den Gesetzen der ‚allgemeinen Menschheit' abweicht? Einem Körper, der nicht männlich ist oder *weiß* oder ‚abled' und der insofern oft nicht einmal als Körper figuriert, sondern als pures Ding. Wie fühlt es sich an, in einem Körper zu leben, der von Race oder Gender markiert ist, der kontaminiert oder technologisch neu formatiert ist, freiwillig oder unfreiwillig? Oder andersherum gefragt: Was heißt es, in einem Körper zu leben, der nicht von Differenz markiert ist (und das als selbstverständlich anzunehmen), und wie fühlt es sich an, nicht in einem solchen Körper zu leben?

Skulptur als Kunst, die traditionell an den Körper gebunden ist, kann diese Fragen nicht beantworten. Was sie aber kann, ist einen Beitrag dazu leisten, diese Fragen lebendig zu halten – und damit auch den Raum für die Freude an der Abweichung.

Endnoten

1 Fred Moten, *Stolen Life*, Durham 2018, S. 112.

2 Sara Ahmed, „Orientations. Toward a Queer Phenomenology", in: *GLQ: A Journal of Lesbian and Gay Studies*, Bd. 12, Nr. 4, 2006, S. 543–574, hier S. 544.

3 Siehe Gotthold Ephraim Lessing, *Laokoon: oder über die Grenzen der Mahlerey und Poesie. Mit beyläufigen Erläuterungen verschiedener Punkte der alten Kunstgeschichte*, Berlin 1766, hier zit. aus ders., *Werke*, hrsg. von Herbert G. Göpfert, Bd. 6: *Kunsttheoretische und kunsthistorische Schriften*, München 1974, S. 7–187, hier S. 19.

4 Für Rosalind E. Krauss' Lesart von Lessings *Laokoon* siehe Rosalind E. Krauss, *Passages in Modern Sculpture* (1977), Cambridge, Mass. 1999, S. 3. Für Clement Greenbergs vorangehende Überlegungen zum Thema siehe Clement Greenberg, „Zu einem neueren Laokoon" (1940), in: ders., *Die Essenz der Moderne. Ausgewählte Essays und Kritiken*, hrsg. von Karlheinz Lüdeking, Amsterdam/Dresden 1997, S. 56–81. Für Irving Babbitts rassifizierte Lektüre der Laokoongruppe in *The New Laokoon. An Essay on the Confusion of the Arts* (1910), auf der Greenbergs Text zwar nicht inhaltlich, aber immerhin strukturell aufbaut, siehe Caroline A. Jones, *Eyesight Alone. Clement Greenberg's Modernism and the Bureaucratization of the Senses*, Chicago 2005, S. 58.

5 Zur Beziehung zwischen Gesetz und Gesetzlosigkeit siehe David Lloyds exzellente Besprechung von Fred Motens Trilogie *consent not to be a single being* (2017/18), „The Social Life of Black Things. Fred Moten's *consent not to be a single being*", in: *Radical Philosophy*, Bd. 2, Nr. 7, 2020, S. 79–92.

6 Über die Verknüpfung von politischer Repräsentation und ästhetischer Kultur (oder ästhetischem Gesetz und Rechtsordnung) siehe David Lloyds grundlegende Studie *Under Representation. The Racial Regime of Aesthetics*, New York 2019.

7 Für eine klassische Kritik des Minimalismus im Sinne einer Fortführung der Macht des Kapitals und des Patriarchats siehe Anna C. Chave, „Minimalism and the Rhetoric of Power", in: *Arts Magazine*, Bd. 64, Nr. 5, 1990, S. 44–63.

8 Lucy R. Lippard, „Eccentric Abstraction", in: dies., *Changing. Essays in Art Criticism*, New York 1971, S. 98–111, hier S. 105.

9 Während Lippard sich in einer Bewegung hin zu einem deutlich politischeren Feminismus schon Mitte der 1970er-Jahre von ihrer früheren Beschäftigung mit der Erotik der Form verabschiedet hatte, betonte sie 1990 in *Mixed Blessings. New Art in Multicultural America* (New York 1990) die Rolle von Race und die Tatsache, dass die US-amerikanische Kritik über keinerlei Vokabular verfügte, um sich damit auseinanderzusetzen. Lippard konzentrierte sich dabei auf die damals dringlichen Fragen nach Identität, Storytelling und Verdrängung. Heute scheint es wichtig, diese Themen mit einem erweiterten Verständnis der Form zusammenzubringen.

10 Linda Goode Bryant, Marcy S. Philips, „Contextures (Kontexturen, Auszug)", in: *Senga Nengudi. Topologien/Topologies*, Ausst.-Kat. München 2019, Städtische Galerie im Lenbachhaus und Kunstbau München, hrsg. von Matthias Mühling und Stephanie Weber, S. 80–83, hier S. 81. Übersetzung modifiziert.

11 Es sollte hier angemerkt werden, dass *Contextures* als Teil einer längeren und vielschichtigen Tradition materialistischer Vitalismen verstanden werden kann, die in der Kunstgeschichte nach 1945 fast vollständig übergangen wurden, entweder aufgrund des Nachkriegsembargos auf sämtliche vitalistische Tendenzen, die als Variationen obskurantistischer oder kryptofaschistischer Essenzialismen wahrgenommen wurden, oder aber, weil sie schlicht und einfach nicht als rigoros oder rational genug galten. Der Vitalismus, um den es hier geht, ist nicht philosophisch ausgerichtet, sondern ähnelt eher Saidiya Hartmans Verständnis in *Wayward Lives, Beautiful Experiments. Intimate Histories of Social Upheaval*, New York 2019.

12 Für die visuelle Verbindung zu Giger siehe Connie Butler, „Marisa Merz. Alien Culture", in: *Marisa Merz. The Sky Is a Great Space*, Ausst.-Kat. München/London/New York 2017, Metropolitan Museum of Art, New York; Hammer Museum, Los Angeles, hrsg. von ders., S. 11–35, hier S. 22.

13 Mit den „Identitätspolitiken" des Formalismus ist hier gemeint, dass der Formalismus in seiner ästhetischen (greenbergschen) Spielart auf einem universellen *weiß*-Sein beruht, und zwar in der Wahl der Künstler:innen ebenso wie auf struktureller Ebene. Über das Verhältnis von Midcentury-Modernismus und den amerikanischen Race-Politiken siehe Christian Kravagna, „Purity of Art and the Racial Politics of Modernism", in: Anselm Franke, Nida Ghouse, Paz Guevera und Antonia Majaca (Hrsg.), *Parapolitics. Cultural Freedom and the Cold War*, Berlin 2021, S. 435–454.

14 Auch wenn diese Texte hier nicht direkt auftauchen, ist mein Verständnis dieser anderen Szenen von einer Reihe feministischer Kunstgeschichtsschreibungen informiert. Um nur einige dieser Publikationen, die auf unterschiedliche Art und Weise für mich von Bedeutung waren, zu nennen: Briony Fer, *Eva Hesse. Studiowork*, Edinburgh 2009; Anne M. Wagner, *Mother Stone. The Vitality of Modern British Sculpture*, New Haven 2005; Mignon Nixon, *Fantastic. Louise Bourgeois and a Story of Modern Art*, Cambridge, Mass. 2005; David Getsy, *Abstract Bodies. Sixties Sculpture in the Expanded Field of Gender*, New Haven 2015.

15 Huey Copeland, *Bound to Appear. Art, Slavery, and the Site of Blackness in Multicultural America*, Chicago 2013, S. 19.

16 Diese universale Menschheit ist in Wahrheit natürlich alles andere als universal. Es handelt sich vielmehr um ein eher lokales Genre, das von westeuropäischen Männern vertreten wird oder, in Sylvia Wynters Terminologie, von „Man1" und „Man2". Siehe Sylvia Wynter, „Unsettling the Coloniality of Being/Power/Truth/Freedom. Towards the Human, After Man, Its Overrepresentation – An Argument", in: *CR: The New Centennial Review*, Bd. 3, Nr. 3, 2003, S. 257–337. Zum Verhältnis von Materialität und Pathologie siehe Lloyd 2019 (wie Anm. 6), S. 39.

17 In diesem Sinne demonstriert Lloyds *Under Representation* „die weniger kontingente und vielmehr konstitutive Rolle, die ein Denken in den Kategorien von Race in der Herausbildung ästhetischen Denkens seit Kants *Kritik der Urteilskraft* gespielt hat". Lloyd 2019 (wie Anm. 6), S. 3. Für die wichtige Rolle Kants für Greenbergs Formalismus siehe beispielsweise Jones 2005 (wie Anm. 4), S. 77 ff.

18 Über Adrian Pipers Performance als Gegenmodell zum rassifizierten Antimaterialismus des kunstgeschichtlichen Formalismus von Greenberg und Fried bis zu Krauss siehe Fred Moten, „Resistance of the Object. Adrian Piper's Theatricality", in: ders., *In the Break. The Aesthetics of the Black Radical Tradition*, Minneapolis 2003, S. 233–254.

19 Siehe Edward Shanken (Hrsg.), *Systems Aesthetics*, Cambridge, Mass. 2015. Burnham selbst verwendete die Bezeichnung ‚postformalistisch'.

20 Clement Greenberg, „Our Period Style", in: ders., *The Collected Essays and Criticism*, hrsg. von John O'Brian, Bd. 2: *Arrogant Purpose, 1945–1949*, Chicago 1988, S. 322–326, hier S. 326.

21 Siehe Michael Fried, „Art and Objecthood", in: *Artforum*, Bd. 5, Nr. 10, 1967, S. 12–23, in deutscher Übersetzung leicht verändert erschienen als „Kunst und Objekthaftigkeit", in: Gregor Stemmrich (Hrsg.), *Minimal Art. Eine kritische Retrospektive*, Dresden/Basel 1995, S. 334–374.

22 David Getsy, „Tactility or Opticality, Henry Moore or David Smith. Herbert Read and Clement Greenberg on *The Art of Sculpture*, 1956", in: *Sculpture Journal*, Bd. 17, Nr. 2, 2008, S. 75–88, hier S. 82.

23 Ebd., S. 76. Greenberg dachte hier an Arbeiten wie die von David Smith. Und auch wenn an dieser piktorialen Lektüre von Smith ebenso Zweifel angebracht sind, siehe Anne M. Wagner, „David Smith. Heavy Metal", in: dies., *A House Divided. American Art since 1955*, Berkeley 2012, S. 101–117.

24 Clement Greenberg, „Skulptur in unserer Zeit" (1958), in: Greenberg 1997 (wie Anm. 4), S. 255–264, hier S. 261.

25 In dieser Auffassung ist Kunst ein Mittel, um sich der eigenen angemessenen Impulse gewahr zu werden, und dass die Skulptur „Ruhe" ausstrahlen kann und „einheitlich" wirkt, liegt entsprechend in ihrer Fähigkeit der Ermöglichung von Beherrschung und Besitz begründet. Adolf Hildebrand, *Das Problem der Form in der bildenden Kunst* (1893), Straßburg 1901, S. 76 f.

26 Siehe Jones 2005 (wie Anm. 4), S. 74.

27 Ebd., S. 98.

28 Eine derartige Bereinigung des Körperlichen im Dienst einer abstrakten Idee der Vernunft oder Schönheit lässt sich bis zu den Schriften Johann Joachim Winckelmanns und dessen unmenschlicher Konzeption eines idealen Körpers zurückverfolgen. Siehe dazu Alex Potts, *Flesh and the Ideal. Winckelmann and the Origins of Art History*, New Haven 1994, S. 164.

29 Zu diesem falschen Versprechen siehe Fred Turner, *From Counterculture to Cyberculture. Stewart Brand, the Whole Earth Network, and the Rise of Digital Utopianism*, Chicago 2008; sowie *The Whole Earth*, Ausst.-Kat. Berlin

2013, Haus der Kulturen der Welt, Berlin, hrsg. von Diedrich Diederichsen und Anselm Franke.

30 Jack Burnham, „Systems Aesthetics", in: *Artforum*, Bd. 7, Nr. 1, September 1968, S. 30–35, hier S. 31.

31 Jack Burnham, *Beyond Modern Sculpture. The Effects of Science and Technology on the Sculpture of this Century*, New York 1968, S. 9.

32 Courtney Fiske, „Jack Burnham's ‚Real Time'. Sculpture as System, 1967–1969", in: *Grey Room*, Nr. 65, 2016, S. 62–87, hier S. 75.

33 Burnham 1968 (wie Anm. 30), S. 31.

34 Jack Burnham, „Art and Technology. The Panacea that Failed", in: Kathleen Woodward (Hrsg.), *Myths of Information. Technology and Postindustrial Culture*, Madison 1989, S. 200–215.

35 Dazu gehörten Jasia Reichardts *Cybernetic Serendipity* im Institute of Contemporary Arts, London (1968); *The Machine as Seen at the End of the Mechanical Age* im Museum of Modern Art (MoMA), New York (1968); Kynaston McShines *Information* (1970), ebenfalls im MoMA; sowie Harald Szeemanns *Junggesellenmaschinen* in der Kunsthalle Bern (1975).

36 Orit Halpern, „Die permanente Demo-Show", in: Anselm Franke, Stephanie Hankey und Marek Tuszynski (Hrsg.), *Nervöse Systeme*, Berlin 2017, S. 34–47, hier S. 40.

37 Thomas Hess, „Gerbils Ex Machina", in: *Art News*, 1970, S. 23, hier zit. aus ebd.

38 Für eine ausführliche Geschichte dieses Problems siehe Pamela Lee, *Think Tank Aesthetics. Midcentury Modernism, the Cold War, and the Neoliberal Present*, Cambridge, Mass. 2020.

39 Fiske 2016 (wie Anm. 32), S. 66.

40 Ebd., S. 82.

41 Krauss 1999 (wie Anm. 4), S. 212. Auch wenn es im Rahmen dieses Essays nicht möglich ist, dieses Thema tiefergehend zu behandeln, so soll hier dennoch kurz erwähnt werden, dass sich Robert Smithson 1969 zu Burnhams Ansatz äußerte, dessen technokratische Prämissen als verkürzte Konzeption von Zeit kritisierte und dieser ein komplexeres, entropisches Zeitverständnis entgegenhielt: „System ist ein praktischer Begriff, wie Objekt. Es ist wieder so eine abstrakte Einheit, die nicht existiert. [...] Jack Burnham interessiert sich sehr dafür, über etwas hinaus zu gehen, und das ist eine utopische Auffassung. Die Zukunft gibt es nicht, und wenn es sie gibt, ist sie das umgekehrt Obsolete. Die Zukunft geht immer rückwärts. Unsere Zukunft neigt dazu, prähistorisch zu sein. Ich sehe keinen Sinn darin, Technologie oder Industrie als Selbstzweck einzusetzen oder als Bestätigung von irgendwas. [...] Wenn man ein System schafft, kann man davon ausgehen, daß das System sich selbst ausweicht, darum sehe ich keinen Grund, irgendwelche Hoffnungen an Systeme zu heften. Ein System ist einfach nur ein sich ausdehnendes Objekt, und irgendwann zieht es sich wieder auf Punkte zusammen." Robert Smithson, „Fragmente eines Interviews mit P.A. [Patsy] Norvell" (1969), in: ders., *Gesammelte Schriften*, Ausst.-Kat. Köln 2000, Kunsthalle Wien, hrsg. von Eva Schmidt und Kai Vöckler, S. 231–233, hier S. 233. Siehe auch Pamela Lees Lektüre dieses komplexen Verhältnisses in ihrem Text „‚Ultramoderne'. Or, How George Kubler Stole the Time in Sixties Art", in: *Grey Room*, Nr. 2, 2001, S. 46–77.

42 Krauss 1999 (wie Anm. 4), S. 270.

43 Ebd., S. 279.

44 Hortense J. Spillers, „Mama's Baby Papa's Maybe. An American Grammar Book", in: *Diacritics*, Bd. 17, Nr. 2, 1987, S. 64–81.

45 Siehe Ahmed 2006 (wie Anm. 2); siehe ebenso Sara Ahmed, „A Phenomenology of Whiteness", in: *Feminist Theory*, Bd. 8, Nr. 2, 2007, S. 149–168.

46 Für eine scharfe Kritik an der Auslassung von Race in den Diskursen des Neuen Materialismus und des Posthumanismus im Allgemeinen siehe Zakiyyah Iman Jackson, „Outer Worlds. The Persistence of Race in Movement ‚Beyond the Human'", in: *GLQ: A Journal of Lesbian and Gay Studies*, Bd. 21, Nr. 2/3, 2015, S. 215–218; sowie Kyla Wazana Tompkins, „On the Limits and Promise of New Materialist Philosophy", in: *Lateral*, Bd. 5, Nr. 1, 2016, unter: https://doi.org/10.25158/L5.1.8 [Stand: 2.02.2022].

47 Fred Moten, *The Universal Machine*, Durham 2018, S. 28.

48 Stephanie Weber, „Verwandte Geister – Senga Nengudi und die Künstlergruppe Gutai", in: Ausst.-Kat. München 2019 (wie Anm. 10), S. 106–119, hier S. 118.

49 Copeland 2013 (wie Anm. 15), S. 18.

50 Goode Bryant/Philips 2019 (wie Anm. 10), S. 80.

51 Teresa Kittler, „Outgrowing the Kitchen", in: Ausst.-Kat. New York/Los Angeles 2017 (wie Anm. 12), S. 229–245, hier S. 239.

52 Ebd.

53 Für eine tiefergehende Auseinandersetzung mit dieser Arbeit im Kontext der japanischen Nachkriegsgesellschaft siehe Antje Krause-Wahl, „Reproduktion und Prokreation – Tetsumi Kudos phallische Displays", in: *Tetsumi Kudo. Retrospektive*, Ausst.-Kat. Köln 2021, Fridericianum, Kassel 2016/17, hrsg. von Susanne Pfeffer, S. 301–309.

54 Siehe Nixon 2005 (wie Anm. 14), S. 213.

55 Siehe Mignon Nixon, „Posing the Phallus", in: *October*, Nr. 92, 2000, S. 98–127, hier S. 115.

56 Für eine Perspektive auf Kudo unter Berücksichtigung des Neuen Materialismus siehe Susanne Pfeffer, „Bottled Humanism", in: Ausst.-Kat. Kassel 2021 (wie Anm. 53), S. 269.

57 Tetsumi Kudo, „Pollution – Cultivation – Nouvelle Écologie", in: *Tetsumi Kudo. Pollution, Cultivation, New Ecology, Your Portrait*, Ausst.-Kat. Amsterdam 1972, Stedelijk Museum Amsterdam, S. 9–14, hier S. 12 f.

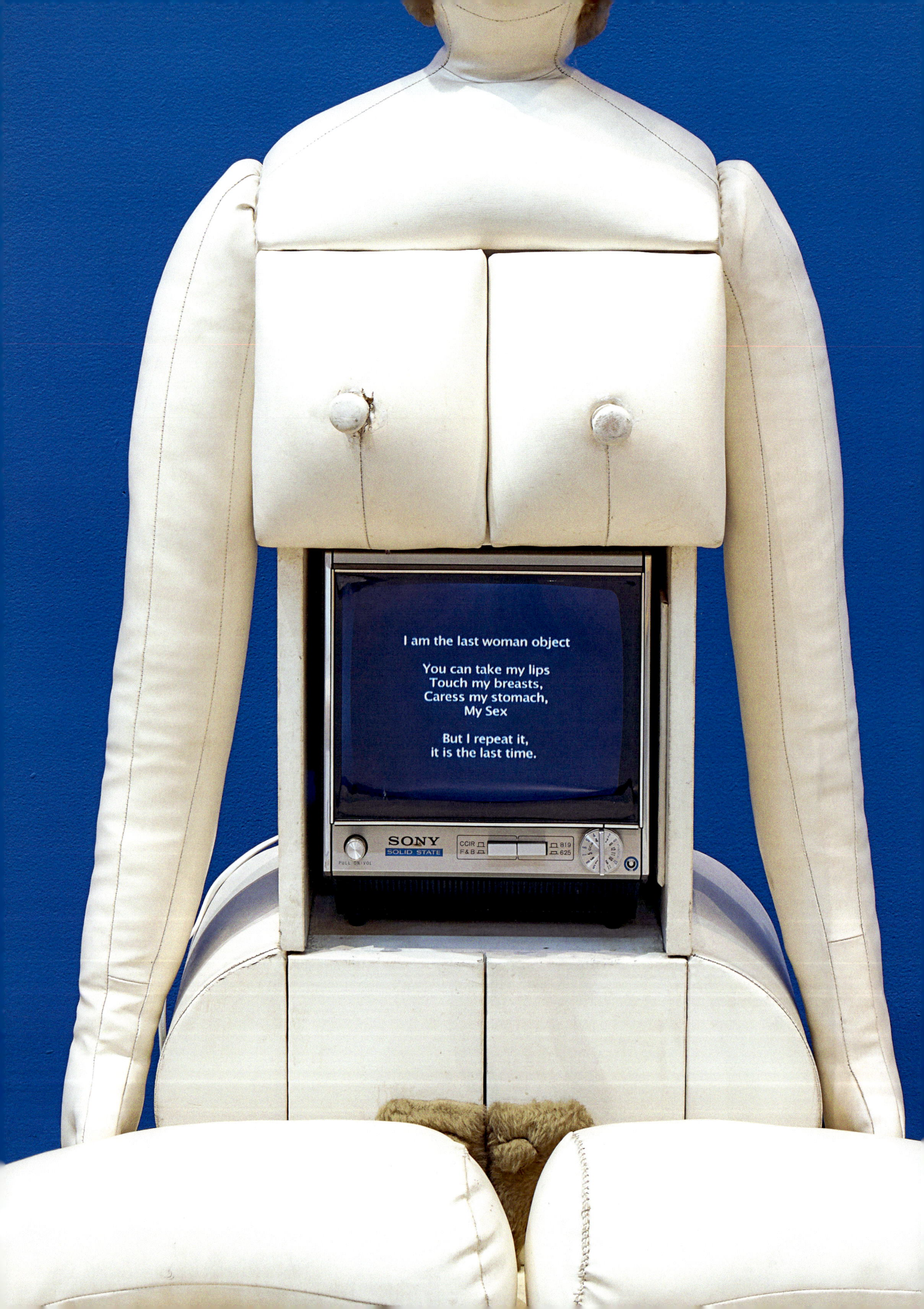
I am the last woman object
You can take my lips
Touch my breasts,
Caress my stomach,
My Sex
But I repeat it,
it is the last time.
SONY
SOLID STATE

TECHNOLOGIE
UND BEGEHREN

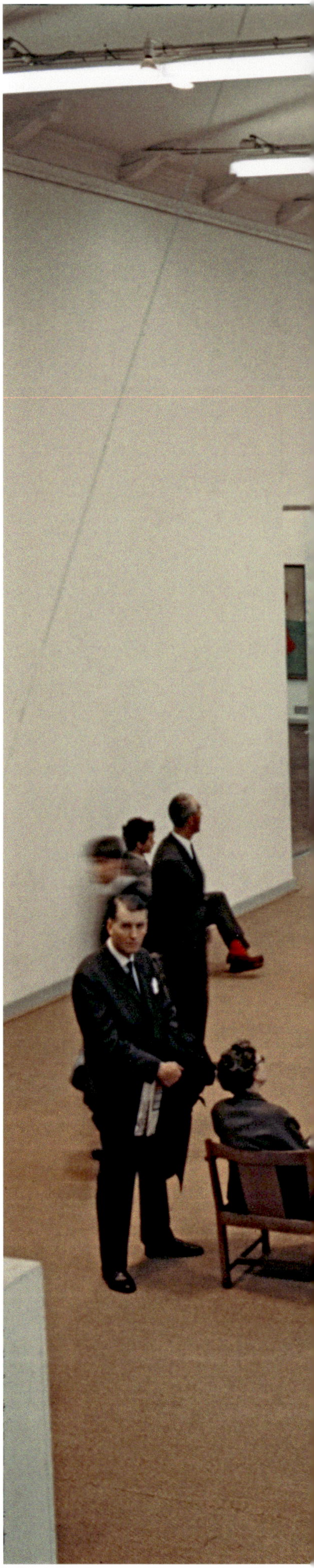

Niki de Saint Phalle
mit Jean Tinguely und Per Olof Ultvedt
Hon, 1966
Farbfotografie
Ausstellungsansicht *Hon – en katedral*,
Moderna Museet, Stockholm 1966

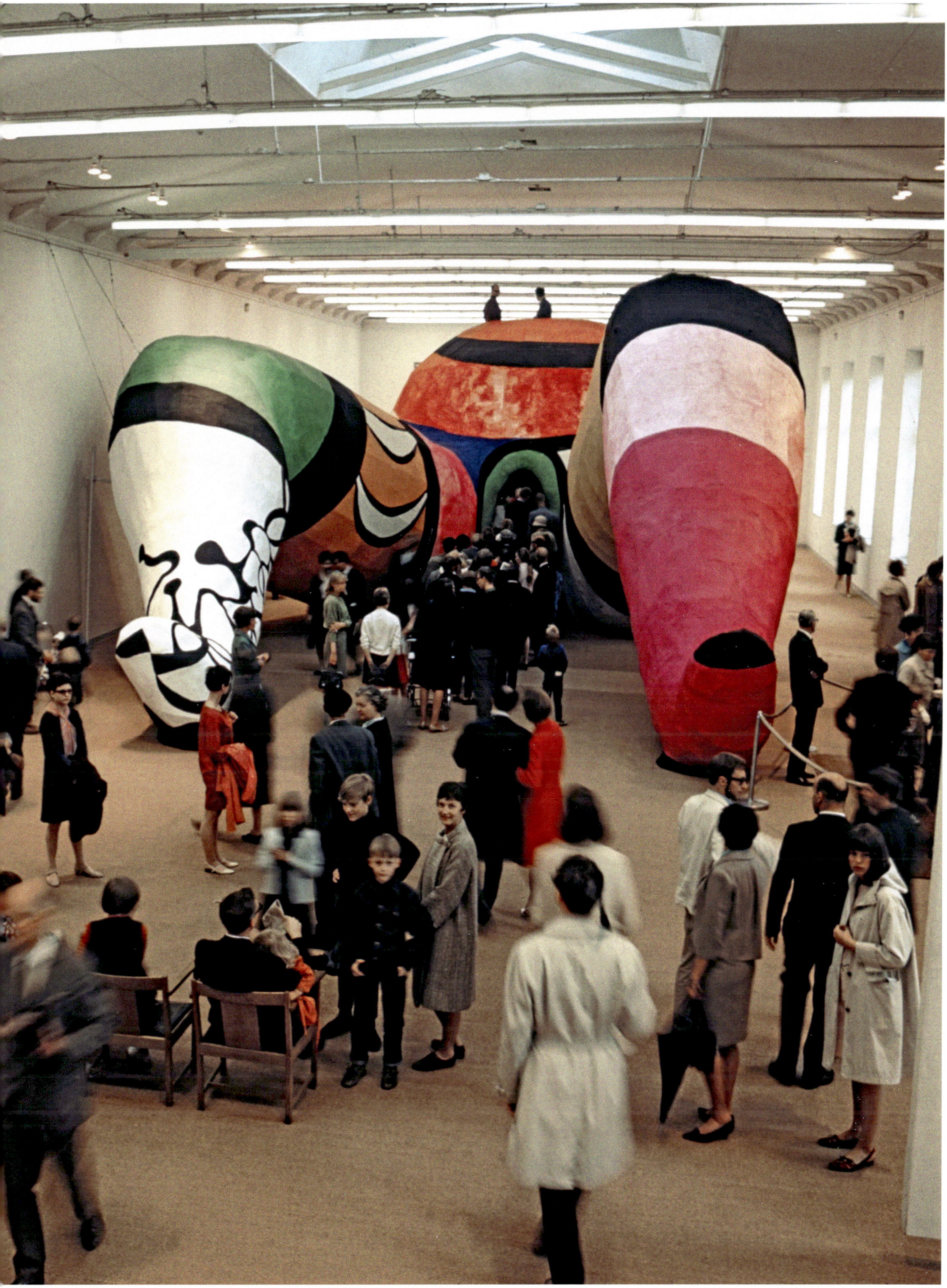

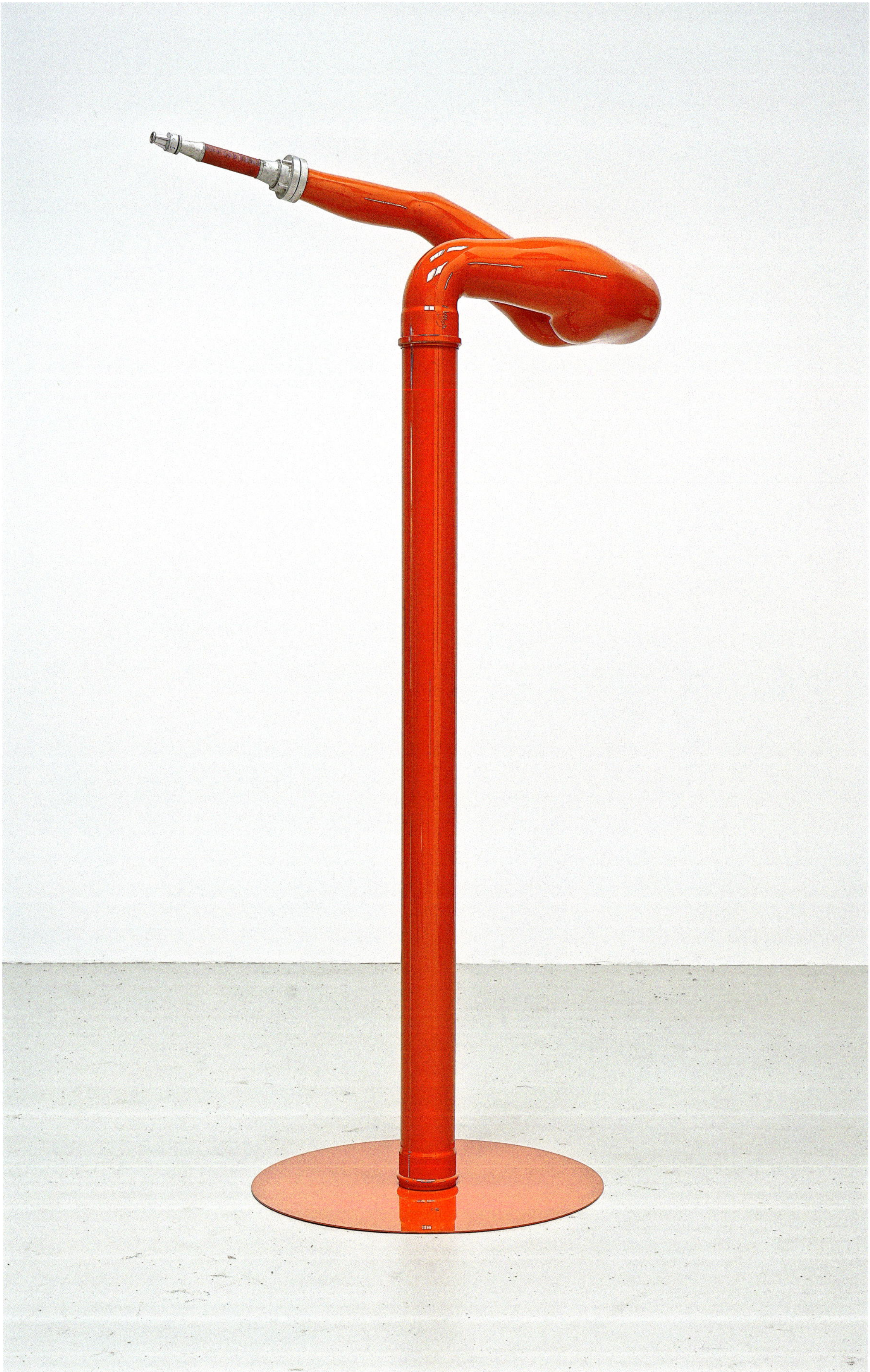

LINKS
Joachim Bandau
Transplantationsobjekt VI (Kölner Spritze), 1968
Kleiderpuppensegmente, glasfaserverstärkter Polyester, PVC-Rohre, verschiedene Materialien, Lack, C-Schlauchkupplung, PVC-Schlauch
190 × 93 × 33 cm

UNTEN
Nicola L.
Little TV Woman: „I Am the Last Woman Object", 1969
PVC, Holz und Fernseher
111,5 × 50 × 45 cm
Ausstellungsansicht *Nicola L.: Works, 1968 to the Present*, SculptureCenter, New York 2017

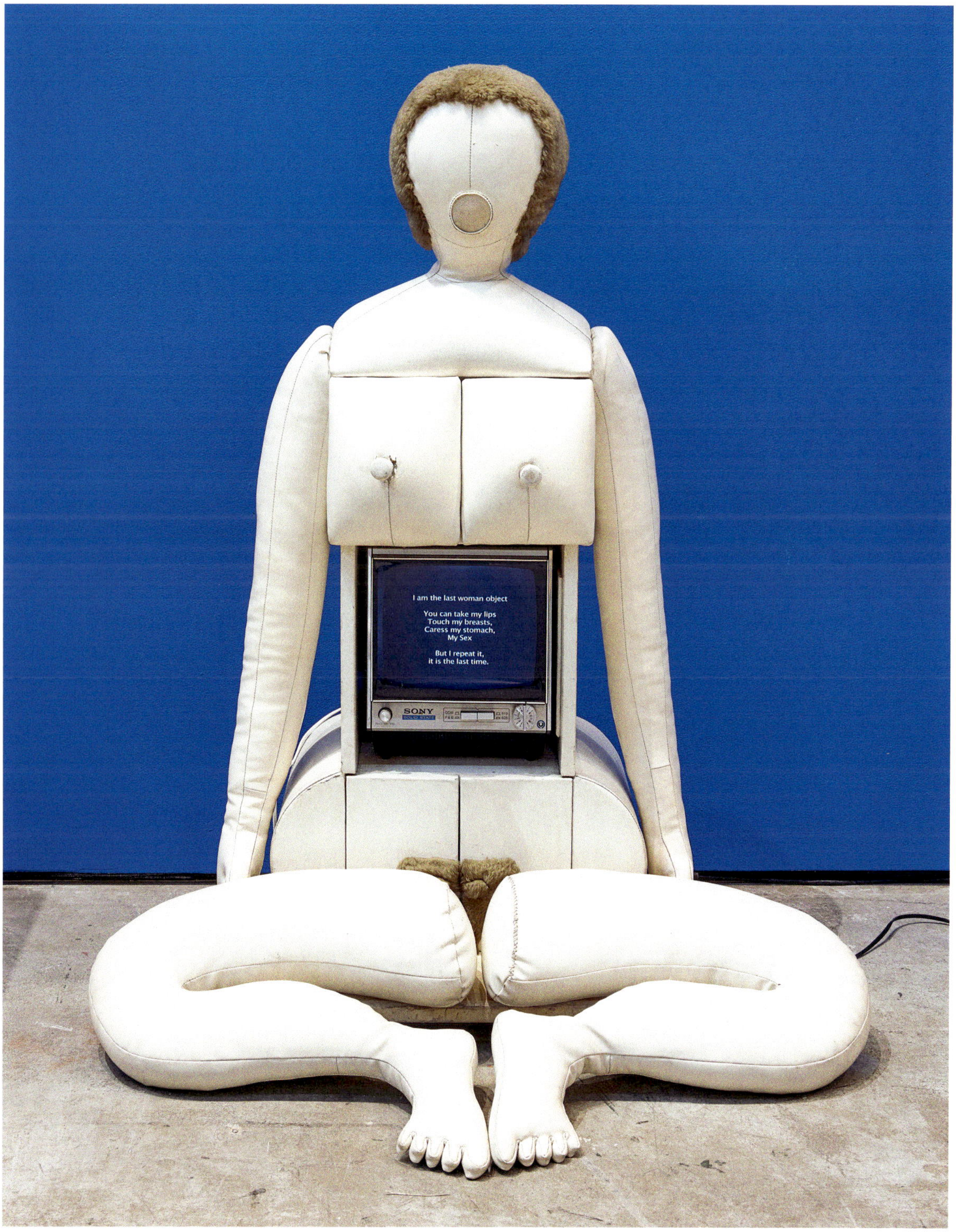

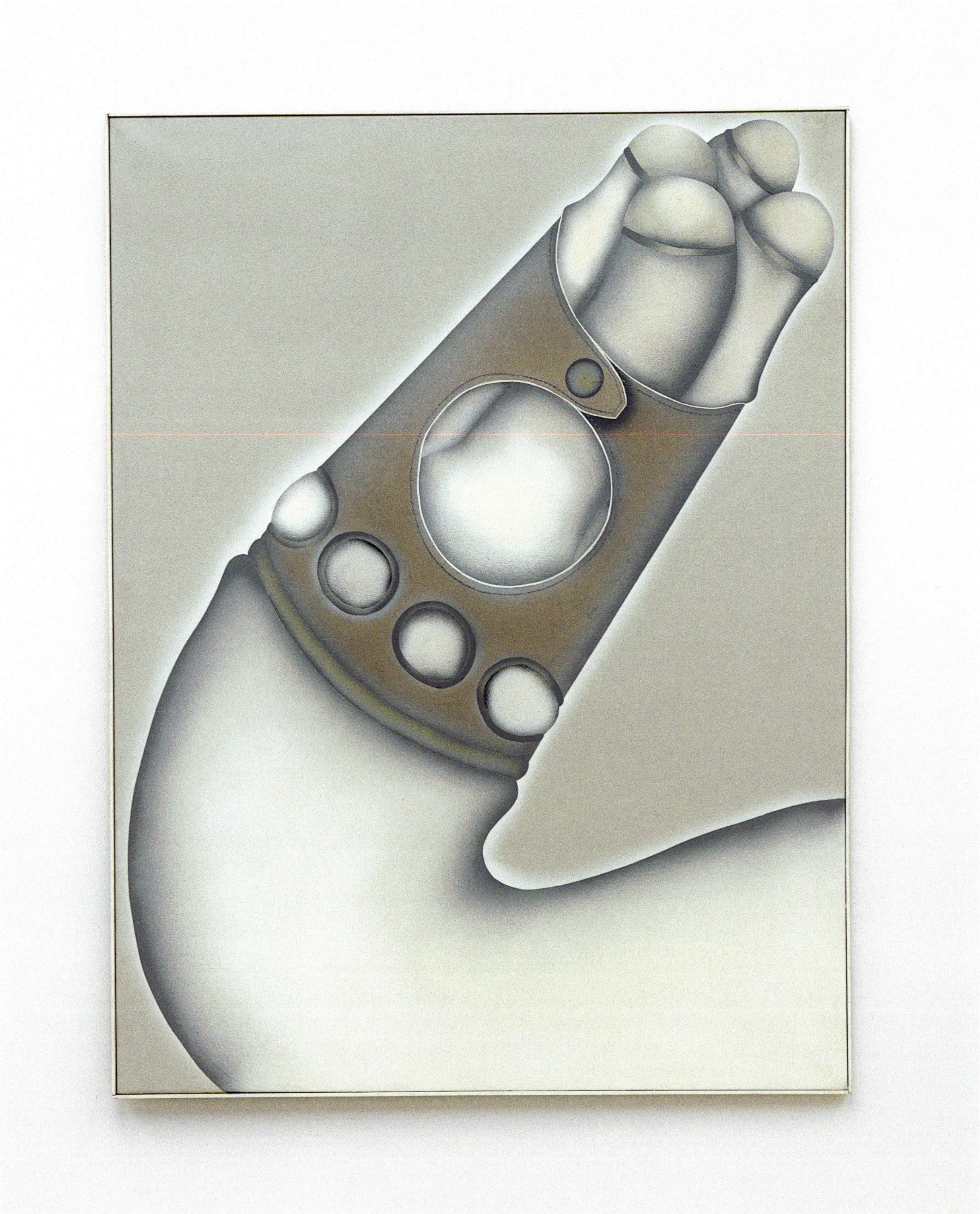

LINKS
Hannsjörg Voth
Ohne Titel, 1970
Acryl auf Leinwand
156 × 121,3 cm

UNTEN
Joachim Bandau
Großes Silbernes Monstrum (Version 2), 1971/74/2016
Kleiderpuppensegmente, glasfaserverstärkter Polyester, verschiedene Materialien, Lack, Aluminium, C-Schlauchkupplungen mit oder ohne Vacuflex-Schlauch, Rollen
5 Teile; 236 × 77 × 100 cm

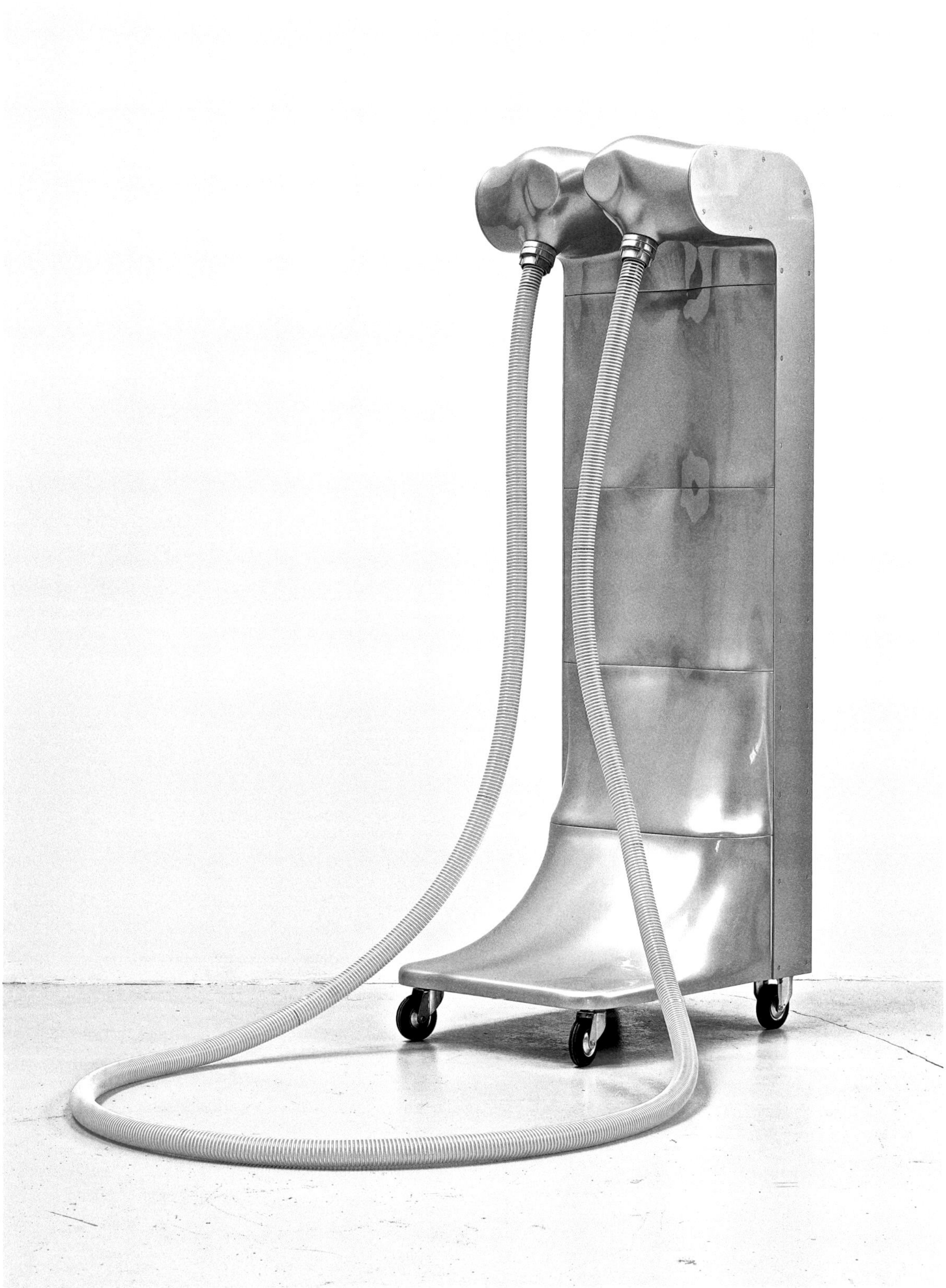

UNTEN
Shigeko Kubota
Video Poem, 1970–1975
SD-Video, Farbe, ohne Ton, 5:23 Min.
CRT-Monitor, Nylon, Ventilator, Text
Gesamtmaße variabel

RECHTS
Friederike Pezold
Die neue leibhaftige Zeichensprache nach den Gesetzen von Anatomie, Geometrie und Kinetik, 1973–1977
Video, s/w, Ton, ca. 10 Min.; Monitore
Gesamtmaße variabel

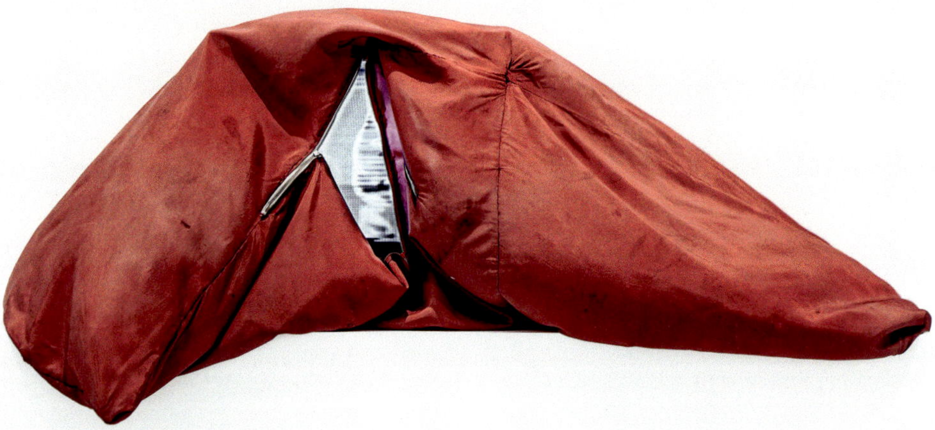

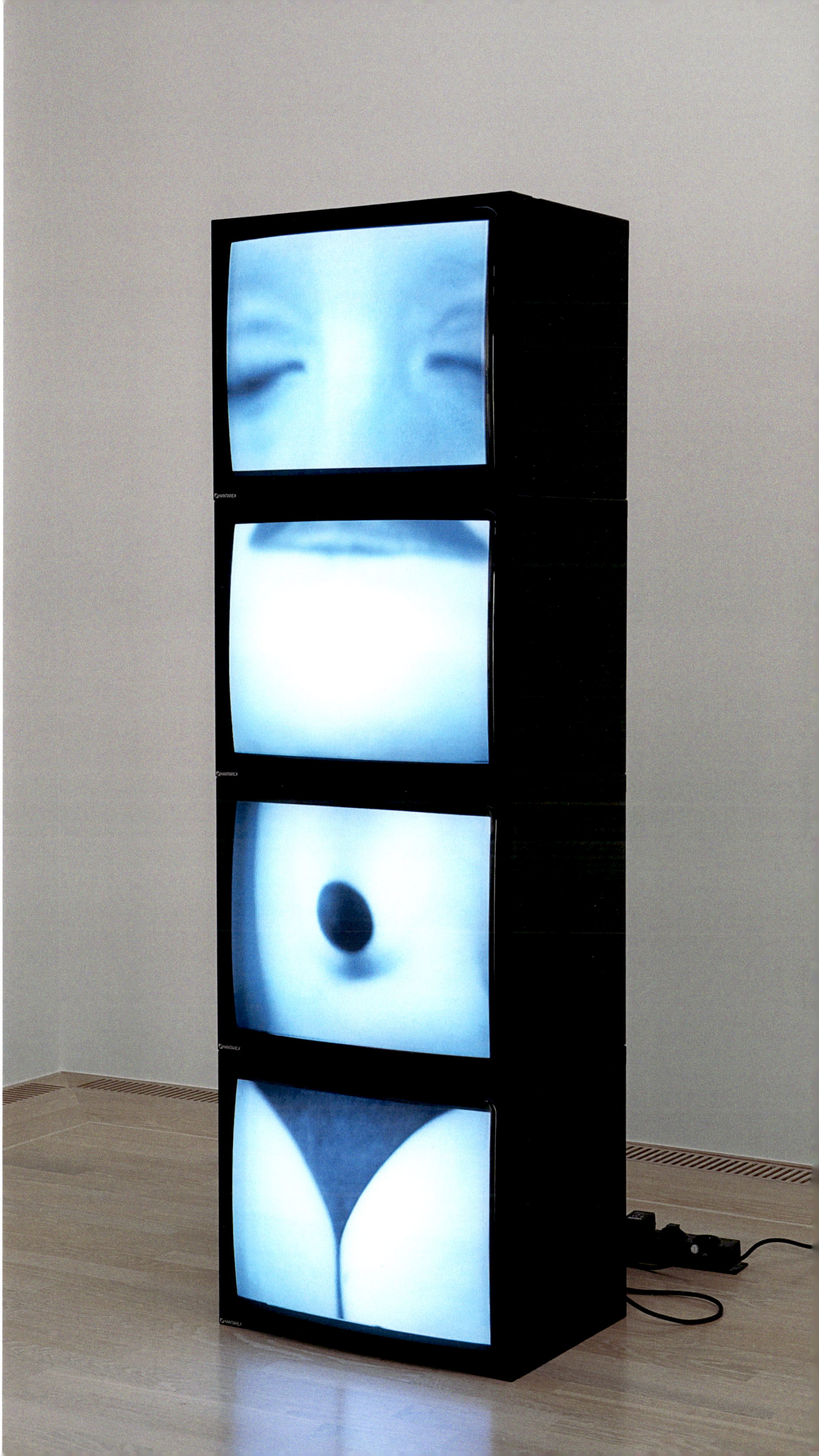

Shu Lea Cheang
Those Fluttering Objects of Desire, 1992/93,
wiederhergestellt 2018/2022
Installation, verschiedene Materialien
Maße variabel
Ausstellungsansicht *1993 Biennial Exhibition*,
Whitney Museum of American Art, New York 1993

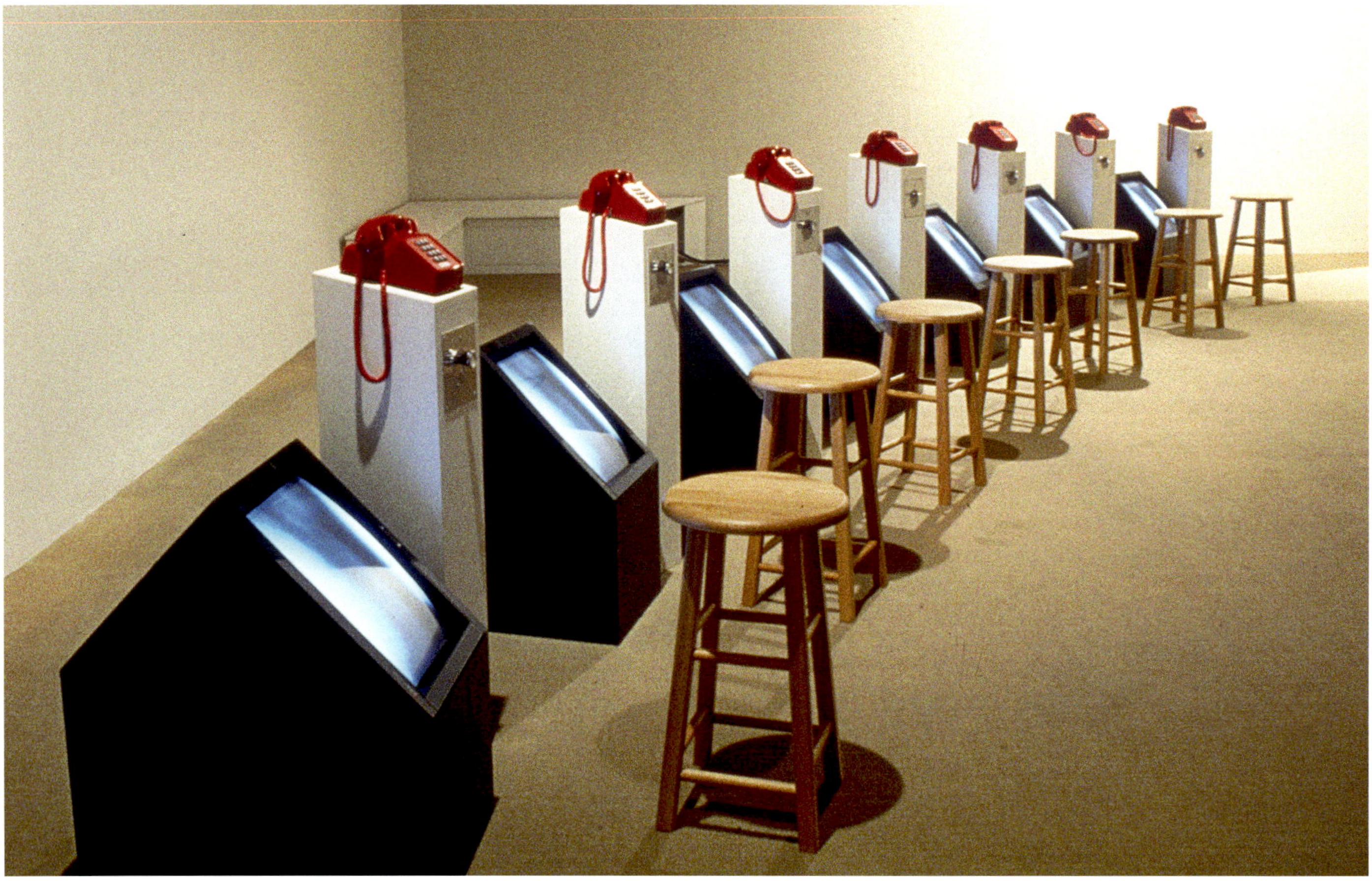

Shu Lea Cheang
Channels of Desire, aus: *Those Fluttering Objects of Desire*, 1992/93, wiederhergestellt 2018/2022
Video, s/w, Ton, 59 Min.
Mit (in der Reihenfolge ihres Erscheinens): Helen Lee, Robbie McCauley, Coco Fusco, Gloria Miguel, Pamela Jennings, Adriene Jenik und J. Evan Dunlap, Rea Tajiri, Valerie Soe, Mary Ann Toman, Victoria Maldonado, Tati Nguyen, Shu Lea Cheang, Lona Foote, Robin Vachal und Suzi Silbar, Yong Soon Min und Allan deSouza, Indu Krishnan und Cheryl Dunye

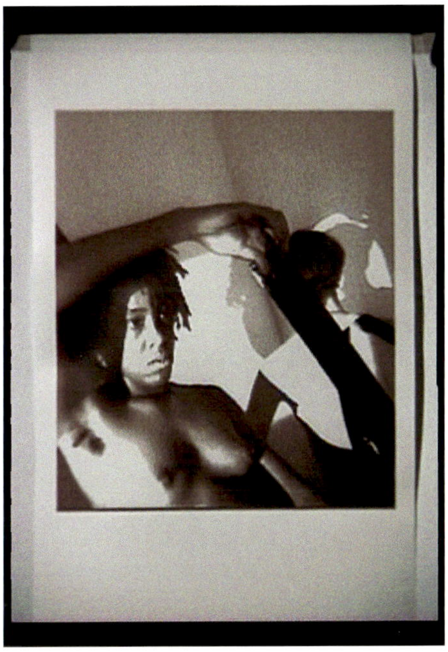

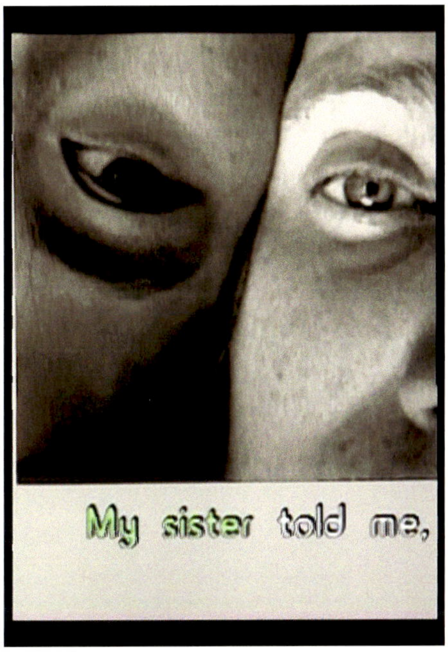

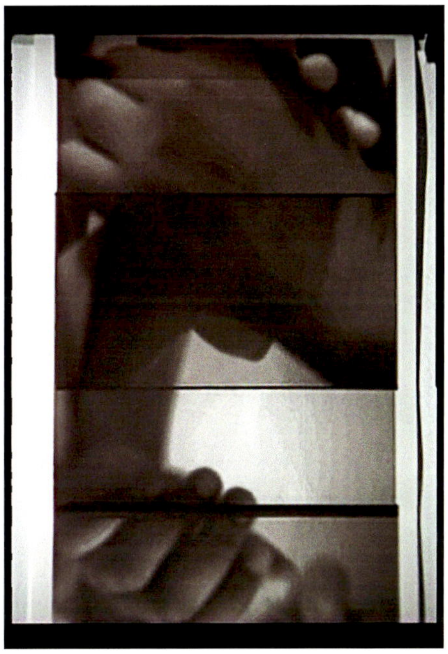

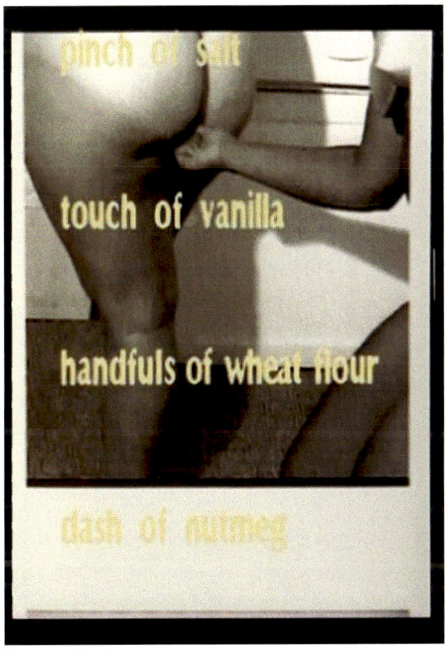

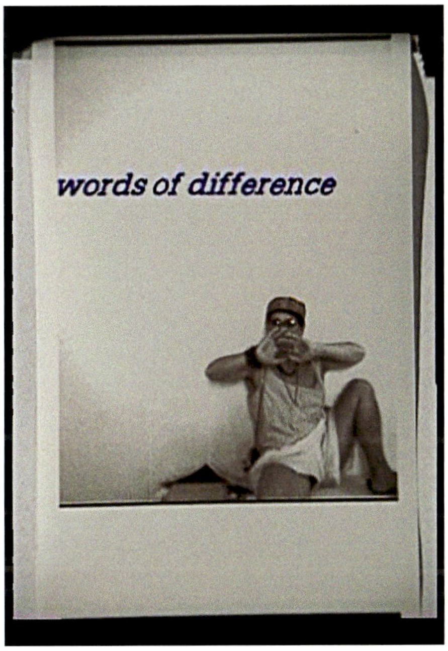

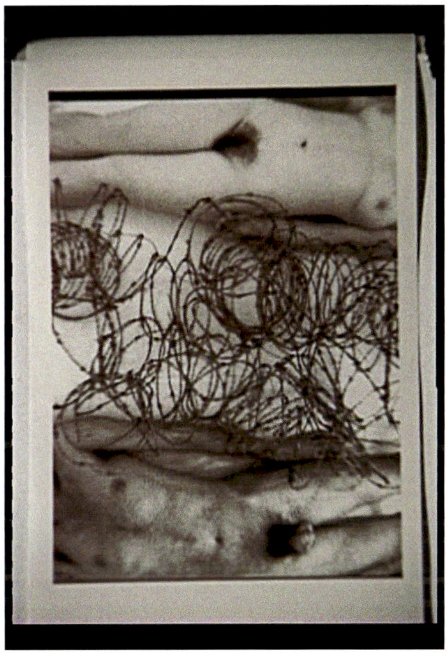

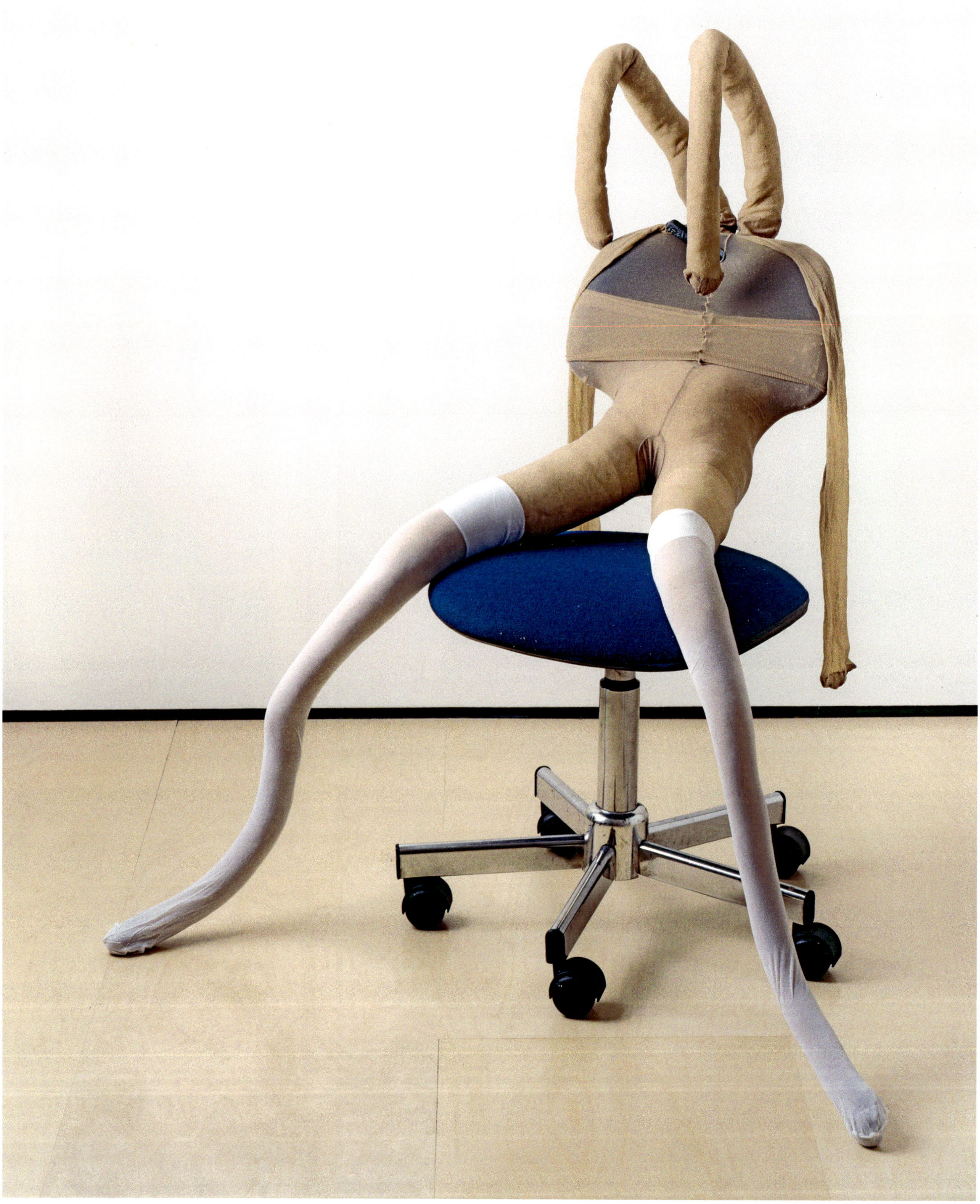

LINKS
Sarah Lucas
Bunny Gets Snookered #2, 1997
Bürostuhl, Nylonstrumpfhosen, Nylonstrümpfe,
Kapokfaser, Schraubzwinge, Draht
ca. 102 × 102 × 94 cm

UNTEN
Ashley Hans Scheirl
Dandy Dust, 1998
16-mm-Film (digitalisiert), Farbe, Ton
94 Min.

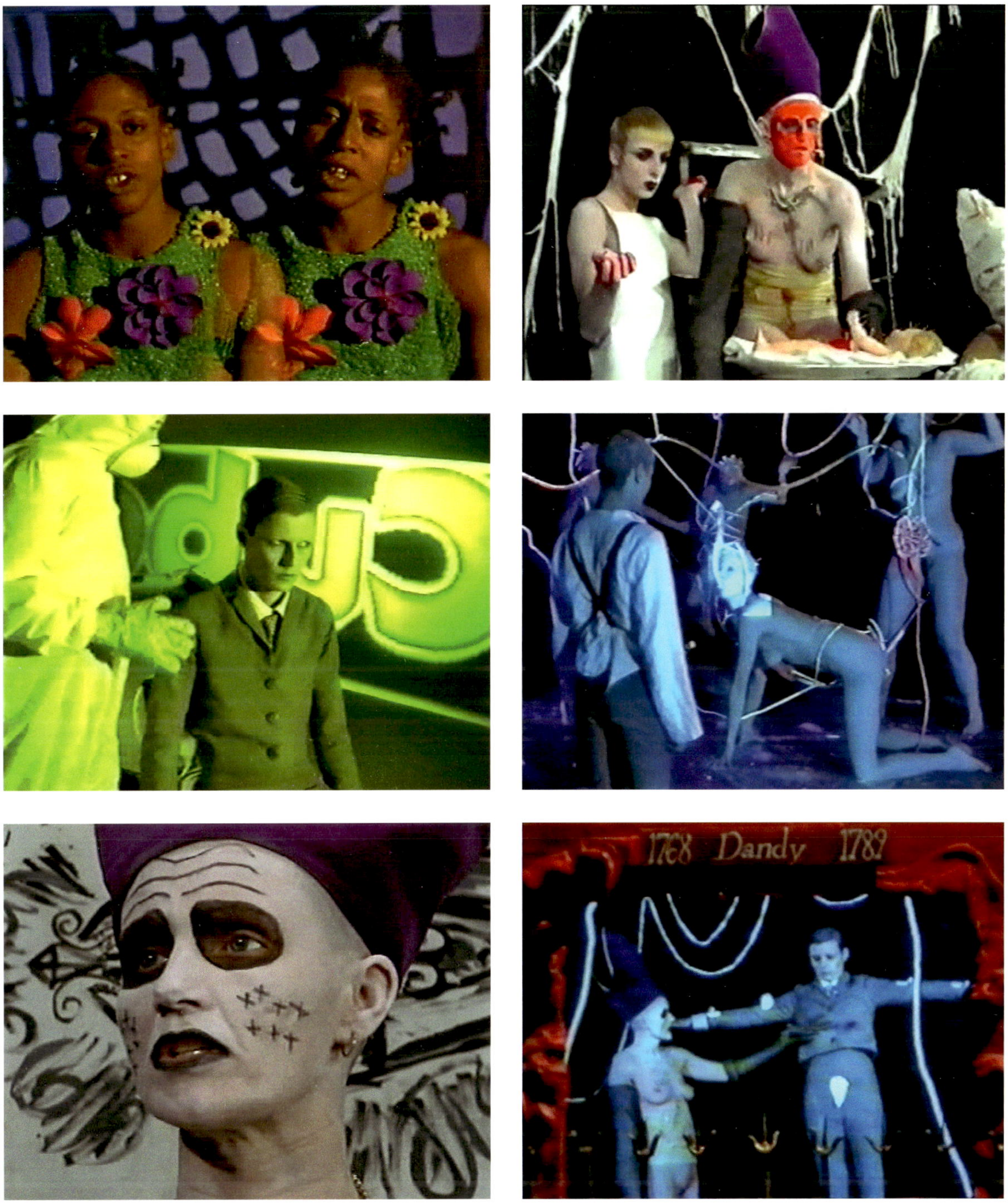

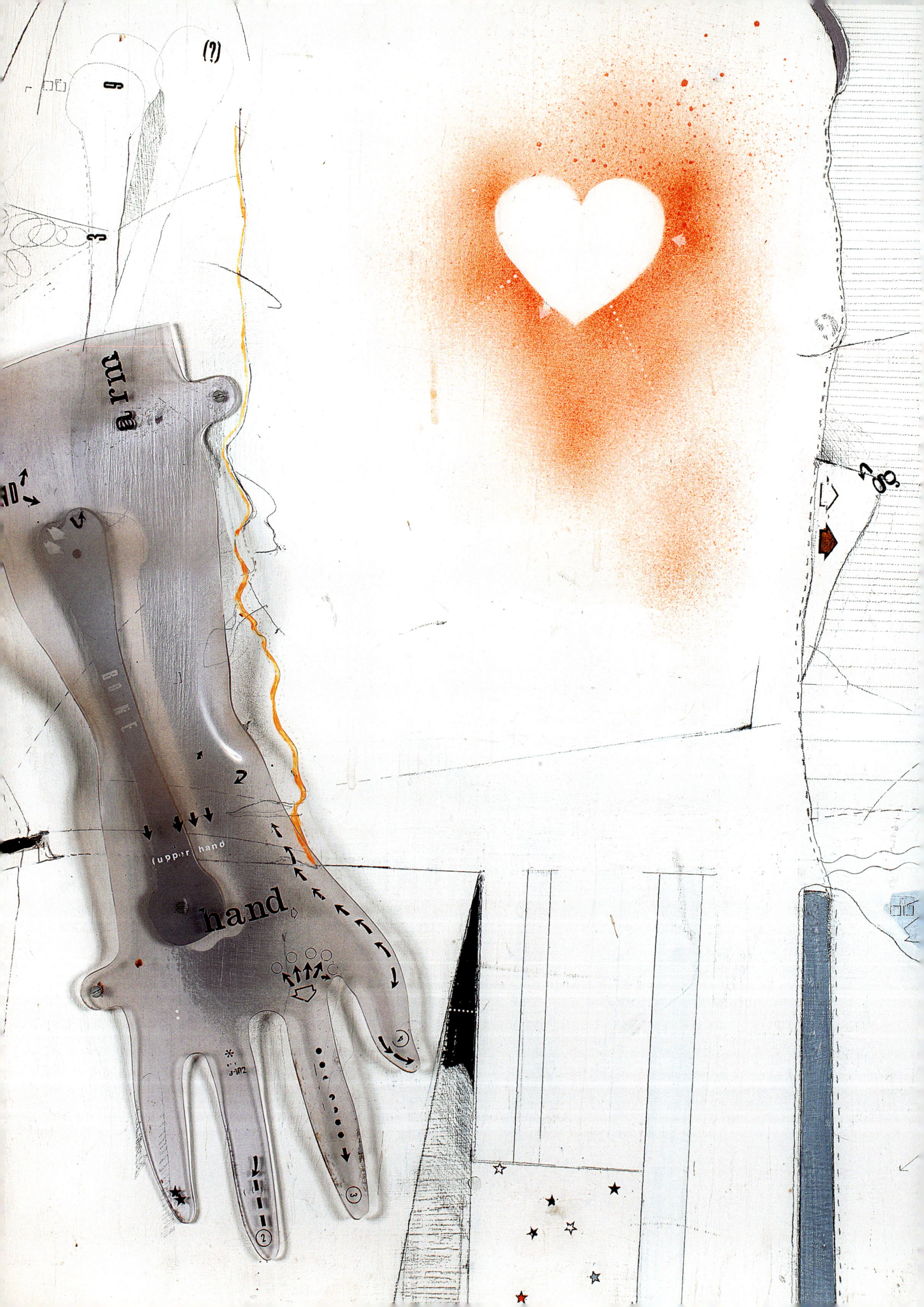
arm
BONE
(upper hand
hand

PROTO/
CYBORGS

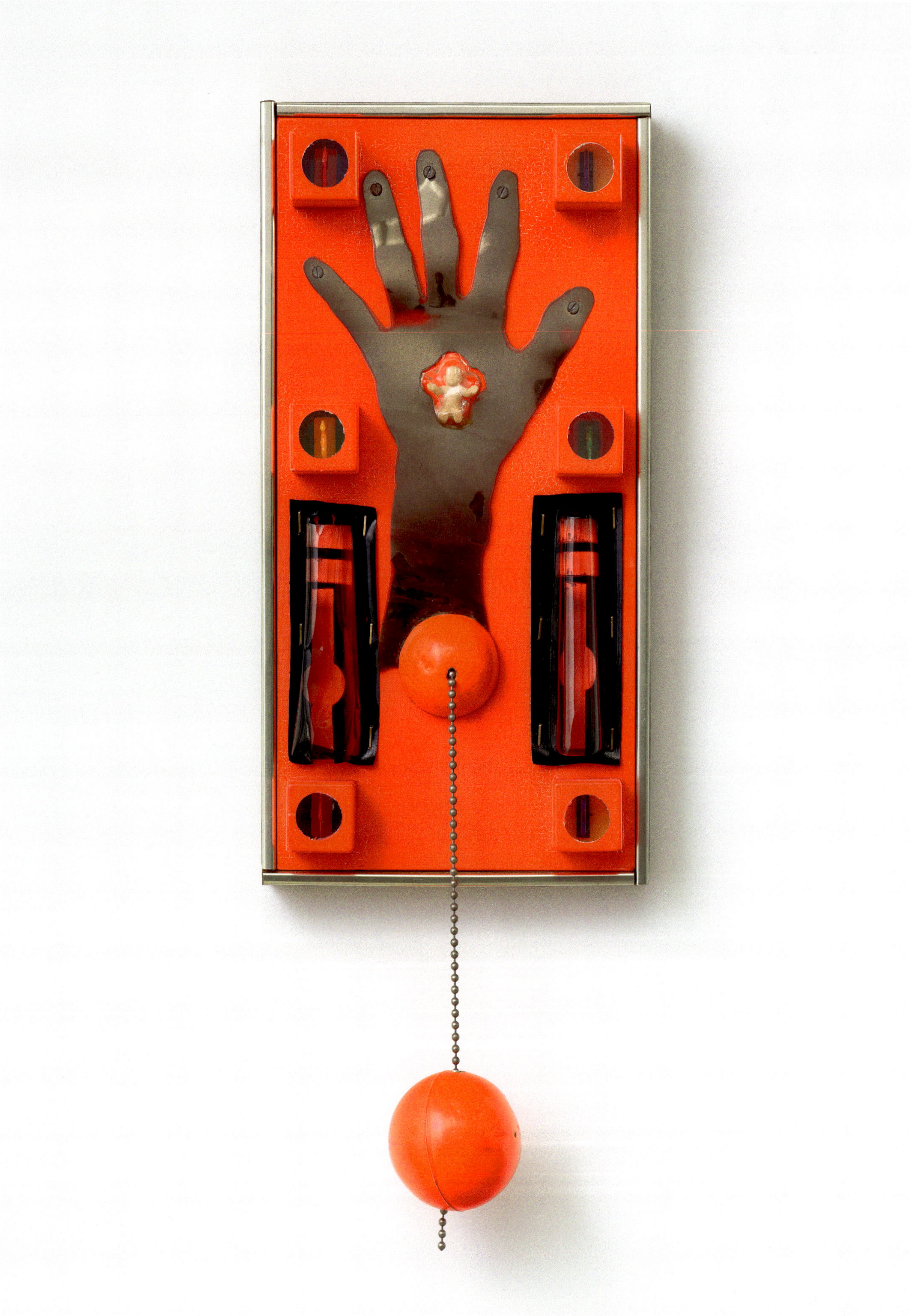

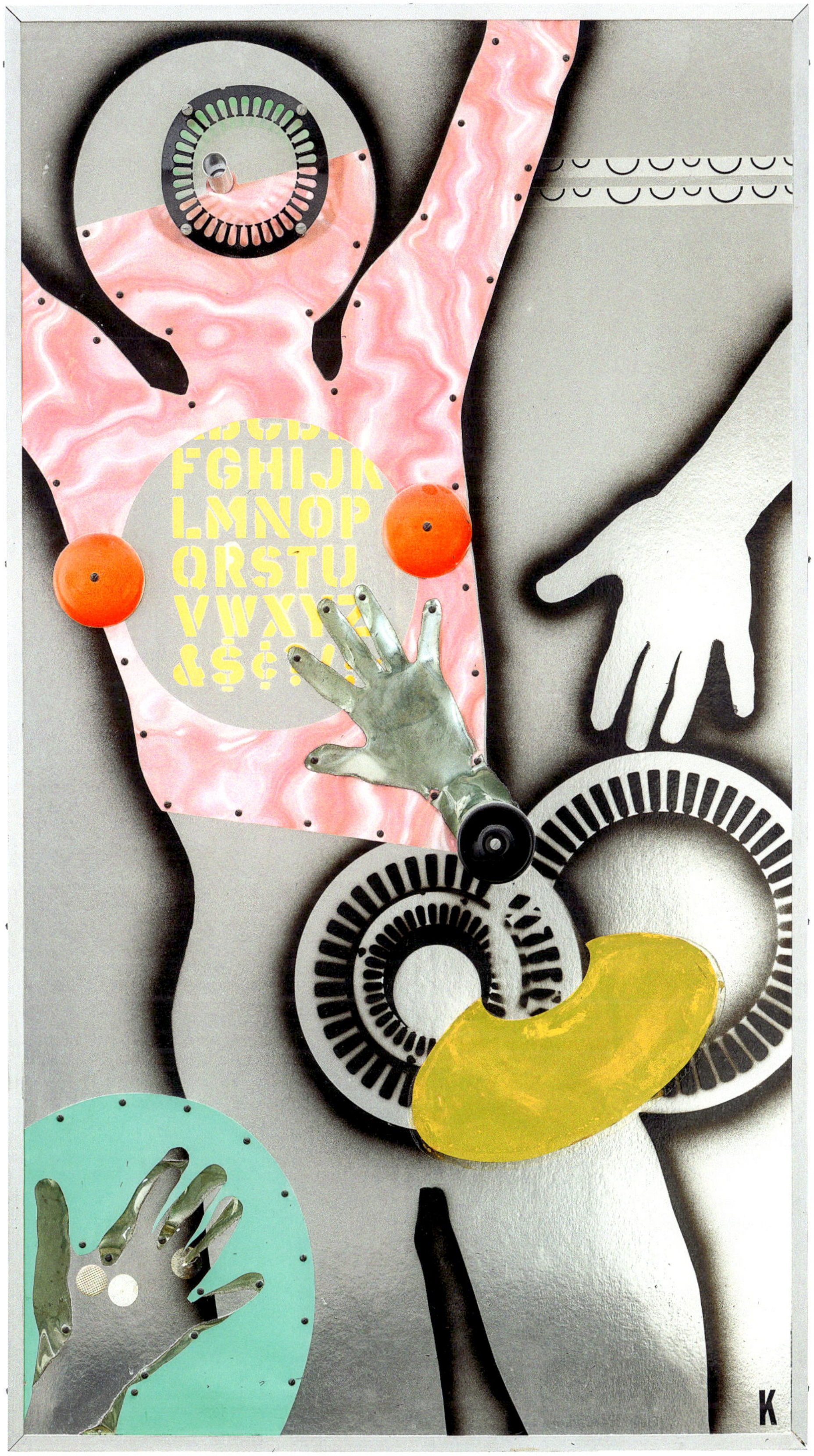

LINKS
Kiki Kogelnik
Bye, Bye Baby, 1964
Verschiedene Materialien mit Metallfolie auf Holz
59,8 × 21,8 × 6,8 cm

OBEN
Kiki Kogelnik
Space Angel, 1964
Verschiedene Materialien mit Aluminium auf Holz
114 × 64 × 5 cm

UNTEN
Kiki Kogelnik
Untitled (Robot), 1965
Sprühfarbe und Tinte auf Papier
58 × 73 cm

RECHTS
Hans Salentin
Rückgrat, 1965
Lackiertes Aluminium
135 × 29,5 × 12,5 cm

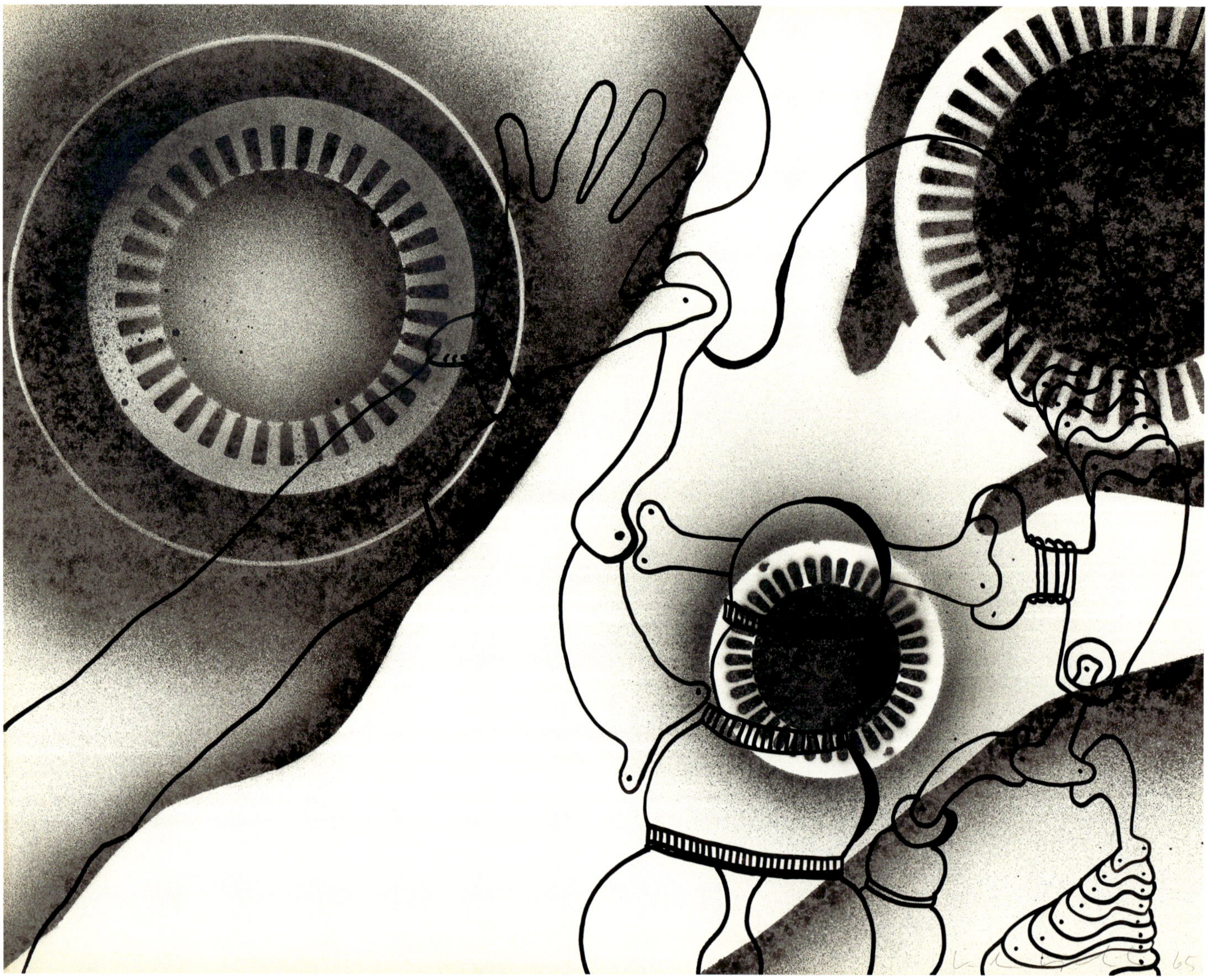

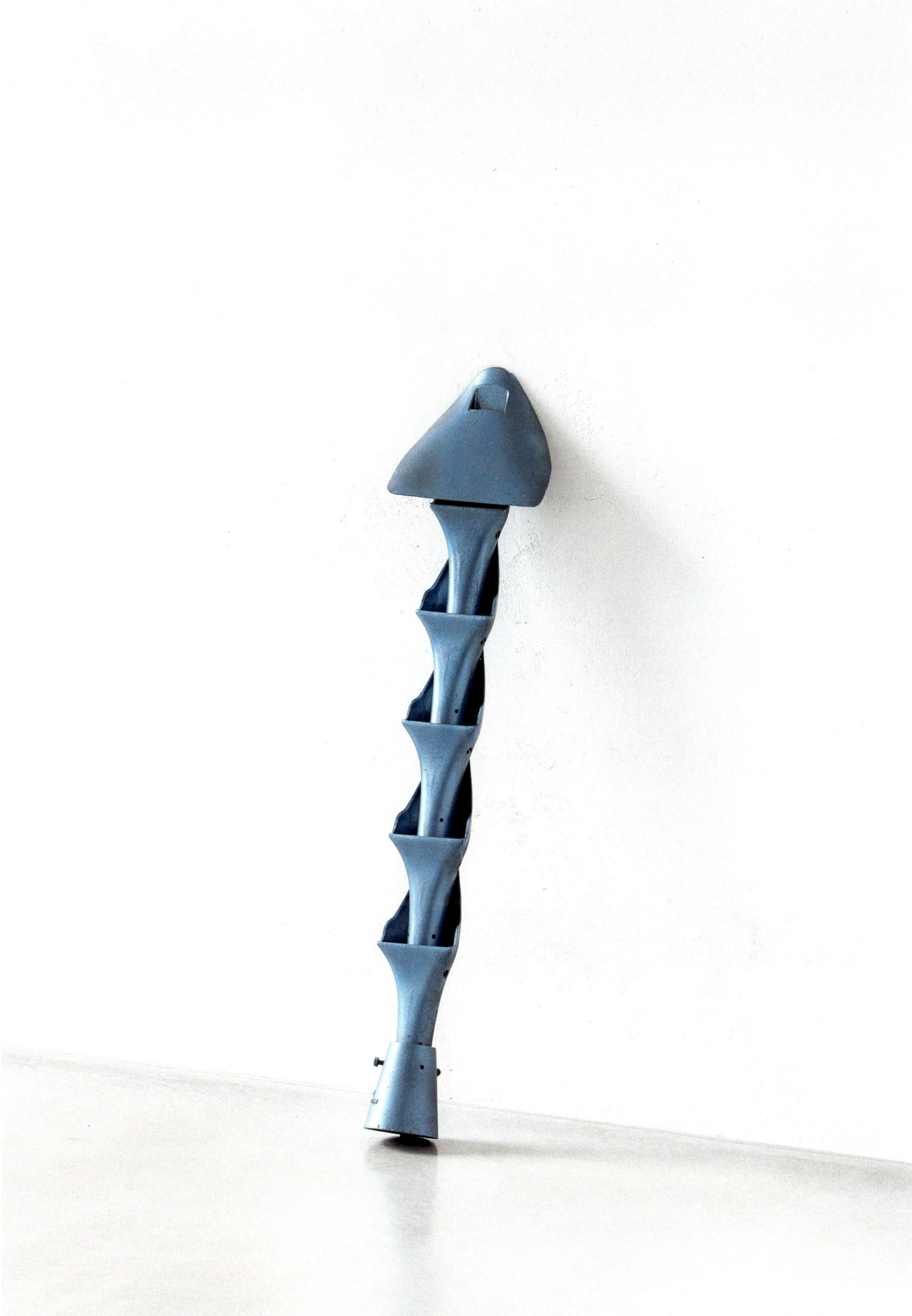

Eva Hesse
Ohne Titel, 1965
Tinte auf Papier
29,2 × 41,9 cm

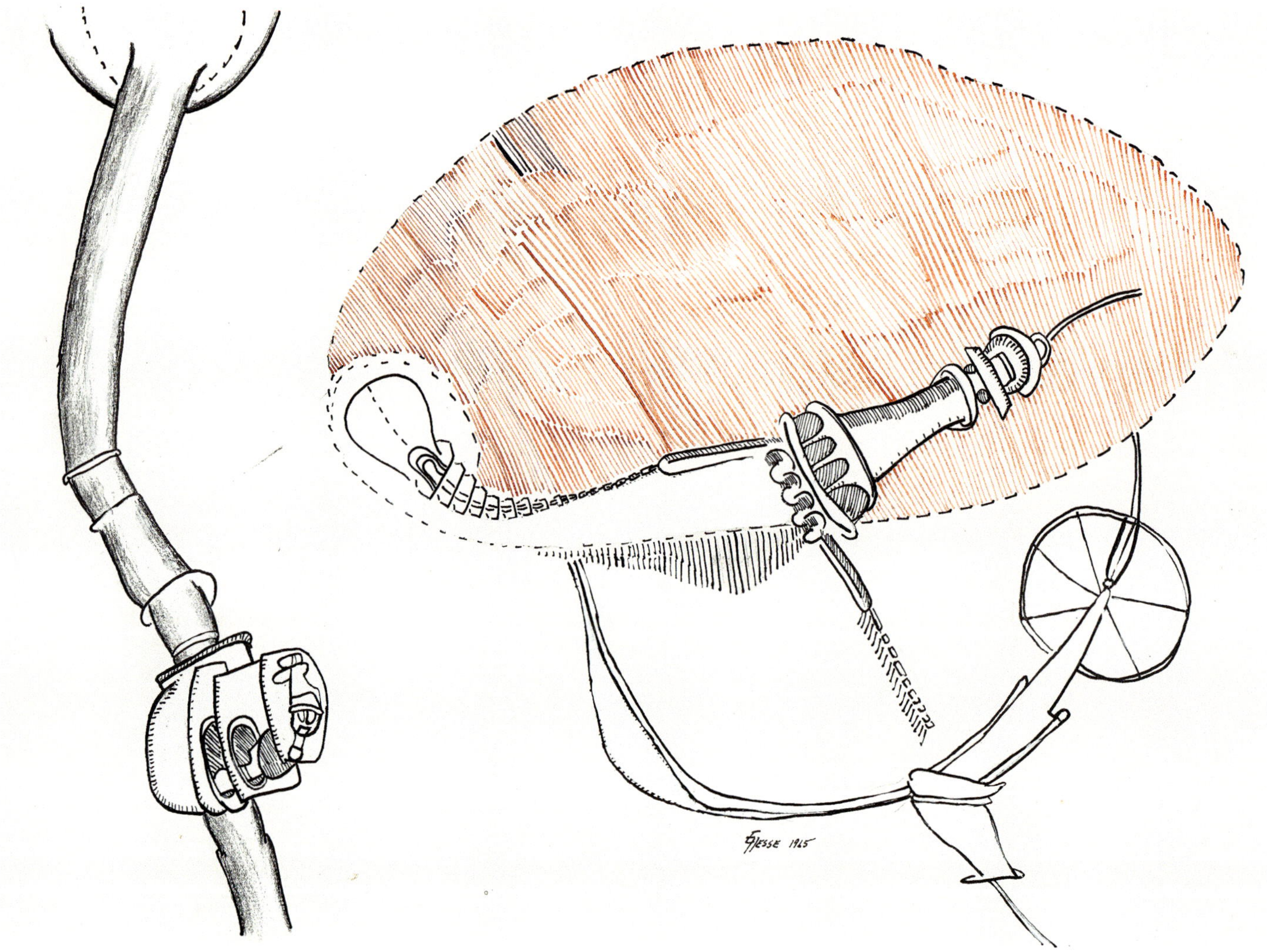

Eva Hesse
Ohne Titel, 1965
Aquarell, Kreide und Bleistift auf Papier
50,5 × 66 cm

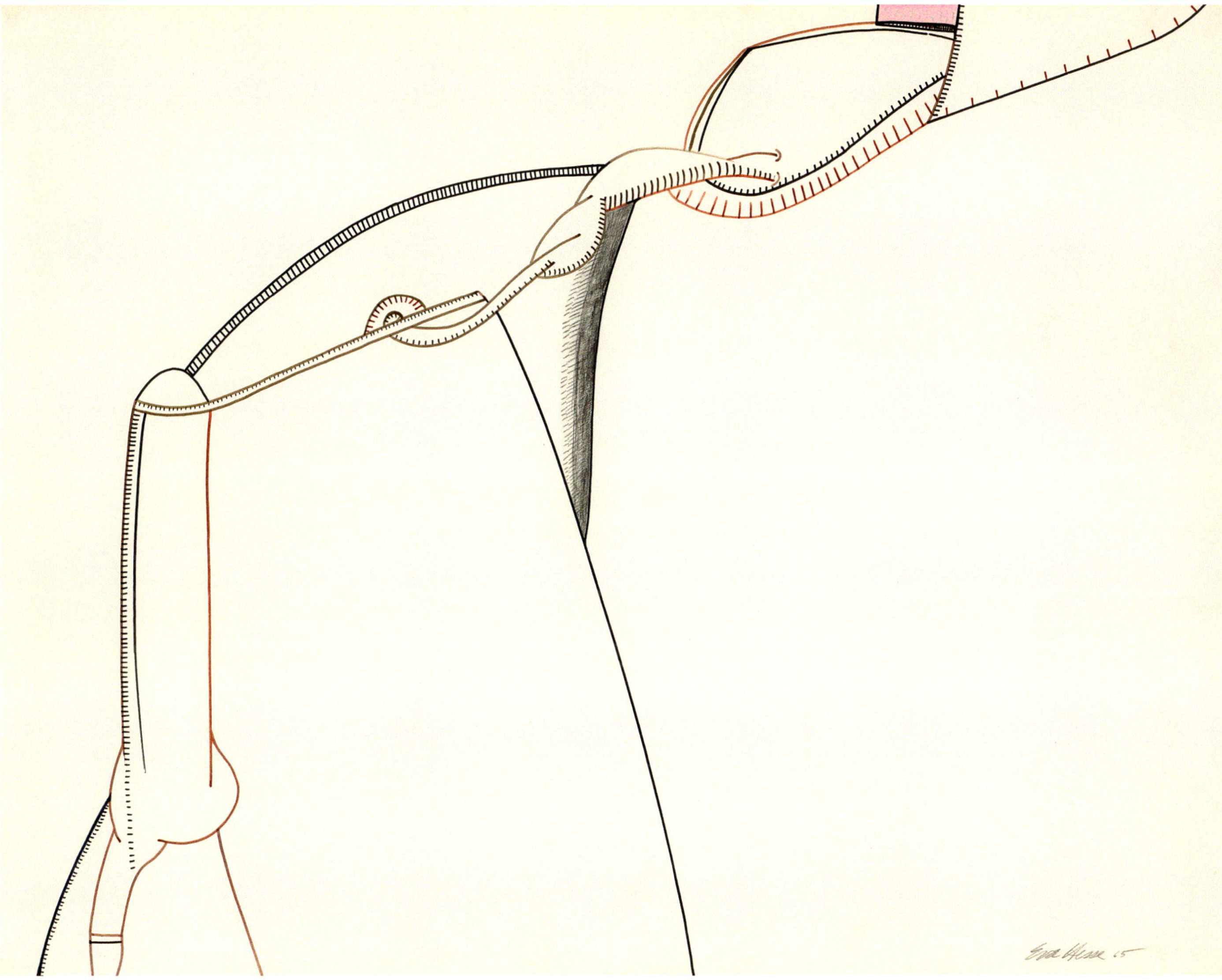

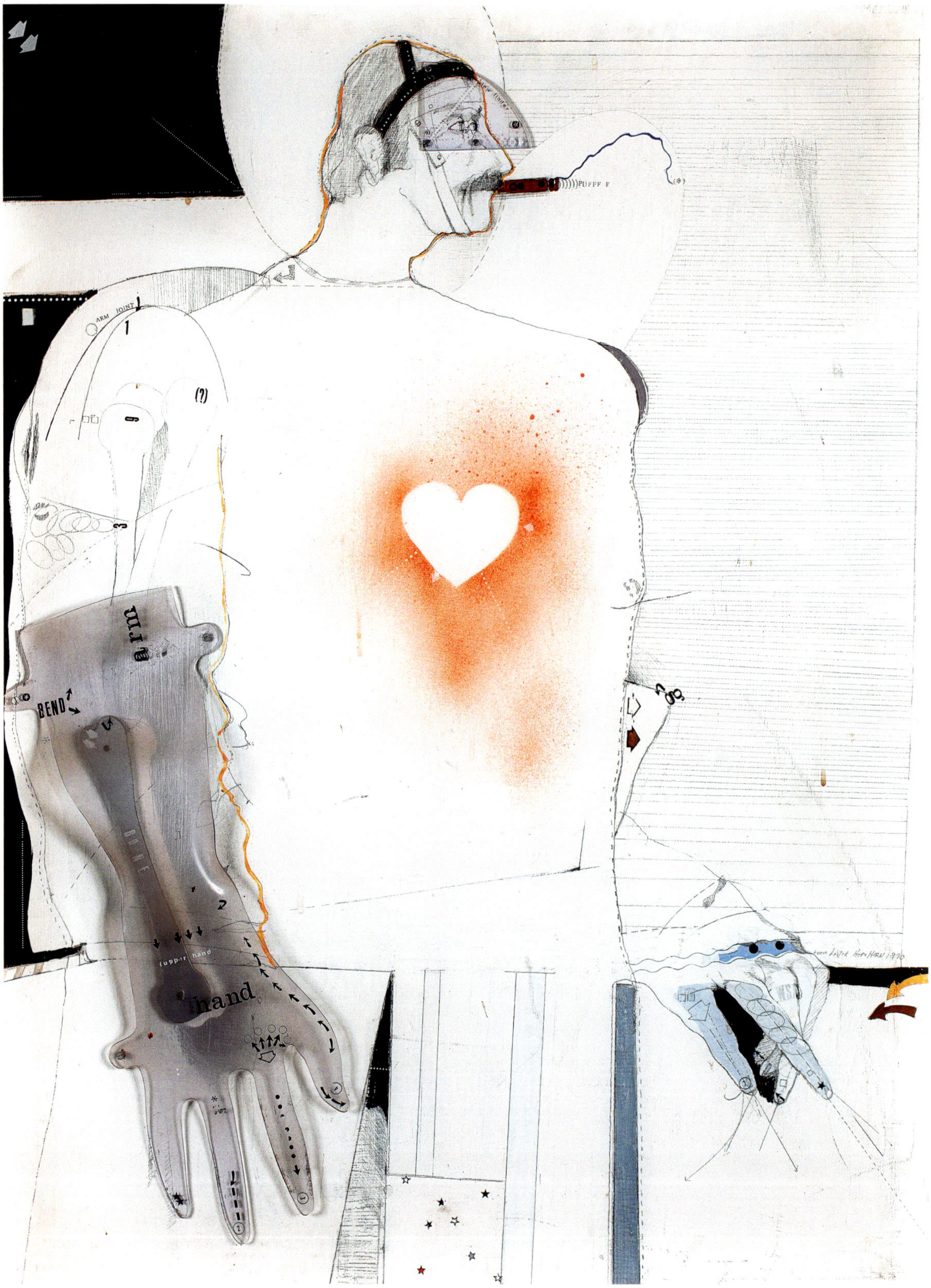

OBEN
Lynn Hershman Leeson
X-Ray Man, 1970
Acryl, Bleistift, Letraset und Acrylglas auf Holz
105,5 × 75 cm

RECHTS
Lynn Hershman Leeson
X-Ray Woman, 1966
Acryl, Bleistift und Farbstift auf Leinwand
93 × 48,7 cm

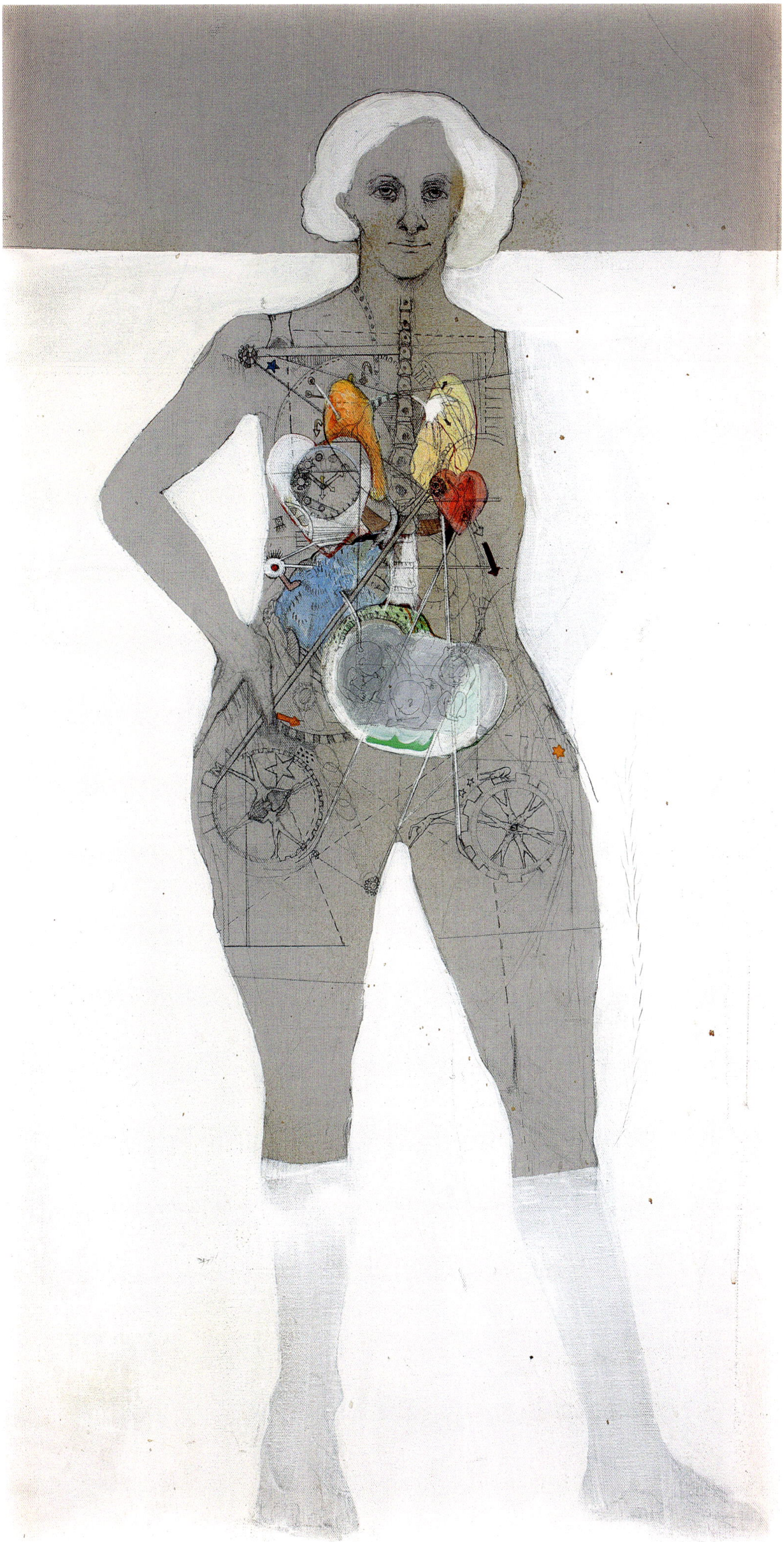

UNTEN
Walter Pichler
TV-Helm (Tragbares Wohnzimmer), 1967
Weiß lackierter Polyester, integrierter Fernsehmonitor mit TV-Anschluss
59 × 120 × 43 cm

RECHTS
Nam June Paik mit Betsy Connors und Paul Garrin
Living with the Living Theatre, 1989
Video, Farbe, Ton
28:30 Min.

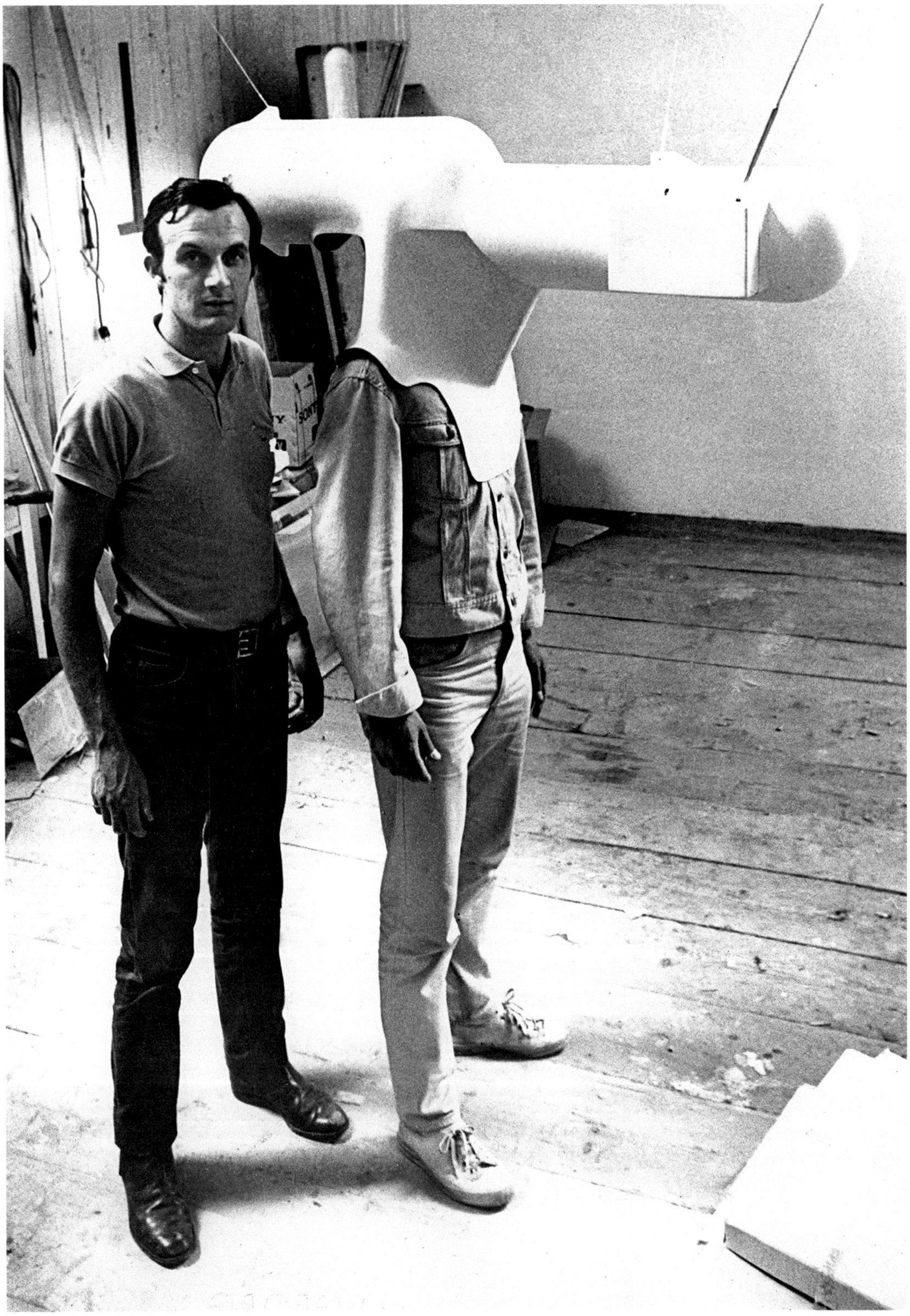

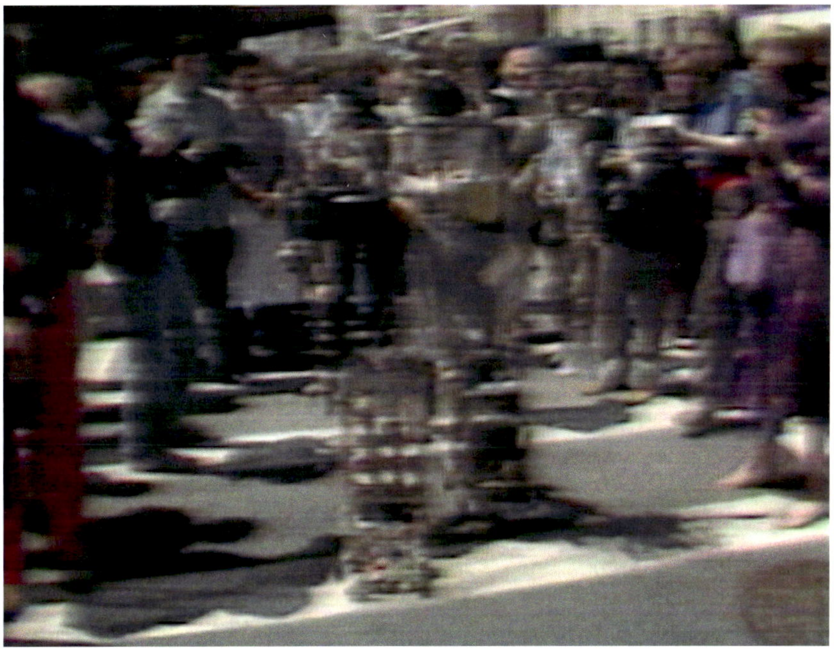

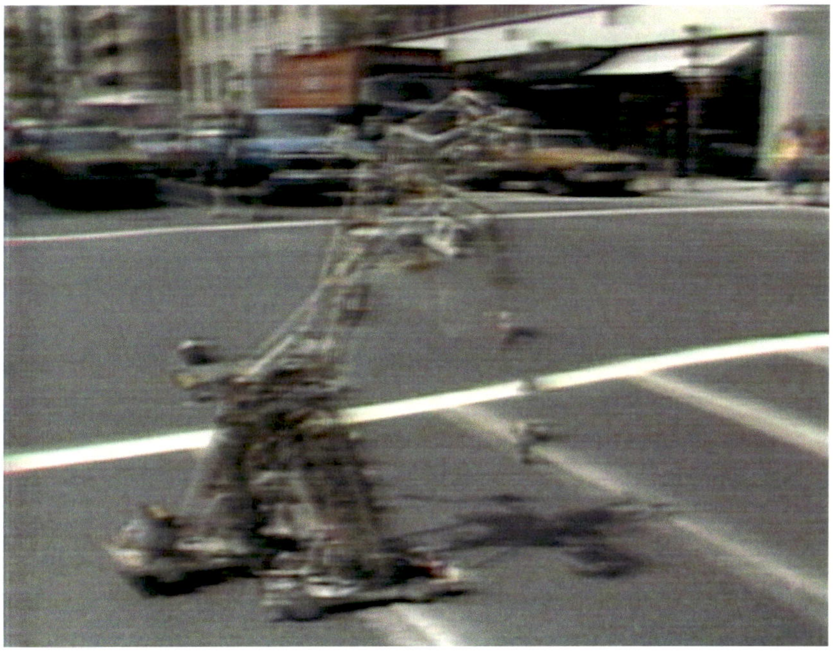

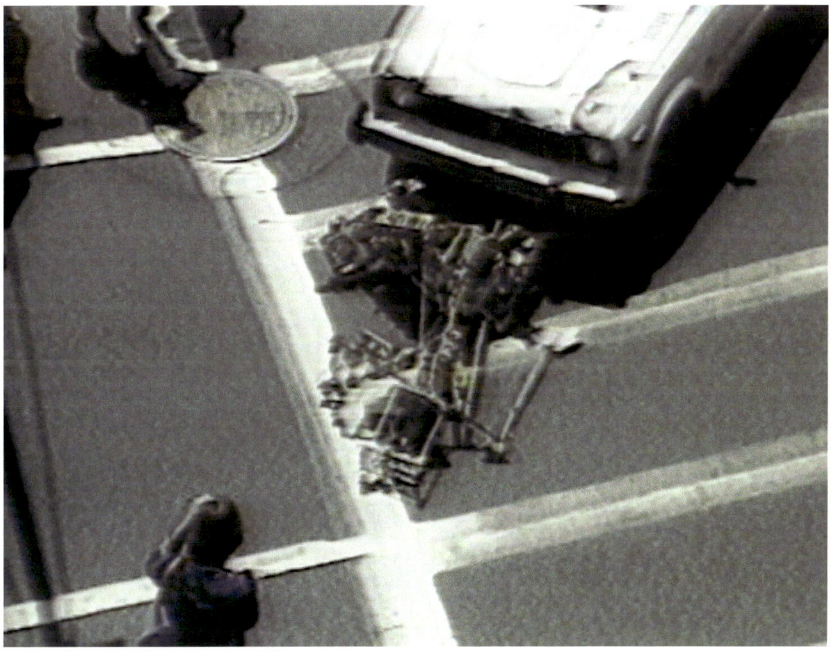

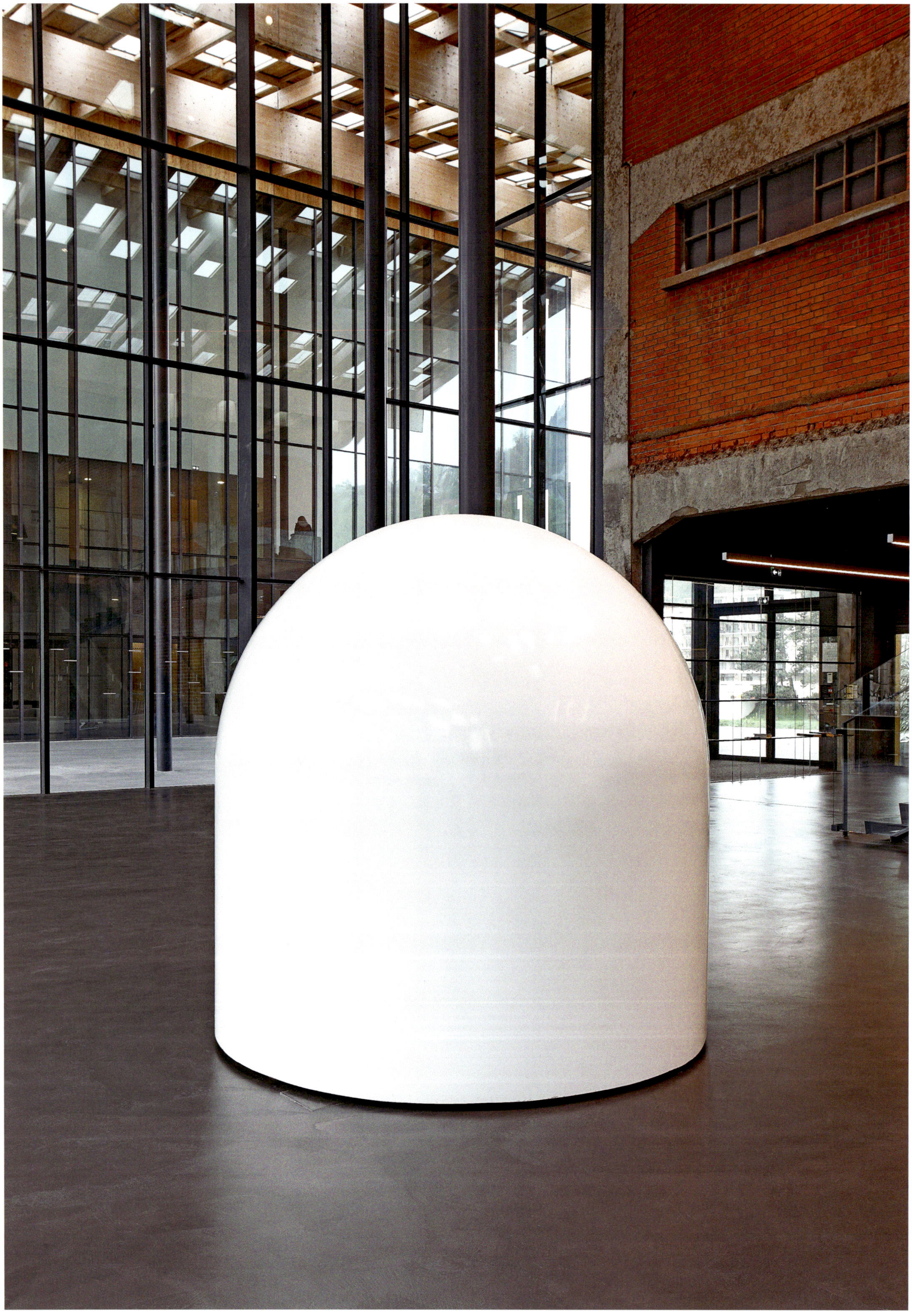

LINKS
Robert Breer
Float, 1970–2000
Kunstharz, Acrylfarbe, Unterkonstruktion mit batteriebetriebenem Motor
180 × 180 cm (Durchmesser)

UNTEN
Edward Ihnatowicz
Presentation of „Senster" at the Evoluon in Eindhoven Holland, ca. 1970
Cinefilm (digitalisiert), Farbe, Ton
2:28 Min.

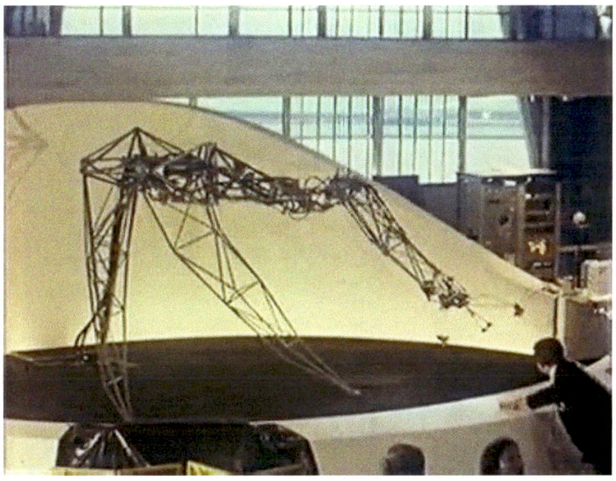
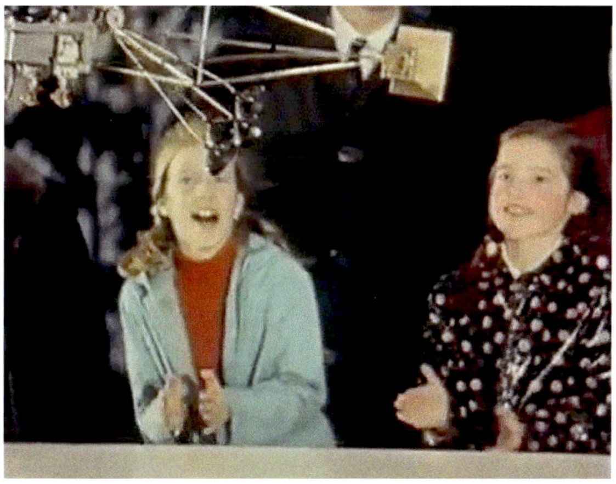
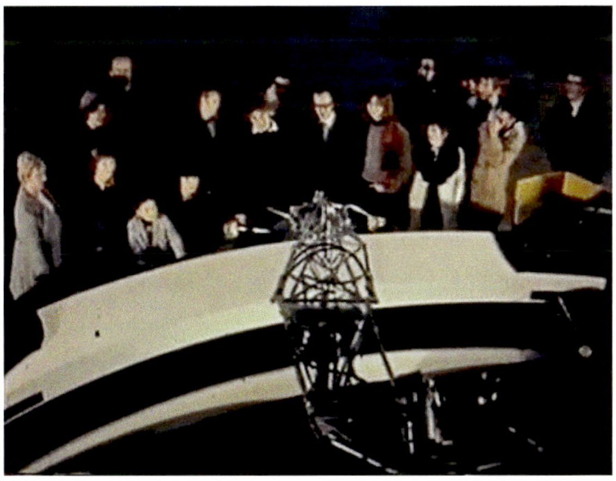
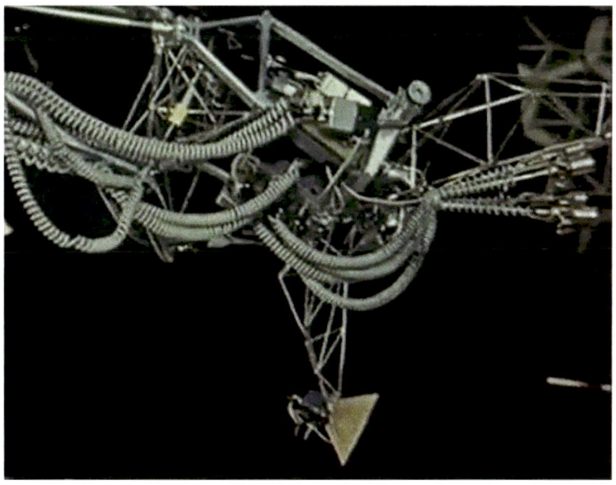
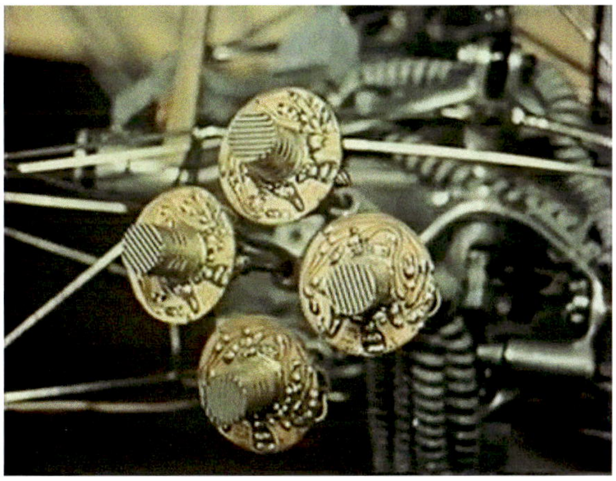
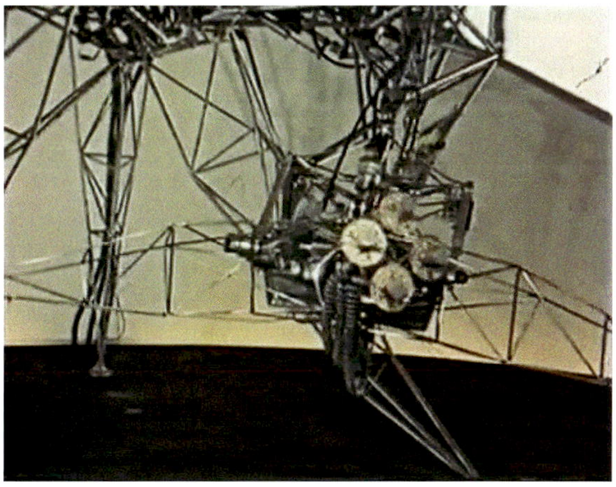

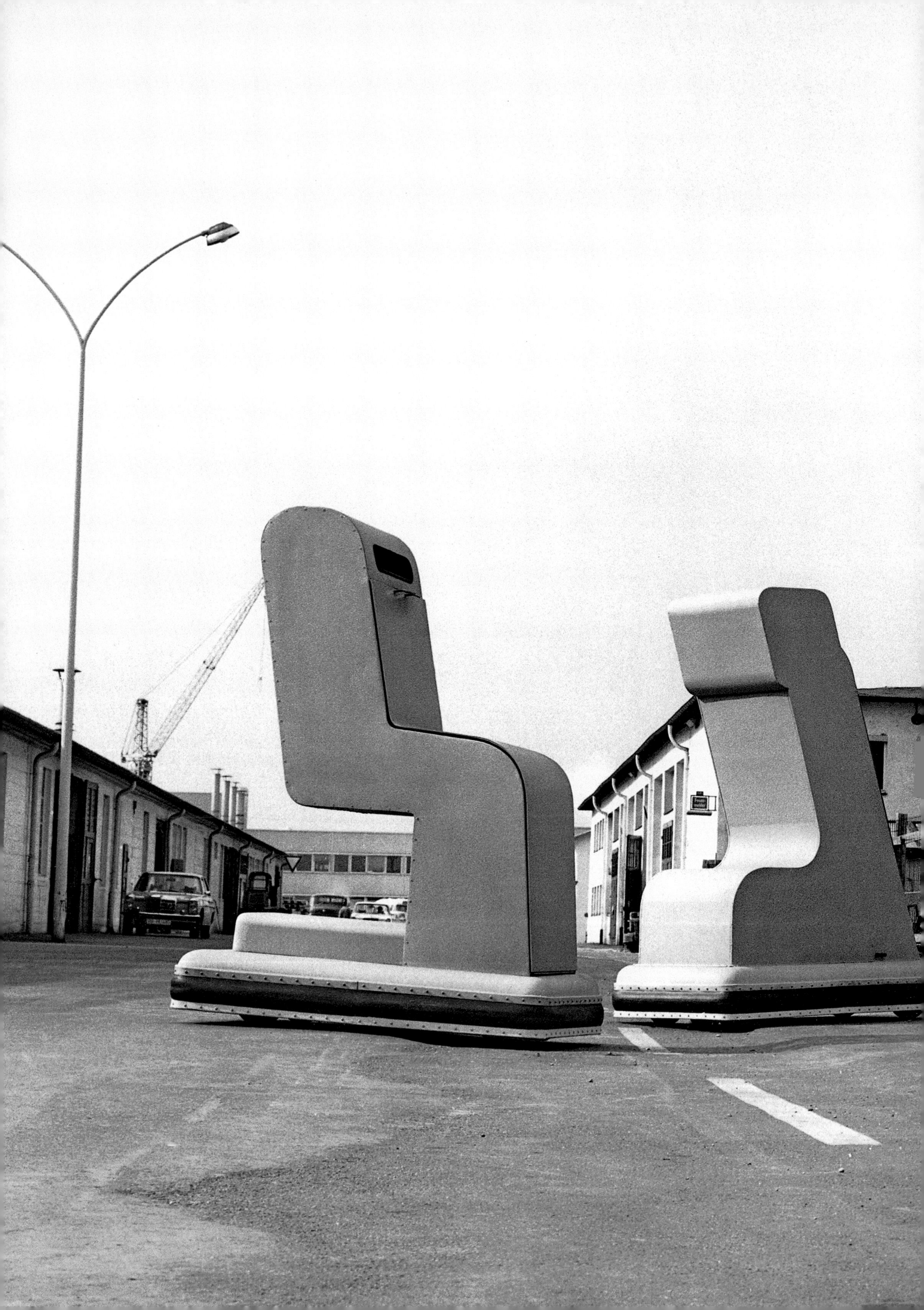

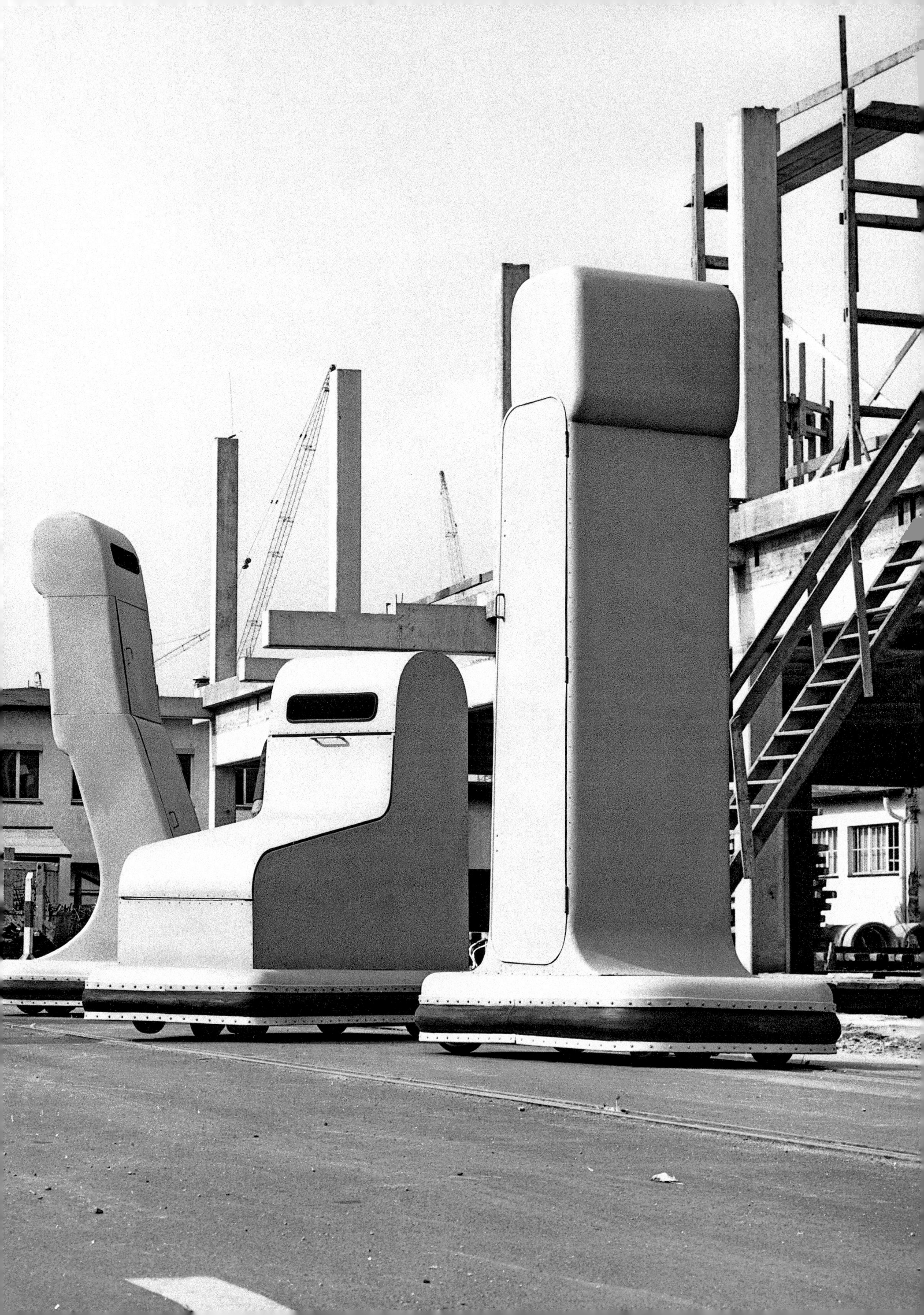

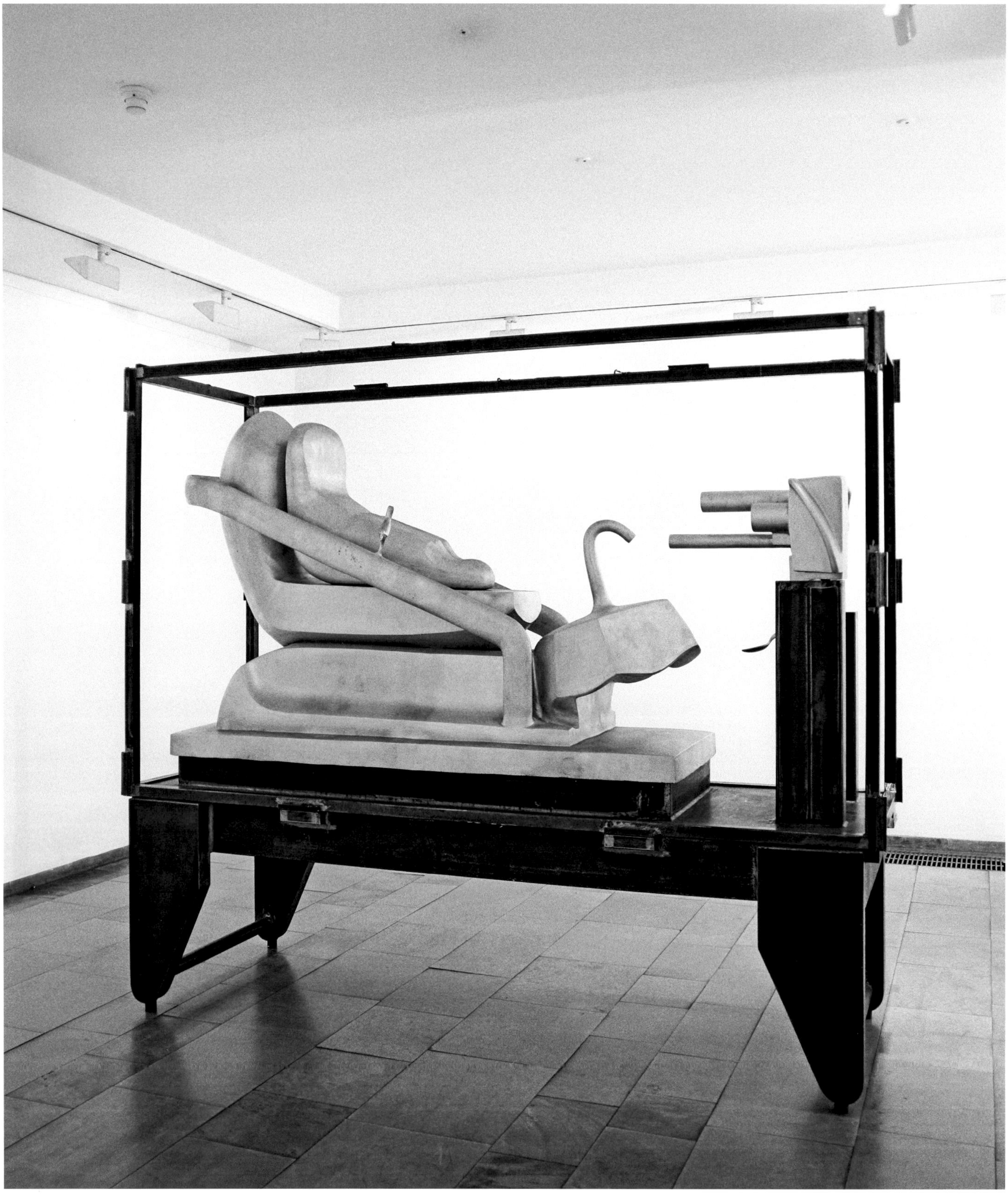

VORHERIGE DOPPELSEITE
Joachim Bandau
Ensemble der fünf mobilen Fahrzeuge, 1973
Digitaldruck
98,5 × 150,5 cm

OBEN
Bruno Gironcoli
Ohne Titel (Große Stahlvitrine), 1972/73, Guss von 1995
Aluminium, Stahl, Glas
220 × 90 × 300 cm

UNTEN
Bruno Gironcoli
Ohne Titel (Baby auf drei Beinen), 1992–1996
Aluminiumguss
62 × 100 × 52 cm

NÄCHSTE DOPPELSEITE
Paweł Althamer mit Paweł Buchholz, Marcin Leszczyński, Michał Mioduszewski, Daniel Hans, Sławomir Mocarski, Julia Matea Petelska und Jędrzej Rogoziński
Bródno People, 2010
Verschiedene Materialien
252 × 600 × 165 cm

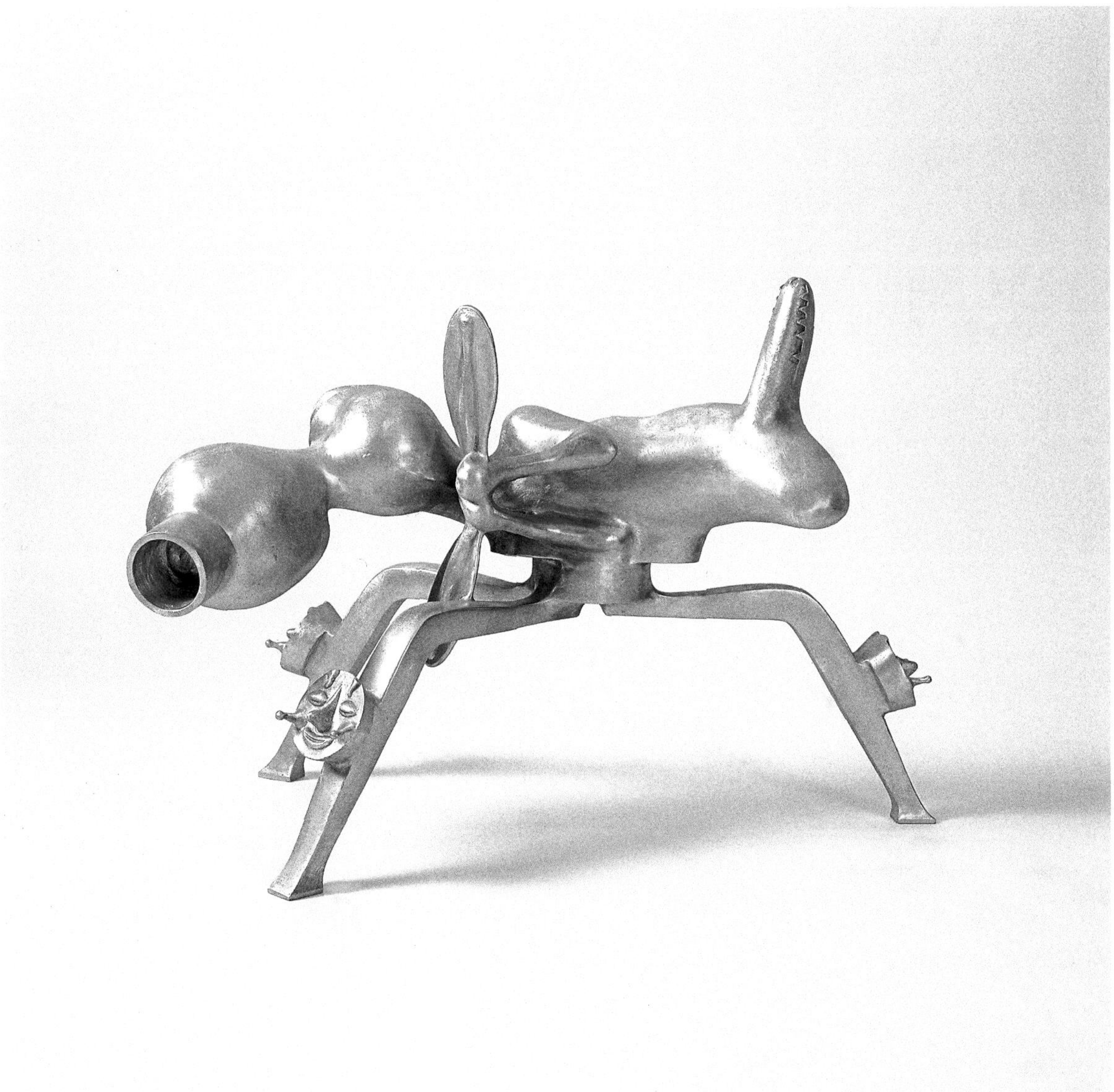

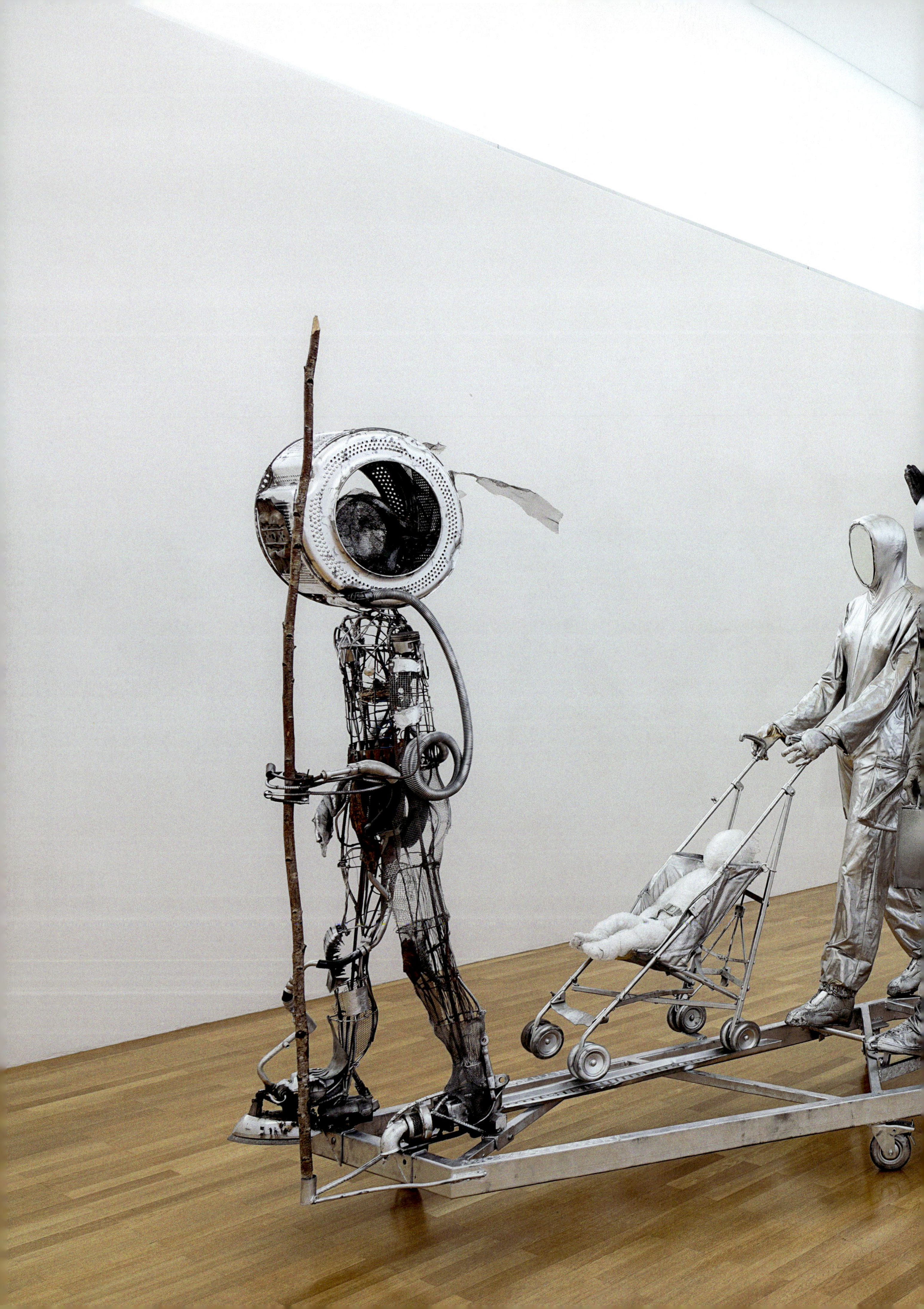

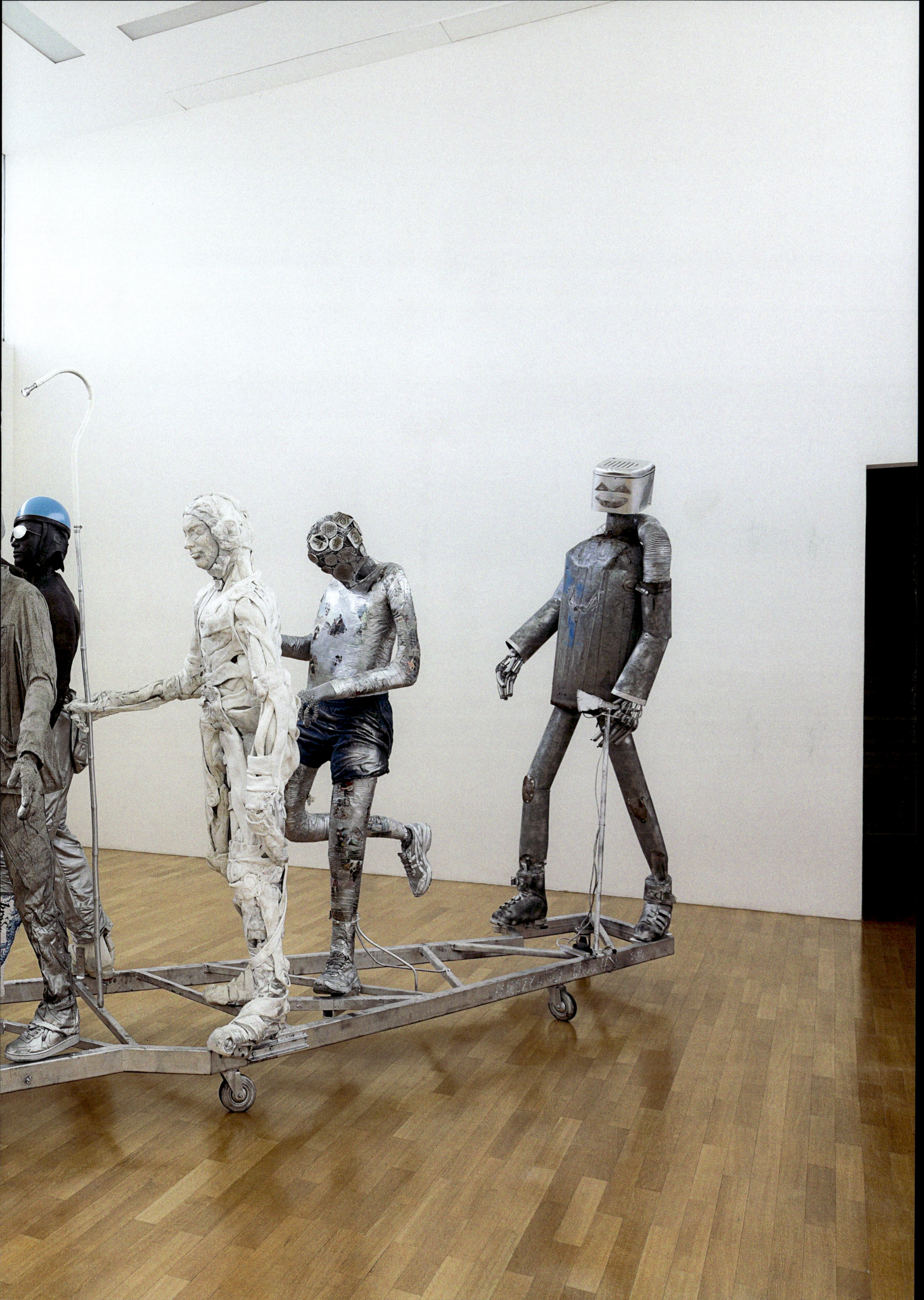

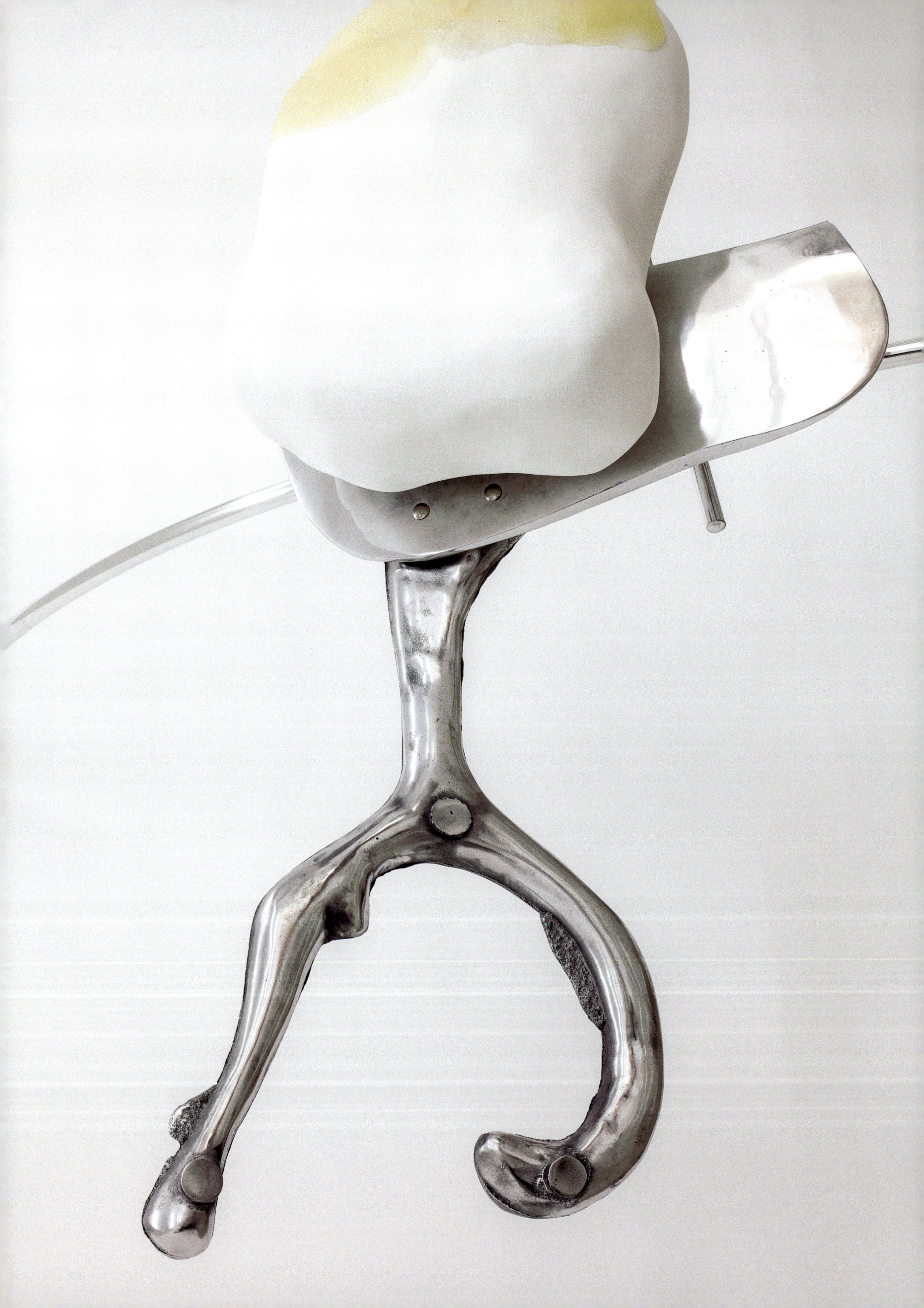

MEDIZINISCHE REGISTER UND ERWEITERTE PROTHESEN

UNTEN
Joachim Bandau
Schwarzes Organgerät, 1970
Kleiderpuppensegmente, glasfaserverstärkter Polyester, verschiedene Materialien, Lack, Badarmaturen, Brauseköpfe, Brauseschläuche, Metallgriffe, Rollen
2 Teile; 92 × 62 × 56 cm

RECHTS
Joachim Bandau
Fingerbank II, 1970
Kleiderpuppensegmente, glasfaserverstärkter Polyester, verschiedene Materialien, Lack, Acrylglasrohre, Reifenschläuche, Badarmaturen, Brauseschläuche
5 Teile; 4 Teile 120 × 20 × 20 cm, 1 Teil 160 × 20 × 20 cm

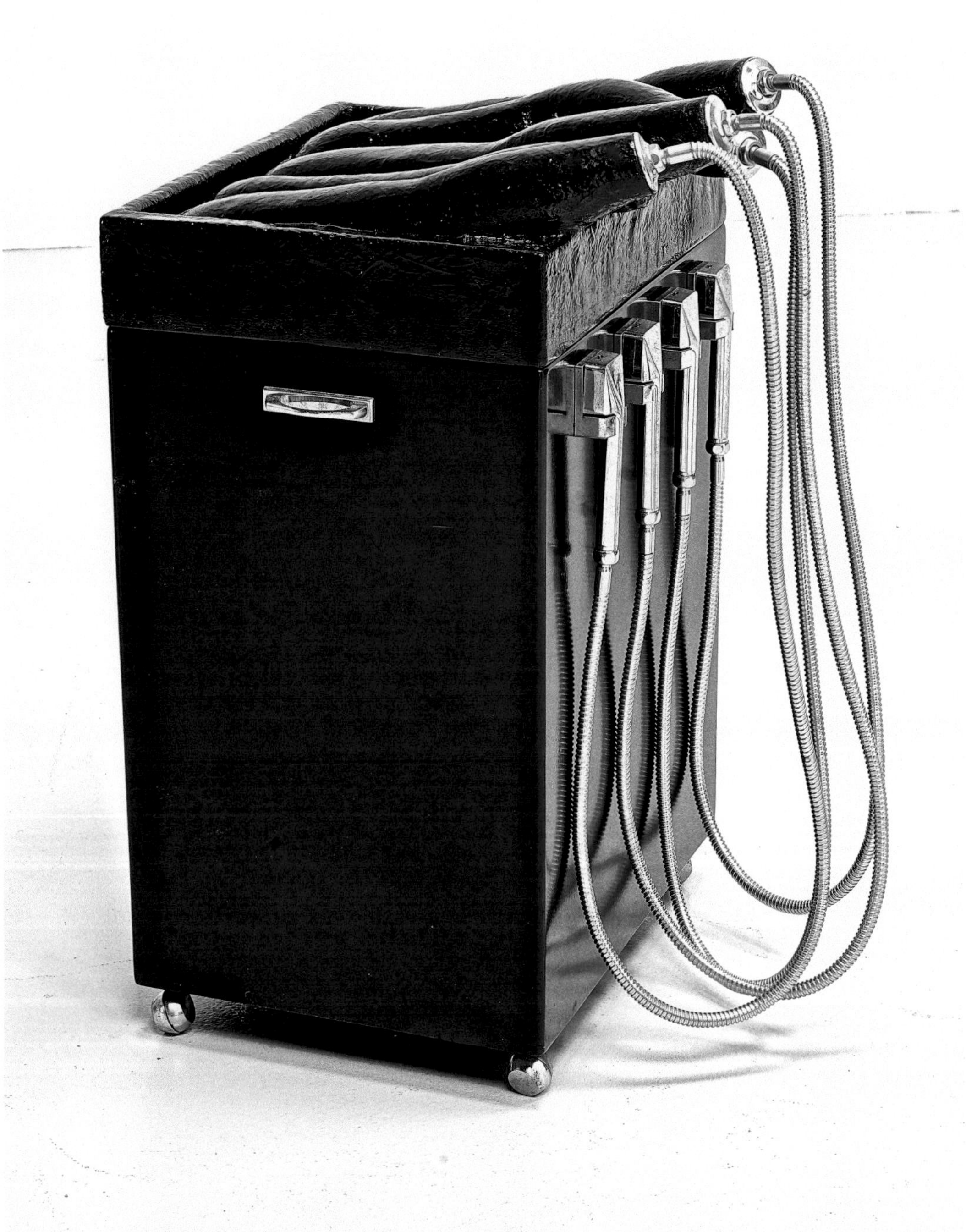

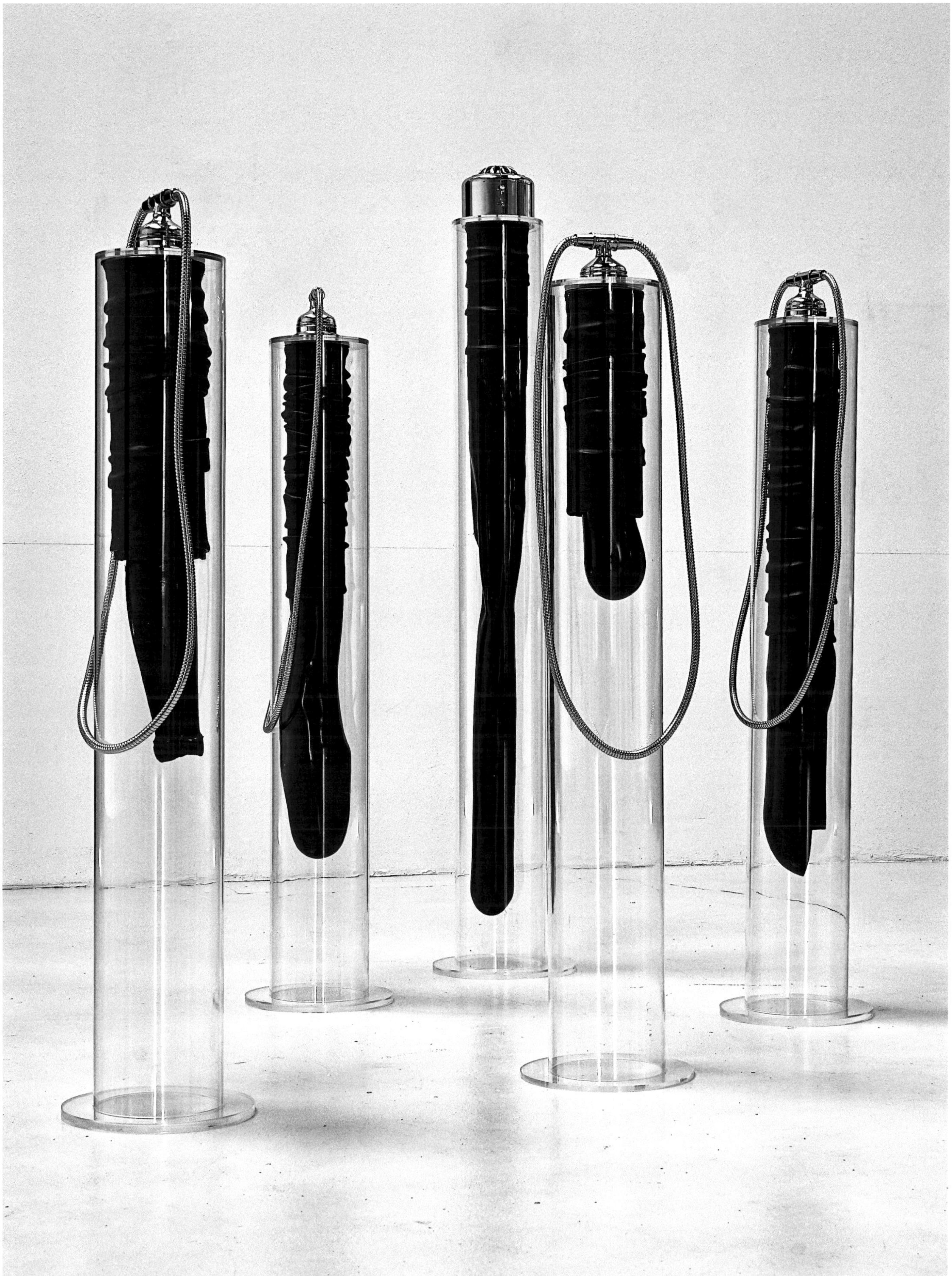

UNTEN
Rebecca Horn
Bleistiftmaske, 1972
Stoff, Farbstifte, Metall
65 × 52 × 40 cm

RECHTS
Rebecca Horn
Fingerhandschuhe, 1972
Stoff, Holz, Metall
102 × 29 × 14 cm

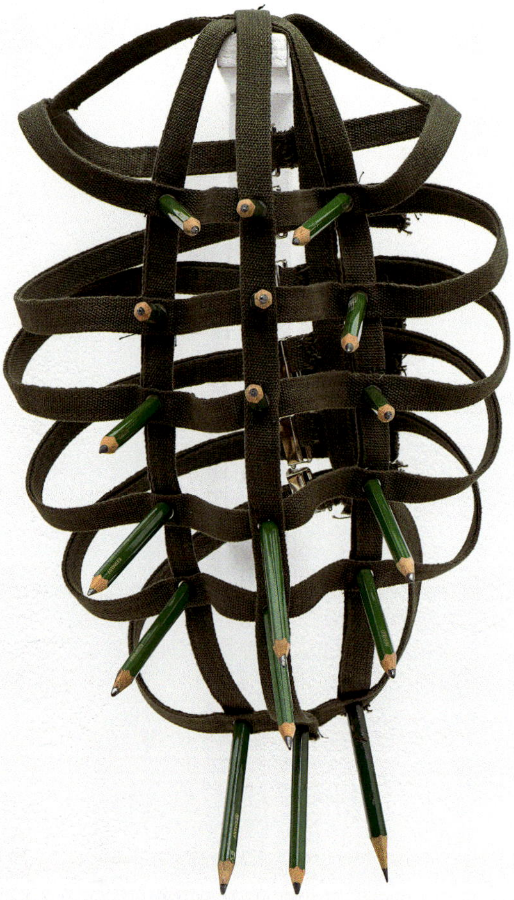

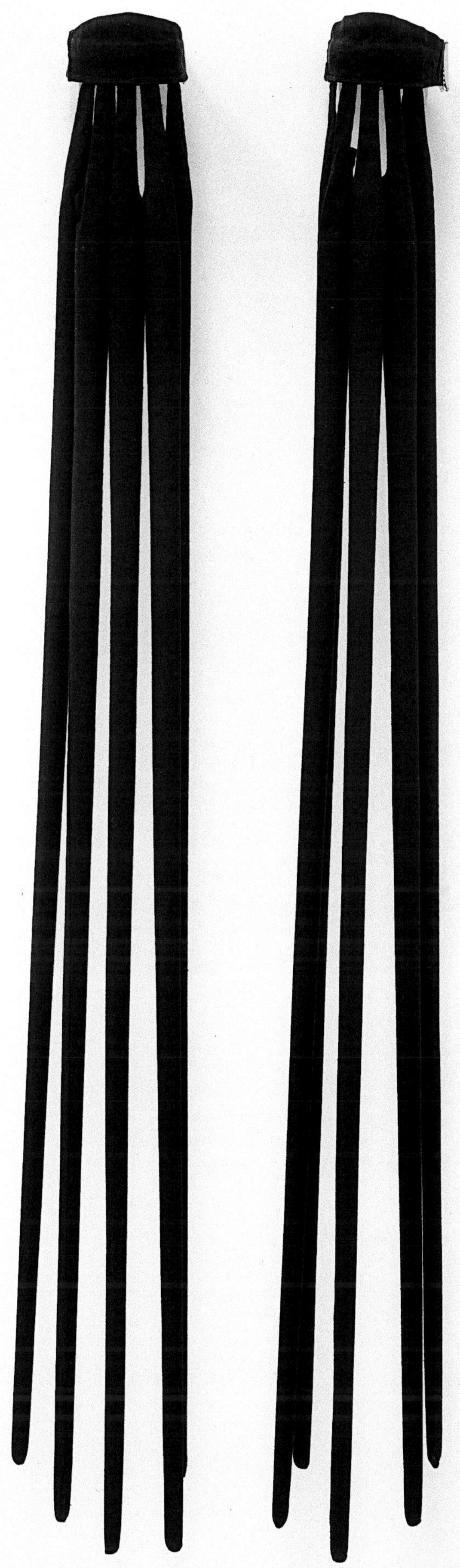

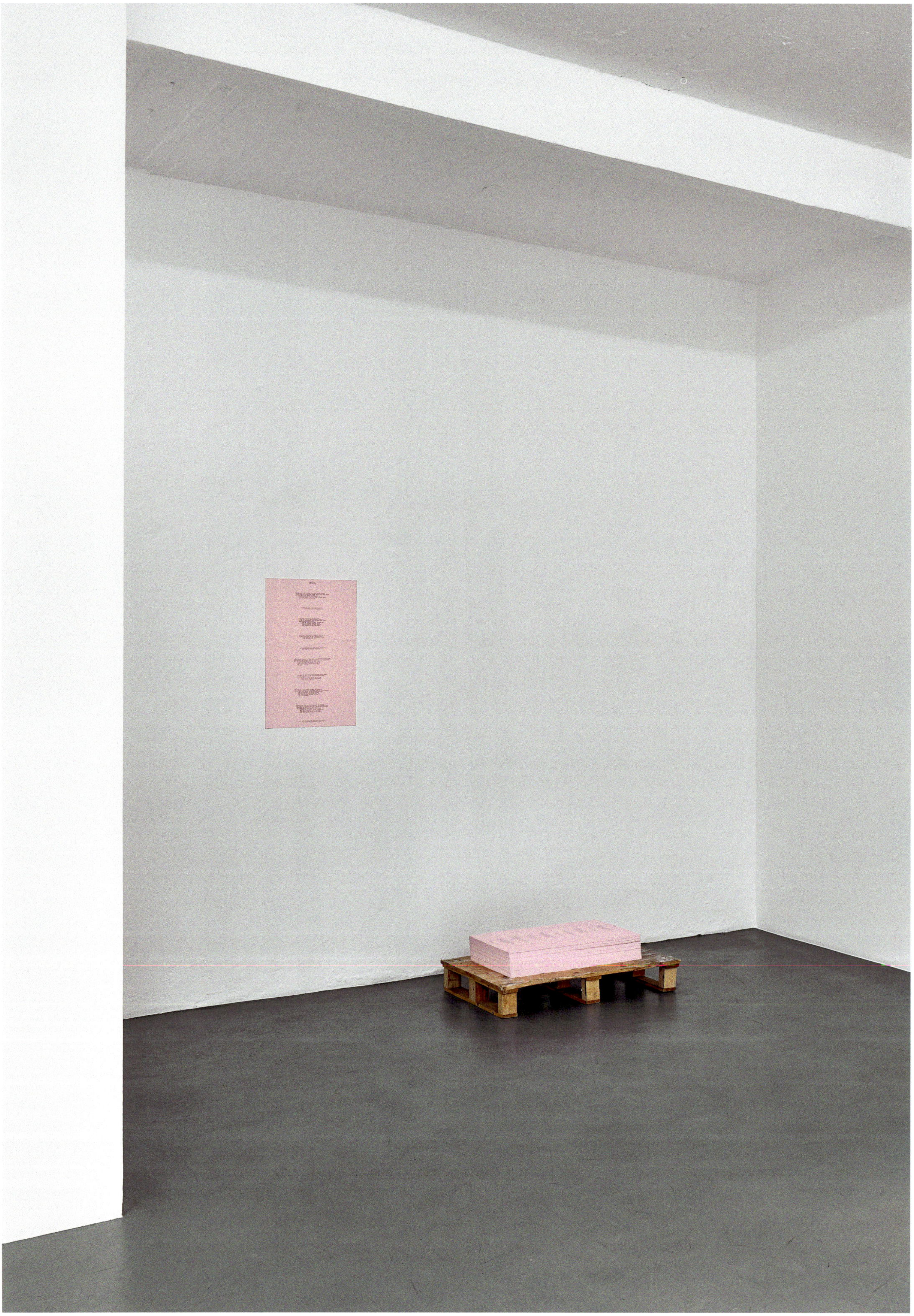

LINKS & UNTEN
Bruce Nauman
Body Pressure, 1974
Druck auf Papier, Holz
Poster: 64 × 42 cm
Ausstellungsansicht *50 Years of Konrad Fischer Galerie 1967–2017*, Konrad Fischer Galerie, Berlin 2017

NÄCHSTE DOPPELSEITE
Bruce Nauman
2 Heads on Base #1, 1989
Wachs
31 × 47 × 29 cm

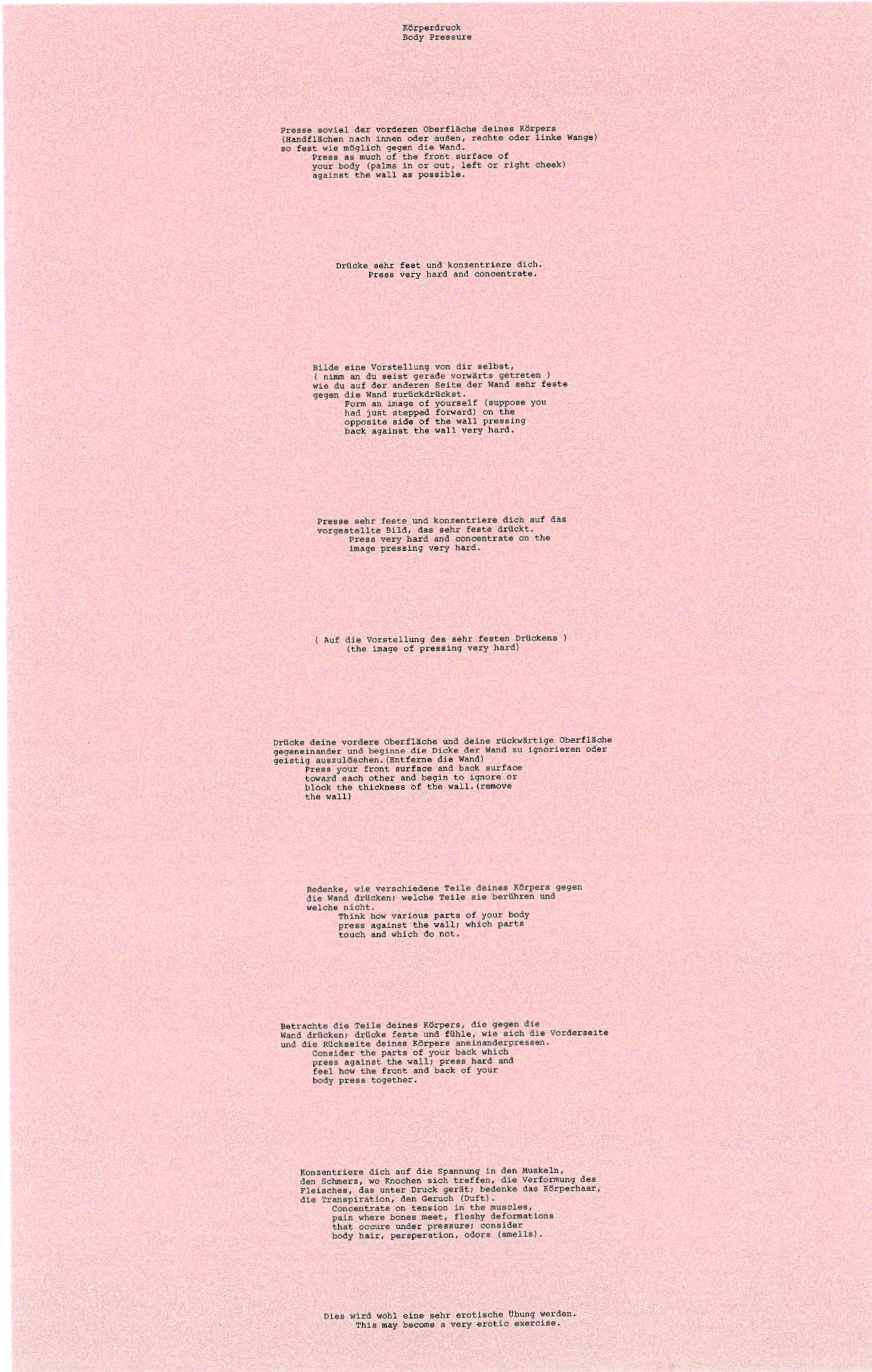

Körperdruck
Body Pressure

Presse soviel der vorderen Oberfläche deines Körpers (Handflächen nach innen oder außen, rechte oder linke Wange) so fest wie möglich gegen die Wand.
Press as much of the front surface of your body (palms in or out, left or right cheek) against the wall as possible.

Drücke sehr fest und konzentriere dich.
Press very hard and concentrate.

Bilde eine Vorstellung von dir selbst, (nimm an du seist gerade vorwärts getreten) wie du auf der anderen Seite der Wand sehr feste gegen die Wand zurückdrückst.
Form an image of yourself (suppose you had just stepped forward) on the opposite side of the wall pressing back against the wall very hard.

Presse sehr feste und konzentriere dich auf das vorgestellte Bild, das sehr feste drückt.
Press very hard and concentrate on the image pressing very hard.

(Auf die Vorstellung des sehr festen Drückens)
(the image of pressing very hard)

Drücke deine vordere Oberfläche und deine rückwärtige Oberfläche gegeneinander und beginne die Dicke der Wand zu ignorieren oder geistig auszulöschen.(Entferne die Wand)
Press your front surface and back surface toward each other and begin to ignore or block the thickness of the wall.(remove the wall)

Bedenke, wie verschiedene Teile deines Körpers gegen die Wand drücken; welche Teile sie berühren und welche nicht.
Think how various parts of your body press against the wall; which parts touch and which do not.

Betrachte die Teile deines Körpers, die gegen die Wand drücken; drücke feste und fühle, wie sich die Vorderseite und die Rückseite deines Körpers aneinanderpressen.
Consider the parts of your back which press against the wall; press hard and feel how the front and back of your body press together.

Konzentriere dich auf die Spannung in den Muskeln, den Schmerz, wo Knochen sich treffen, die Verformung des Fleisches, das unter Druck gerät; bedenke das Körperhaar, die Transpiration, den Geruch (Duft).
Concentrate on tension in the muscles, pain where bones meet, fleshy deformations that occure under pressure; consider body hair, persperation, odors (smells).

Dies wird wohl eine sehr erotische Übung werden.
This may become a very erotic exercise.

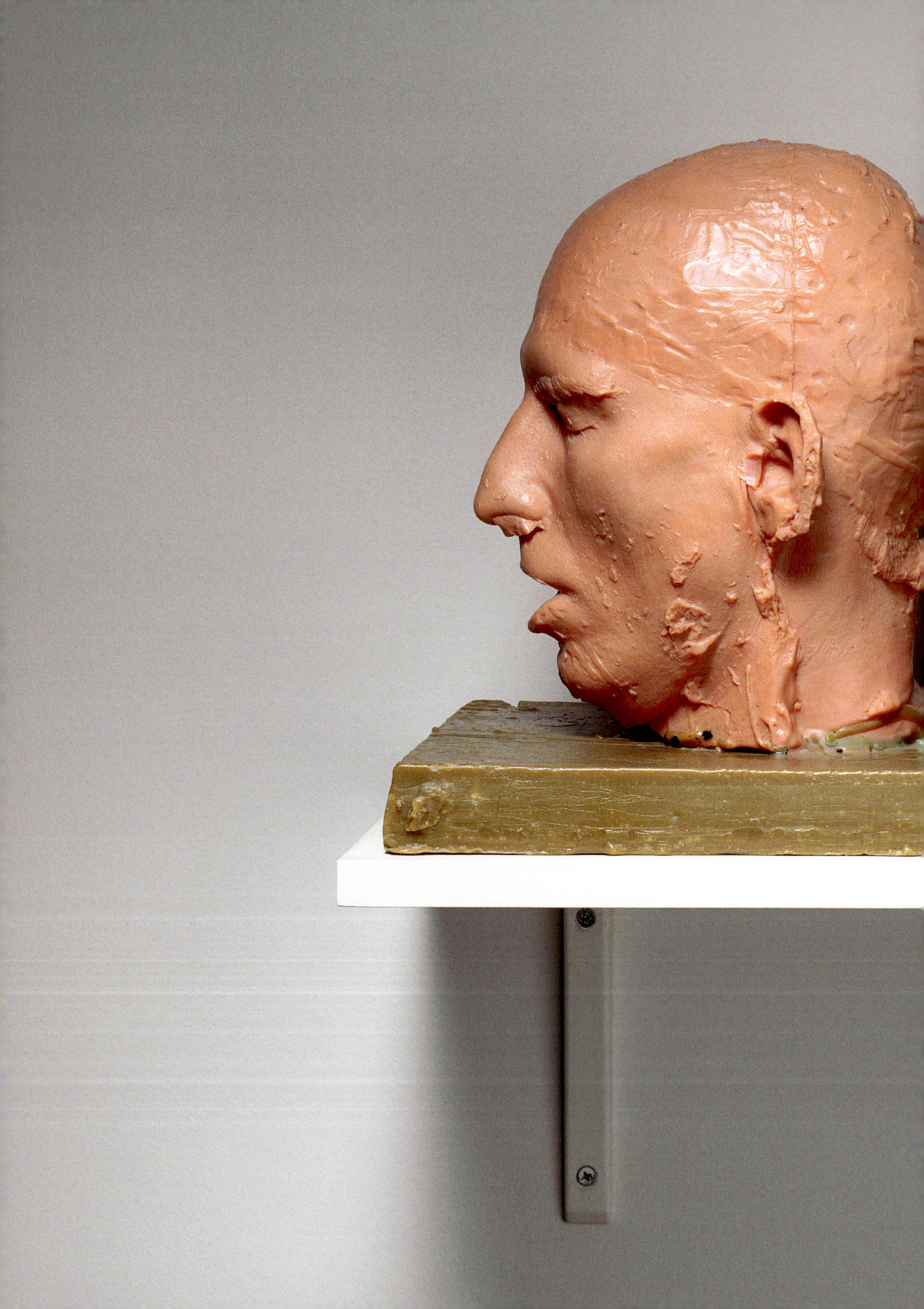

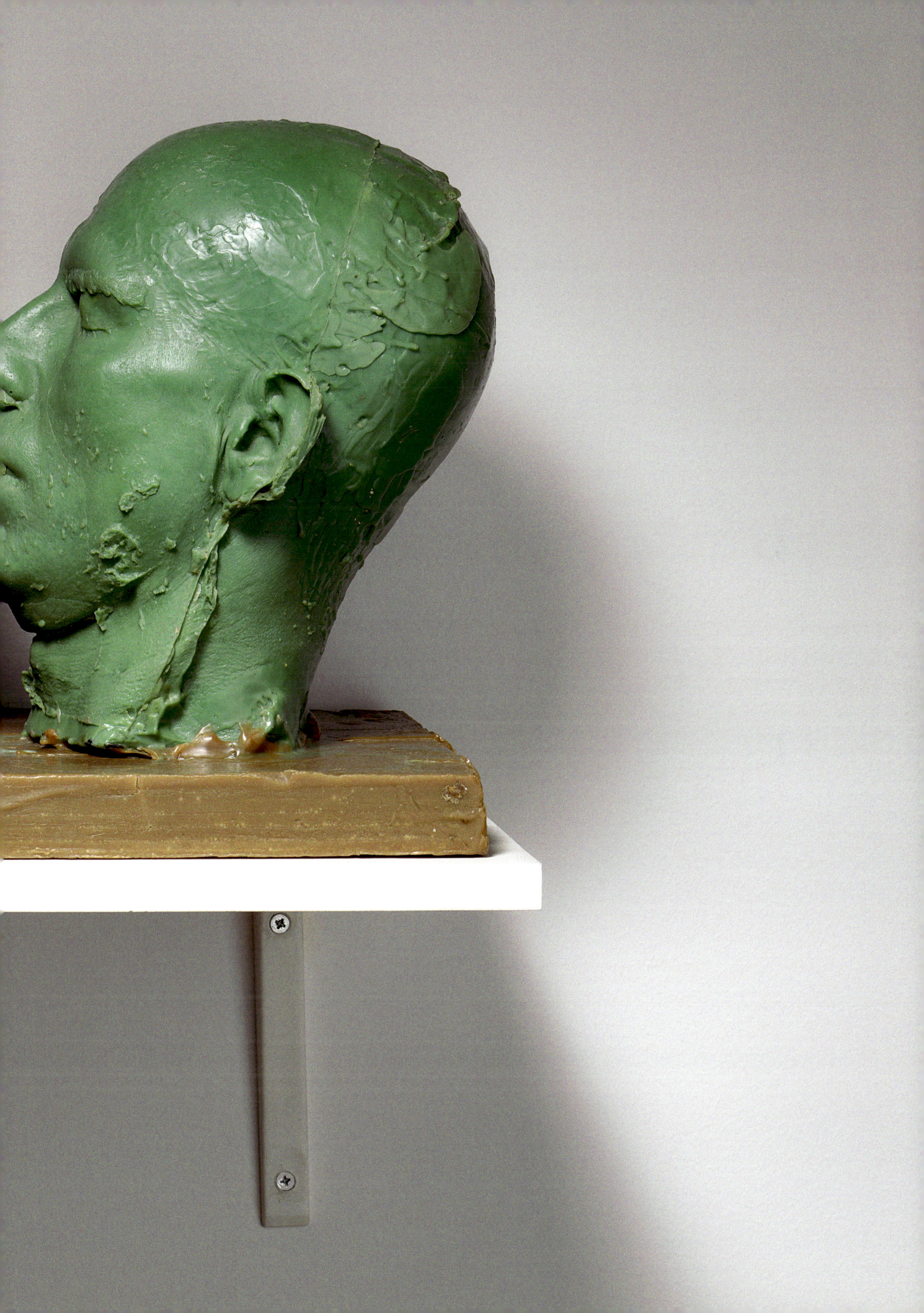

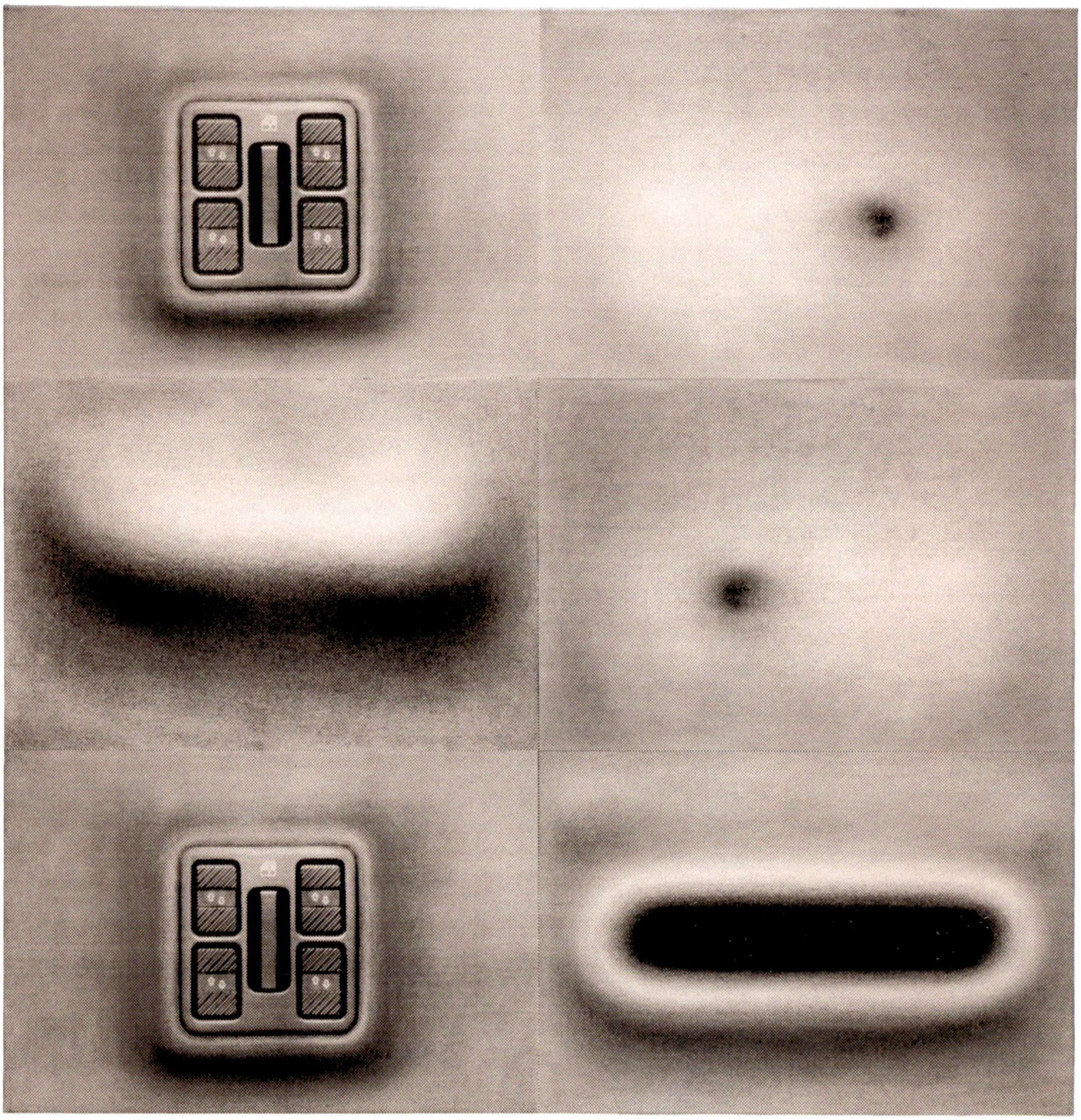

LINKS
Tishan Hsu
Cordless, 1989
Siebdruck auf Leinwand
180 × 180 cm

UNTEN
Tishan Hsu
Transfusion, 1988
Keramikfliesen, Verbundstoff, Chrom, Gummi, Acryl, Edelstahl, Holz
93,9 × 231,1 × 134,6 cm

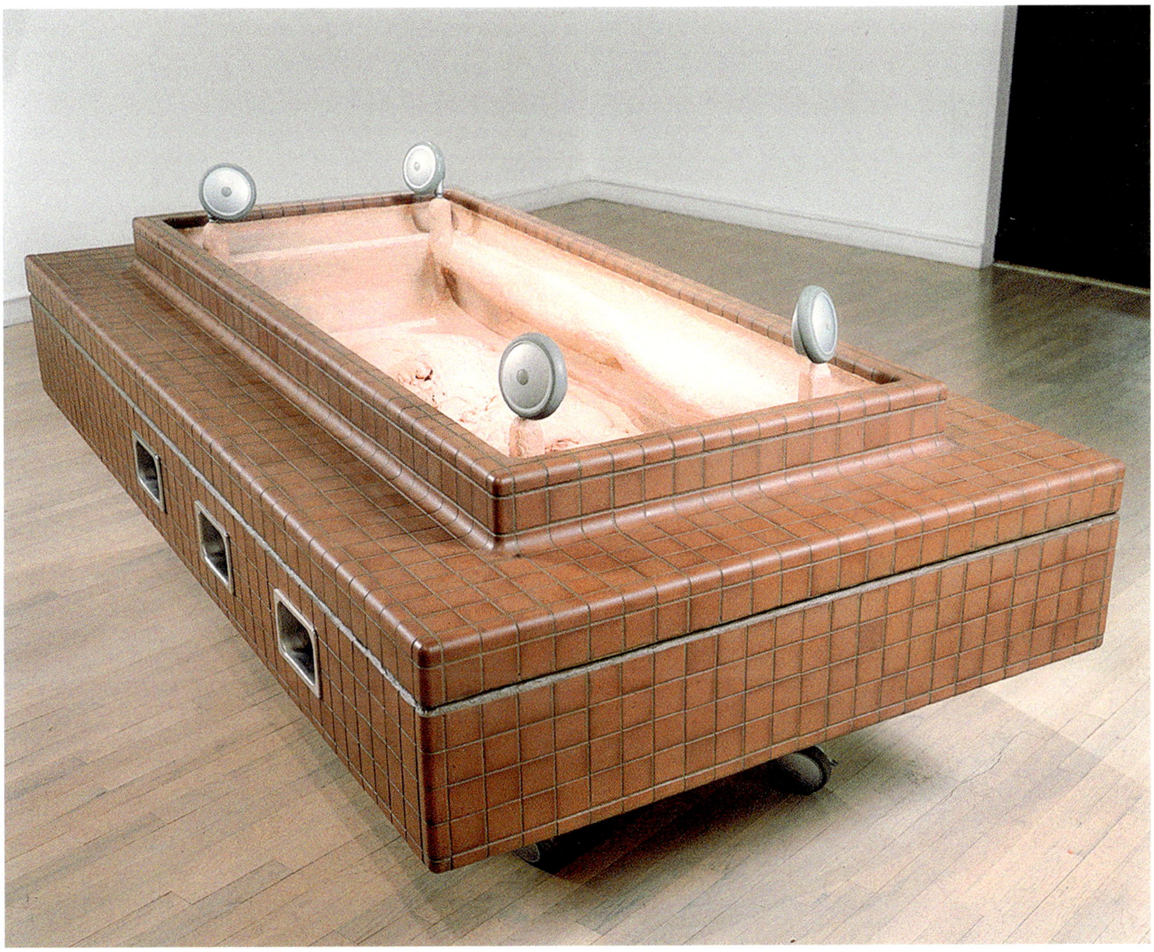

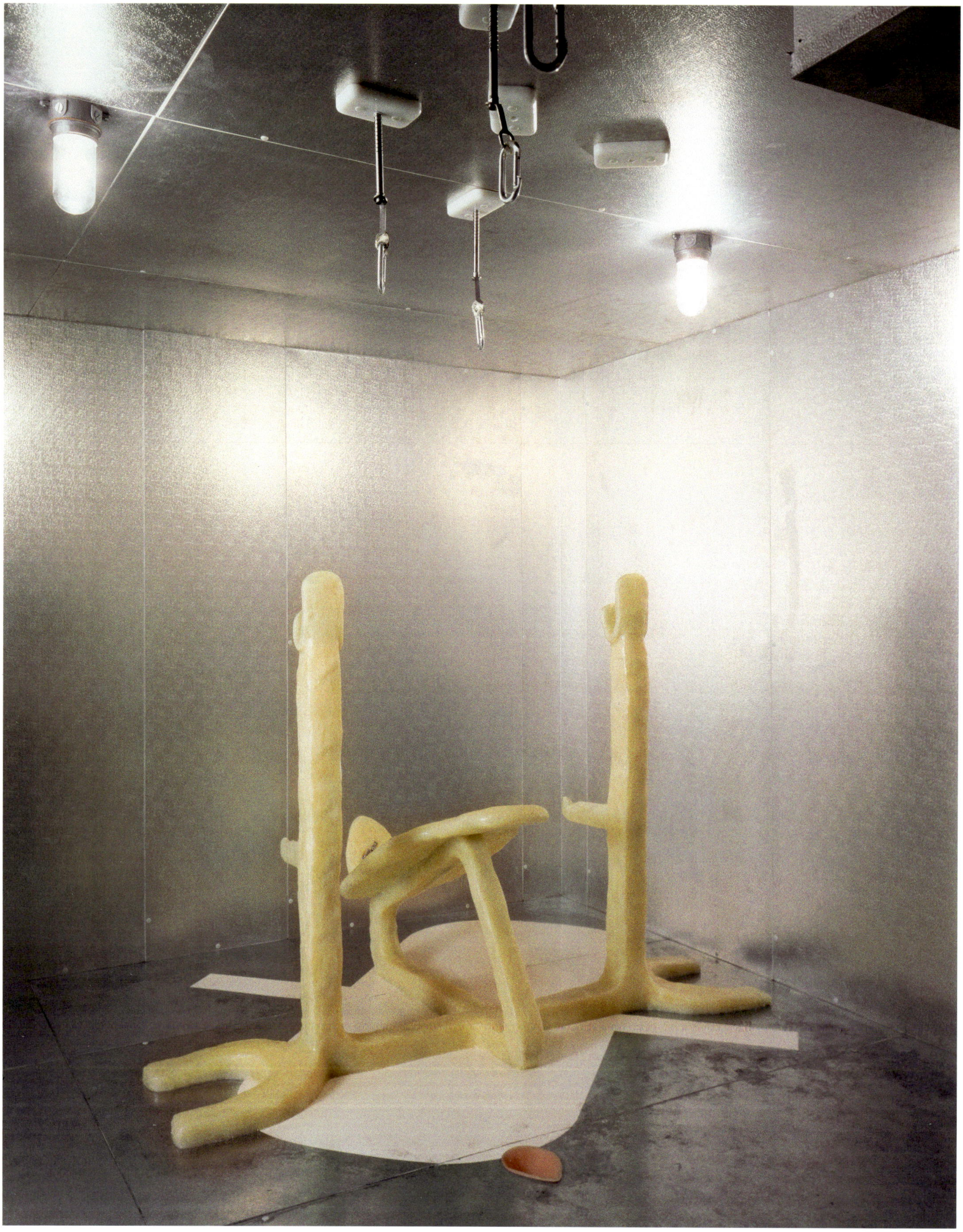

LINKS & UNTEN
Matthew Barney
TRANSEXUALIS (decline), 1991
– HYPERTROPHY *(pectoralis majora) H.C.G.*
– JIM BLIND (m.): *hypothermal penetrator*
OTTO: Body Temp. 66°
Kühlraum, Drückbank aus geformter und gegossener Vaseline, humanes Choriongonadotropin, Spekulum, Brustform aus Silikon, Video
259,1 × 411,5 × 353,1 cm

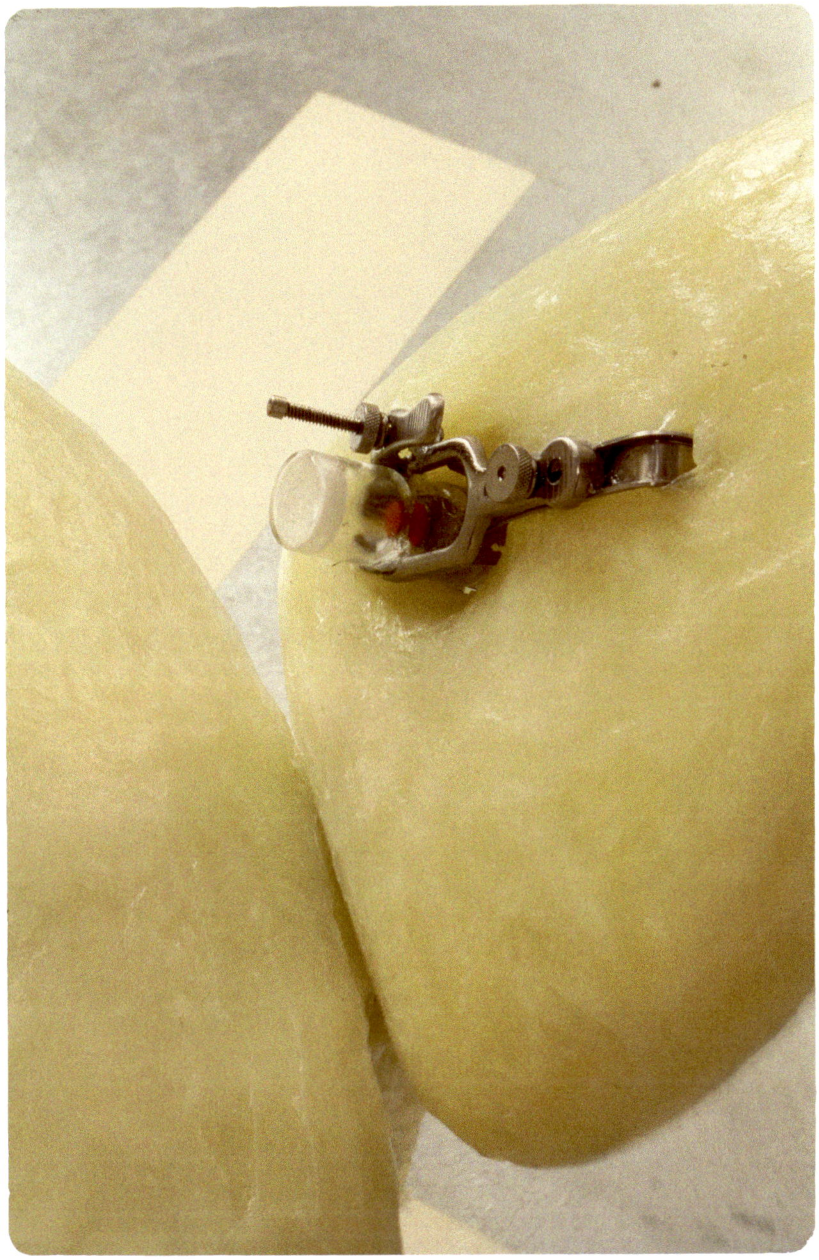

UNTEN
Felix Gonzalez-Torres
„Untitled" (Lover Boys), 1991
Spiralförmig blau-weiße Bonbons in durchsichtiger Folie, unbegrenztes Angebot
Gesamtmaße variieren je nach Präsentation, Idealgewicht: 161kg
Ausstellungsansicht *Aftershock: The Legacy of the Ready-Made in Post-War and Contemporary Art*, Dickinson Roundell Inc., New York 2003

RECHTS
Felix Gonzalez-Torres
„Untitled" (Lover Boys), 1991
Spiralförmig blau-weiße Bonbons in durchsichtiger Folie, unbegrenztes Angebot
Gesamtmaße variieren je nach Präsentation, Idealgewicht: 161kg
Ausstellungsansicht *Felix Gonzalez-Torres, Michael Jenkins*, Galerie Xavier Hufkens, Brüssel 1991

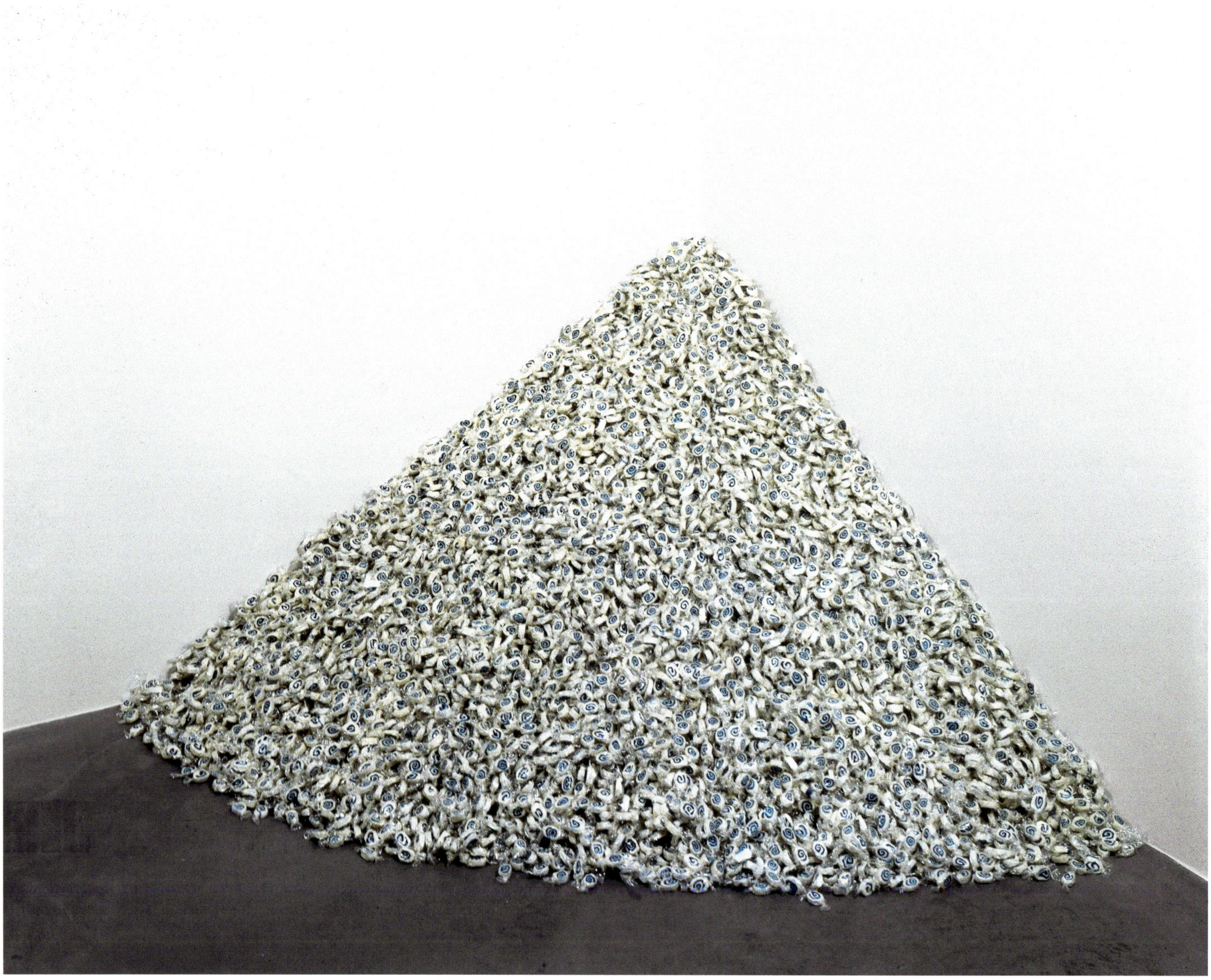

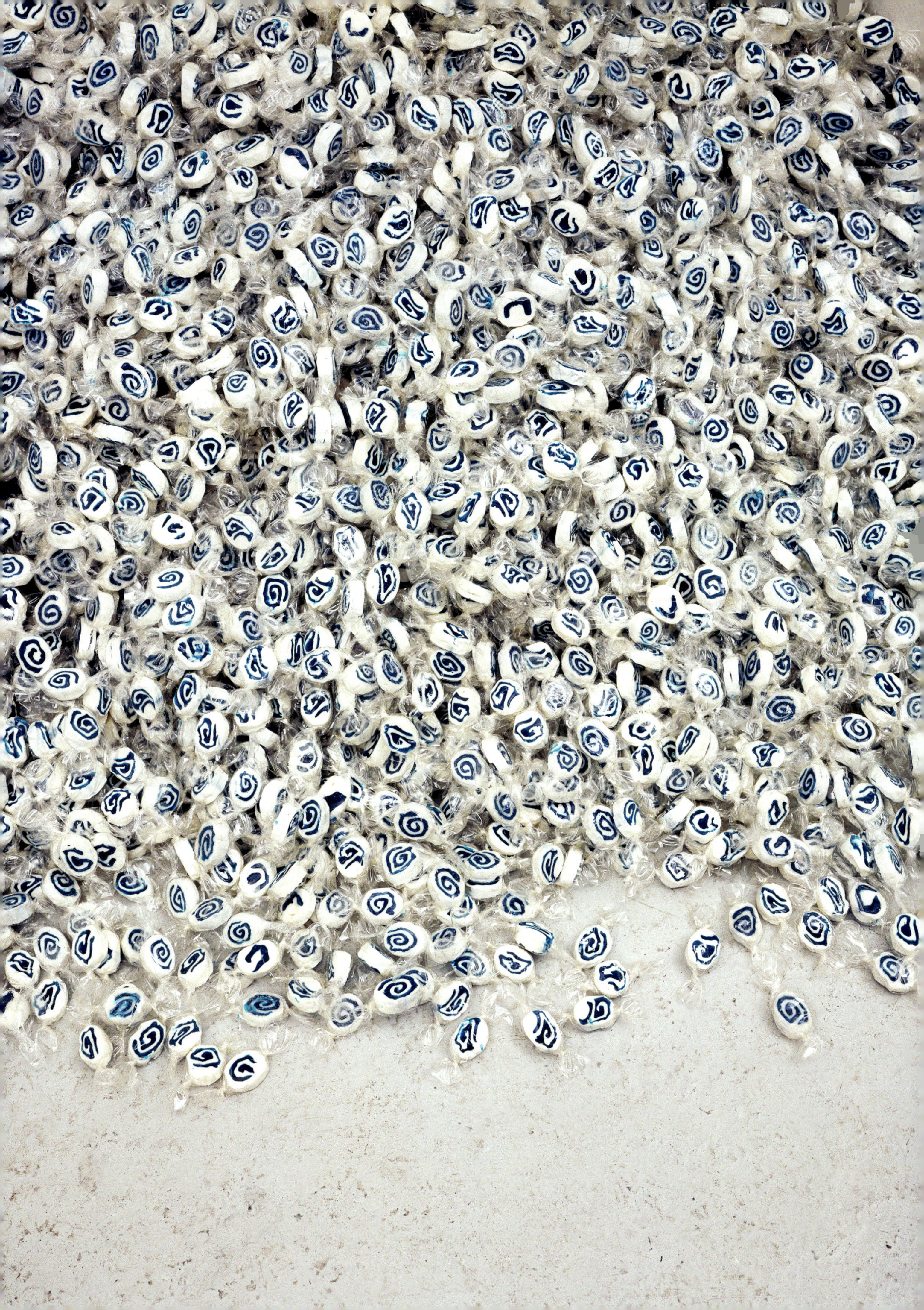

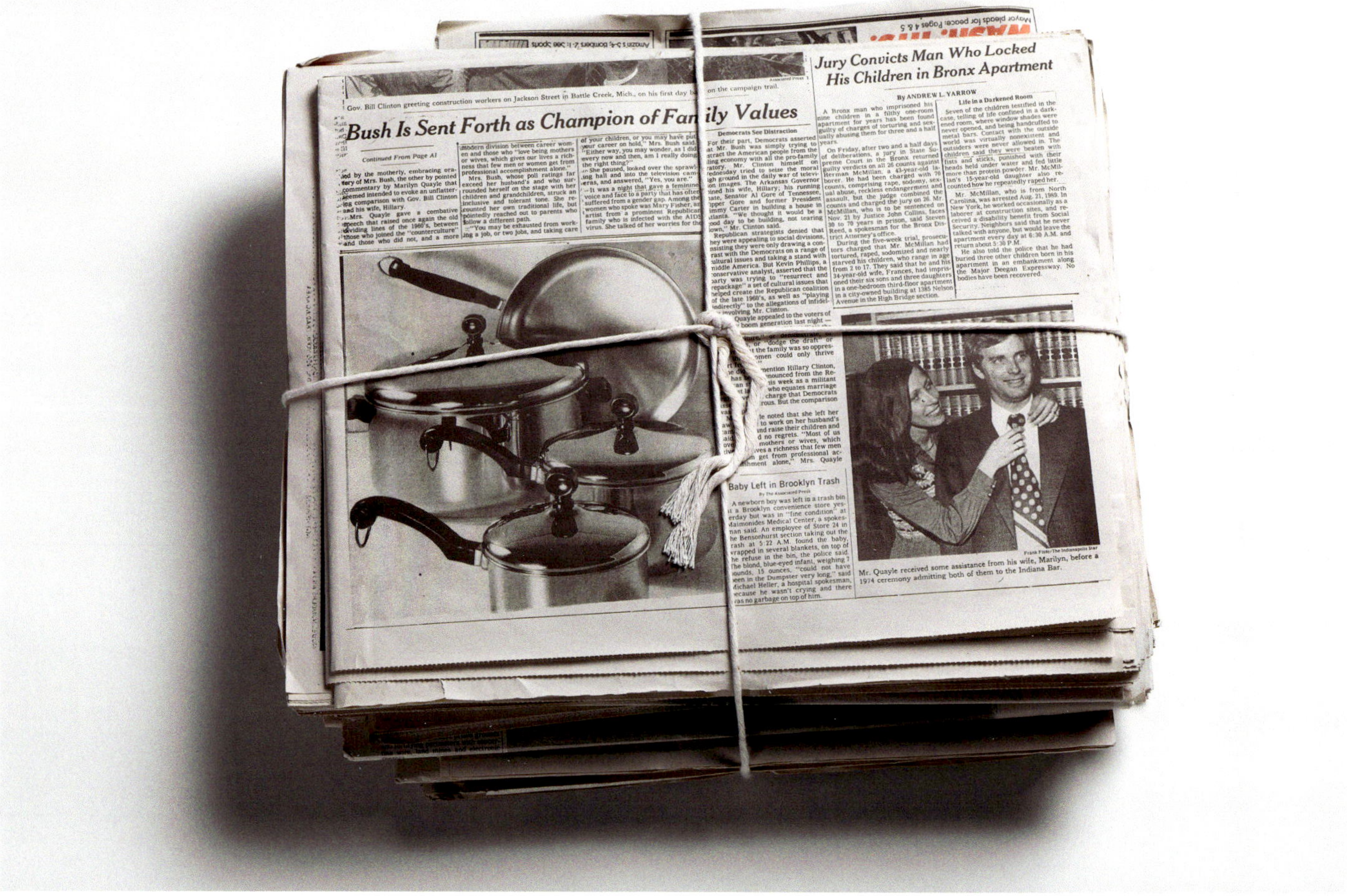
Jury Convicts Man Who Locked
His Children in Bronx Apartment
Bush Is Sent Forth as Champion of Family Values
Baby Left in Brooklyn Trash
Mr. Quayle received some assistance from his wife, Marilyn, before a 1974 ceremony admitting both of them to the Indiana Bar.

LINKS
Robert Gober
Newspaper, 1992
Fotolithografie auf Papier, Schnur
11 × 39 × 37 cm

UNTEN
Robert Gober
Untitled, 1990
Lack auf Gips, Holz, Stahl und Draht
81,5 × 80,5 × 68,5 cm

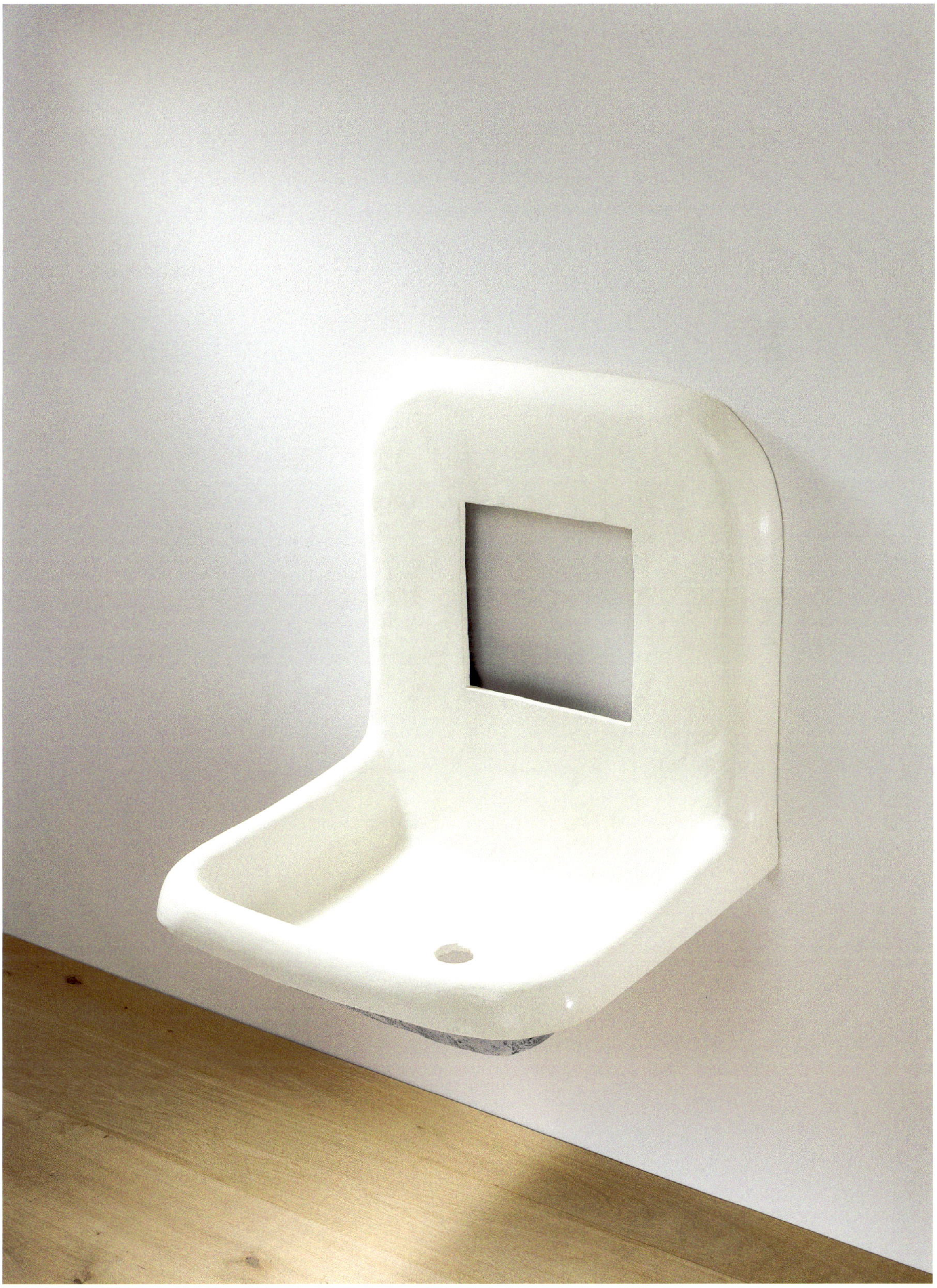

Franz West
Paßstücke mit Box und Video, 1996
Passstücke: Metall, Gips, Gaze, Kunststoff; Bodenplatte: Holz;
Kabine: Holz, Metall, Stoff; Monitor, Videorekorder, Video
Passstücke: 104 × 20 × 36 cm, 100 × 27 × 34 cm,
103 × 40 × 17 cm, 97 × 29 × 30 cm; Bodenplatte: 5 × 220 × 60 cm;
Kabine: 210 × 563 × 293 cm
Ausstellungsansicht *Franz West*, Tate Modern, London 2019

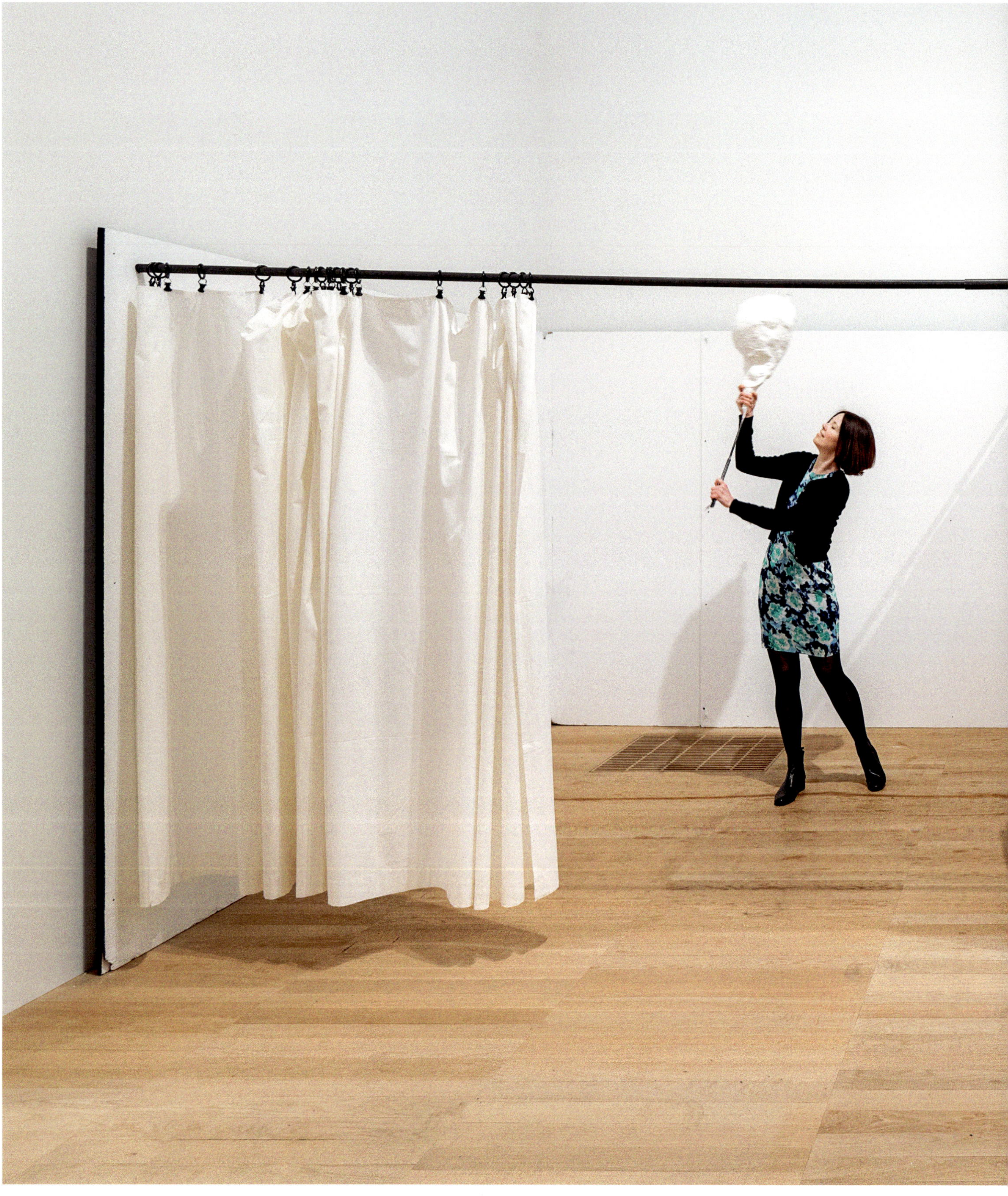

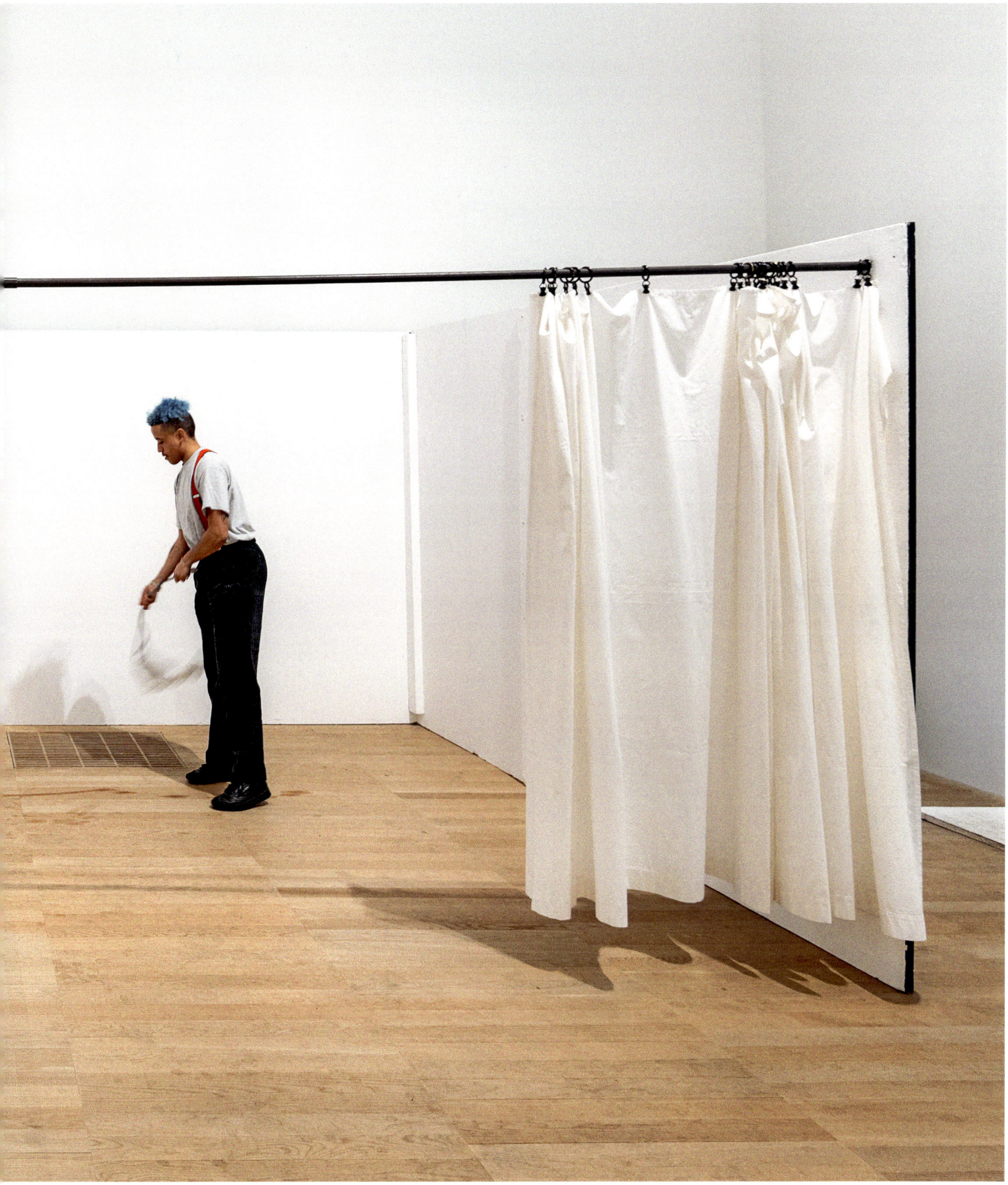

UNTEN
Franz West
Paßstücke mit Box und Video, 1996
Passstücke: Metall, Gips, Gaze, Kunststoff; Bodenplatte: Holz;
Kabine: Holz, Metall, Stoff; Monitor, Videorekorder, Video
Passstücke: 104 × 20 × 36 cm, 100 × 27 × 34 cm,
103 × 40 × 17 cm, 97 × 29 × 30 cm; Bodenplatte: 5 × 220 × 60 cm;
Kabine: 210 × 563 × 293 cm
Ausstellungsansicht *No Illusions*, KAI 10 / Arthena Foundation,
Düsseldorf 2008

RECHTS
Franz West
2 Paßstücke, 2003
Passstücke: Epoxidharz, Gips, Gaze, Dispersion;
Sockel: Holz, Dispersion
Relief: 42 × 24 × 47 cm; Skulptur: 54 × 34 × 41 cm;
Sockel: 81 × 70 × 50 cm

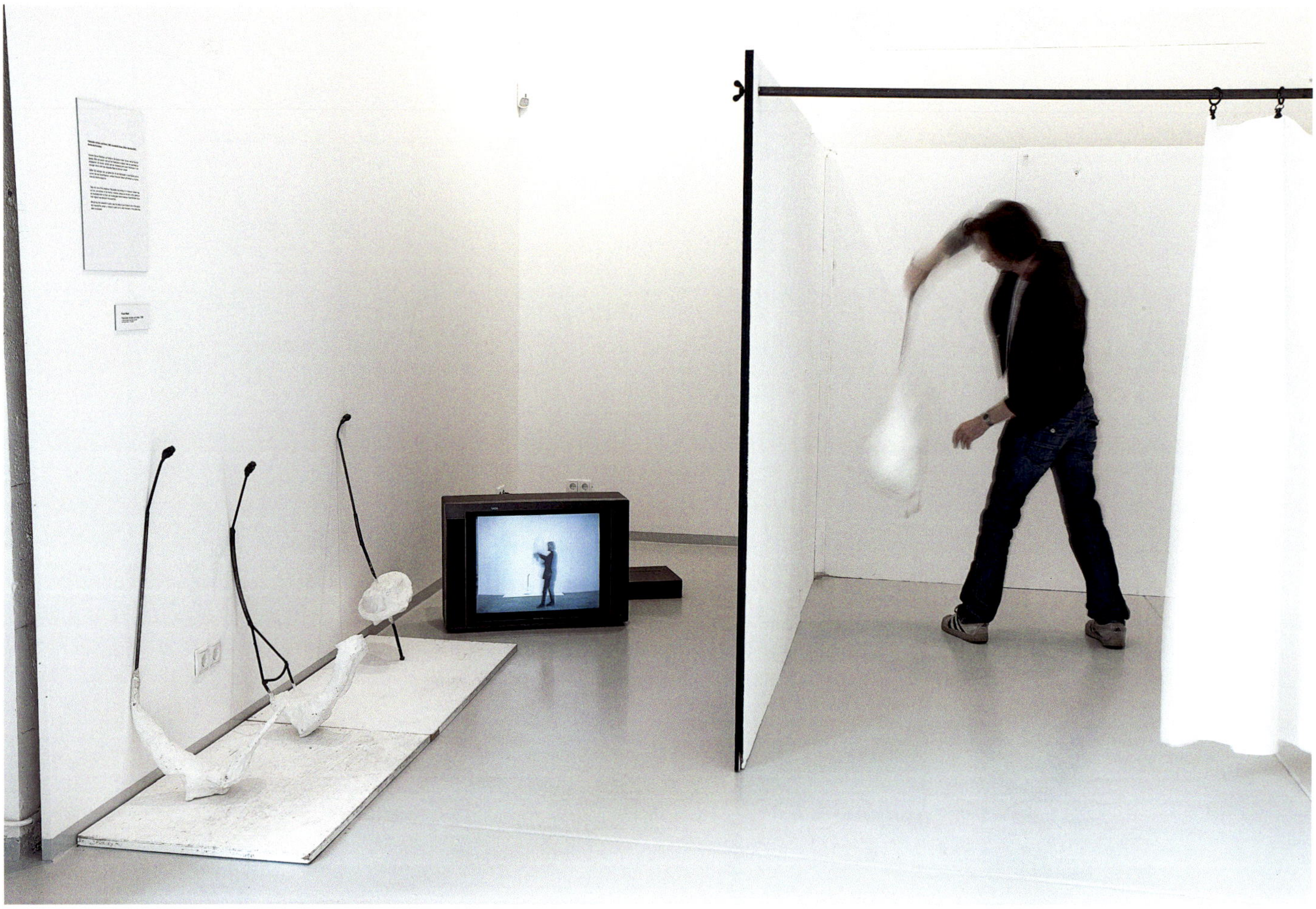

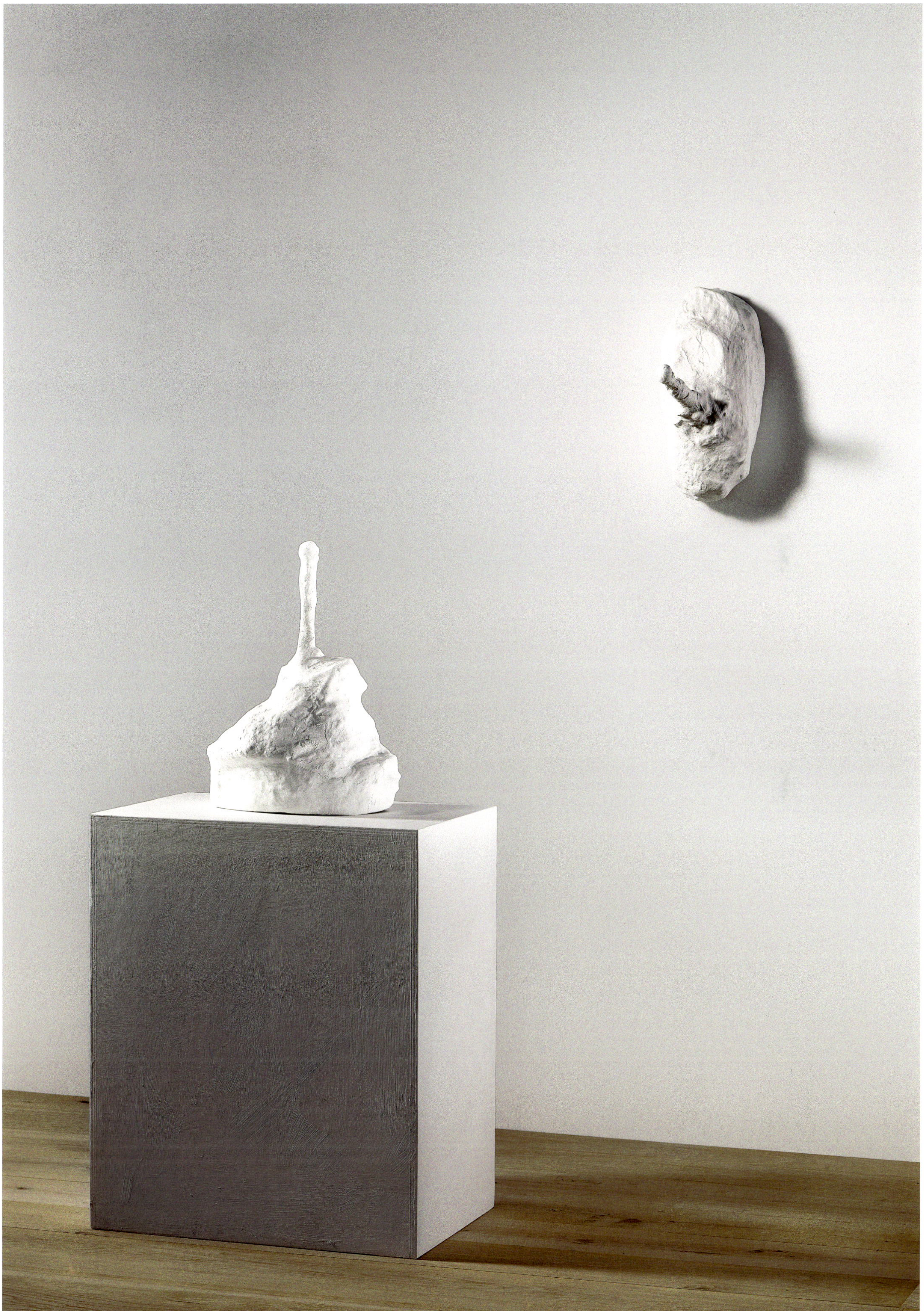

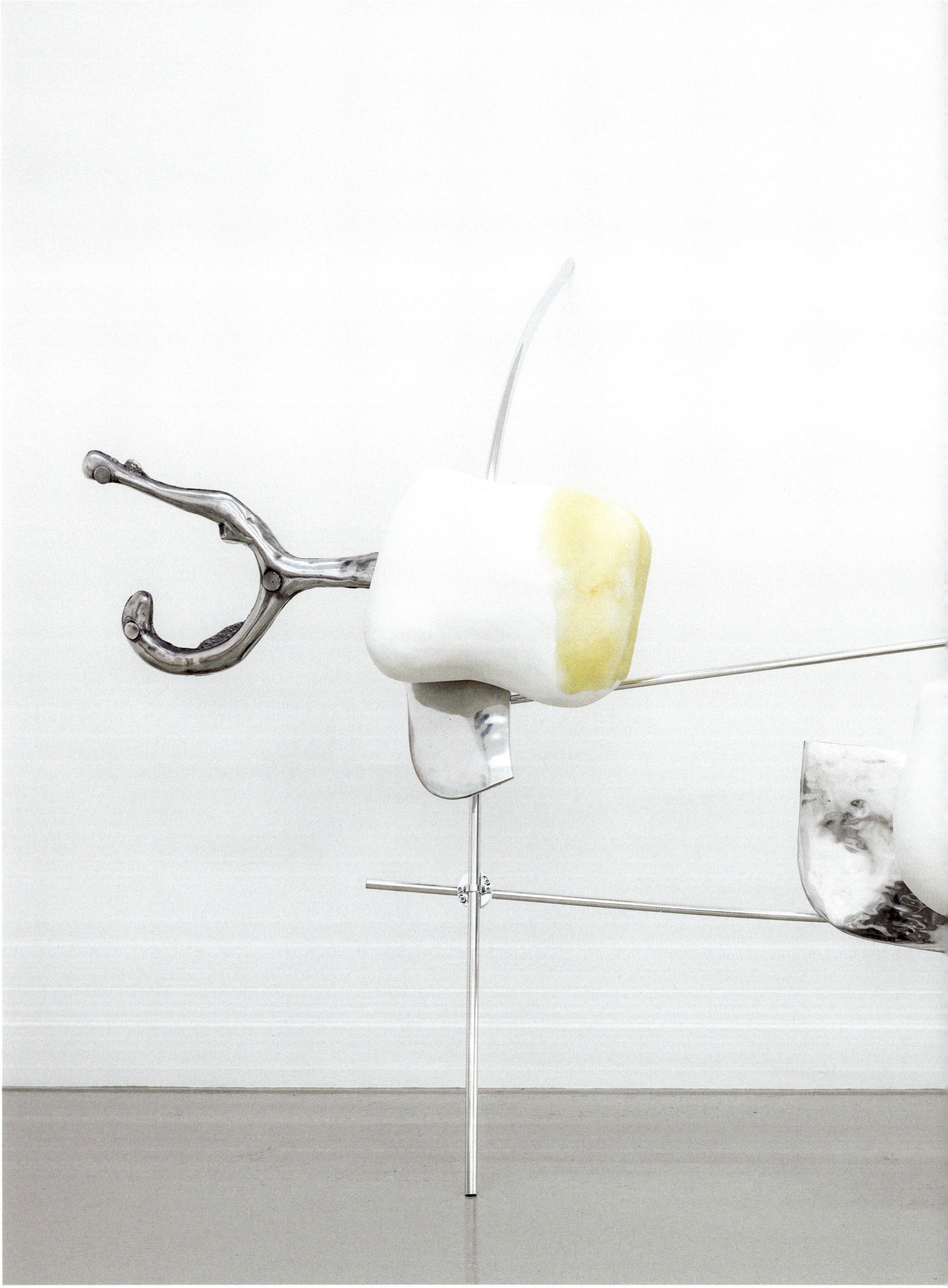

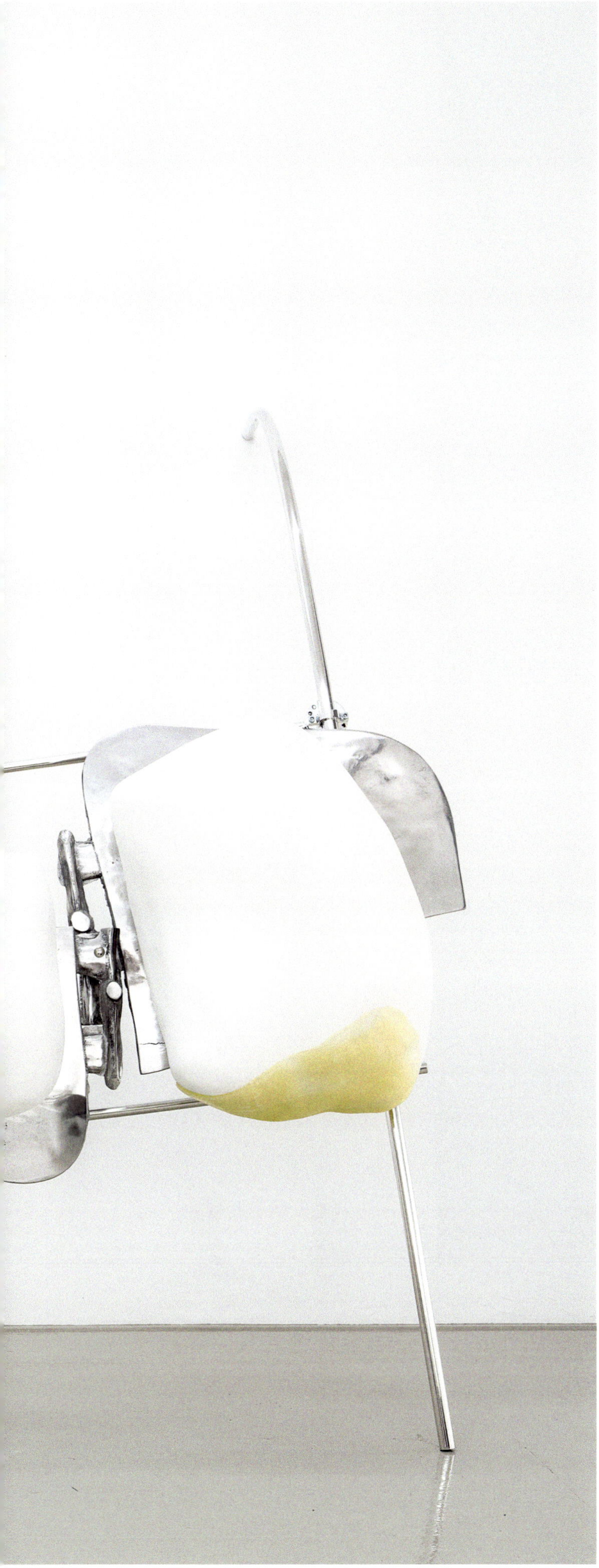

Nairy Baghramian
Scruff of the Neck, 2016
Gegossenes und poliertes Aluminium, polierte Aluminiumstangen, Gips, Bienenwachs und Gummi
210 × 305 × 145 cm

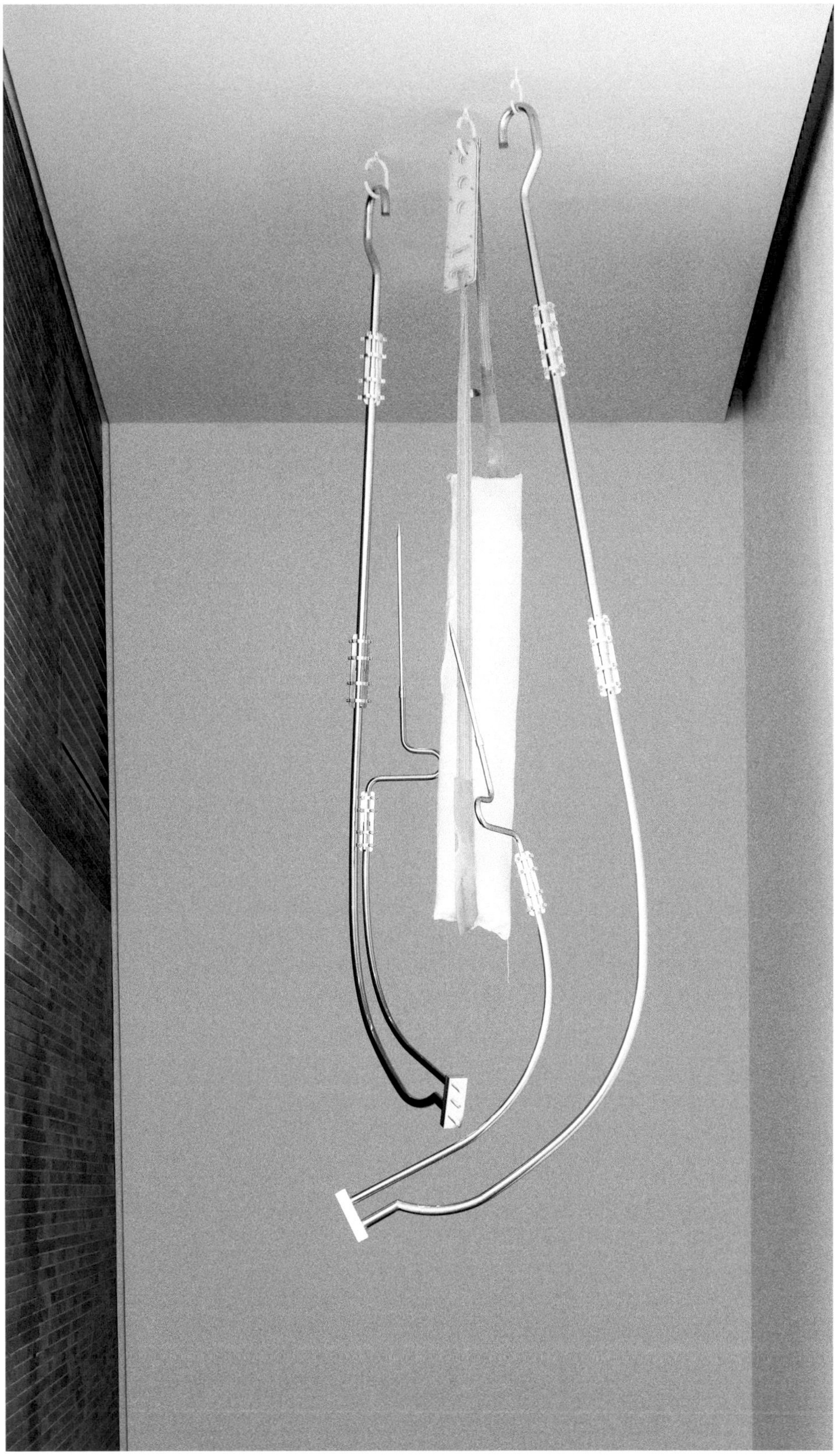

LINKS
Nairy Baghramian
Headgear, 2016
Polierter Edelstahl, poliertes Aluminium, Stoff, Silikon, Gummi, Polyurethanschaum, Polycarbonat
ca. 700 × 500 × 150 cm

UNTEN
Jesse Darling
Eccentric Contraction (still standing), 2017
Stahl, Aluminium, Gummi, Lack
233 × 75 × 97 cm

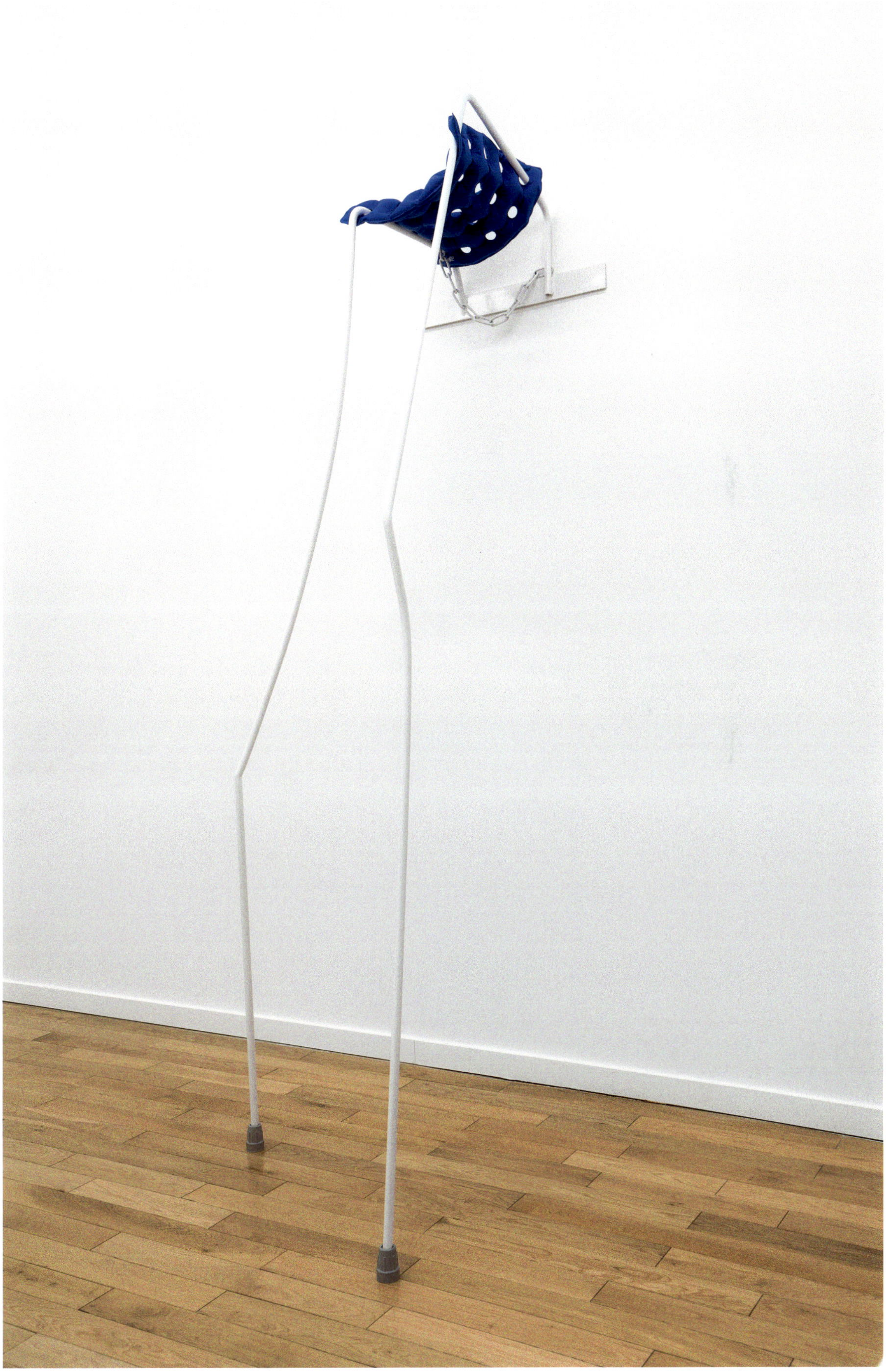

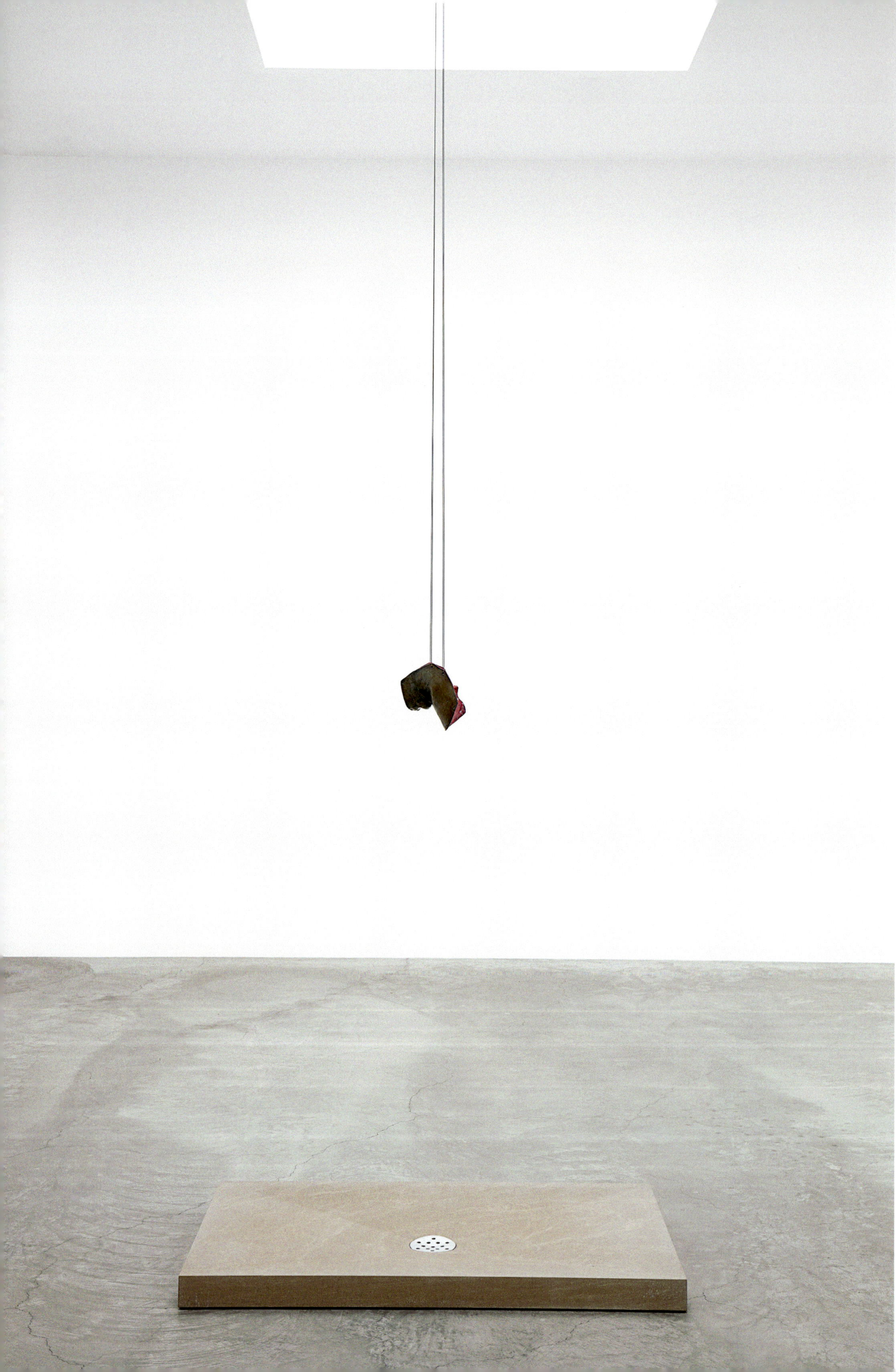

LINKS & UNTEN
Julia Phillips
Drainer II, 2021
Keramik, Stahldrahtseil und Sandstein
Basis: 9 × 152 × 89 cm; Keramik: 21,6 × 34,3 × 20,3 cm;
Hängehöhe: 188 cm

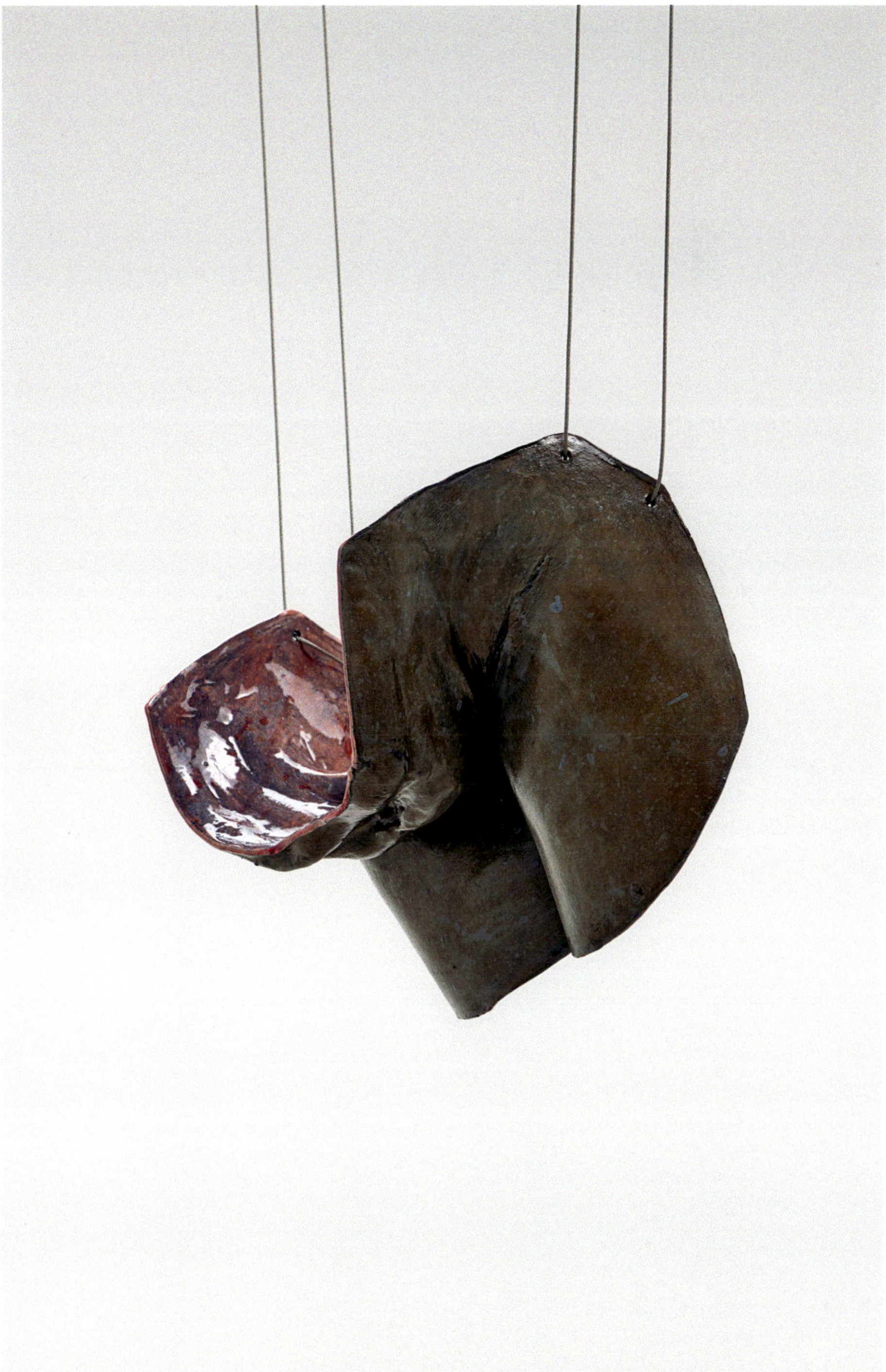

MASCHINEN UND DIE ETHIK DER ‚MISCEGENATION'[1]

LOUIS CHUDE-SOKEI

In seinem kontrovers diskutierten Buch *Love and Sex with Robots* (2007) zieht der internationale Schachgroßmeister und bekannte Experte für künstliche Intelligenz (KI) David Levy die ebenso zeitgemäße wie aufschlussreiche kulturell-technologische Analogie:

> Wenn Robotergeschöpfe erst einmal als biologischen Kreaturen ähnlich wahrgenommen werden, wird die Wirkung auf die Gesellschaft enorm sein: so als wären Massen von Menschen aus einem bislang unbekannten und weit entfernten Land an unseren Küsten gelandet, Menschen, die sich in vielerlei Hinsicht verhalten wie wir, die jedoch ganz offensichtlich anders sind als wir.[2]

Dass er diese Analogien derart problemlos konstatiert, war weniger kontrovers als die Annahmen, auf denen sein Buch fußt, nämlich die von Geschlechterbeziehungen zwischen Robotern und Menschen und ihren möglichen Auswirkungen, verbunden mit Levys nonchalanter Einstellung zur Ethik. Dennoch lohnt die Leichtigkeit der Analogien und wie selbstverständlich sie noch den flüchtigsten Leser:innen vorkommen, einer eingehenderen Betrachtung. Hier soll dargelegt werden, dass uns genau diese Facetten verständlich machen, wie und warum die Frage der *Ethik* zum Angelpunkt der öffentlichen Diskussionen um die Beziehungen von Menschen zu Maschinen geworden ist.

WETTLAUF ZUR SINGULARITÄT

Die Geschichte der Technologie von der Industrialisierung bis zur Kybernetik, von der Robotertechnik zur KI wimmelt von solch beiläufigen Analogien zwischen Mensch und Maschine, Nicht-*weißen* und Robotern, zwischen Technologie und gesellschaftlich, kulturell ‚Anderen'. Die Geschichte der Science-Fiction hat dazu beigetragen, diese Parallelen in einer Weise vernünftig und natürlich erscheinen zu lassen, dass Fragen von Race und Differenz – einschließlich von Geschlecht und Immigration, wie Levy uns erinnert – entscheidend für die Software des Genres sind, und zwar in so hohem Maße, dass sie beim Konsum solcher Narrative für uns stets Sinn ergeben. Für den Autor ist es nicht wichtig zu begreifen, wie bemerkenswert es ist, dass die primäre Schablone für das Verständnis von Robotern eine von Race, Geschlecht, Arbeit und Immigration ist, weil das schon immer notwendig so war. Die realen Auswirkungen dieser Metaphern sind so selbstverständlich geworden, dass sie kulturell unsichtbar sind. Das ist schließlich die Logik der Metapher: Sie stellt Verbindungen her, die bereits einen Sinn ergeben, und löscht so die historischen Spannungen, welche sie überhaupt erst ermöglichen und fortwährend aufladen.

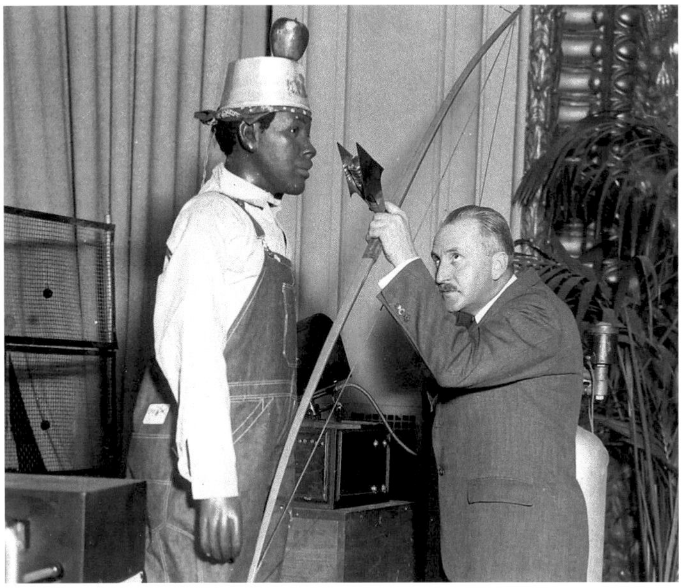

ABB. 1
Rastus Robot, entwickelt von S. M. Kinter, hier in der Figur des Schweizer Volkshelden Wilhelm Tell, veröffentlicht in: *Modern Mechanix*, März 1931, S. 79

Am wichtigsten ist hier, dass Levy anhand von Geschlecht, Race und Robotertechnik erzählt, was wir in der Nachfolge des Futuristen und Technologen Ray Kurzweil zunehmend als ‚die Singularität' bezeichnen: jenen apokalyptischen Moment, in dem Maschinen in ihren kognitiven Fähigkeiten und möglicherweise auch in gesellschaftlichem Wert den Menschen gleich werden oder sie übertreffen, jenen Augenblick, der die Science-Fiction seit ihren Anfängen befeuert hat, seit Autoren wie Samuel Butler oder Karel Čapek. Diese Autoren und ihr Topos von der ‚Revolte der Roboter' / ‚dem Aufstand der Maschinen' im Gefolge von Mary Shelleys *Frankenstein oder Der Moderne Prometheus* (1818) sowie der weniger bekannten Kurzgeschichte „Der Glockenturm" von Herman Melville in seinen *Piazza-Erzählungen* (1856) prägen das Genre bis heute, das unmittelbar aus den Ängsten des 19. Jahrhunderts vor der Vergeltung der Versklavten, aus der Furcht vor dem Widerstand gegen den Kolonialismus sowie dem Schrecken des 19. und 20. Jahrhunderts vor Arbeiter:innenaufständen erwuchs.

Derzeit wird die Singularität jedoch vor allem von dem definiert und produziert, was der Schwarze britische Theoretiker und Künstler sowie bekannte Afrofuturist Kodwo Eshun die Zukunftsindustrien nennt: „die einander überlappenden Industrien der technisch-wissenschaftlichen Fiktionsmedien, der technologischen Projektion und der Vorhersage der Märkte".[3] Aus Eshuns Perspektive, in der Race entscheidend dafür ist, wie wir uns die Zukunft denken, stellt sich die Frage, was wäre, wenn wir nicht von dieser Industrie und ihrem Zerrbild einer angeblich unausweichlichen Zukunft abhingen und stattdessen aus dem wachsenden Cluster von Perspektiven des Afrofuturismus schöpften (ich scheue mich noch, es einen Diskurs zu nennen), um der Singularität Sinn zu verleihen? Tief verwurzelt in den historischen Erfahrungen der Schwarzen Völker in und nach der Sklaverei und dem Kolonialismus existiert eine Eschatologie, die uns der schwülstigen Dichotomie von konzerngeführter Zukunft und vermeintlich überwundener Vergangenheit enthebt. Sie fragt: was, wenn die Apokalypse bereits stattgefunden hat? Was, wenn Sun Ra, der Musiker und selbst ernannte Prophet, recht hat und wir das Ende der Welt schon hinter uns gelassen haben? Was, wenn die Zukunftsängste vieler – vor empfindsamen Maschinen und einer künstlichen Intelligenz, die menschliche Vorstellungen von Gott, Staat oder Unendlichkeit hinter sich lässt, aber auch Freiheiten und Freuden verspricht, die alles bisher Bekannte übertreffen – nur ein Déjà-vu sind?

Diese Auffassung von Zeit hat etwas Befreiendes. Sie richtet unser Denken neu aus, fort von einer Angst vor dem unmittelbar Bevorstehenden, hin zu einer Anerkennung von Immanenz, von unserer bereits gegebenen Verstrickung in die Auswirkungen jener Angst. Sie enthebt uns der Starre der staatlich geförderten Techno-Utopismen und verlagert Zeitlichkeit in den vertrauteren, wenn auch zutiefst beunruhigenden Bereich anhaltender Ängste und Sehnsüchte. Dies entlarvt, dass im Technologiekontext und seinen konzerngesteuerten Zukünften keine kurzweilsche Singularität in Sicht ist, kein entscheidender Augenblick, in dem ‚Menschen' ihre ‚Biologie' transzendieren, in dem Technologie die menschliche Intelligenz überflügelt oder Maschinen menschliche Kapazitäten überholen. Mehr noch, an der Singularität ist nichts Singuläres, daher sind die Schwarzen Reaktionen auf die Apokalypse oft von einer an Blasiertheit grenzenden Vertrautheit. Das liegt daran, dass die Welt für uns längst zu Ende ist. In Anlehnung an Samuel R. Delany, den großen Schwarzen Science-Fiction-Autor und -Kritiker sowie Theoretiker des unsagbaren, grenzüberschreitenden Begehrens, hat die Apokalypse längst stattgefunden und wir wühlen lediglich in der Asche.[4]

Diese Eschatologie ist von Bedeutung, weil Levys Zukunft ebenso wie die von Kurzweil, Elon Musk oder all jenen, die immer noch einen Großteil der technologischen Entwicklung im Westen antreiben, lediglich ein Echo einer früheren, aber nicht weniger bedeutsamen Transformation ist, mit der wir lange genug gelebt haben, um ihren Ursprung zu vergessen. Es handelt sich um eine Transformation, an die wir uns unterschiedlich erinnern, je nachdem, auf welcher Seite der Mensch-/Nicht-Mensch-Kluft wir uns befinden. Von diesen verschiedenen Standpunkten aus ermöglichte die erste Singularität entweder einen Machtzuwachs oder einen Machtverlust, als die Grenze zwischen den beiden Kategorien zu verwischen anfing und die gesellschaftlichen Strukturen, die sie ermöglichten, die volle Wucht der Angriffe auf ihre Legitimität zu spüren bekamen.

Mit dem Afrofuturismus gedacht, wird der unmittelbar bevorstehende Moment, in dem aus Maschinen Bürger:innen werden, gleichberechtigt und/oder getrennt, oder Dinge zu Personen werden und an unsere Ufer emigrieren, lediglich eine nicht allzu weit zurückliegende Vergangenheit wiederholen. Damals waren es Schwarze, die – auf Objekte reduziert, denen Seele und Intelligenz abgesprochen wurden, und durch die Logik der Sklaverei zwischen Tier und Automaton, zwischen belebtem Werkzeug (wie Aristoteles Versklavte beschrieb) und dunkler Prothese gefangen – zu menschlichen Wesen wurden und mit ihnen verschmolzen.

GESCHLECHT, RACE UND ROBOTERETHIK

Wir sollten nicht vergessen, dass dieser historischen Veränderung mit ähnlichen Reaktionen begegnet wurde wie der kurzweilschen Singularität: mit Furcht und Eifer der Apokalypse, insbesondere, als deutlich wurde, dass die politischen Narrative und Strukturen des Rassismus gleichermaßen auf wissenschaftlichen Auffassungen von Differenz aufbauten wie auf der Notwendigkeit, Begehren zu kontrollieren. Von größter Bedeutung sind hier vielleicht der Aspekt der Verschmelzung sowie der ausgeklügelte sexuelle beziehungsweise reproduktive Mythos, der von der Rede über Vermischung, Assimilierung und soziokultureller Intimität angedeutet wird. Das alles ist keineswegs neu. Levy erkennt dies in seinem Folgevortrag von 2016 mit dem Titel „Why Not Marry a Robot" an, der sein Interesse an der Intimität von Mensch und Maschine und den damit einhergehenden kulturellen Auswirkungen und Verwandlungen auf geradezu natürliche Weise in ein Interesse an der (sexuellen) Vermischung beider übergehen lässt.[5] Das sollte nicht überraschen, vergegenwärtigt man sich die letzten ein, zwei Generationen der ‚Cybertheorie' und des ‚Cyborg-Feminismus' sowie das Aufkommen von ‚robosexuals' als sozialem Typus. Mensch-/Maschine-Hybride lassen sich nicht vollständig ins Auge fassen ohne den Prozess, in dem Hybride im Allgemeinen entstehen: Sex.

„Why Not Marry a Robot" legt dar, dass die Rechtfertigung einer Mensch-/Roboter-Ehe aus der ‚interracial marriage', der ‚Mischehe', abgeleitet werden kann, sollte und wird. Entscheidend für Levys Argumentation ist, dass ein Verbot derartiger Beziehungen letzten Endes in der Überzeugung gründete, dass Race einen Unterschied im biologischen Status oder gar in der Spezies impliziere. Das heißt, sie:er waren keine Menschen oder Personen vor dem Gesetz. Derartige Verbote werden – Levy zufolge wie auch bei der gleichgeschlechtlichen Ehe – in naher Zukunft auf dieselbe Weise von unserer Kultur überwunden, wie dies bei den Gesetzen gegen sexuelle Verbindungen oder eheliche Beziehungen zwischen Menschen zweier Races der Fall war. Diese Verwendung von Race ist weder nur metaphorisch noch leichtfertig, wie es sonst bei so vielen Analogien zwischen Race, Gender und weiteren Formen des Andersseins vorkommen kann. Die Mischehe wurzelt in erster Linie im Kontext der früheren Singularität, als insbesondere Schwarze noch als minderwertig galten, schlimmstenfalls als Sachen oder Tiere und bestenfalls als niedere Art von Mensch. Als ein Ergebnis jener Singularität bedeutete die Mischehe eine juristische und moralische Neudefinition gesellschaftlich-biologischer Kategorien, die in Levys Sichtweise auf ewig einen Präzedenzfall konstituiert.

Levys Denken ist sogar noch exzentrischer und deshalb umso hilfreicher bei der zunehmenden Schwierigkeit, das begriffliche Gestrüpp aus Race, Geschlecht und Maschinen zu entwirren. Sein Ziel ist nicht allein, das Recht der Menschen auf Liebe zu verankern oder die Liebe als primäres Zeichen für ‚das Menschliche' zu sehen, sondern das Recht des Roboters auf freie Wahl – oder, genauer gesagt, zumindest das Recht auf Ablehnung – zu schützen und somit geltend zu machen. ‚Menschsein' ist in diesem Zusammenhang irrelevant. Die Beziehung bestimmt, was Intimität ist und was gesellschaftliche Anerkennung fordert. Intimität erzeugt den Anspruch auf Personenstatus. Intimität ist die höchst ethische und transformative Sphäre, und ihr Spektrum affektiver Wirklichkeiten mischt und definiert soziale wie biologische Kategorien neu anhand von Begehren (das heißt, vermöge meiner Liebe – und der Macht, sie legal auszuüben – wird dieses ‚Ding' menschlich. Man erinnere, dass dies lediglich aufs Neue sagt, was wir historisch verträglicher finden:

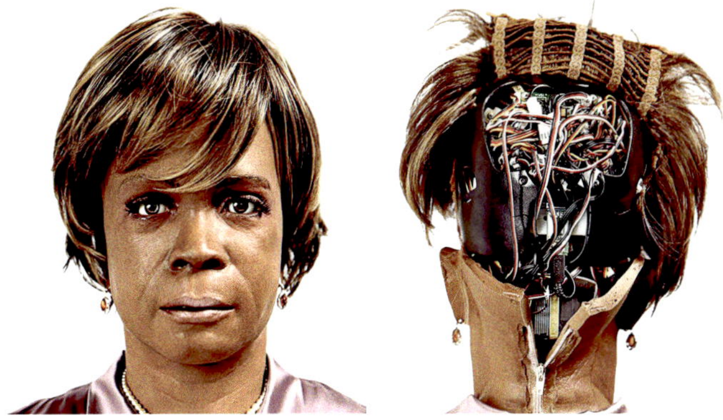

ABB. 2
Bina48 (Breakthrough Intelligence via Neural Architecture 48), Robotergesicht mit Chatbot-Funktionen, das Martine Rothblatts Terasem Movement Foundation gehört und nach ihrer Frau Bina Rothblatt modelliert wurde, Terasem Movement Foundation, Bristol, Vermont

Durch meine Geringschätzung – und die Macht, sie legal auszuüben – wird dieser Mensch zu einer ‚Sache').

Diese Debatten sind vielleicht weniger in der Robotik verwurzelt, als Levy es eingesteht, doch hängen sie eindeutig mit ihr zusammen, insofern als sie auf historische und philosophische Fragen über ‚den Menschen' zurückgehen, die wiederum auf solche über Race zurückgehen. Wichtig ist hier der Hinweis, dass westliche Technologie stets von den Analogien heimgesucht wurde, auf die sich Levy so leichthin stützt, insbesondere die zwischen Maschinen und Versklavten. Sie ist das Ergebnis eines Strebens nach Verkörperung, das älter ist als die Moderne, seinen kulturellen Höhepunkt jedoch im Kontext der Industrialisierung und der Besitzsklaverei erreichte. Dieses Streben nach einer Zukunft, die auf Körper und Arbeit angewiesen ist, während sie zugleich einen Ausweg aus Körpern und Arbeit verspricht, verstrickt die Technologie in Probleme unserer Vergangenheit, und darum verwickeln uns Metaphern wie Race, Geschlecht und Reproduktion in die materiellen Probleme der Vorstellung und der Erfindung einer Zukunft.

Heute drehen sich die Ängste und Argumente hauptsächlich um Algorithmen, Maschinenlernen, neuronale Netze und ihre zunehmend intime Präsenz und kulturelle Macht in der Gesellschaft. Auch wenn der Fokus gegenwärtig weniger auf dem Anthropomorphismus früherer Technikängste liegt, so richtet er sich doch genau auf den Bereich der Ethik, wenn es darum geht, sich mit diesem Erbe von Mensch und Maschine auseinanderzusetzen oder es zu korrigieren. Probleme ergeben sich heute beispielsweise regelmäßig in Bereichen der reinen Erfindung – bei sogenannten frauenfeindlichen Chat-Robotern in den virtuellen Räumen sozialer Netzwerke, bei rassistischer Gesichtserkennungssoftware, vorurteilsbelasteten Algorithmen in neuronalen Netzwerken, dem Ruf nach Roboterrechten im Vorgriff auf vollständige Automatisierung, aber auch dem Schreckgespenst einer KI, die hinreichend menschlich ist, um sie als voreingenommen zu beschreiben.

Und falls all das noch zu abstrakt erscheint, so sind da die komplexen Problematiken von Gender, Geschlecht und Macht im aufkommenden Feld und Markt von Sex-/Escort-

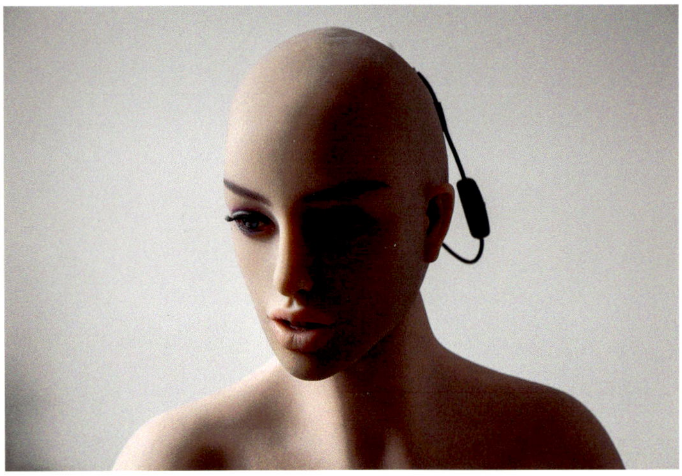

ABB. 3
Roboter-Sexpuppe Modell Ava, hergestellt von Synthea Amatus

Robotern, die zweifellos eine umfassende kulturelle Abrechnung mit all diesen soziopolitischen Fragen erzwingen werden, insbesondere im Bereich der Intimität und von Sex und Ehe. Plötzlich entdecken etwa die Computerwissenschaft oder die Robotik, die weder bekannt noch berühmt dafür sind, Race, Geschlecht und Vorurteil oder gar kultureller Sensibilität viel Aufmerksamkeit zu widmen, dass sie nicht in der Lage sind, Fragen zu beantworten, die den Subtext eines Großteils der Science-Fiction-Literatur bilden, die sich jedoch am besten durch das Prisma Schwarzen und postkolonialen Denkens sowie des Feminismus identifizieren lassen. Fragen wie: Wie schaffen wir künstliche Körper ohne die Geschichten und Gewohnheiten, wie wir verschiedene Körper zuvor behandelt, gekannt und organisiert haben? Wie fassen wir einen künstlichen Verstand, ohne über das Erbe unterschiedlicher Wahrnehmung und der Wahrnehmung von Unterschieden zu stolpern? Und welche Rollen spielen Race, Gender und Begehren bei der Darstellung eines Objekts als Subjekt, einer Sache als Wesen? Das alles haben wir schon einmal erlebt.

PERSONENSTATUS UND AUTONOMIE DER MASCHINE

Maschinenlernen, so wissen wir, konzentriert sich oft auf subtile Exzesse in unserer Sprache und unseren Repräsentationsmustern, besonders auf jene, deren wir uns nicht bewusst sind oder die wir stillschweigend als unangemessen erachten. Mit anderen Worten, Maschinen verstehen unser Zögern, sie kennen unsere Geheimnisse. Seit Langem wissen wir, dass Rassismus oft ein Stocken im Atmen, eine Art Zögern, eine mitunter kaum wahrnehmbare Reaktion auf bestimmte Körper oder unvorhersehbares Begehren ist. So lernt Technologie, was wir mit Blick auf unsere Vergangenheit verdrängen wollen. Gibt es einen deutlicheren Beleg für Vorurteile, als sie nicht etwa durch ihre unverhüllte Spiegelung, sondern durch unser Schweigen und Leugnen reproduziert und verstärkt zu sehen, das nicht wahrnehmbare Geraschel von Haut und Atem? Bis es uns gelingt, unseren technologischen Systemen Schuld einzuprogrammieren, damit sie ihre Reaktionen überwachen oder gar selbst steuern können, werden sie weiterhin viel offener und ehrlicher mit solchen Informationen umgehen als wir.

Damit wir nicht etwa glauben, dass diese Fragen rein abstrakter Natur wären und nur in den privaten Gefilden individueller Ethik oder Paraphilie existierten, haben riesige Techkonzerne wie Microsoft, Amazon und Google – welches heute DeepMind Ethics & Society beherbergt – sowie mächtige Gruppen wie das Institute of Electrical and Electronics Engineers (IEEE) damit begonnen, ihr Interesse am technologischen Fortschritt mit antizipatorischen und präventiven ethischen Normen zu verbinden. Das ist eine Reaktion auf die sogenannten Algorithmen der Unterdrückung oder mathematischen Vernichtungswaffen, die andeuten, wie überraschend anpassungsfähig unsere Technologien gegenüber menschlichen Schwächen sind.[6] Und just in dem Moment, da Maschinen und Algorithmen anfangen, in ihrem Unterscheidungsvermögen Ähnlichkeiten mit Menschen aufzuweisen, hat sogar das Europäische Parlament begonnen, spezielle Regularien zu ihrer Steuerung zu erwägen. Interessanterweise konzentrieren sie sich nicht auf Veränderungen im Design oder von Programmierungsparametern mit einem Bewusstsein für Voreingenommenheit, einem Engagement für die Ausmerzung von Vorurteilen oder für die Veränderung der Techkulturen. Vielmehr ist das Ziel, diesen Technologien eine eigene Form von elektronischem Personenstatus anstatt vollwertigen Menschenstatus zuzugestehen. Die ehemalige britische Premierministerin Theresa May hat beispielsweise erklärt, dass Großbritannien eine Führungsrolle bei der Definition einer Ethik der künstlichen Intelligenz anstreben solle.

Es lässt sich fragen, was diese Art von ‚Personenstatus' bedeutet, da ihr Augenmerk auf der Haftung und der Realität von Vorurteilen bei algorithmischen Entscheidungsprozessen liegt. Wer ist verantwortlich, wenn eine elektronische Person als rassistisch, sexistisch oder anderweitig diskriminierend beurteilt wird? Und impliziert Ethik nicht ein Mindestmaß an Gegenseitigkeit und wechselseitiger Anerkennung?

Die Frage ist unausweichlich, ob dieser Personenstatus weniger mit Ethik zu tun hat als vielmehr einer moralischen Kapitulation. Anstatt sich mit den soziopolitischen und historischen Bedingungen von Vorurteilen zu befassen, werden die Diskussionsparameter auf eine Art und Weise verschoben, die an den alten britischen Imperialismus erinnert, der im 19. Jahrhundert die Sklaverei vor allem deswegen abschaffte, um ‚das ethisch Gebotene' als Hebel angesichts der politischen Bedrohung durch den Aufstieg Amerikas im Atlantikraum zu nutzen. Es ging nicht darum, Rassismus zu beenden, sondern einen politischen Gegner damit anzuprangern. Zum Beispiel scheint das europäische Interesse an einer moralischen Regulierung von künstlicher Intelligenz nur eine Reaktion auf die von China bekundete Absicht, der Weltmarktführer in KI-Technologie zu werden. Hier ist das alte Hin und Her zweier Arten von Imperialismus zu erkennen: der eine unerschrocken technologisch, von Profitstreben getrieben und politisch zügellos, der andere seine rassistische Vergangenheit verleugnend und nur in der Lage, Ersteren in die Schranken zu weisen, indem er ihm eine neue Form von weichem, auf Menschenrechten basierendem Imperialismus entgegenstellt, von dem China seit Langem behauptet, der Westen setze ihn ein, um das chinesische Wirtschaftswachstum und seine Globalisierungsbestrebungen zu hemmen.

Dieser globale Kampf um die Ethik der Maschinenintelligenz sollte uns daran erinnern, dass unsere Zukunft mit den Maschinen in ihrem Personenstatus und seinen unausweichlichen Varianten liegt – und nicht in den Klischees einer selbstermächtigten vorgeblichen Menschlichkeit, in romantischen Lesarten ihrer prinzipiell nicht übersetzbaren (oder nicht kommerzialisierbaren) Natur oder auch in der Art von Ängsten, welche die Kultur und Science-Fiction des 20. Jahrhunderts beherrscht haben, nämlich die vom Anthropomorphismus generierten. Die Tatsache, dass der Menschheit bestimmte ‚Genres' von Mensch gewaltsam vorenthalten wurden, wie die jamaikanische Theoretikerin Sylvia Wynter es formulieren würde, und dass metaphysische, kulturelle und wirtschaftliche Systeme auf ebenjenem Vorenthalt errichtet wurden, bedeutet, dass der Begriff weitaus weniger absolut ist, als seine Mythologie es behauptet.[7] Der Personenstatus ist bedeutsamer, weil er eine sehr viel klarere Geschichte hat als ‚der Mensch', in jedem Fall in sexueller Hinsicht und in Bezug auf Race, und sich auch als Kategorie als sozial flexibler und juristisch anpassungsfähiger erwiesen hat. Zu wissen, wer oder was zur Person werden kann beziehungsweise wird, erfordert schlicht eine Geschichte der Kategorie.

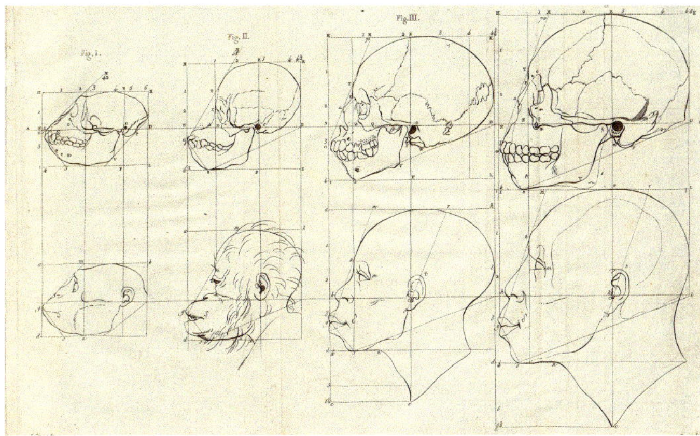

ABB. 4
Petrus Camper, *Übergang des Gesichtswinkels vom Affen zu Apollo*, ca. 1791, Radierung, abgebildet in: ders., *Dissertation sur les variétés naturelles qui caractérisent la physionomie des hommes des divers climats et des différents âges* [Über den natürlichen Unterschied der Gesichtszüge in Menschen verschiedener Gegenden und verschiedenen Alters], H. J. Jansen, Paris/J. Van Cleef, Den Haag 1791, Staatsbibliothek zu Berlin – Preußischer Kulturbesitz, Abteilung Handschriften und Historische Drucke, Signatur: 4" Nn 11758 : R

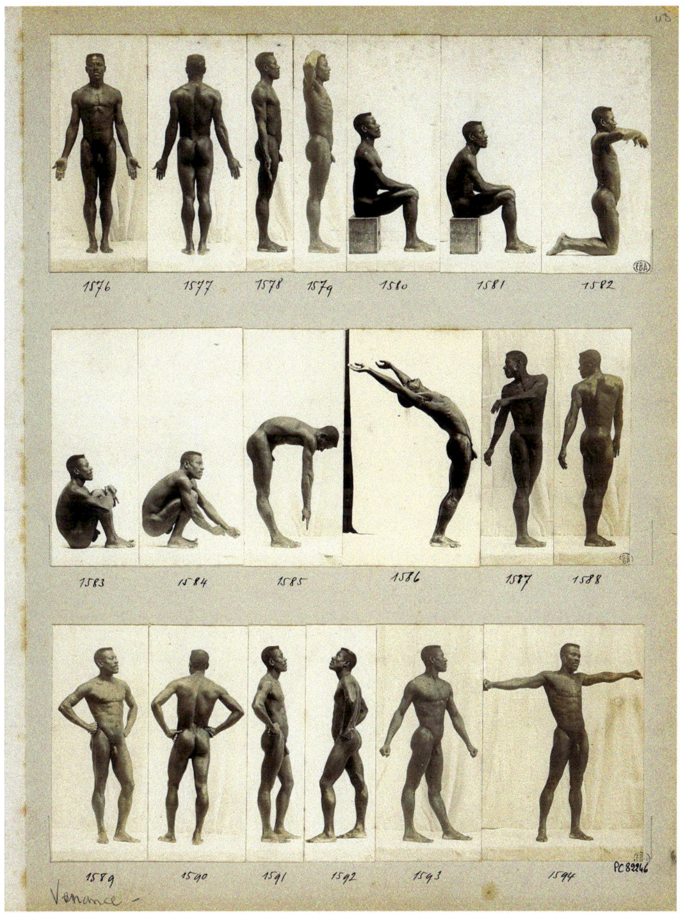

ABB. 5
Paul Richer, *Modèle masculin nu, Venance* [Nacktes männliches Modell, Venance], 1905, Silbergelatineabzug, 31,5 × 24 cm, École nationale supérieure des Beaux-Arts (ENSBA), Paris, abgebildet in: *Carnet de fiches anthropométriques*, 1923–1939

KÖNNEN SACHEN SICH FÜGEN?

Es lohnt sich darauf hinzuweisen, dass die hier erörterte Art von Personenstatus ein Anathema für die von der Hochfinanz abhängigen Firmen ist, die Robotertechnik und KI produzieren. Wer wollte auch eine Ware herstellen, die nicht zu verkaufen ist, weil Vorwürfe einer Form von Schieberei zu befürchten sind? Wer wollte eine Maschine bauen, die nur unter Beachtung ihrer Arbeitsrechte und damit letztlich ihrer Persönlichkeitsrechte eingesetzt werden kann? Selbst Hersteller:innen sogenannter Sex- oder Begleitroboter – und sogar Levy selbst – müssen sich mit zu erwartenden ethischen Normen auseinandersetzen, aber auch mit organisiertem Protest, der in explizit ethischen Begriffen auftritt und stets mit Blick auf ‚echte' Frauen formuliert ist. Dies sind jedoch die primären kulturellen Spannungen und Implikationen des ‚Personenstatus', mit denen sich Hersteller:innen von Maschinensubjekten beziehungsweise von Maschinen, die wie Subjekte aussehen oder funktionieren, auseinandersetzen müssen.

Schließlich wurde der Begriff der Person nicht nur von den gesellschaftlichen Bedingungen des Kapitalismus geprägt, sondern gerade auch durch die Besitzsklaverei. Als formbare und politisch belastete Kategorie ist der Begriff ‚Person' darauf angewiesen, dem Unbelebten Leben einzuhauchen beziehungsweise dem Seelenlosen eine Seele zu verleihen. Der Begriff verleiht Sachen ‚Leben' und soziale Anerkennung, was dann die Möglichkeit von Intimität einschließt oder androht. Allerdings ist es häufiger der Fall, dass Begehren oder Intimität dem Unbelebtem Leben einhaucht und die soziale Anerkennung der Sache erzwingt. Hier kommen wir nicht umhin, auf die heute berühmte Erklärung des Kritikers und Dichters Fred Moten zu verweisen, dass die „Geschichte des Schwarzseins einen Beweis dafür liefert, dass Sachen Widerstand leisten können".[8] Können wir heute die Frage stellen, ob es ebenfalls wahr ist, dass Sachen sich fügen oder einzuwilligen vermögen?

Betrachten wir etwa Levys Erörterung des Falls von Angela Marie Vogel, einer Aktivistin, deren Ehe mit einer Firma (oder ‚juristischen Person') 2012 vom Bundesstaat Washington aufgehoben wurde.[9] Auch hier ist Race entscheidend für die

Formulierung möglicher Formen von Personenstatus und seinem Vermächtnis. Der Staat Washington argumentierte, dass diese ,künstliche Person', obschon mit allen Rechten einer ,natürlichen Person' ausgestattet, nicht heiraten könne, weil sie nicht zu einer Einwilligung fähig sei.

Eigentümlicherweise hatte der Mangel an Einwilligung in diesem Fall wenig damit zu tun, dass die fragliche ,Person' eine künstliche war. Das eigentliche Problem war das Alter des ,Bräutigams': Es/er/sie war nur anderthalb Monate alt, und das Mündigkeitsalter liegt bei 18 Jahren. Abgesehen hiervon ergeben sich noch größere Herausforderungen aus der Flexibilität der Kategorie ,künstliche Person' und ihrer Stichhaltigkeit als juristische Strategie. Zwar vertrat Vogel einen juristischen Standpunkt, doch könnten sich neue Anforderungen aus der ,Objektsexualität' und den verwandten ,objektophilen' Paraphilien ergeben, bei denen Menschen sich in Sachen verlieben und/oder mit ihnen intime, sexuelle und sinnstiftende Beziehungen eingehen, wie zum Beispiel in einigen wohlbekannten Fällen mit Autos, Brücken und Gebäuden (etwa dem Eiffelturm). Sie treten sicherlich durch den wachsenden Markt für ,Sexpuppen' oder ,Begleitroboter' in Erscheinung und könnten durchaus Druck auf die Rechtsordnung ausüben, diese Beziehungen anzuerkennen, vorausgesetzt, die ,künstlichen Personen' haben die Volljährigkeit erreicht.

Wäre Levy etwas tiefer in die amerikanische Geschichte und die Geschichte des Handels mit Versklavten eingestiegen, so wäre klar geworden, dass ,Objektsexualität' und Mischehen weder die primären Präzedenzfälle für die Liebe von Mensch und Roboter sind noch die primäre juristische Rechtfertigung für die Vermählung von Fleisch und Fabrikat. Beide fußen auf etwas sehr viel Grundlegenderem, das die Vereinigung verschiedener Races historisiert und der Unausweichlichkeit weiterer solcher Grenzüberschreitungen den Weg ebnet, nämlich dem Begriff der ,juristischen Person'. Der konzernfeindliche Aktivist und Autor William P. Meyers hat geschrieben: „Sklaverei ist die juristische Fiktion, dass eine Person Eigentum sein kann. Eine juristische Person ist die Fiktion, dass Eigentum eine Person sein kann."[10] Beide juristischen Fiktionen gehen aus derselben Quelle hervor: dem 14. Zusatzartikel zur US-amerikanischen Verfassung.

Erinnern wir uns, dass der 13. Zusatzartikel die Sklaverei in den USA abgeschafft hat. Der 14. Zusatzartikel wurde im Jahr 1868 verabschiedet und sollte die Gleichstellung Schwarzer vor dem Gesetz sowie die Staatsbürger:innenschaft für ehemalige Versklavte im Zuge des Amerikanischen Bürgerkriegs sicherstellen. Er tilgte das berüchtigte ,Dred Scott'-Urteil aus dem Jahr 1857, wonach Menschen, die von Versklavten abstammten, nicht die amerikanische Staatsbürger:innenschaft erhalten konnten. Ebenso bahnte er dem 15. Verfassungszusatz von 1870 den Weg, der männlichen Schwarzen das Wahlrecht zugestand. Im Bewusstsein um die damals nach wie vor gängige Auffassung, dass Schwarze keine oder keine vollwertigen Menschen wären, sowie um viele gesellschaftliche und kulturelle Kräfte, die sich bemühten, im Kielwasser der Reconstruction-Ära eine Form von rassifizierter Hierarchie aufrechtzuerhalten – einschließlich einer enormen Welle rassistisch motivierter Gewalt –, machte der Oberste Gerichtshof deutlich, dass die Zusatzartikel 13 bis 15 speziell geschrieben wurden „für die Freiheit der afrikanischen Rasse, die Sicherung und Fortschreibung dieser Freiheit und ihr[en] Schutz vor Unterdrückung durch weiße Männer, die sie zuvor in Sklaverei gehalten hatten".[11]

Doch trotz dieses Kodizills gelang es dem Obersten Gerichtshof nicht, die überraschende Flexibilisierung des Personenstatus zu verhindern, die 1881 von der Southern Pacific Railroad auf den Weg gebracht wurde. Die Eisenbahngesellschaft argumentierte, dass eine spezielle Besteuerung von Bahneigentum in Kalifornien eine Diskriminierung nach dem 14. Zusatzartikel darstelle. Offenkundig ließ sich der Schutz der rassifizierten Identität durch das Gesetz so manipulieren, dass er sich auch auf unternehmerische Identität erstreckte, da der Personenbegriff nun infrage gestellt werden konnte. Im Jahr 1882 argumentierte die Eisenbahngesellschaft irreführend und doch erfolgreich, dass die Verfasser des 14. Zusatzartikels den Begriff der ,Bürger:innen' durch den der ,Personen' ersetzt hätten, um ,künstliche' ebenso wie ,natürliche Personen' berücksichtigen zu können.

Dass der Personenstatus ein staatliches Konstrukt war oder sein konnte, war eindeutig ein Ergebnis der Besitzsklaverei, und der 14. Verfassungszusatz bemühte sich, der ursprünglichen Entmenschlichung von Afrikaner:innen Abhilfe zu schaffen. Im Gesetzeskontext wurde der Begriff der Person so jedoch fließender, als Natur und Geschichte es bis dahin zugelassen hatten. Diese Neudefinition des Personenstatus begünstigte Firmen und Konzerne in weit höherem Maße als jene, für die sie anfänglich gedacht war, denn der Oberste Gerichtshof legalisierte 1896 die rassifizierte Segregation durch die ,Jim Crow'-Gesetzgebung mit der berüchtigten, auf dem ,Plessy v. Ferguson'-Urteil basierenden ,Getrennt-aber-gleich'-Doktrin, während Unternehmen ihren Einfluss mit derselben Logik des ,künstlichen Personenstatus' weiter ausbauten.

NEUE SPEZIES, ALTE VORURTEILE

Und so kehren wir an den Anfang zurück. Durch die Historisierung der Beziehung zwischen Ethik und Technologie, Mensch und Maschine finden wir uns an genau jenem historischen Moment wieder, als die erste Singularität ratifiziert wurde. Hier wurde der Personenstatus zum ersten Mal eingesetzt, um ein historisches Übel (die Entmenschlichung) wiedergutzumachen, indem auf juristischem Weg eine neue Art von Mensch geschaffen wurde. Das entlarvte die Kategorie als fließend und öffnete so Tür und Tor für eine Erweiterung des Personenbegriffs auf anorganische, ,künstliche' Fälle, was sich als entscheidend erwies für die Entwicklung hin zu einer erkennbar, wenn auch nicht vollständig autonomen KI. Doch angesichts der langen historischen Überlappung von Race und Technologie sowie der unausweichlichen Verbindung ihrer jeweiligen Geschichten und Bedeutungsbereiche landen wir bei der Zukunft, genau jenem Ort, an dem die nächste Singularität bereits naturalisiert und eines Tages vielleicht gerechtfertigt wird.

Und nun? Zunächst einmal muss der Einfluss rassifizierter, geschlechtlicher und kultureller Differenzen ernst genommen werden, wenn wir die Beinahe-Zwangsläufigkeit künstlicher Wesen und einiger Formen von künstlicher Intelligenz anerkennen. Aus dieser Position zwischen Singularitäten sollte klar sein, dass die gesellschaftliche Akzeptanz und kulturelle Toleranz für solche Wesen wahrscheinlich sehr wenig damit zu tun haben wird, wie ,menschlich' sie wirken oder wie ähnlich sie uns sein mögen. Worauf es weitaus mehr ankommen wird, ist, wie wir ihnen durch Geschichten des Andersseins – von Unterwerfung und Herrschaft bis zu Angst und Lust – Sinn verleihen können. Despina Kakoudaki hat darauf hingewiesen, dass wir endlich in der Lage sein könnten, die ästhetisch-kulturellen Grenzen, die das Unheimliche bei Freud markiert, hinter uns zu lassen, weil ‚Lebensnähe' hier schlichtweg unerheblich ist.[12] So haben wir gelernt, dass Roboter, die Menschen zu ähnlich sehen, feindliche und argwöhnische Reaktionen hervorrufen können, jene jedoch, die nach Fantasiefiguren geformt, überzeichnet dargestellt sind oder eindeutig nicht menschlich aussehen, große Empathie, Wärme und Zuneigung wecken können. Wir wissen auch, dass vorgetäuschte Zuneigung authentische Bindungen hervorrufen kann. Folglich können dies auch programmierte Wesen, insbesondere wenn wir ihnen von Kindesbeinen an ausgesetzt sind, etwa Roboter, die für den Umgang mit jungen und alten Menschen und den Einsatz im Haushalt entwickelt werden.

Und noch einmal: Es wird nicht so sehr darauf ankommen, wie Maschinen aussehen, sondern wie wir mit ihnen interagieren, trotz der Unterschiede in Aussehen und Epidermis, trotz der ‚glitches', die unweigerlich als Zeichen von Persönlichkeit oder als Äquivalent kultureller Variationen interpretiert werden. Was nun Algorithmen oder eine Computerlandschaft bar jeder Anthropomorphisierung und Figuration angeht, so spielt nichts davon eine Rolle. Aber Sozialisierung, Macht und Intimität wird es dennoch geben, auch wenn wahre Handlungsfähigkeit, die wir auf Erkenntnis und einen ‚freien Willen' zurückführen, vielleicht nie wirklich hergestellt oder voll erkannt werden kann. ‚Freier Wille' oder Autonomie werden nichts mit unserer gesellschaftlichen, politischen oder sexuellen Anerkennung von Maschinen zu tun haben, bedenkt man, wie zufällig sich diese Dinge in der Geschichte ergeben haben, etwa mit Blick auf Schwarze – die während der Sklaverei auch ohne sie in den intimsten Räumen *weißen* Lebens funktionierten. Und im Gefolge des juristischen Personenstatus wurde doch die ‚Menschlichkeit' von Schwarzen unbarmherzig infrage gestellt, denn in Wahrheit sollte dieser Status gerade einen Unterschied zum vollwertigen Menschsein aufrechterhalten, welches allein *weißen* Personen vorbehalten war.

Letztendlich wird die gesellschaftliche Anerkennung von Robotern und KI davon abhängen, wie sie in Bezug auf Menschen funktionieren und wie sie von einer Menge gemeinsamer und reziproker Werte regiert werden, die dazu dienen, die nackte Angst vor dem Anderssein einzudämmen und zugleich die Bedingungen zu kontrollieren, unter denen Intimität möglich ist – vorausgesetzt, dass Maschinen imstande sind, solche Werte zu akzeptieren, und ihre Fähigkeit zur Reziprozität anerkannt wird. So oder so wird Race auch weiterhin eine entscheidende Rolle in dem kulturellen und juristischen Prozess spielen, der aus Maschinen wenn schon nicht Menschen, so doch Personen macht, weil die Suche nach einer Ethik der Mensch-/Maschine-Beziehungen sowie das Bestreben, der Technologie eine ethische Matrix einzuimpfen oder einzuprogrammieren, von der hier erörterten Geschichte abhängt. Diese lenkt nicht nur unsere Metaphern und sucht die Regeln der Repräsentation heim, sie sollte dies auch weiterhin tun. Der Grund dafür ist, dass sie unsere Vorstellung von Beziehungen konditioniert, die auf derart radikalen Unterschieden fußen, dass sie historisch als unterschiedliche Spezies oder als Mensch und Sache gedacht und geregelt wurden.

Weil die historische Sublimierung von Sklaverei, Immigration und den sie begleitenden Ängsten letztlich die zeitgenössischen Versuche erklärt, eine Ethik öffentlicher Beziehungen zur KI zu schaffen, sollte es auch so sein, dass eine ehrliche Auseinandersetzung mit der letzten Singularität und ihrem Vermächtnis die Bedingungen festlegt, unter denen wir uns auf solche Wesen einlassen werden. Das gilt von der Mischehe bis hin zur Kybernetik, von der Immigration bis hin zu Assimilation und Bürger:innenrechten. Science-Fiction lehrt uns, dass die Weigerung, unsere historischen Beziehungen mit ‚dem Anderen' zu ändern, häufig jene abgedroschenen und sich doch hartnäckig haltenden Narrative von der ‚Revolution der Roboter' oder dem ‚Aufstand der Maschinen' erst hervorbringt. Angesichts des Wesens und der anhaltenden Wirkung jener letzten Singularität sowie der Tatsache, dass die Nachklänge dieses Traumas die Auffassung von Leben als solchem färben, werden Maschinenintelligenz und künstliches Leben explizit von bestehenden Geschichten kulturellen Andersseins abhängen – mindestens in Bezug auf den Personenstatus, bestenfalls aber hinsichtlich der Staatsbürger:innenschaft und ihrer unerbittlich wechselseitigen Erfordernisse.

Die ursprüngliche Fassung dieses Essays wurde auf der Onlineplattform *Glass Bead* veröffentlicht als Teil der Ausgabe „Site 2: Dark Room: Somatic Reason and Synthetic Eros", 2019, unter: https://www.glass-bead.org/article/machines-and-the-ethics-of-miscegenation/?lang=enview [Stand: 13.01.2022].

Endnoten

1 Die wörtliche Übersetzung von ‚miscegenation' lautet im Deutschen ‚Rassenmischung'. Aufgrund der historisch verankerten, biologistischen Konnotationen wird hier der englische Begriff beibehalten. Auch bei dem englischen ‚race' betonen direkte Übersetzungen biologistische Aspekte oder sind nicht in der Lage, die spezifischen Diskriminierungen von Schwarzen abzudecken. Daher wird im Weiteren ‚Race' als Begriff, der die soziale Konstruktion dieser Kategorien abbildet, verwendet. (Anm. d. Hrsg.)

2 David Levy, *Love and Sex with Robots: The Evolution of Human-Robot Relationships*, New York 2007, S. 303.

3 Kodwo Eshun, „Further Considerations on Afrofuturism", in: *CR: The New Centennial Review*, Bd. 3, Nr. 2, Sommer 2003, S. 287–302, hier S. 290.

4 Siehe Samuel R. Delany, *Dhalgren*, New York 1975.

5 David Levy, „Why Not Marry a Robot", Vortrag am Goldsmiths, University of London, veröffentlicht am 21.12.2016, unter: https://www.youtube.com/watch?v=Tl-ldfzWBfo [Stand: 13.01.2022].

6 Siehe Safiya Umoja Noble, *Algorithms of Oppression: How Search Engines Reinforce Racism*, New York 2018; sowie Cathy O'Neil, *Angriff der Algorithmen. Wie sie Wahlen manipulieren, Berufschancen zerstören und unsere Gesundheit gefährden*, München 2017.

7 Siehe Sylvia Wynter, „On How We Mistook the Map for the Territory, and Reimprisoned Ourselves in Our Unbearable Wrongness of Being, of Desêtre: Black Studies Toward the Human Project", in: Jane Anna Gordon, Lewis R. Gordon (Hrsg.), *A Companion to African-American Studies*, Malden 2006, S. 107–118.

8 Fred Moten, *In the Break: The Aesthetics of the Black Radical Tradition*, Minneapolis 2003, S. 1.

9 Siehe Jake Ellison, Evan Hoover, „Why King County Nixed Woman's Marriage to a Corporation in Seattle", KNKX Public Radio, 18.07.2012, unter: https://www.knkx.org/post/why-king-county-nixed-woman-s-marriage-corporation-seattle [Stand: 14.01.2022].

10 Zit. nach Dean Ritz, „Can Corporate Personhood Be Socially Responsible?", in: Steve May, George Cheney und Juliet Roper (Hrsg.), *The Debate over Corporate Social Responsibility*, New York 2007, S. 190–204, hier S. 193.

11 „Slaughter-House Cases", 83 U.S. 36 (1872).

12 Siehe Despina Kakoudaki, *Anatomy of a Robot: Literature, Cinema, and the Cultural Work of Artificial People*, New Brunswick 2014.

SKULPTUR IM ZEITALTER DER MASSENREPRODUKTION

MEGAN R. LUKE

Heute kann jedes beliebige Objekt in Form digitaler Daten in der Cloud gespeichert werden. Dort wartet es dann, unsichtbar, unberührbar, bis es abgerufen und in synthetischen Polymeren ‚ausgedruckt' wird. Wer nach einem beliebigen, berühmten (oder auch berüchtigten) Denkmal im öffentlichen Raum sucht, findet im gewaltigen, nach Schlagworten organisierten Bildarchiv des Internets wahrscheinlich genug Informationen, um daraus ein detailliertes Computermodell zu erstellen – das entsprechende Werk muss nicht einmal mehr gescannt werden. Fotogrammetrie-Software und additive Herstellungstechniken verleiten dazu, der andauernden Sehnsucht einer Kunstgeschichte ohne Verlust nachzugeben. Es ist durchaus vorstellbar, dass diese Technologien mächtig genug sind, auch ein kulturelles Erbe wiederauferstehen zu lassen, das längst den Kräften der Zerstörung oder des Zerfalls, dem Ikonoklasmus oder der Gleichgültigkeit anheimgefallen ist, oder gar erlauben, die ästhetischen Fehltritte oder das moralische Versagen vergangener Generationen zu korrigieren. Die entsprechenden Technologien mögen immer kostengünstiger, anwendungsfreundlicher und scheinbar ausgefeilter werden, und doch bedienen sie ein archaisches Bedürfnis, nämlich alles anzuhäufen, zu horten und zu retten. Zudem befriedigen sie ein gleichermaßen instinktives Begehren, die Erzeugnisse vergangenen Schaffens berühren und besitzen zu können, zusammengetragen in Form fotografischer Surrogate in imaginären Museen. Ein Künstler wie Mark Leckey setzt diese Werkzeuge ein, um die JPEGs, die er auf seinen Streifzügen durch das Internet sammelt, in berührbare Objekte zu verwandeln – nur um diese im Gegenzug wiederum als Rohmaterial in einen im Grunde endlosen Prozess der skulpturalen Herstellung und Wiederherstellung einzuspeisen (S. 207–213). Die Verbindungen, die Leckey zwischen solchen Talismanen schmiedet, folgen den zufälligen Pfaden privater Faszination, die ebenso unmöglich zu dechiffrieren sind wie die Algorithmen, die unser nächtliches, zwanghaftes Scrollen durch Bilderströme strukturieren.

Die Kraft dieses „Techno-Animismus", wie Leckey es nennt, hat ihren Preis: Die Objekte der digitalen Reproduktion lassen sich nicht mehr zuverlässig in Zeit und Raum verorten.[1] Zudem werden diese Bemühungen, die Vergangenheit in Form materieller Artefakte wieder in Besitz zu nehmen, von ungelösten Fragen über die spezifische Beziehung zwischen Original und Kopie begleitet, die wir aus der Geschichte der modernen Skulptur übernommen haben. Worauf beruht die Authentizität einer Skulptur? Auf ihrer jeweiligen Materialität, auf dem räumlichen und zeitlichen Kontext ihrer Präsentation

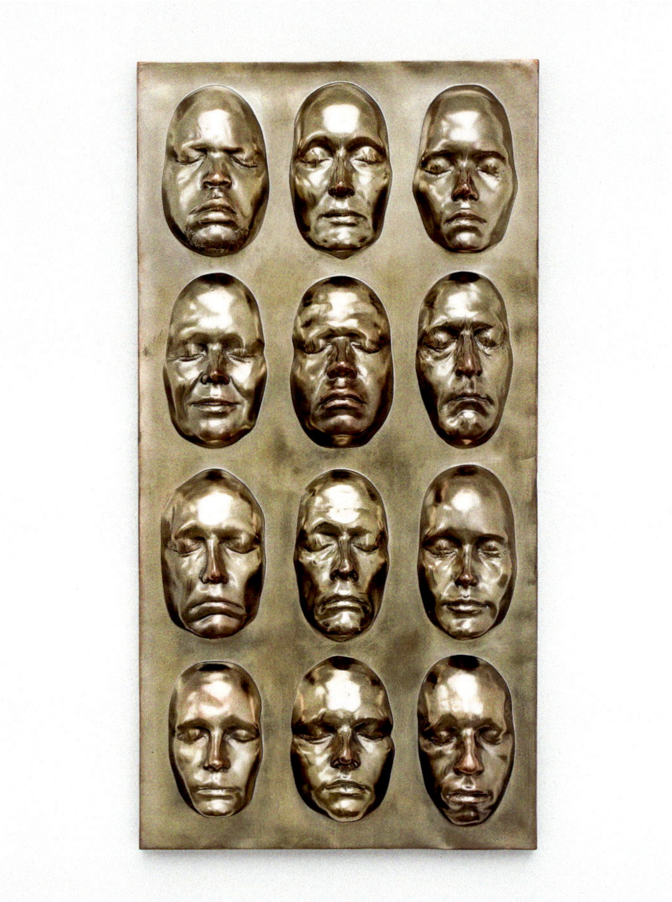

ABB. 1
Oliver Laric, *Life Masks*, 2016, galvanisiertes Kupfer, 75 × 40 × 8 cm, Courtesy der Künstler und Tanya Leighton, Berlin und Los Angeles

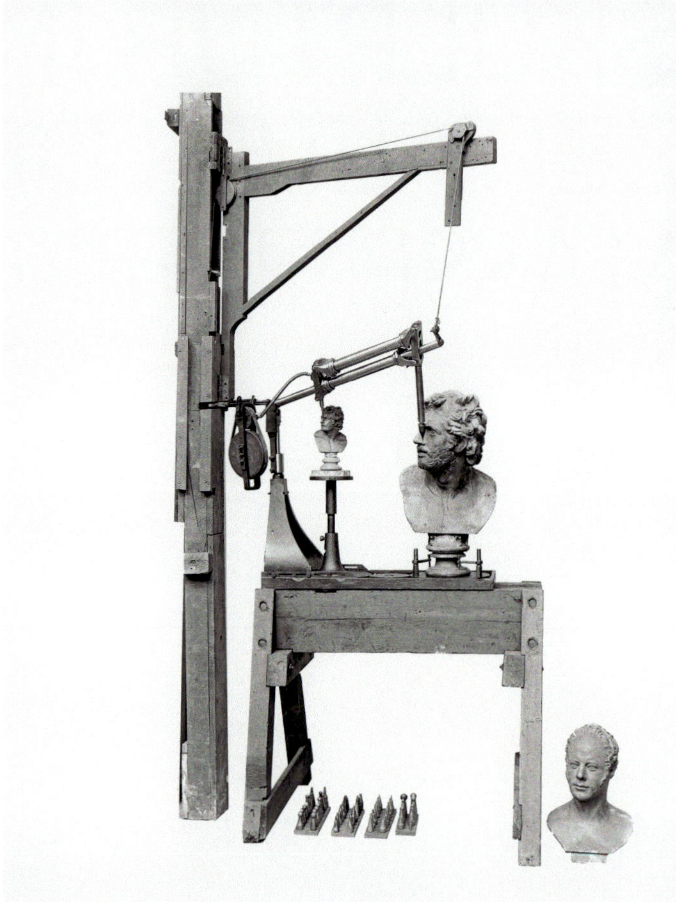

ABB. 2
Apparat zur Reproduktion von Skulpturen, 1826 von Benjamin Cheverton erfunden. Darin eingespannt ist eine große Gipsbüste des Diomedes und eine kleine Version derselben Büste aus Alabasterstein. W. H. F. Talbot verwendete zwei Fotografien von Gipsabgüssen derselben Büste als „Büste des Patroclus" in *The Pencil of Nature*, Longman, Brown, Green and Longmans, London 1844, Science Museum Group

oder auf ihrer Fähigkeit, einer kollektiven Ästhetik, einem politischen oder ethischen Ideal umfassend Ausdruck verleihen zu können? Ist das Überleben der Vergangenheit in verkörperter Form nach wie vor vorstellbar, zu einer Zeit, in der ein beliebiges Objekt überall und nirgends zugleich auftauchen kann? Und wenn dem so ist, welchen Formen gelingt es dann am ehesten, diese Vergangenheit in der Wahrnehmung zum Leben zu erwecken? Und wo genau findet diese Begegnung überhaupt statt, wozu gehört sie?

Die digitalen Technologien, welche die Produktion, Speicherung und Zirkulation von Bildern in Netzwerken ermöglichen, haben die Zweifel, wenn nicht gar Ängste, die in solchen Fragen zum Ausdruck kommen, noch einmal verstärkt. Der Ursprung dieser Verunsicherung lässt sich aber bereits auf die Mitte des 19. Jahrhunderts datieren, als die umfassende Verbreitung fotomechanischer Reproduktionsprozesse mit weitreichenden Reformen in der Kodifikation von Skulptur und deren Lehre in den Kunstakademien der sich rapide industrialisierenden Nationen Europas zusammenfiel.[2] Beinahe zeitgleich wurden in den späten 1830er-Jahren zwei Erfindungen der Öffentlichkeit vorgestellt, die sich für die Definition des Verhältnisses von Kunst und Industrie in den darauffolgenden Jahrzehnten als paradigmatisch erweisen sollten: Aus Frankreich und England erreichte die Nachricht der ersten fotografischen Verfahren die internationale wissenschaftliche Gemeinde, während der preußischen Ingenieurwissenschaft die Erfindung der Galvanoplastik (auch bekannt als Elektrotypie) zugeschrieben wurde (Abb. 1).[3] Die massenhafte Verwendung dieser Technologien zum Zweck des Kopierens wurde durch die kurz zuvor erfolgte Einführung von Reduziermaschinen möglich, die nach dem Prinzip eines Pantografen arbeiteten und im Grunde das mechanische ‚Scannen' dreidimensionaler Körper erlaubten, um diese für die Reproduktion skalieren zu können (Abb. 2).[4] Von Anfang an wurden Fotografie und Galvanoplastik im Vergleich zur jeweils anderen Technologie begriffen.[5] Formale und wahrnehmungsspezifische Unterschiede zwischen der zwei- und der dreidimensionalen Darstellung schienen zu verblassen angesichts der Tatsache, dass diese Technologien die automatische Vervielfältigung von Bildern, Objekten und letztlich auch lebenden Modelle möglich zu machen schienen.

Eine Herausforderung stellten diese technologischen Entwicklungen nicht nur für die staatlich reglementierte akademische Ausbildung dar, die auf der Nachbildung aus

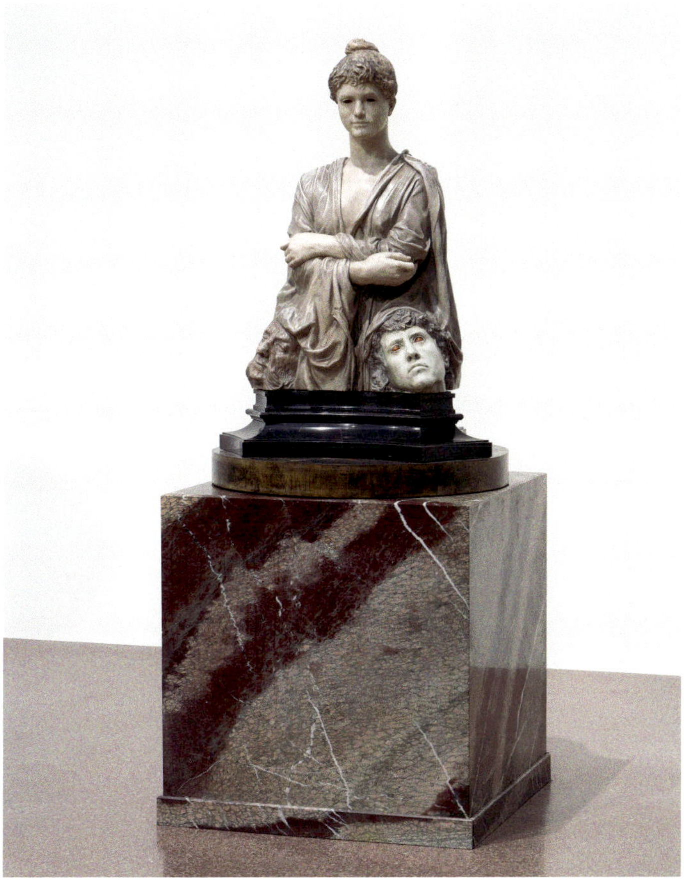

ABB. 3
Max Klinger, *Die neue Salome*, 1893, Marmor, 88 × 55,5 × 43,5 cm, Museum der bildenden Künste Leipzig

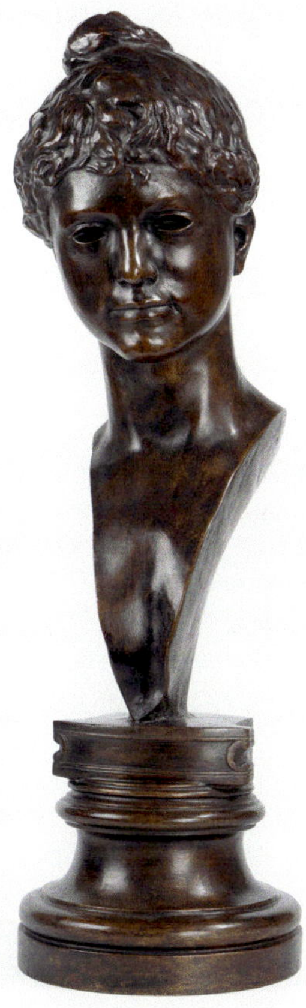

ABB. 4
Max Klinger, *Die neue Salome*, ca. 1903, Bronze, 68 × 20,5 × 23 cm, mit freundlicher Genehmigung von Ketterer Kunst GmbH und Co. KG

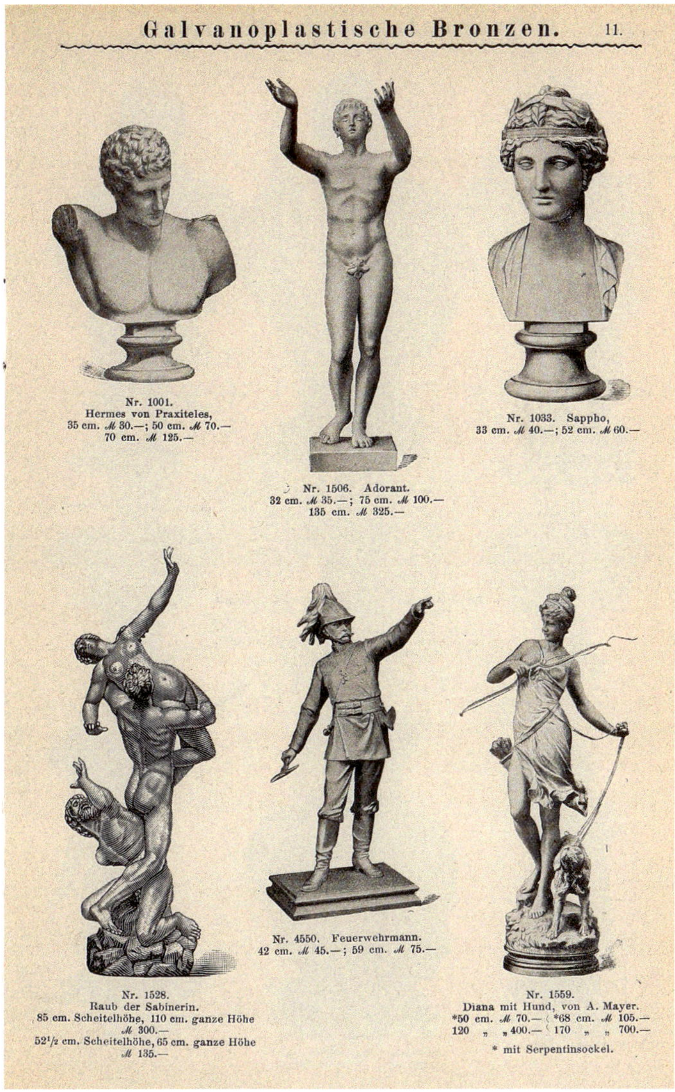

Galvanoplastische Bronzen. 11.

Nr. 1001.
Hermes von Praxiteles,
35 cm. ℳ 30.—; 50 cm. ℳ 70.—
70 cm. ℳ 125.—

Nr. 1506. Adorant.
32 cm. ℳ 35.—; 75 cm. ℳ 100.—
135 cm. ℳ 325.—

Nr. 1033. Sappho,
33 cm. ℳ 40.—; 52 cm. ℳ 60.—

Nr. 1528.
Raub der Sabinerin.
85 cm. Scheitelhöhe, 110 cm. ganze Höhe
ℳ 300.—
52½ cm. Scheitelhöhe, 65 cm. ganze Höhe
ℳ 135.—

Nr. 4550. Feuerwehrmann.
42 cm. ℳ 45.—; 59 cm. ℳ 75.—

Nr. 1559.
Diana mit Hund, von A. Mayer.
*50 cm. ℳ 70.— *68 cm. ℳ 105.—
120 „ „ 400.— 170 „ „ 700.—
* mit Serpentinsockel.

ABB. 5
Seite mit in verschieden Größen und Patinen erhältlichen Motiven aus dem Musterkatalog der Galvanoplastischen Kunst-Anstalt, Württembergische Metallwaren-Fabrik, Geislingen an der Steige, 1906

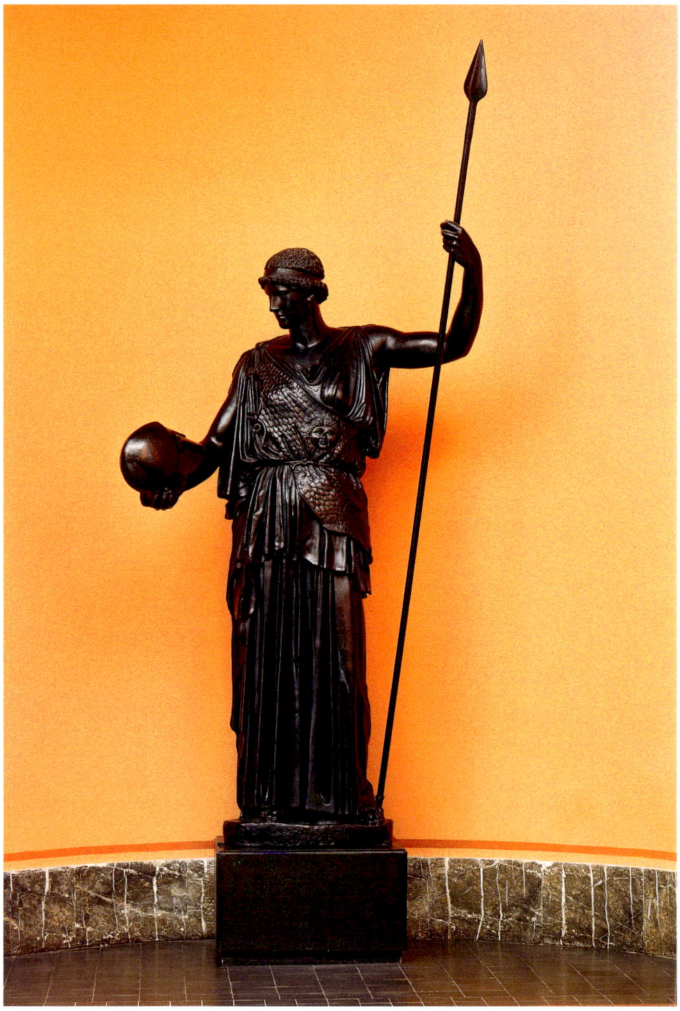

ABB. 6
Adolf Furtwängler, Rekonstruktion der zerstörten *Athena Lemnia* von Phidias, ca. 450 v. Chr., basierend auf Fragmenten in Bologna und Dresden, 1905–1909, Bronze, hergestellt bei der Württembergischen Metallwaren-Fabrik, Geislingen an der Steige, Nationalmuseum Stettin

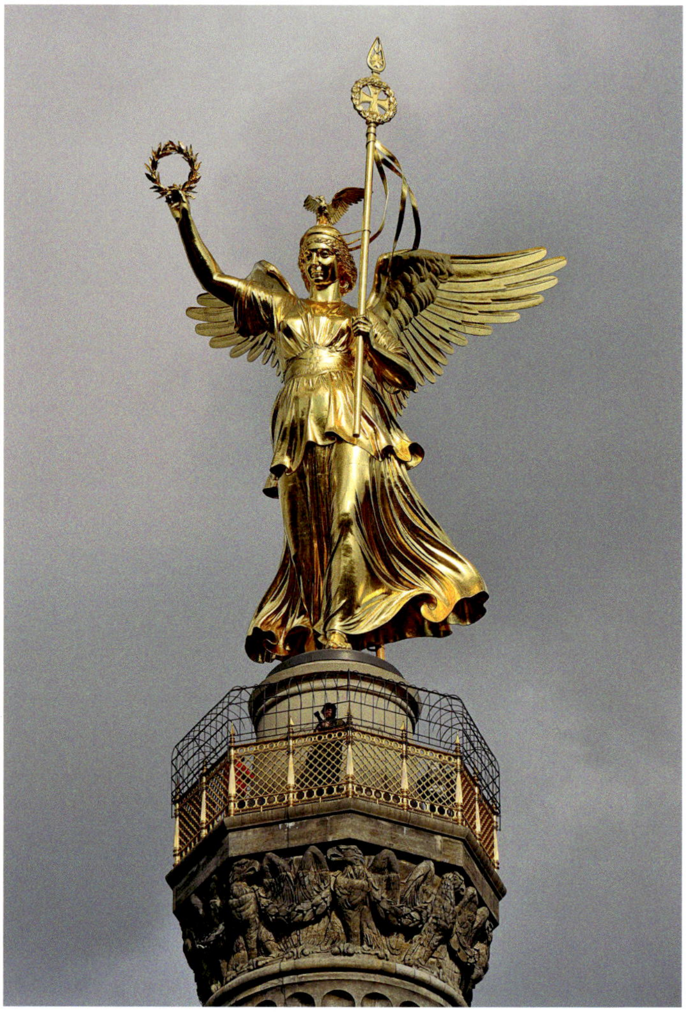

ABB. 7
Johann Friedrich Drake, *Siegessäule (Viktoria)*, Berlin, vergoldete Bronze, Höhe: 832 cm, Guss von Hermann Gladenbeck, 1873

der klassischen Antike übernommener Modelle beruhte. Sie führten auch zu einem Haltungswechsel aufseiten der Bildhauer:innen im Hinblick auf die Vervielfältigung ihrer Arbeit sowie deren grundlegende Bedeutung für die Definition ihres Berufsstandes (ihrer Brand, ihres Markenkerns, wie wir heute sagen würden). Wurden für diese mechanischen Techniken der skulpturalen Reproduktion günstigere Materialien verwendet, so ließ sich mit ihnen der zunehmende Bedarf einer breiteren Öffentlichkeit an erschwinglichen Kunstobjekten für den privaten Bereich befriedigen – mit weitreichenden Konsequenzen für das Vertragsrecht und das Recht auf geistiges Eigentum.[6] In einer limitierten Auflage konnte jede Kopie nach wie vor den Anspruch auf Originalität eines von Künstler:innenhand gefertigten Modells erheben. Im Gegensatz dazu erschienen die unlimitierten kommerziellen Serien, die von so unterschiedlichen Unternehmen wie Kunstgießereien und Metallwarenherstellern lizensiert und produziert wurden, zunehmend entkoppelt vom Prinzip der einzigartigen Schöpfung (Abb. 3 und 4). Die Figuren, die in den Katalogen dieser Firmen angeboten wurden, konnten massenhaft und unendlich reproduziert und je nach Belieben verkleinert oder vergrößert werden, konnten in neue Materialien von bislang nie dagewesener Elastizität gebracht werden wie etwa Gummi, der eingesetzt wurde, um Galvanisierungsprozesse zu ermöglichen, die nicht länger auf die althergebrachten Technologien des Schnitzens oder Gießens beschränkt waren. Diese Objekte wurden anschließend in Materialien von ganz unterschiedlichem Wert ausgeführt, die jeweils divergierende Grade von ‚Authentizität' anzeigten, von Zink bis zu Bronze, von Pappmaschee bis zu Alabaster (Abb. 5). Kund:innen konnten auswählen, ob sie eine Miniatur mit oder ohne Sockel kaufen wollten, hohl oder solide, im Ganzen oder als Büste, was oft genug radikale Eingriffe in die Formen just der Werke notwendig machte, auf die man sich eigentlich doch bezog.

Während also die mechanischen Technologien der Reduktion und Replikation von Skulpturen im späten 19. und frühen 20. Jahrhundert stetig verfeinert wurden, begünstigte das Wuchern der Kopien, das sie ermöglichten, eine bemerkenswerte „Drift" oder „Divergenz"[7] in Material und Form. Die Beziehung zwischen Kopie und Original unterlag nun nicht mehr einem genetischen Modell analog zum Prinzip biologischer Abstammung, ähnlich der Beziehung von Eltern und Kind. Aber ebenso wenig ließ sie sich mit einer Rhetorik der Substitution begreifen, nach der identische Objekte miteinander verkoppelt wurden – auch wenn Fotografien und Faksimiles oftmals gerade dafür wahlweise gefeiert oder verdammt wurden.[8] Sie begannen stattdessen, einer Logik des industriellen Prototyps zu gehorchen, aus dem sich eine offene Reihe potenziell unendlicher Variationen ableiten ließ. So gesehen musste es sich beim Original nicht einmal mehr um ein existierendes, materialisiertes Objekt handeln. Es genügte ein rein konzeptueller Ursprung, wie er sich nachträglich in der genauen Analyse einer Serie ablesen lässt. Kurzum, die Nähe der Skulptur zur standardisierten Ware resultierte nicht automatisch in der Produktion einer Masse stets gleicher Objekte. Vielmehr stellt die formale und materielle Unsicherheit der technologischen Kopie infrage, was das Objekt der Skulptur denn überhaupt sei. Es war diese Unsicherheit und nicht die Perfektion oder weite Verbreitung der technologischen Kopie, die sowohl für die Aggression als auch die Hysterie verantwortlich war, die solchen Kopien regelmäßig entgegenschlug.

Diese Veränderungen hatten in der zweiten Hälfte des 19. Jahrhunderts einen deutlichen Effekt auf die Wissenschaften der materiellen Kultur. Auf der einen Seite lassen sich die Auswirkungen in der Entwicklung der Philologischen Archäologie erkennen, einem Ansatz der historischen Taxonomie, der in München erforscht wurde und auf Grundlage der vergleichenden Untersuchung von Kopien antiker Skulpturen versuchte, verloren gegangene Originale zu rekonstruieren (Abb. 6). Auf der anderen Seite wäre der hohe Stellenwert, den die Identifikation und der Verkauf von ‚Duplikaten' innerhalb des riesigen ethnografischen Museums von Berlin erlangte – es besaß ein staatliches Monopol auf alle Artefakte, die aus den Kolonien geholt wurden –, ohne diese Veränderungen undenkbar gewesen.[9] Für moderne Bildhauer wie Jean-Baptiste Carpeaux in Frankreich oder Max Klinger in Deutschland, denen daran gelegen war, ihre akademische Ausbildung mit der neuen industriellen Realität zu versöhnen, ergab sich die Autonomie der seriellen Skulptur parallel zur stetig fortschreitenden Befreiung ihrer eigenen Kunstform aus der Einbindung in die Architektur, von ihrer schmückenden Funktion oder gar der kultischen Konvention des Porträts und des öffentlichen Denkmals.[10] Bei der Unabhängigkeit der Kunst von der Massenkultur, wie sie für unser Verständnis des Modernismus zentral ist, handelt es sich um einen kritischen Irrtum, der dazu beitrug, die industriellen Bedingungen zu unterdrücken, die ebendiese Unabhängigkeit überhaupt erst ermöglichten. In der Tat unterlagen auch öffentliche Denkmäler von nationaler Bedeutung mehr und mehr denselben Veränderungen, die binnen kurzer Zeit die serielle Skulptur im privaten Bereich zu charakterisieren begonnen hatten. Die militärischen Konflikte des späten 19. Jahrhunderts führten, so viel ist nun wirklich bekannt, zu einer wahren Flut von Kunst im Staatsauftrag. Verbreitung fanden diese Denkmäler jedoch nicht nur über Fotopostkarten, Stereografien oder Miniaturen für den Heimgebrauch. Bereitwillig wurden lebensgroße Repliken auch in verschiedenen Stadtzentren aufgestellt, ausgeführt in unterschiedlichen Materialien von verschiedener Wertigkeit, abhängig vom Stellenwert des jeweiligen Orts (Abb. 7).[11] Einige, wie die bei Gladenbeck gegossene geflügelte *Viktoria*, die die Siegessäule in Berlin krönt, wurden aus erbeuteten Kanonen hergestellt; zahllose andere wurden, umgekehrt, im Zuge des Ersten Weltkriegs und der darauffolgenden Konflikte für die Waffenproduktion eingeschmolzen.[12]

Begleitet wurde diese Serialisierung nationaler Denkmäler von der Migration der Artefakte, die im Zuge der ‚großen Archäologie' erbeutet wurden, ins Museum. Als spektakulärstes Beispiel ist hier sicherlich der Pergamonaltar zu nennen: Er löste eine langwierige Debatte darüber aus, ob Chronologie durch Stil sichtbar gemacht werden kann, sowie über die Herausforderungen, die dieses skulpturale Relief für etwas darstellte, was wir heute vielleicht ‚Medienspezifik' nennen würden – das heißt, eine Debatte über die Regelung der Grenzen zwischen den Künsten und den Sinnen.[13] Losgelöst von ihrer spezifischen Materialität oder ihrem jeweiligen Ort, verwandelte sich die Skulptur in eine grundlegend mobile Angelegenheit – ein Zustand, der die zentrale Definition des Mediums veränderte und ebenso die Körperlichkeit und Wahrnehmung seiner Objekte betraf wie die Fähigkeit der Skulptur, als Zeugnis der Geschichte zu dienen.

Sowohl im öffentlichen Raum als auch im Museum litt die Skulptur unter einem zunehmend gestörten Verhältnis zwischen Figur (Skulptur als verkörperte Form) und Grund (Skulptur als Kunst des Raumes und der Verortung). Im Zeitalter der Massenreproduktion demontierten Kommentare zur Kunst der Skulptur langsam, aber sicher die Ideen der Aufklärung, wie sie am lebhaftesten wohl von Johann Gottfried Herder vorgebracht worden waren; er hatte Skulptur noch als umfassend integrierten und in sich geschlossenen Körper betrachtet, deren Autonomie mit der des betrachtenden Subjekts korrespondierte.[14] Stattdessen wurde Skulptur nun zu einer anderen Art theoretischem Objekt, einem nämlich, das die Erfahrung des Raums aufseiten der Betrachtenden zu choreografieren hatte, die Wandlungsfähigkeit von Oberflächen und Atmosphäre auf einzigartige Weise anzuzeigen imstande war und zudem die vermeintlichen Gefahren einer fetischisierten Bindung verhandeln konnte. Im Verlauf des 20. Jahrhunderts nahmen die Bildhauer:innen neue Materialien und industrielle Herstellungsverfahren bereitwillig an, und auch die Kunsthistoriker:innen eigneten sich schnell fotomechanische Surrogate zum Zweck des Studiums und der Dokumentation an. Doch nur wenige von ihnen waren bereit, anzuerkennen, wie sehr die Veränderung ihrer theoretischen Terminologien in der Reproduktionstechnik begründet lag. Um die Skulptur als materiellen Beweis der Arbeit eines spezifisch *menschlichen* Bewusstseins zu positionieren und weniger einer maschinellen Automation, fühlte man sich meist genötigt, auf Präsenz und Unmittelbarkeit zu insistieren – und, analog dazu, auf der empathischen Projektion der Betrachter:innen sowie deren Bewusstsein ihrer selbst.

Was diese Fragen anbelangt, markiert die Abhandlung *Das Problem der Form in der bildenden Kunst* (1893) des Bildhauers Adolf Hildebrand einen Wendepunkt.[15] In diesem schon lange als Ursprungstext der modernen Skulpturtheorie rezipierten Text wendet sich Hildebrand gegen die Idee des Raumes als einer homogenen Totalität, die sich mithilfe der Geometrie beschreiben ließe oder metrisch erfasst werden könnte – ein Konzept, wie es seinen vielleicht ambitioniertesten Ausdruck in jenem universalen fotogrammetrischen ‚Denkmalarchiv' fand, das der Ingenieur Albrecht Meydenbauer in jenen Jahren aufbaute.[16] Doch ebenso wenig existierte Skulptur in einem unabhängigen imaginären Bereich, zu dem wir nur über unsere Vorstellung Zugang haben, und zwar über das Herausarbeiten

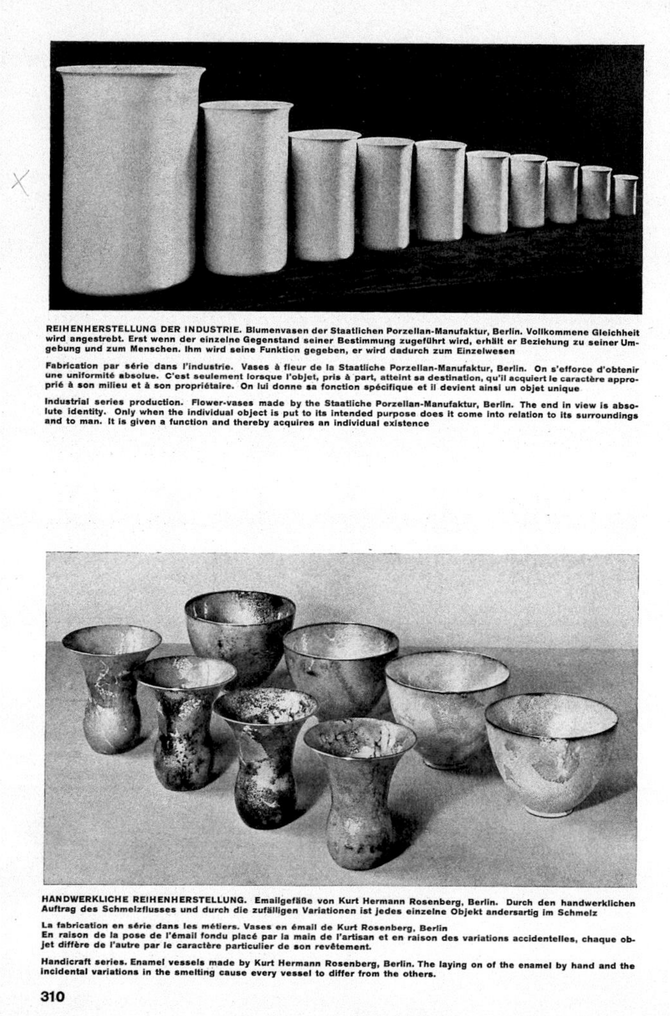

REIHENHERSTELLUNG DER INDUSTRIE. Blumenvasen der Staatlichen Porzellan-Manufaktur, Berlin. Vollkommene Gleichheit wird angestrebt. Erst wenn der einzelne Gegenstand seiner Bestimmung zugeführt wird, erhält er Beziehung zu seiner Umgebung und zum Menschen. Ihm wird seine Funktion gegeben, er wird dadurch zum Einzelwesen

Fabrication par série dans l'industrie. Vases à fleur de la Staatliche Porzellan-Manufaktur, Berlin. On s'efforce d'obtenir une uniformité absolue. C'est seulement lorsque l'objet, pris à part, atteint sa destination, qu'il acquiert le caractère approprié à son milieu et à son propriétaire. On lui donne sa fonction spécifique et il devient ainsi un objet unique

Industrial series production. Flower-vases made by the Staatliche Porzellan-Manufaktur, Berlin. The end in view is absolute identity. Only when the individual object is put to its intended purpose does it come into relation to its surroundings and to man. It is given a function and thereby acquires an individual existence

HANDWERKLICHE REIHENHERSTELLUNG. Emailgefäße von Kurt Hermann Rosenberg, Berlin. Durch den handwerklichen Auftrag des Schmelzflusses und durch die zufälligen Variationen ist jedes einzelne Objekt andersartig im Schmelz

La fabrication en série dans les métiers. Vases en émail de Kurt Rosenberg, Berlin
En raison de la pose de l'émail fondu placé par la main de l'artisan et en raison des variations accidentelles, chaque objet diffère de l'autre par le caractère particulier de son revêtement.

Handicraft series. Enamel vessels made by Kurt Hermann Rosenberg, Berlin. The laying on of the enamel by hand and the incidental variations in the smelting cause every vessel to differ from the others.

310

ABB. 8
„Typenwaren", abgebildet in: Victor Bourgeois, „Le Werkbund et la Production Moderne" [Der Werkbund und die moderne Produktion], in: *Die Form. Zeitschrift für gestaltende Arbeit*, Heft 11/12, 7.06.1930, S. 309–312, hier S. 310

von Erinnerungen taktiler Eindrücke aus unserem optischen Erfahrungsschatz, wie Herder es beschrieben hatte. Raum war für Hildebrand dagegen etwas, das sich die Skulptur mit anderen Körpern teilt, ja, etwas, das sie mit diesen zusammen überhaupt erst schafft; die Kohärenz dieses Raums war wiederum ganz und gar von der relativen Position des:der Betrachter:in zum Werk abhängig. Die Form garantierte dafür, dass diese Beziehung kein Zufall war. Ihr kam die Aufgabe zu, die Wahrnehmung zu vertäuen und sie von der ruhelosen und quälenden Bewegung in der Leere zu befreien. Heute erscheint eine derartige Betonung der kontingenten Beziehung von Skulptur, Raum und Körperlichkeit selbstverständlich. Dennoch lohnt es sich, noch einmal einen genaueren Blick darauf zu werfen. Und zwar zum einen im Hinblick darauf, wie sie eine technologische Veränderung – nämlich die fotoelektrische Serialisierung von Skulptur, die sie doch eigentlich erst möglich gemacht hatte – verschleiert, und zum anderen darauf, inwiefern sie die mögliche Reaktion auf eine weitere Veränderung vorwegnimmt, eine, die unsere Gegenwart prägt – nämlich die digitale Fragmentierung und Rekonstitution des Körpers.

Sehen wir uns also Hildebrands Antwort auf die Krise der Denkmäler seiner Tage an. Von Gemeindegremien mit widerstreitenden ideologischen Überzeugungen und gering ausgeprägtem Interesse an Formfragen der Autorität über sein:ihr Medium beraubt, kommt den Bildhauer:innen in der Moderne die monotone Aufgabe zu, einen leeren öffentlichen Platz nach dem anderen mit gleichsam vorgefertigten und versteinerten Figuren zu bevölkern:

> Welche unsägliche Armut, welch ewiges Einerlei zeigen deshalb die heutigen Monumente! Wenn man die Anzahl von Standbildern, die in den letzten 20 Jahren in Europa erstanden sind, neben einander stellen würde – welche Masse von Plastik, die sich abmüht, irgend etwas Neues zu geben und sich in dem Bann der isolierten Rundplastik unglücklich krümmt und windet, weil ihr jeder Anschluss an Architektur, an irgend eine Situation verboten ist, wie in Einzelhaft verbannt – die reine Sträflingsarbeit![17]

Hildebrand beschwört hier das Spektakel einer Masse von Skulpturen herauf, die, würde man sie „neben einander stellen", den Schluss nahelegen, dass die gesamte Skulptur in der Moderne ihre Funktion verloren hat. Funktion wird dabei im weitmöglichsten Sinn definiert als ‚Wirkung einer Ursache', beispielsweise eines Materials oder Prozesses. Und da Hildebrand unseren eigenen Körper als analog zum Körper einer jeden wahrgenommenen Skulptur begreift, muss es uns folglich möglich sein, die spezifische Ursache, die der jeweiligen Form zugrunde liegt, allein beim Anblick der Oberfläche zu erkennen und zu rekonstruieren. „Mit ihrer Wahrnehmung stellt sich die Vorstellung des Vorganges ein", schreibt er, „wir empfinden ihn mit, indem wir ihn so zu sagen innerlich mitagieren und diese innere Aktion der äusseren Erscheinung als Ursache unterlegen."[18] Wir gehorchen also denselben Prozessen der Veränderung, denen auch die von uns wahrgenommenen Formen gehorchen, und wir haben gelernt, diese Prozesse im performativen Wiedererleben verstehend wahrzunehmen. Einer derart empathischen Auseinandersetzung mit der Form gelingt es entsprechend, die räumliche Distanz zu überbrücken, die den:die Betrachter:in ursprünglich vom Werk trennt – eine Distanz, die zunächst notwendig ist, um das Objekt überhaupt in ein sichtbares Bild bringen zu können. Zugleich baut die Form auch eine Brücke zwischen zwei zeitlichen Registern eines beliebig hergestellten Objekts: der Vergangenheit seiner Entstehung und der Zukunft seiner Wirkung auf den:die Betrachter:in.[19]

Heimgesucht wird Hildebrands Phänomenologie jedoch von einer ängstlichen Faszination mit der industriellen Moderne. Nachdem er deutlich gemacht hat, dass die Form den Ursprung ihres eigenen Werdens in einer Sprache artikuliert, die mit und vom Körper verstanden wird, wendet er seine Aufmerksamkeit der künstlerischen Arbeit zu. Die Arbeit des:der Künstler:in besteht darin, vergangene Bewegung in „Formtypen" zu verdichten, die mit spezifischen Funktionen korrespondieren – ein Begriff, der im Kontext der Bemühungen gesehen werden muss, die Vermarktung über die Kategorie des Stils zu regulieren; Bemühungen, wie sie mit Gottfried Sempers „Grundformen" begannen und in den Debatten des Deutschen Werkbunds über die Standardisierung am Vorabend des Ersten Weltkriegs ihren Höhepunkt fanden

(Abb. 8).[20] Durch diese Typen wird es dem:der Bildhauer:in möglich, bei beliebigen Betrachter:innen, welche die Kunstwerke in Zukunft zu Gesicht bekommen, verlässlich gewünschte körperliche und geistige Sinneseindrücke auszulösen. Die Wahrheit oder Authentizität einer Form liegt insofern nicht in ihrer Korrespondenz mit dem natürlichen Modell oder der wirklichen Natur der Dinge begründet. Wahrhaftig muss vielmehr die Auswirkung der Form auf unsere Vorstellungskraft sein – eine Vorstellungskraft, die im Verlauf der Zeit Veränderungen unterliegt und in keiner Weise für alle Kulturen gleichermaßen gilt. Hildebrand mag zwar erkannt haben, dass sein Verständnis der Funktion der Form – das heißt, die notwendige und regelmäßige Modulation von Ursache und Wirkung – ebenso für die Wiederholbarkeit und industrielle Produktion eines beliebigen Prototyps gilt. Dennoch macht er unmissverständlich klar, dass eine ästhetische Antwort nicht dasselbe ist wie eine wissenschaftliche Beobachtung – und zwar gerade aufgrund ihrer Bindung an Ort und Zeit. Die Vorstellungskraft mag ihre expressive Arbeit – einem körperlichen Reflex oder psychologischen Trieb gleich – unfreiwillig leisten, ist aber nicht zu vergleichen mit den Werkzeugen eines unabänderlichen „an dem positiven Sachverhalt [Orientierten] und dem Ausweiszettel des Beweisbaren“[21].

Hildebrands Ängste gegenüber der Technologisierung treten am deutlichsten in seiner ambivalenten Reaktion auf die Fotografie zutage. Insbesondere stößt er sich an zwei Punkten, am Apparat und der Dunkelkammerchemie. Durch das *Problem der Form* hindurch klagt er die Fotografie wiederholt als Technik der Verschleierung an – als Blackbox, die ein gerichtetes Bewusstsein notwendigerweise enttäuscht und diesem entkommt. Insbesondere die Chronofotografie dient dabei als Folie der menschlichen Wahrnehmung (Abb. 9). „Wir stehen nicht als Moment-Maschinen der Natur gegenüber“, schreibt Hildebrand, „sondern als Wesen, die ihre Vorstellungen kombinieren und die einzelnen Wahrnehmungen nur dabei benutzen und mit hinein verweben.“[22] Bis zu einem bestimmten Grad gehorcht unsere visuelle Wahrnehmung von Bewegung einem Regime der Qualitätskontrolle, wie es sich implizit in den Andeutungen zu den Funktionsmerkmalen angelegt findet. Wir gleichen unsere Wahrnehmung ständig mit den Bildern ab, die wir, so argumentiert Hildebrand, bereits in unserer Vorstellung ‚gespeichert' haben. Die Kamera dagegen ist ein Auge ohne Vergangenheit und Gedächtnis. Man könnte es auch so ausdrücken: Haben die Maschinen die Verfahren der Verifikation und Standardisierung (oder der Synthese) erst einmal vollständig automatisiert, lassen sie uns kaum mehr verstehen, was wir sehen. Und ohne ein solches Verständnis bleibt vom Bild der Bewegung, wie die serielle Abfolge der Chronofotografie es festhält, wenig mehr als ein „unklares Huschen“[23]. Hildebrand nimmt hier Ängste vorweg, wie sie auch heute zu finden sind, in einer Zeit, in der, wie der Künstler Trevor Paglen schreibt, „die überwältigende Mehrheit von Bildern längst von Maschinen für andere Maschinen gemacht werden, und die Menschen bleiben dabei meist außen vor“.[24] Gegen den Alptraum einer Zukunft von Bildern, die nur noch von Maschinen gelesen werden können und eine unsichtbare Kontrolle über unsere gesellschaftliche Existenz ausüben, bemüht Hildebrand Metaphern der fotografischen Entwicklung, um auf der Notwendigkeit des menschlichen Zutuns bei der Formulierung von Bewegung in einer unbewegten Form zu beharren. In der Skulptur hat man es dabei mit Funktionsvorstellungen zu tun, die „bloss

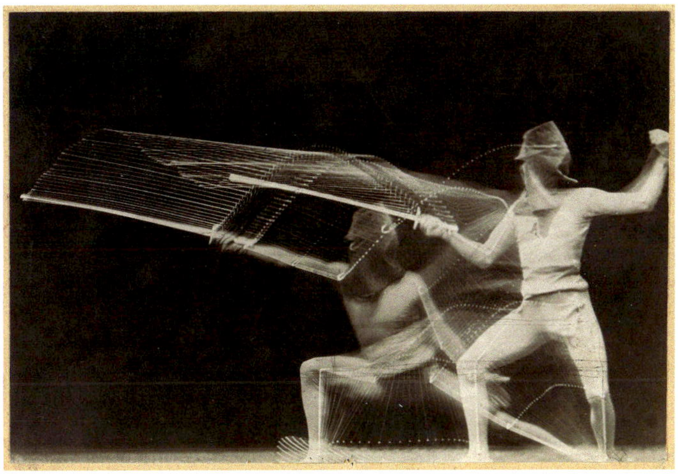

ABB. 9
Georges Demeny, *[Fencer]*, 1906, Chronofotografie, Silbergelatineabzug, 17,5 × 26,5 cm, The Metropolitan Museum of Art, New York, Ankauf, Alfred Stieglitz Society Gifts, 2010

lauern, um sich bethätigen zu können“, während zugleich der „organische Körper [...] als ein Komplex von Formen aufgefasst [wird], die das Gepräge bestimmter Funktionsmöglichkeiten tragen“.[25] Mit dem Obsoletwerden der chemischen Prozesse, die ‚lauernde' Bilder in der Dunkelkammer zum Vorschein bringen und den Abdruck des Lichts unauslöschlich auf Papier bannen, haben diese Metaphern für unseren körperlichen wie gedanklichen Einsatz zunehmend an Bedeutung verloren.

Mit der Krise des Denkmals stand für Hildebrand der Status der Skulptur als Zeichen, nicht als Ersatz der Erfahrung auf dem Spiel. Ihre Form sollte ihre eigene Geschichtlichkeit bezeichnen – das heißt, ihr Entstehen aus einer lebendigen und belebten Wahrnehmung heraus. Wenn diese Form ihren Funktionswert verliert und all die Arbeit, die in ihre Produktion und Wahrnehmung fließt, verdrängt wird, dann, „weil alle Richtungen gleichwertig sind, es kein vornen und hinten gibt“.[26] In anderen Worten, sobald die Skulptur ununterscheidbar wird vom Warenfetisch, schließt sich der Raum für die Wahrnehmung. Für Walter Benjamin waren die Folgen dieser Entwicklung für die Kunstgeschichte klar: „Der Niedergang der Plastik im Zeitalter des montierbaren Kunstwerks ist selbstverständlich“,[27] schrieb er Mitte der 1930er-Jahre. Aus Benjamins Sicht ist es der Film, der das Paradigma für das montierte Kunstwerk liefert. Offen gegenüber endloser Bearbeitung und Veränderung widersetzt er sich der Wertvorstellung des Zeitlosen und Unabänderlichen. Den Gegenpunkt bildet dabei „die am allerwenigsten verbesserungsfähige Kunst, nämlich die Plastik, deren Schöpfungen buchstäblich aus einem Stück sind“.[28] Die Antithese, die Benjamin hier aufmacht – zwischen einer antiken griechischen Statue, die „aus einem Stück“ geschaffen wurde, und dem Filmmaterial, das etwa Charlie Chaplin auf den Boden seines Schneideraums fallen lässt –, bringt zwei sich vollkommen fremde Modelle der zeitlichen Übertragung und Wahrnehmung zum Ausdruck. Das einzigartige Ereignis eines singulären skulpturalen

Körpers kann den Wert der Ewigkeit nur über eine Kette potenzieller Stellvertretungen durch andere Werke über Jahrhunderte hinweg vermitteln. Die reproduktive, iterative Basis eines jeden beliebigen Films dagegen begünstigt zeitliche Bedeutungskonstellationen, die einzig und allein auf die spezifischen Produktionsbedingungen verweisen. Wenn das auratische Hier und Jetzt des einzelnen Bildes, wie Benjamin behauptete, im Zeitalter der Massenproduktion zurücktritt, taucht es just im Moment der Abschaffung der Ewigkeit wieder auf: in Form eines Konzepts der Geschichte als unumkehrbarer Fluss, im Sieg des (filmischen) Nacheinanders über die (skulpturale) Gleichzeitigkeit.

Hildebrand hatte auf der Kopräsenz der Skulptur mit dem:der Betrachter:in als einem Antidot zu ihrer seriellen Reproduktion sowie der Isolation im Raum insistiert. Für Benjamin war es gerade diese besorgte Orientierung an der verkörperten Wahrnehmung, die paradoxerweise die Behauptung des kultischen Werts in ein Zeitalter hinüberschmuggelte, das, nach jedem anderen Dafürhalten, ein entsprechendes Bedürfnis ausgelöscht zu haben schien. Wie seine theoretische Fiktion von einer ewigen Fixierung der Skulptur verrät, handelte es sich für ihn dabei um ein Medium, das imstande ist, im Herzen einer entzauberten Moderne einen atavistischen Impuls zu registrieren, selbst wenn die entsprechenden Objekte zunehmend den Bedingungen mechanisierter Serialisierung gehorchen. Gerade weil die Integrität skulpturaler Formen angesichts der mechanischen Reproduktion und synthetischer Materialien zu verschwinden scheint, wächst diesen Formen die Fähigkeit zu, der Vergangenheit neues Leben einzuhauchen. Benjamin übergeht dabei die kommerzielle Realität und beharrt stattdessen auf der Skulptur als einem theoretischen Konstrukt, das absichtlich archaisch ist und sich, in der Konsequenz, nicht-zeitgenössisch zu den neuen, von der visuellen Massenkultur verkörperten Epistemen verhält. Demgegenüber stellt sie etwas dar, das gefangen ist in einer zyklischen Zeitlichkeit von Aufstieg und Fall, Reife und „Niedergang".

Um die Wende zum 20. Jahrhundert herum fiel das Aufkommen einer neuen Industrie des dreidimensionalen Kopierens mit dem Aufstieg der Fotografie zum Massenmedium zusammen. Dabei veränderte sich grundlegend, wie Skulptur sowohl produziert als auch interpretiert wurde. Und während sie im Zeitalter der mechanischen Reproduktion ihre Form bis hin zur Unkenntlichkeit veränderte, implodierte jeder Anspruch, den Skulptur einmal auf ewigen Wert erhoben hatte, angesichts des fantastischen Aufmarschs standardisierter Waren und der archäologisch-ethnografischen Artefakte, die auf gewaltigen Expeditionen entwendet wurden, um imperiale Ansprüche und Macht zu unterstreichen. Die Auflösung eines begrenzten Kanons skulpturaler Denkmäler in fotografischen Archiven und Gussdepots leistete indes einen unverzichtbaren Beitrag für die Transformation einer ästhetisch ausgerichteten Kritik in erste historische Studien zur Weltkunst.[29] Kurz, dieselben fotoelektrischen Technologien, die die Skulpturproduktion im späten 19. Jahrhundert neu erfunden hatten, visualisierten und rekonfigurierten nun deren Geschichte für ein breiteres Publikum – eine Koinzidenz, die auch für das skulpturale Arbeiten in unserem digitalen Zeitalter von zentraler Bedeutung ist, nun, da einzig ein bestimmtes Set an geometrischen Daten nötig ist, um das Objekt wie auch sein Bild gleichermaßen zu verbreiten. Mark Leckey hat hier den Begriff des ‚prosuming' gewählt, um die Effekte dieses Phänomens auf die künstlerische Arbeit und deren Wahrnehmung zu beschreiben. Denn es sind dieselben Daten, die 3-D-Modelle auf unseren Bildschirmen errechnen, online durch Torrent-Clients geschickt werden und als Matrix für jene Objekte dienen, die aus (lichtaktivierbaren) Fotopolymerharzen stereolithografiert werden können.[30] Unter solchen Bedingungen kann die Beziehung zwischen spezifischen Objekten im realen Raum und deren bildlicher Dokumentation im virtuellen Raum nicht mehr in Begriffen von Ursache und Wirkung beschrieben werden, sondern lässt sich nur noch als permanent umkehrbar begreifen. Hildebrand war sich im Klaren darüber, dass die universelle Austauschbarkeit von Körpern im Raum umfassende und – zumindest nach seinem Verständnis – umfassend desorientierende Konsequenzen darauf hat, wie wir über unsere eigene Verkörperung und deren Geschichtlichkeit nachdenken. Wenn nun aber nicht nur die Formen, die wir aus der Kunstgeschichte erben, sondern auch unsere eigenen Erfahrungen dieser Formen in einem ‚mash-up' von Produktion und Konsumtion aufgehen, wie werden wir dann erst diejenigen Zeichen lesen, die diese zukünftigen Körper aus der jüngsten Vergangenheit zurücklassen werden?

Endnoten

1 Mark Leckey, „Proposal for a show", 17.12.2010, unter: https://www.youtube.com/watch?v=c8QWrLt2ePI [Stand: 14.12.2021].

2 Anne M. Wagner, *Jean-Baptiste Carpeaux. Sculptor of the Second Empire*, New Haven 1986.

3 Die Verfahren der Daguerreotypie und Kalotypie wurden beide 1839 der Öffentlichkeit vorgestellt; Dominique-François-Jean Arago, *Rapport de M. Arago sur le daguerréotype, Lu à la séance de la Chambre des Députés le 3 juillet 1839, et à l'Académie des sciences, séance du 19 août*, Paris 1839, sowie W. H. F. Talbot, „Some Account of the Art of Photogenic Drawing", in: *The London and Edinburgh Philosophical Magazine and Journal of Science*, Nr. 14, Januar – Juni 1839, S. 196–211. Die Elektrotypie verwendet elektrische Spannung zur Herstellung von Druckplatten und Gussformen aus Kupfer oder anderen Metallen. Entwickelt wurde diese Technologie von Moritz Hermann von Jacobi, der seine Erkenntnisse 1838 zum ersten Mal der Königlichen Akademie der Wissenschaften in St. Petersburg präsentierte. Von Jacobi unterstrich seinen Anspruch auf die Erfindung und Beschreibung der Technik mit der Abhandlung *Die Galvanoplastik, oder das Verfahren coharentes Kupfer in Platten oder nach sonst gegebenen Formen, unmittelbar aus Kupferauflösungen, auf galvanischem Wege zu produciren*, St. Petersburg 1840.

4 Gabriel Williams, „Sculpture as Data in the Nineteenth and Twenty-First Centuries", in: *Sculpture Journal*, Bd. 24, Nr. 3, 2015, S. 407–433.

5 Patrizia Di Bello, „Editorial", in: *History of Photography*, Bd. 37, Nr. 4, Extraausgabe „The Sculptural Photograph in the Nineteenth Century", 2013, S. 385–388; siehe auch: Jens Schröter, *3D. Zur Geschichte, Theorie und Medienästhetik des technisch-transplanen Bildes*, Paderborn/München 2009.

6 Jacques de Caso, „Serial Sculpture in Nineteenth-Century France", in: *Metamorphoses in Nineteenth-Century Sculpture*, Ausst.-Kat. Cambridge, Mass. 1975, Fogg Art Museum, Cambridge, Mass., hrsg. von Jeanne L. Wasserman, S. 1–27; Gerhard Rupp, „Gips, Zink und Bronze – Berliner Vervielfältigungsfirmen im 19. Jahrhundert", in: *Ethos und Pathos. Die Berliner Bildhauerschule 1786–1914*, Ausst.-Kat. Berlin 1990, Hamburger Bahnhof – Museum für Gegenwart, Berlin, hrsg. von Peter Bloch, Sibylle Einholz und Jutta von Simson, S. 337–351.

7 George Kubler borgt sich den Begriff der ‚Divergenz' aus der Linguistik, um die historischen Veränderungen zu beschreiben, die in einer Serie von Repliken im Bezug zu einem „primären Objekt", einem theoretischen Konstrukt ähnlich einem Archetypus, zum Ausdruck kommen; George Kubler, *Die Form der Zeit. Anmerkungen zur Geschichte der Dinge* (1962), Frankfurt a. M. 1982, S. 83, 105, 121–129.

8 Joel Snyder, „Sculpture and the Rhetoric of Substitution", in: Geraldine Johnson (Hrsg.), *Sculpture and Photography. Envisioning the Third Dimension*, Cambridge 1998, S. 21–34.

9 Zur Rolle des Duplikats in ethnologischen Museen siehe Michael O'Hanlon, „Introduction", in: ders. und Robert L. Welsch (Hrsg.), *Hunting the Gatherers. Ethnographic Collectors, Agents and Agency in Melanesia, 1870s–1930s*, New York 2000, S. 1–34, hier S. 27 f.; sowie, im deutschen Kolonialkontext, Rainer F. Buschmann, *Anthropology's Global Histories. The Ethnographic Frontier in German New Guinea, 1870–1935*, Honolulu 2009, S. 26–28. Zu Kopienkritik und Philologischer Archäologie siehe Stefanie Klamm, „Neue Originale. Medienpluralität in der Klassischen Archäologie des 19. Jahrhunderts", in: Tatjana Bartsch et al. (Hrsg.), *Das Originale der Kopie. Kopien als Produkte und Medien der Transformation von Antike*, Berlin 2010, S. 47–67; sowie Maria Grazia Picozzi, „Recovered Masterpieces: Walther Amelung in His Workshop", in: *Serial/Portable Classic. The Greek Canon and Its Mutations*, Ausst.-Kat. Mailand 2015, Fondazione Prada, Mailand/Venedig, hrsg. von Salvatore Settis mit Anna Anguissola und Davide Gasparotto, S. 129–134.

10 Siehe Wagner 1986 (wie Anm. 2); Megan R. Luke, „Metalwork and Serial Sculpture in Germany, 1870–1930", in: *West 86th. A Journal of Decorative Arts, Design History, and Material Culture*, Bd. 28, Nr. 2, Herbst/Winter 2021 (in Vorbereitung); Bernhard Maaz, „Zwischen Künstlermuseen und staatlicher Kunstpolitik: Gipssammlungen des 19. Jahrhunderts", in: *Berliner Gypse des 19. Jahrhunderts. Von der Idee zum Gipsabguss*, Alfter 1993, Ausst.-Kat. Abguß-Sammlung Antiker Plastik, Berlin-Charlottenburg, hrsg. von Klaus Stemmer und Dietmar Vogel, S. 29–41, hier S. 32.

11 Siehe beispielsweise den faszinierenden Fall von Johann Friedrich Drakes Denkmal für Melanchthon (1865), das in Wittenberg, der Wiege der Reformation, in einer Bronzeausführung installiert wurde und in Karlsruhe, unweit von Melanchthons Geburtsort, in einer Zinkausführung; Bernhard Maaz, „‚das war für Bronze gedacht und wirkt als solche'. Die Entwicklung des Bronzegusses in Deutschland im 19. Jahrhundert", in: Birgit Meißner, Anke Doktor und Martin Mach (Hrsg.), *Bronze- und Galvanoplastik. Geschichte – Materialanalyse – Restaurierung*, Dresden 2000, S. 25–40, hier S. 36.

12 Ursel Berger, „Die Bronzegießereien Gladenbeck in Berlin", in: *Weltkunst. Aktuelle illustrierte Zeitschrift für Kunst, Antiquitäten, Bücher und ihren Markt*, Bd. 58, Nr. 22, 15.11.1988, S. 3498, sowie Nr. 23, 1.12.1988, S. 3666.

13 Alina Payne, „Portable Ruins. The Pergamon Altar, Heinrich Wölfflin, and German Art History at the *fin de siècle*", in: *RES. Anthropology and Aesthetics*, Nr. 53/54, Frühling – Herbst 2008, S. 168–189.

14 Johann Gottfried Herder, *Plastik. Einige Wahrnehmungen über Form und Gestalt aus Pygmalions bildendem Traume*, Riga 1778.

15 Adolf Hildebrand, *Das Problem der Form in der bildenden Kunst*, Straßburg 1893. Siehe auch Gottfried Boehm, „Plastik und plastischer Raum", in: *Die Entwicklung der abstrakten Skulptur im 20. Jahrhundert und die autonome Skulptur der Gegenwart*, Münster 1977, Ausst.-Kat. LWL-Landesmuseum für Kunst und Kulturgeschichte, Münster, hrsg. von Klaus Bußmann, S. 23–44.

16 Rudolf Meyer (Hrsg.), *Albrecht Meydenbauer. Baukunst in historischen Fotografien*, Leipzig 1985.

17 Hildebrand 1893 (wie Anm. 15), S. 99 f.

18 Ebd., S. 85. Und noch einmal: „[…] die Form [wird] als eine entstandene aufgefasst, und ihr Leben besteht in der Erregung der Vorstellung von Bewegungsvorgängen." Ebd., S. 90.

19 „Indem wir uns die Veranlassung zu einer Erscheinung vorstellen, […] schieben wir hinter den Thatbestand der Erscheinung gleichsam eine Vergangenheit und eine Zukunft oder eine dauernde Wirkung." Ebd., S. 84.

20 Alina Payne, „Semper's Heritage", in: dies., *From Ornament to Object. Genealogies of Architectural Modernism*, New Haven 2012, S. 25–64; Frederic J. Schwartz, *Der Werkbund. Ware und Zeichen 1900–1914*, Dresden 1999.

21 Hildebrand 1893 (wie Anm. 15), S. 89.

22 Ebd., S. 93; Georg Simmel bekräftigt diese Dichotomie in seinem Aufsatz „Aesthetik des Porträts" (April 1905), in: ders., *Gesamtausgabe*, hrsg. von Otthein Rammstedt, Bd. 7: *Aufsätze und Abhandlungen 1901–1908*, Frankfurt a. M. 1995, S. 321–332.

23 Hildebrand 1893 (wie Anm. 15), S. 92.

24 Trevor Paglen, „Invisible Images (Your Pictures Are Looking at You)", in: *The New Inquiry*, 8.12.2016, unter: https://thenewinquiry.com/invisible-images-your-pictures-are-looking-at-you [Stand: 14.12.2021].

25 Hildebrand 1893 (wie Anm. 15), S. 90 f.

26 Ebd., S. 100.

27 Walter Benjamin, „Das Kunstwerk im Zeitalter seiner technischen Reproduzierbarkeit (Zweite Fassung)", in: ders., *Werke und Nachlaß. Kritische Gesamtausgabe*, Bd. 16, hrsg. von Burkhardt Lindner unter Mitarbeit von Simon Broll und Jessica Nitsche, Berlin 2013, S. 52–95, hier S. 66.

28 Ebd.

29 Ulrich Pfisterer, „Origins and Principles of World Art History – 1900 (and 2000)", in: Kitty Zijlmans, Wilfried van Damme (Hrsg.), *World Art Studies. Exploring Concepts and Approaches*, Amsterdam 2008, S. 69–89.

30 Kari Rittenbach, „Chrome & Flesh. An Interview with Mark Leckey", in: *Rhizome*, 17.12.2012, unter: https://rhizome.org/editorial/2012/dec/17/mark-leckey [Stand: 8.11.2021].

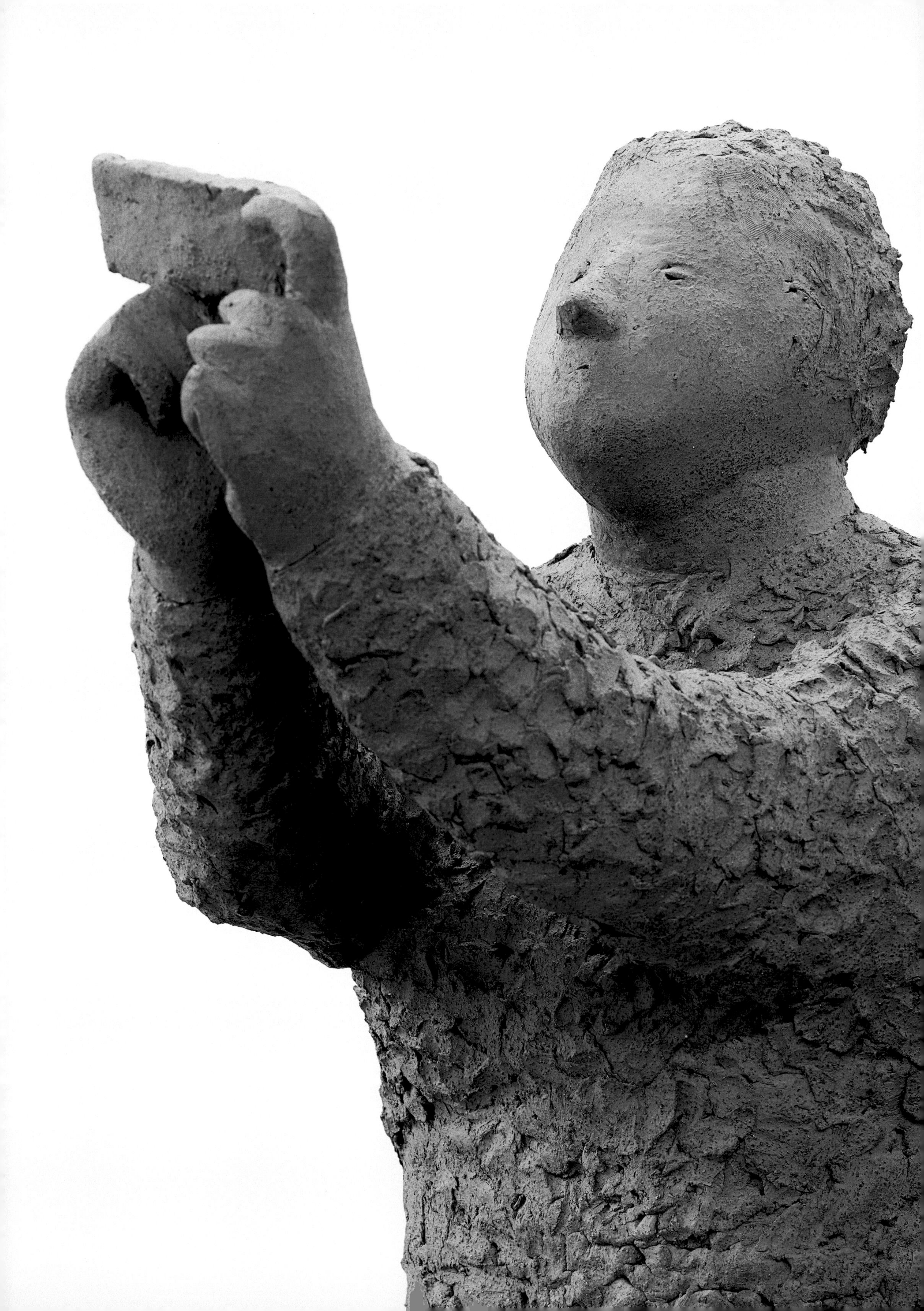

DAS VERNETZTE SELBST

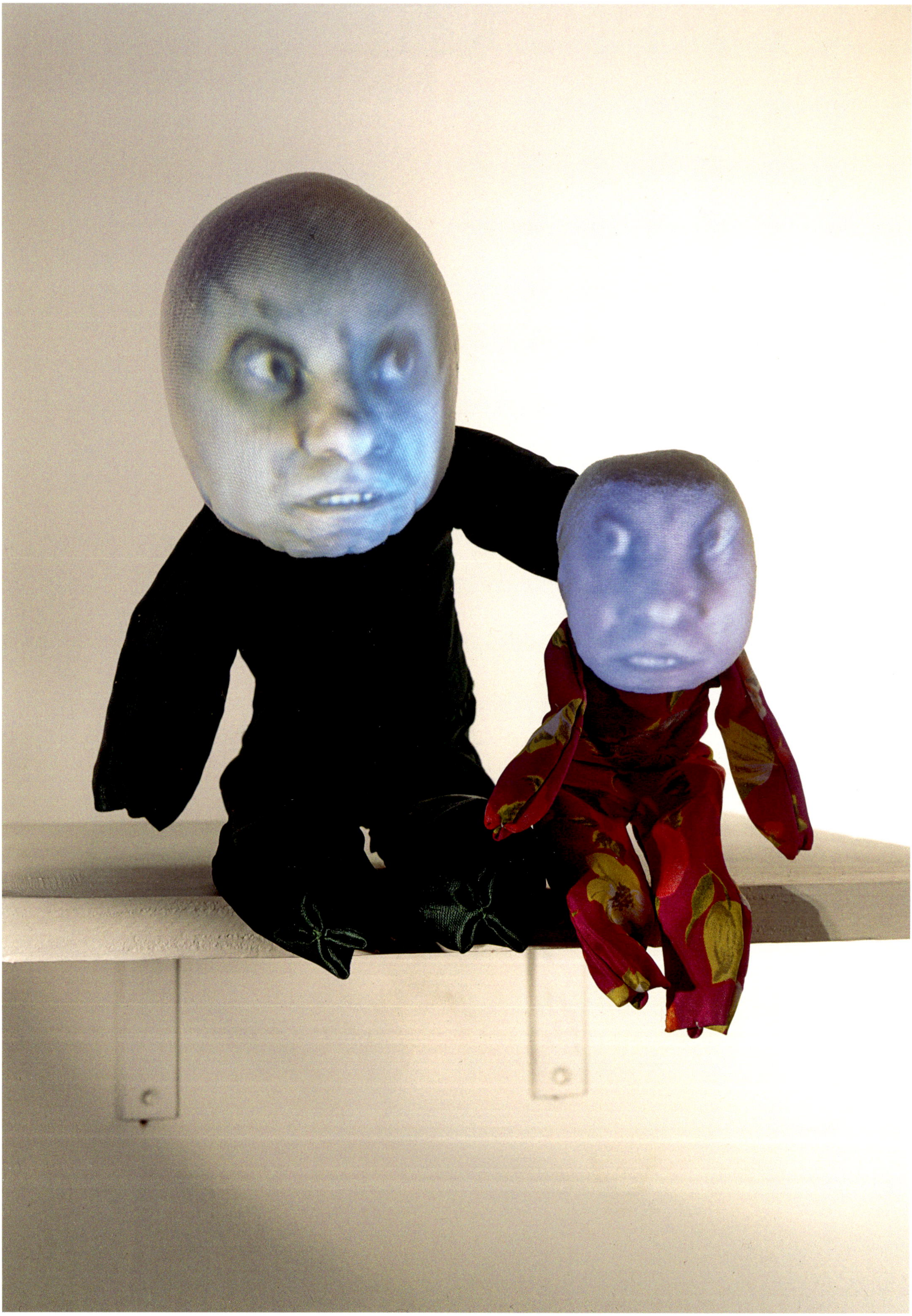

LINKS
Tony Oursler
We Have No Free Will, 1995
1-Kanal-Multimedia-Videoinstallation
Video (Loop), Farbe, Ton, 10:10 Min.; Projektor, Abspielgerät, Stativ; 2 Stoffpuppen auf Holzregal
Puppen: 34,5 × 35,7 × 39,5 cm
Installationsmaße variabel

UNTEN
Mark Leckey
UniAddDumThs, 2014–fortlaufend
Sektion „Monster"
Installation, verschiedene Materialien
Maße variabel
Ausstellungsansicht *Mark Leckey: Containers and Their Drivers*, MoMA PS1, New York 2016

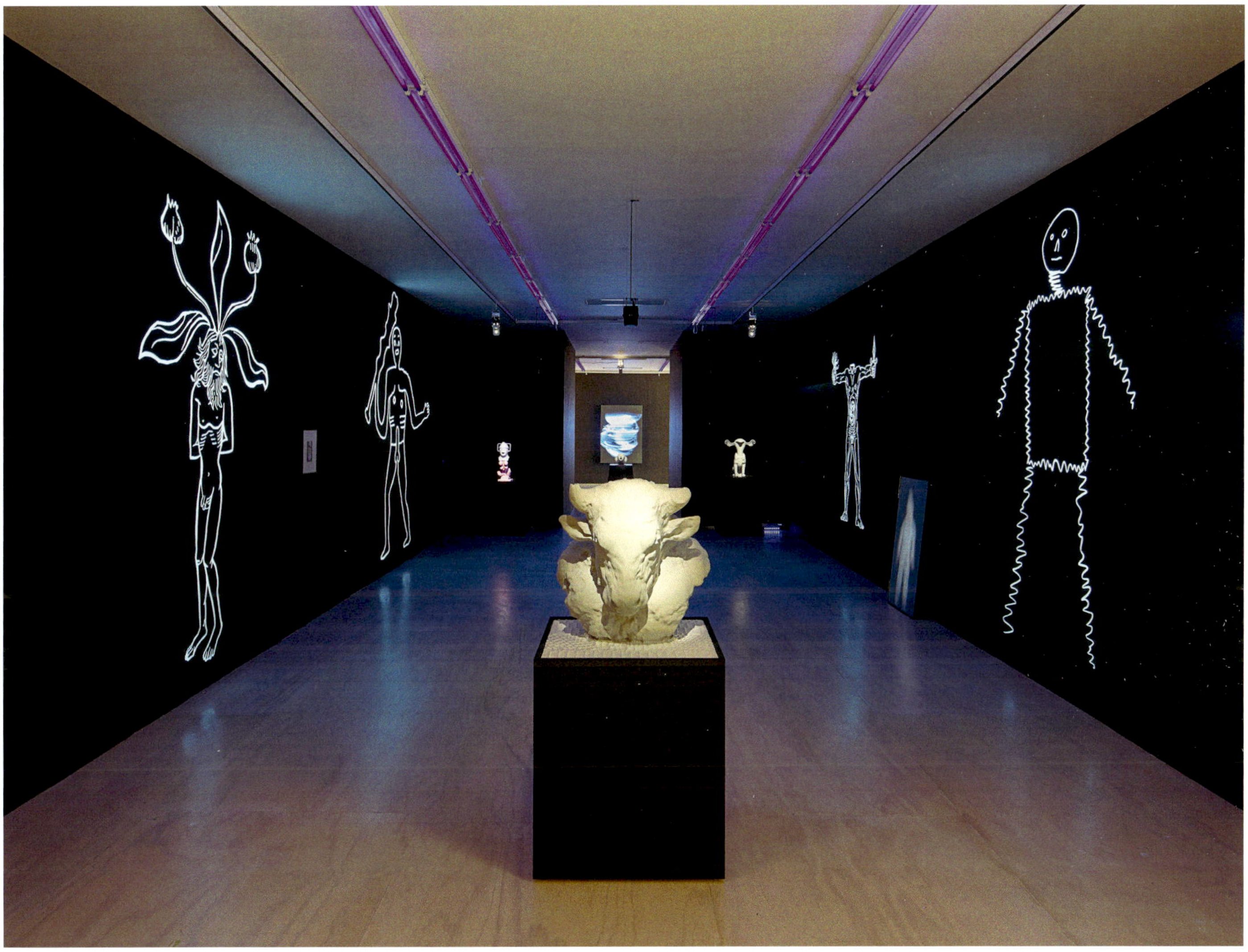

NÄCHSTE DOPPELSEITE
Mark Leckey
UniAddDumThs, 2014–fortlaufend
Sektion „Machine"
Installation, verschiedene Materialien
Maße variabel
Ausstellungsansicht *Mark Leckey: Containers and Their Drivers*, MoMA PS1, New York 2016

SEITE 210/211
Mark Leckey
UniAddDumThs, 2014–fortlaufend
Sektion „Animal"
Installation, verschiedene Materialien
Maße variabel
Ausstellungsansicht *Mark Leckey: Containers and Their Drivers*, MoMA PS1, New York 2016

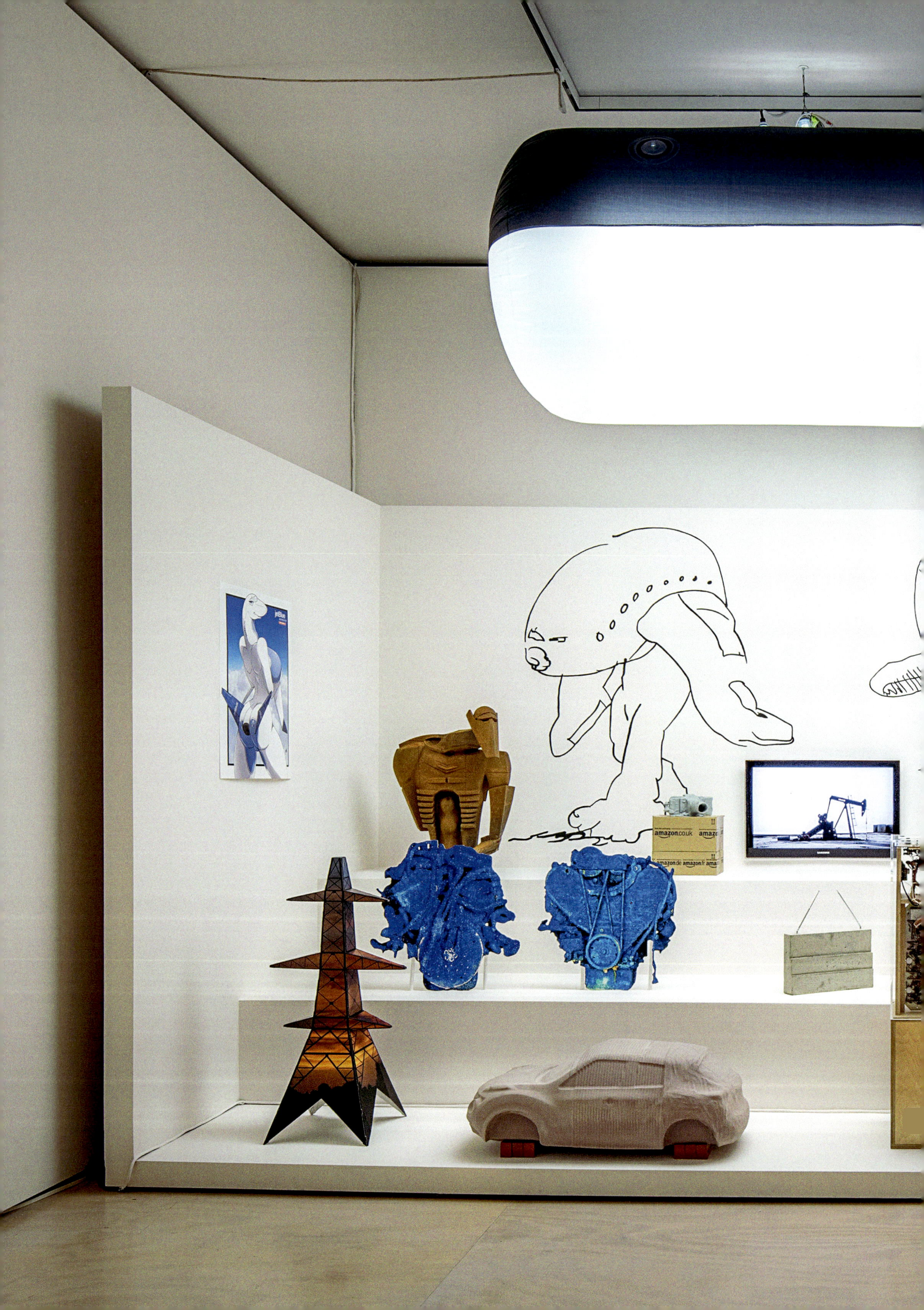
jetBlue
amazon.co.uk

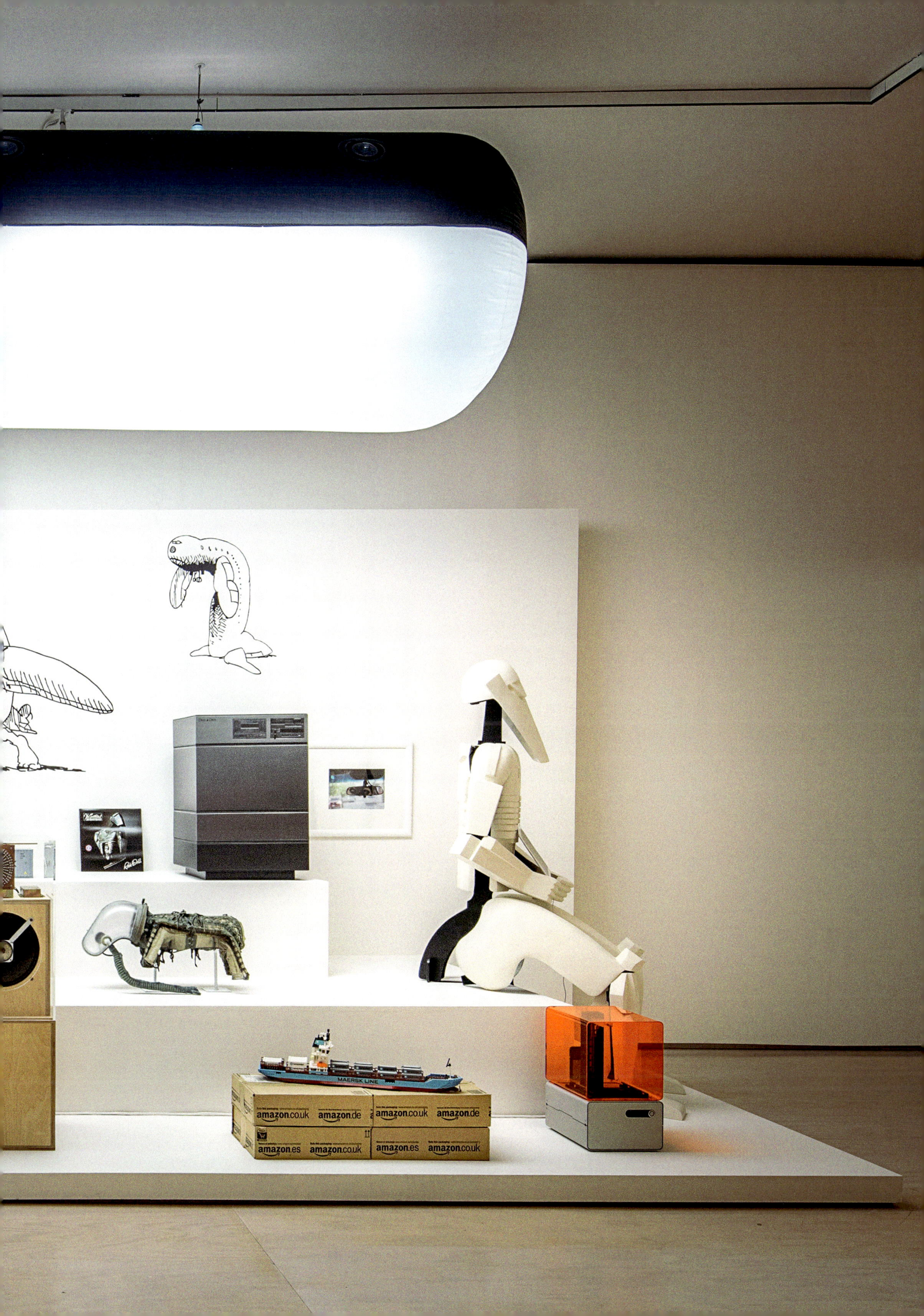
MAERSK LINE
amazon.co.uk
amazon.de
amazon.co.uk
amazon.de
amazon.es
amazon.co.uk
amazon.es
amazon.co.uk

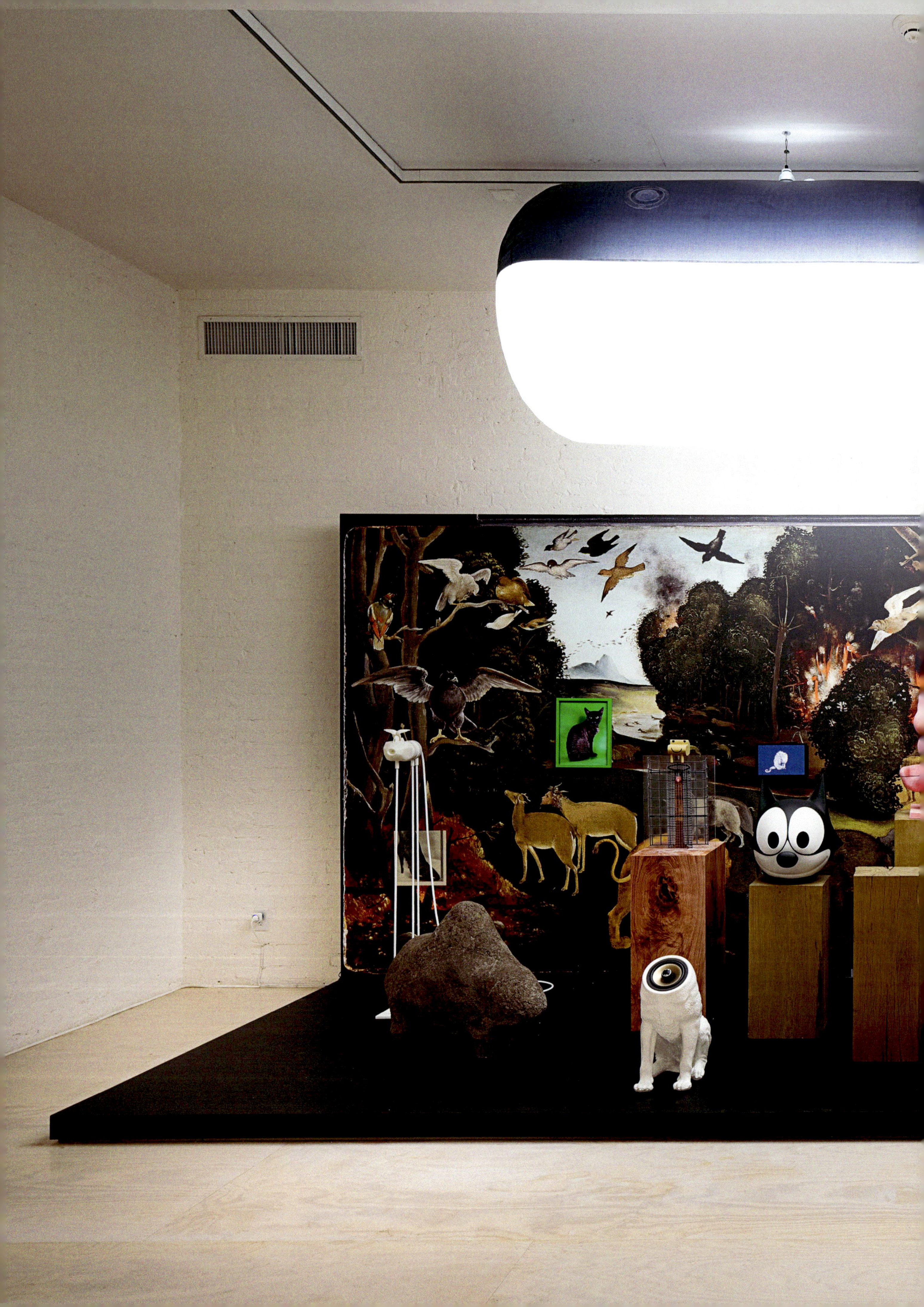

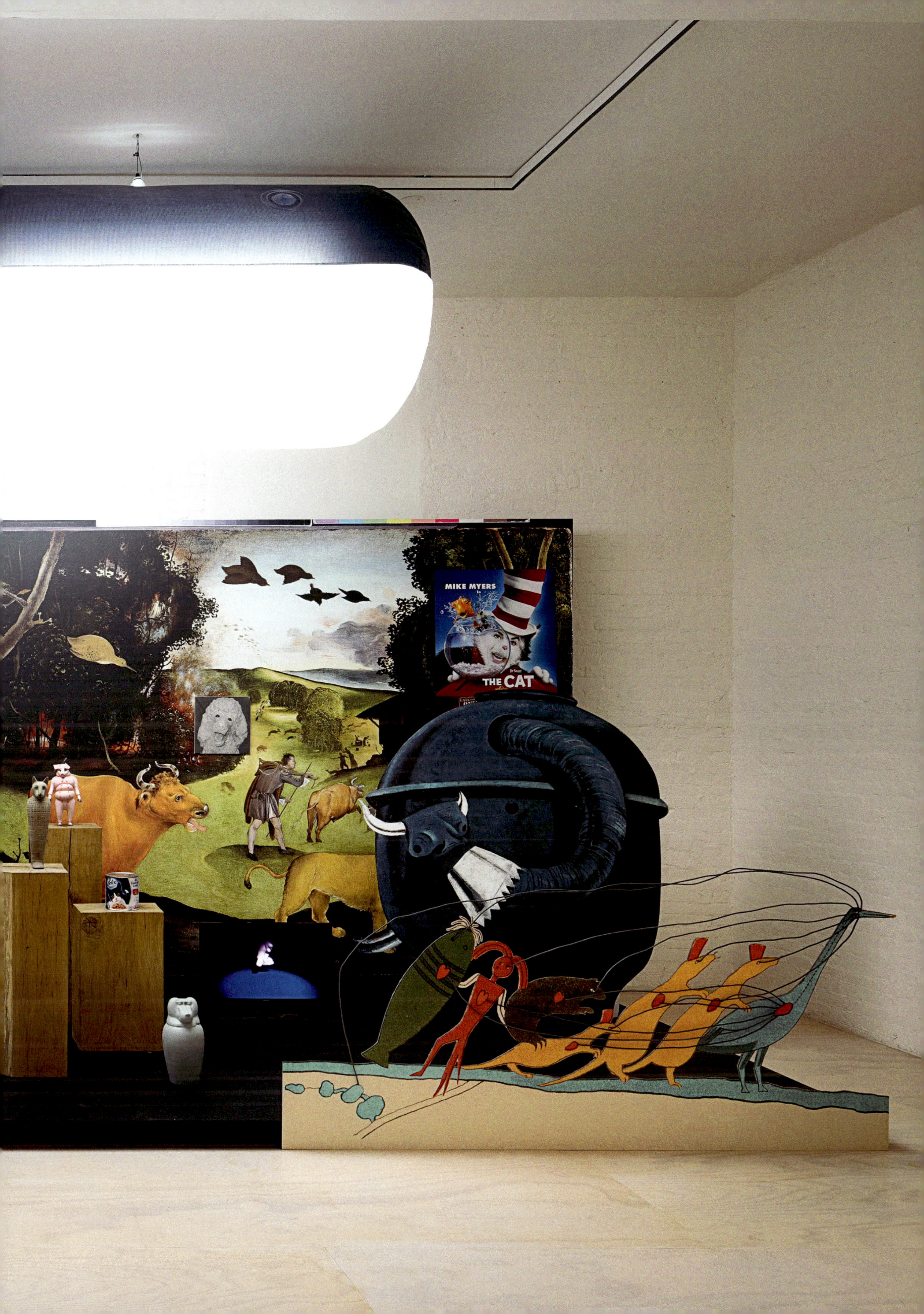
MIKE MYERS
THE CAT

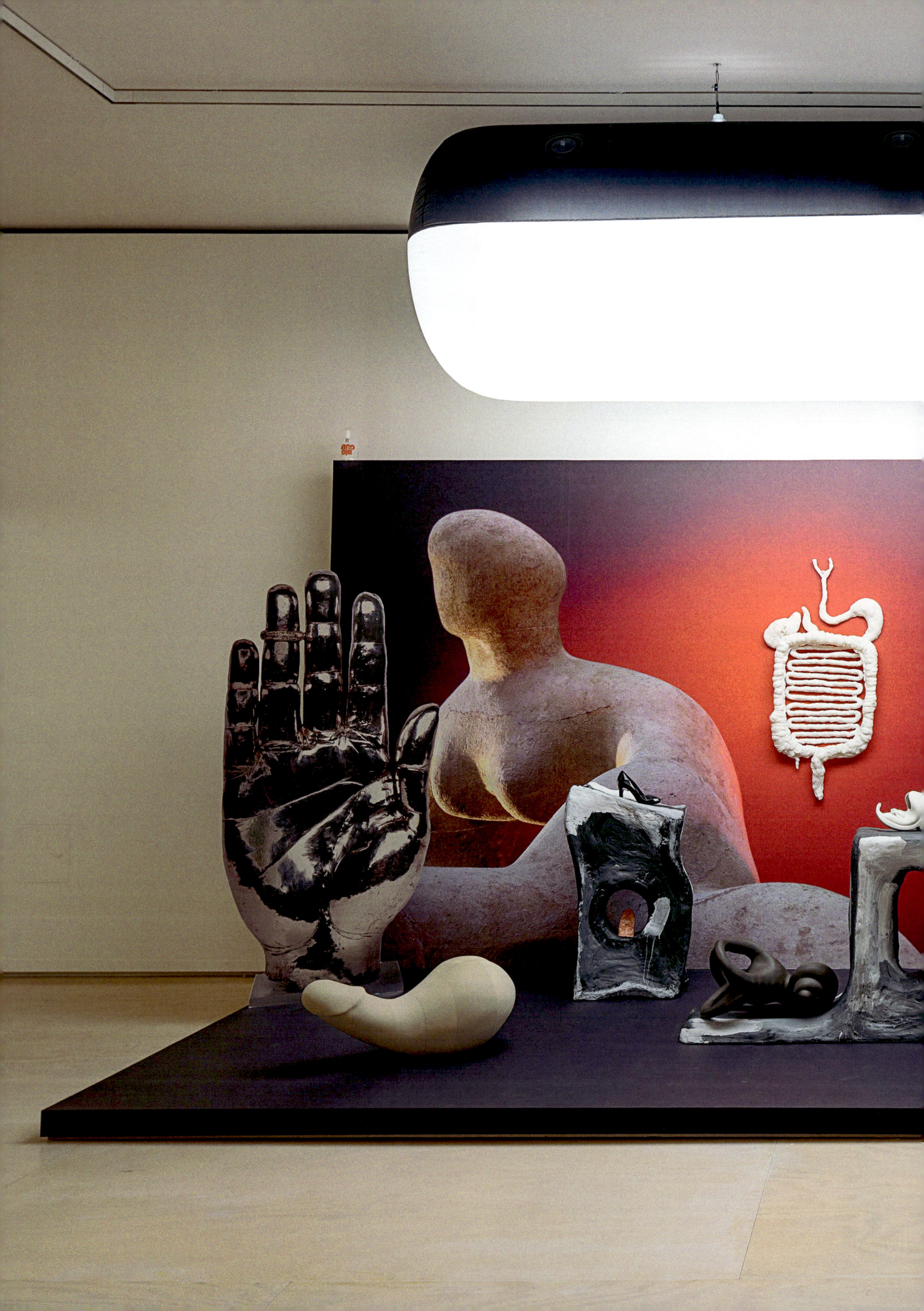

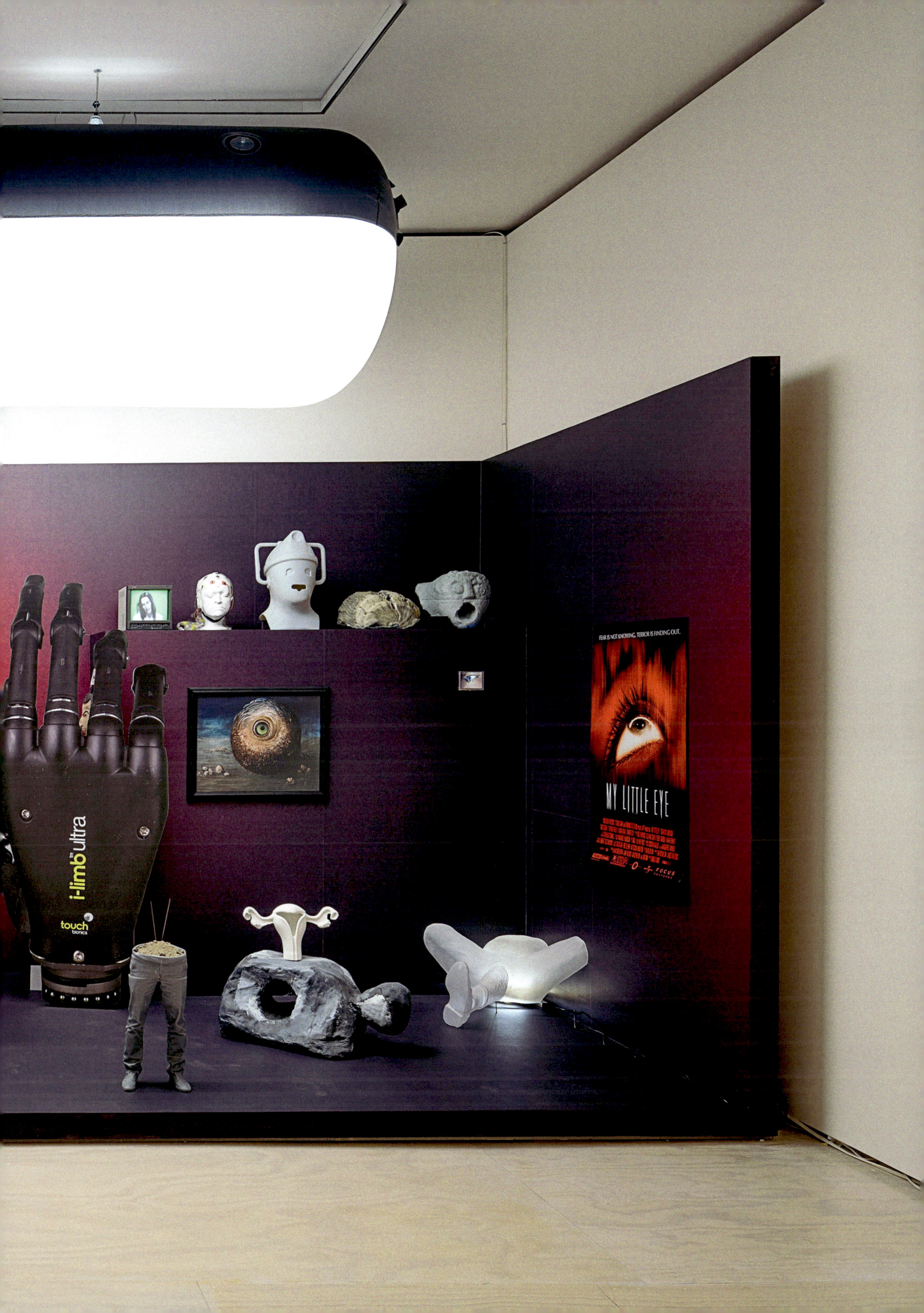
i-limb ultra
touch bionics
FEAR IS NOT KNOWING. TERROR IS FINDING OUT.
MY LITTLE EYE

VORHERIGE DOPPELSEITE
Mark Leckey
UniAddDumThs, 2014–fortlaufend
Sektion „Man"
Installation, verschiedene Materialien
Maße variabel
Ausstellungsansicht *Mark Leckey: Containers and Their Drivers*, MoMA PS1, New York 2016

UNTEN
Ausstellungsansicht *Aleksandra Domanović: The Future Was at Her Fingertips*, Tanya Leighton, Berlin 2013

RECHTS
Aleksandra Domanović
Fatima, 2013
Lasergesintertes Polyamid, Polyurethan, Soft-Touch- und Messing-Finish, PVC-Folie, Acrylglas
157 × 30 × 30 cm

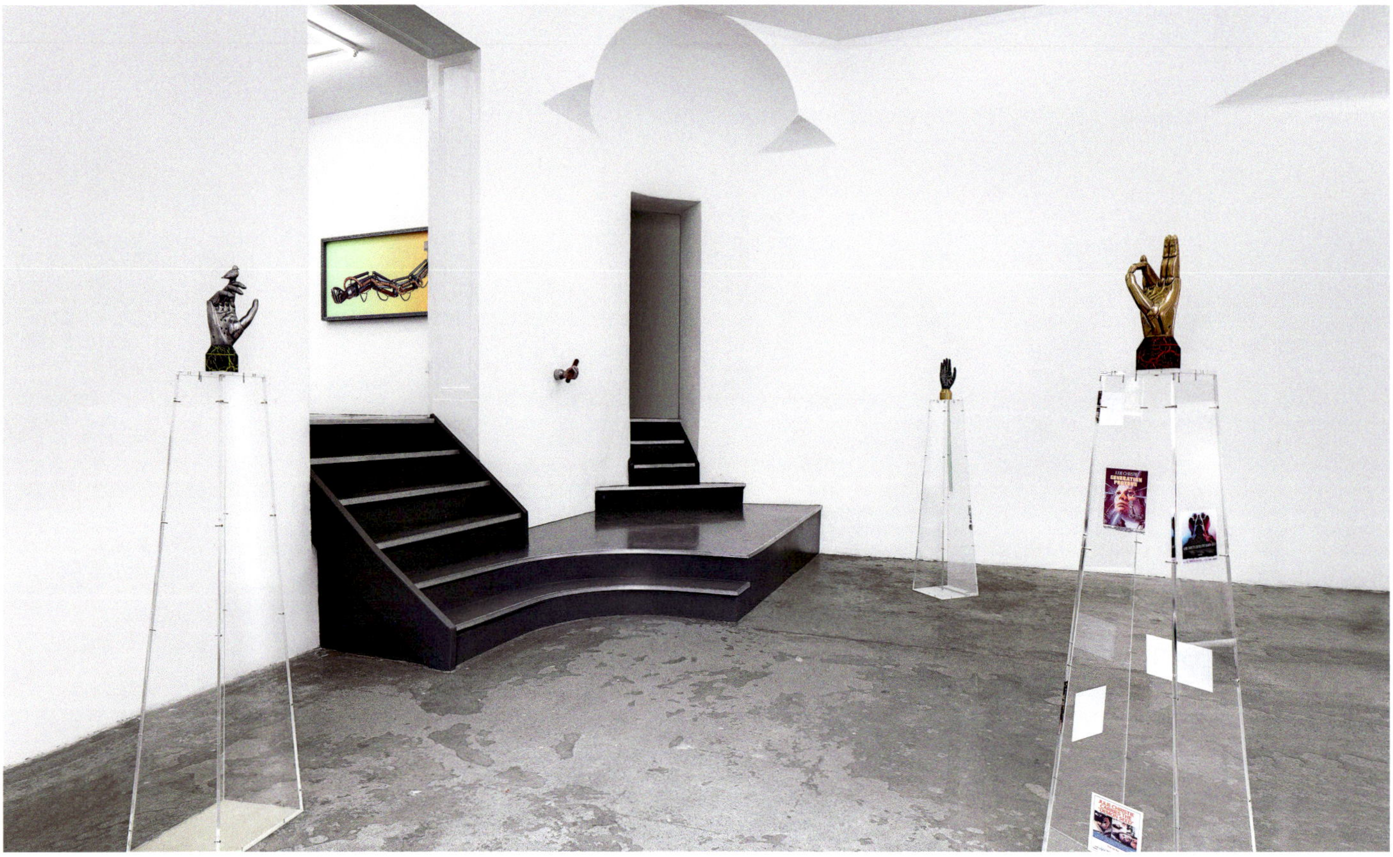

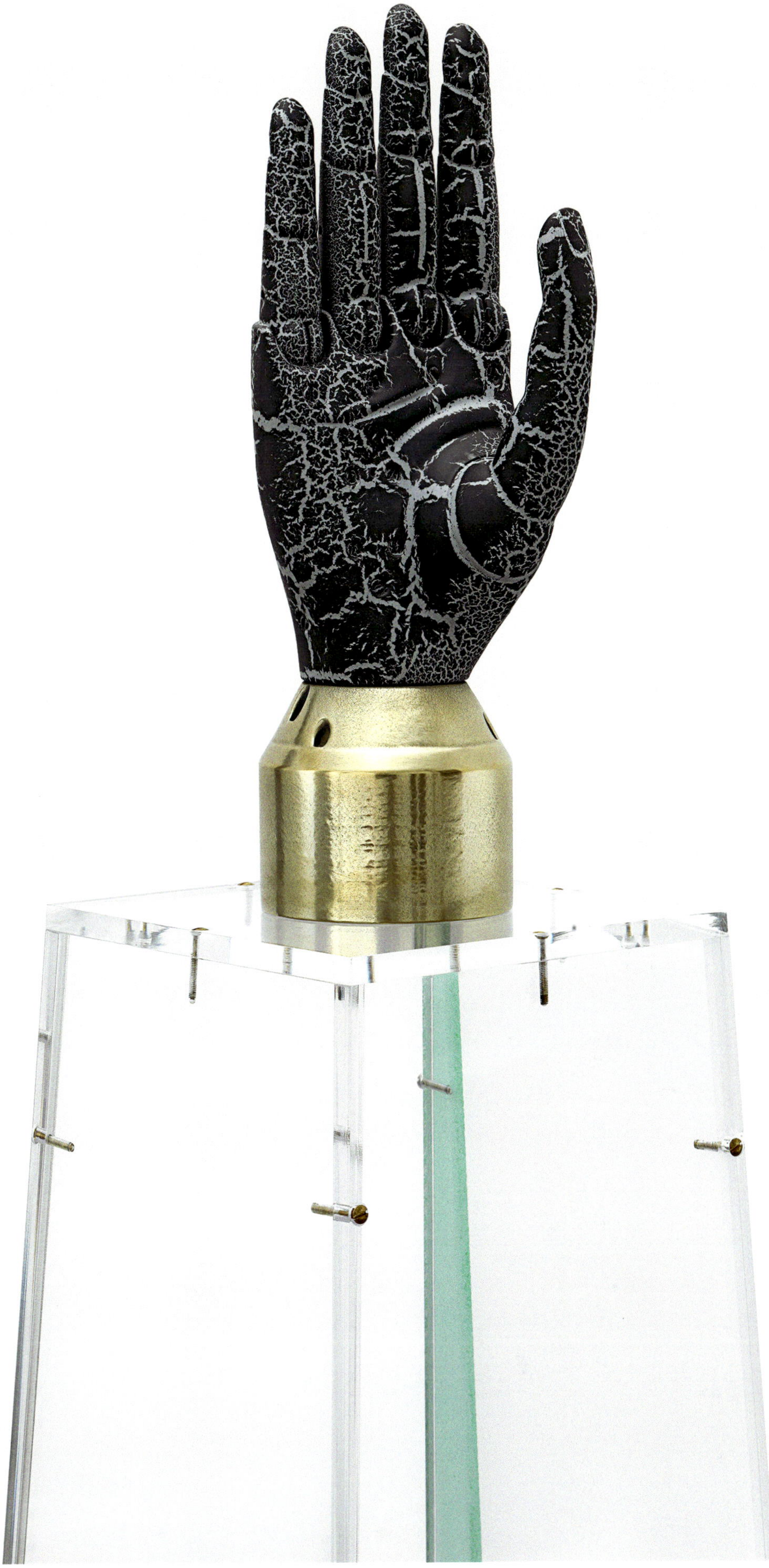

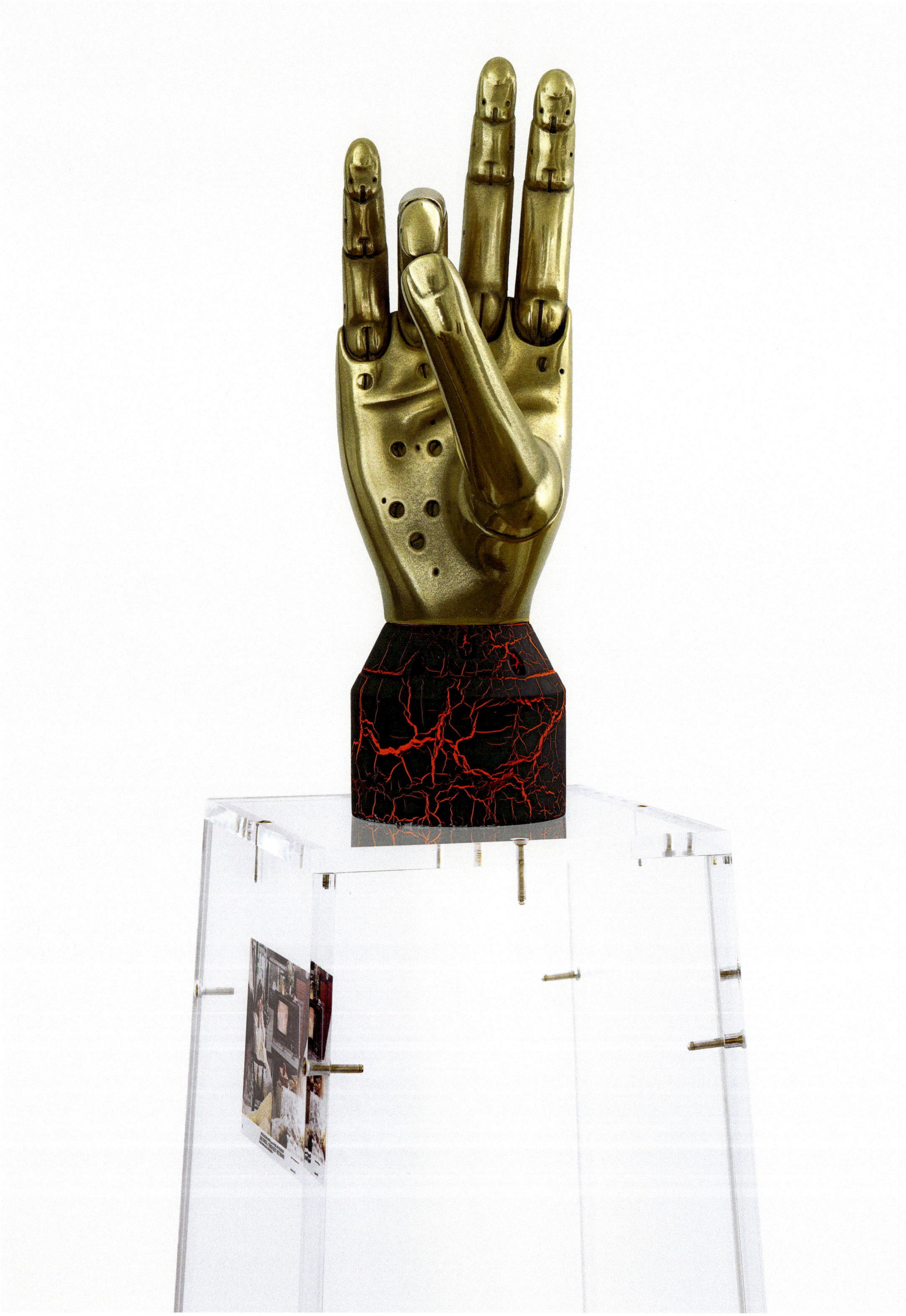

LINKS
Aleksandra Domanović
Mayura Mudra, 2013
Lasergesintertes Polyamid, Polyurethan, Soft-Touch- und Messing-Finish, UV-Druck auf Acrylglas
157 × 30 × 30 cm

UNTEN
Stephanie Dinkins
Conversations with Bina48: Fragment 11, Fourth Mirror, 2018
Videoinstallation, Farbe, Ton
2:45 Min.

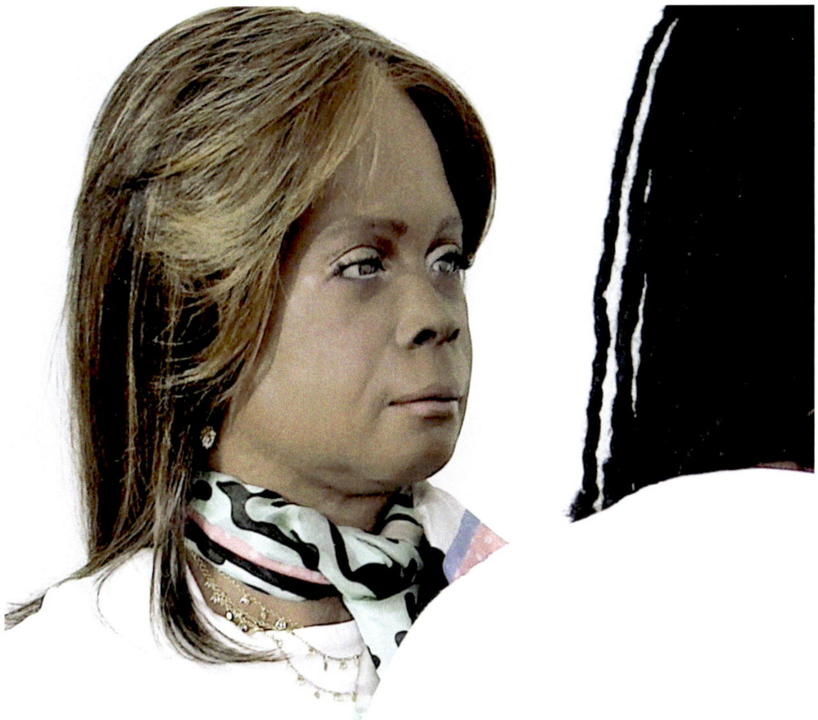

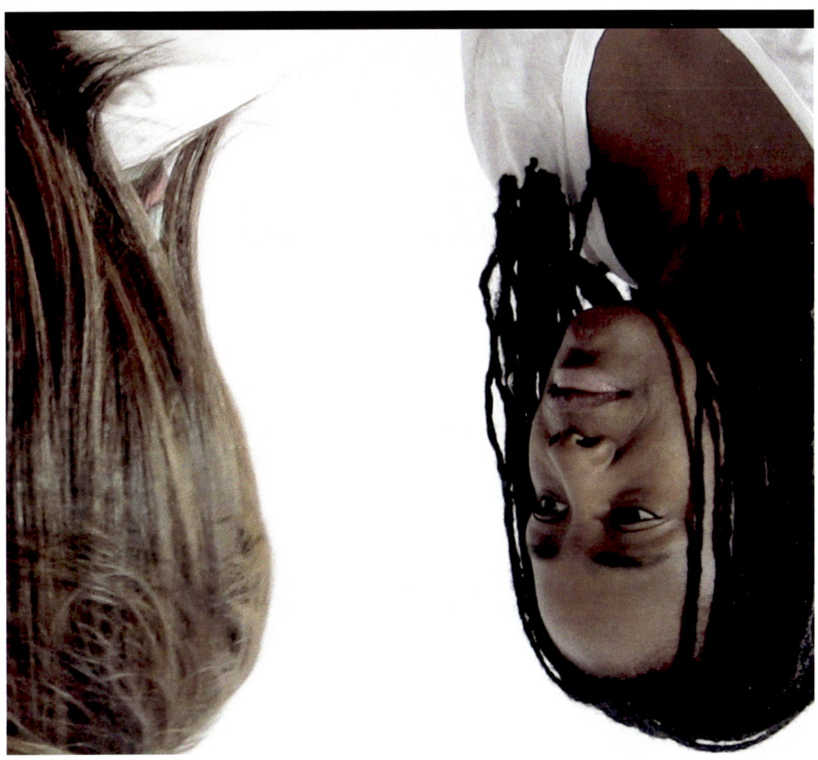

UNTEN & RECHTS
KAYA (Kerstin Brätsch & Debo Eilers)
KAFTAN_SCHNAKEN Table #2, 2015
Aluminiumgestell, Acrylglas, Epoxidharz,
Öl auf Polyesterfolie, PVC-Folie,
Kunstlederriemen, Metallseile und -ösen,
Münzen, LED-Lichter
105 × 235 × 130 cm

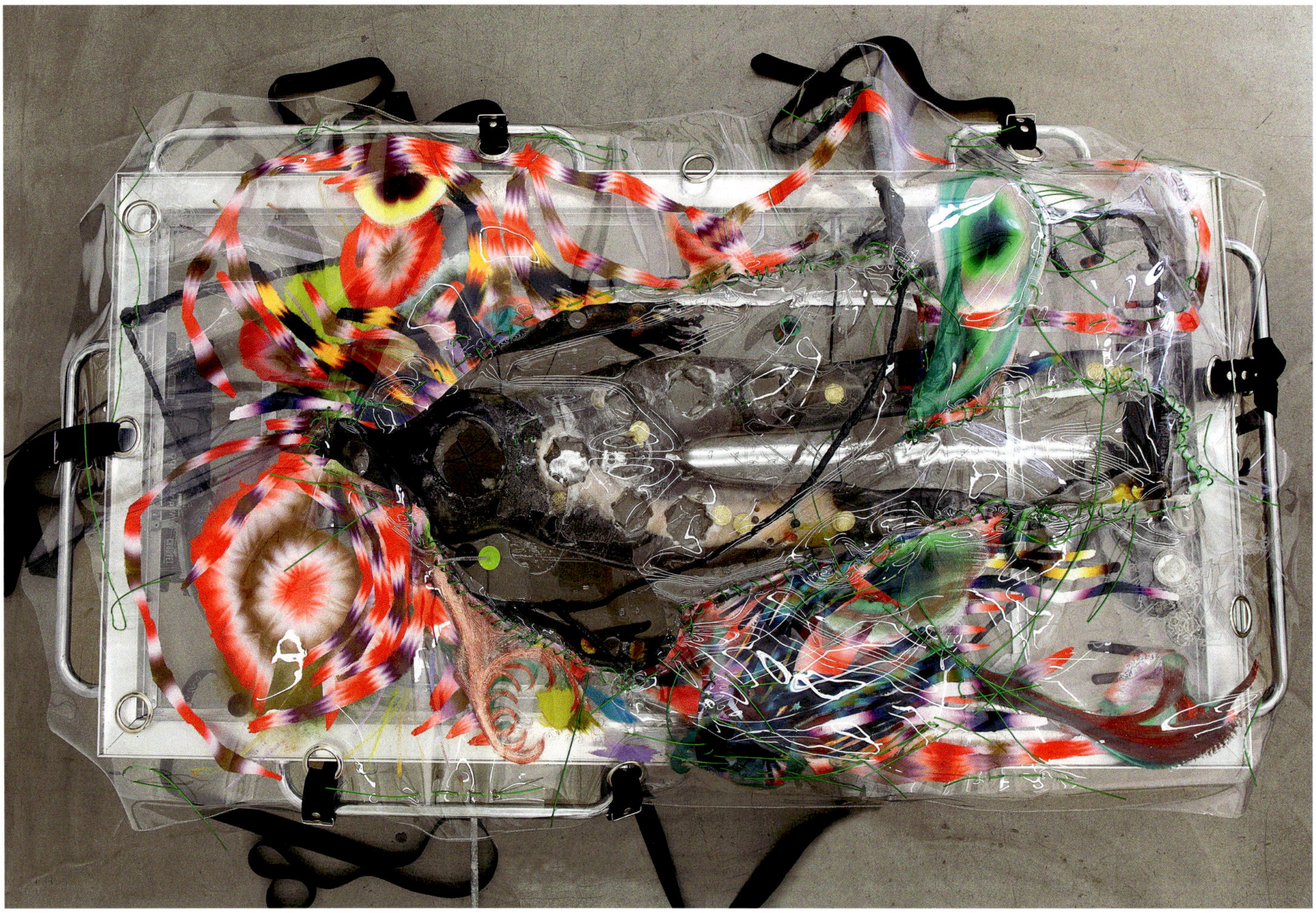

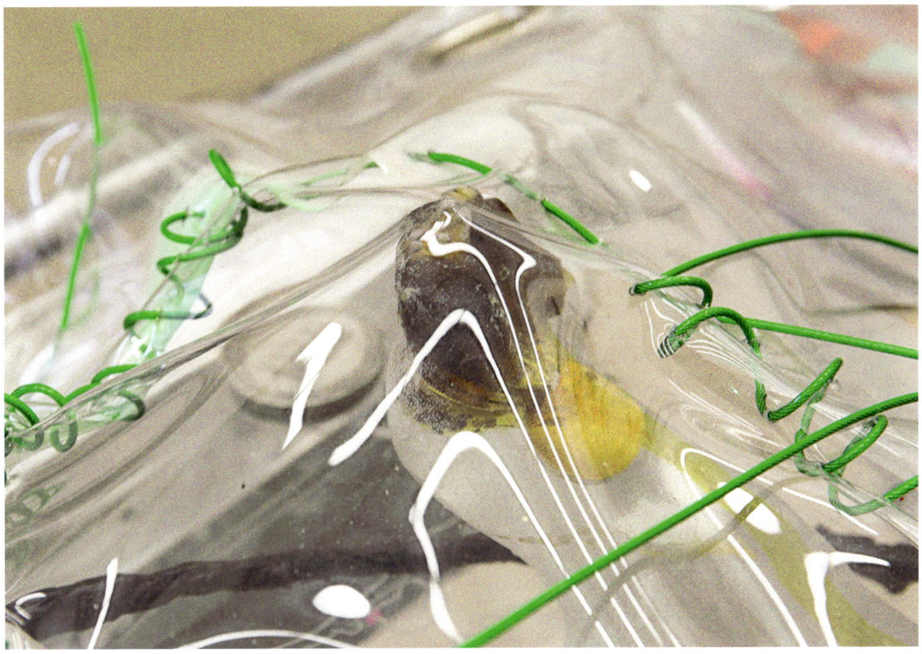

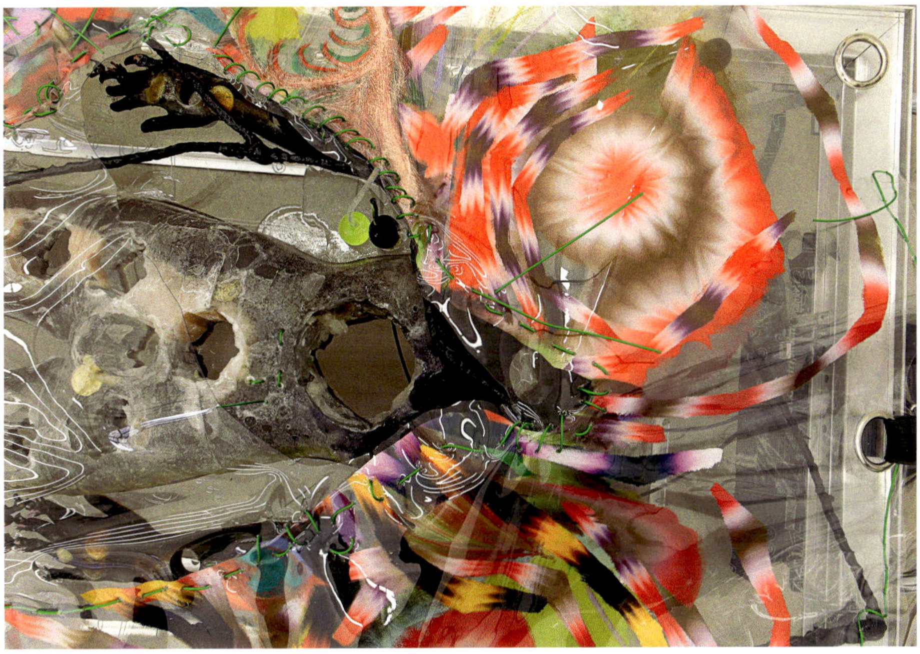

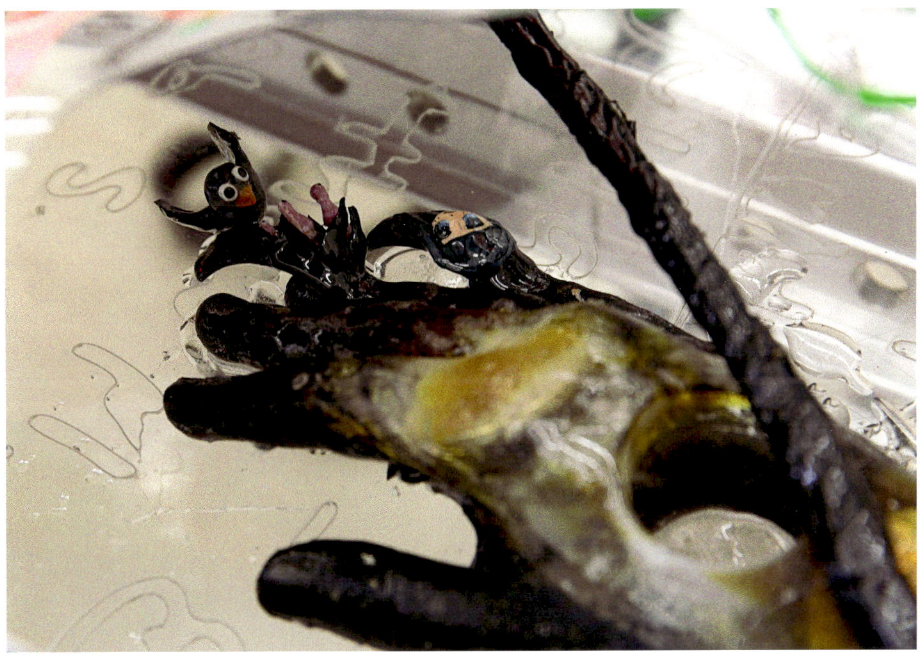

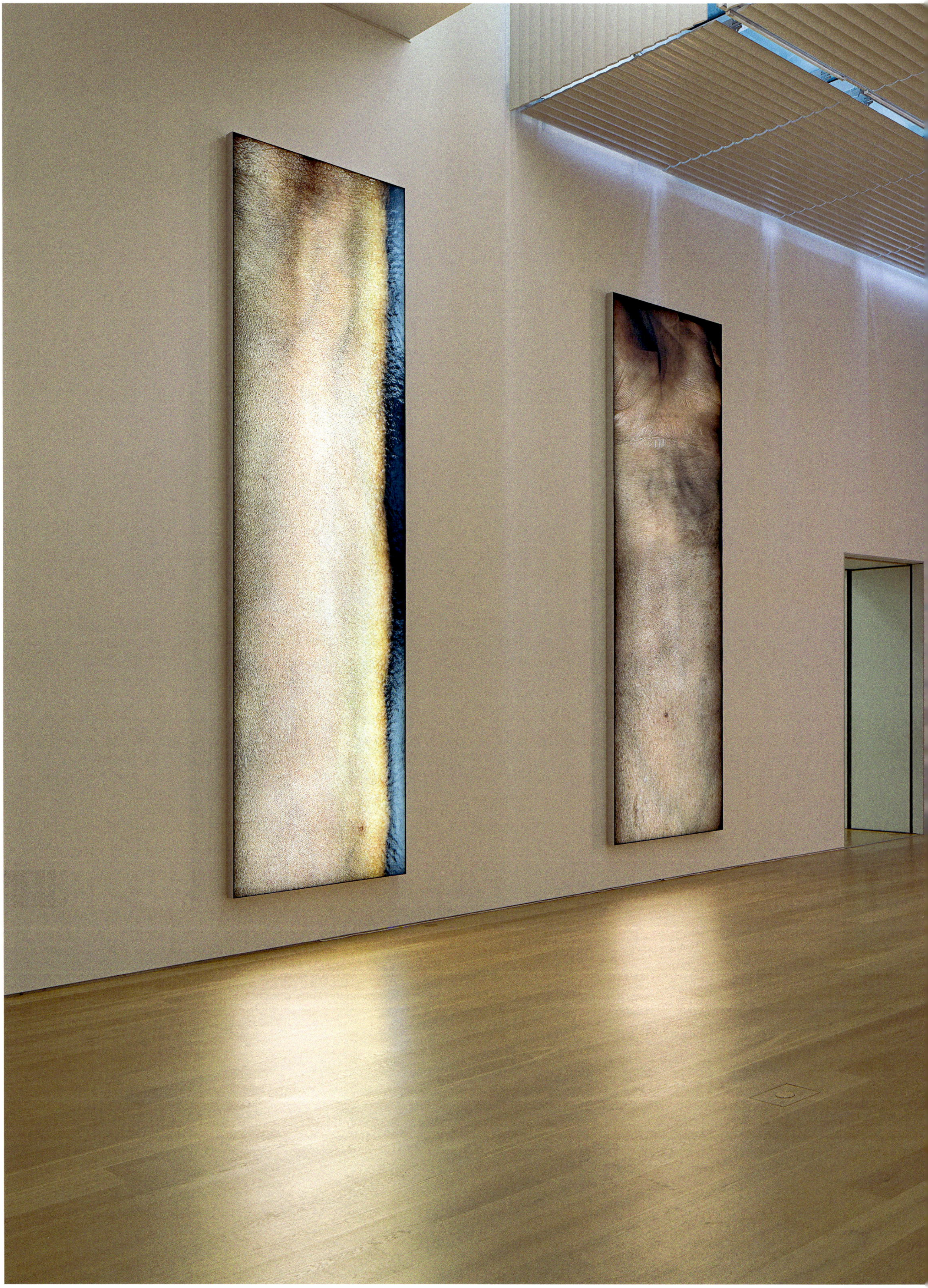

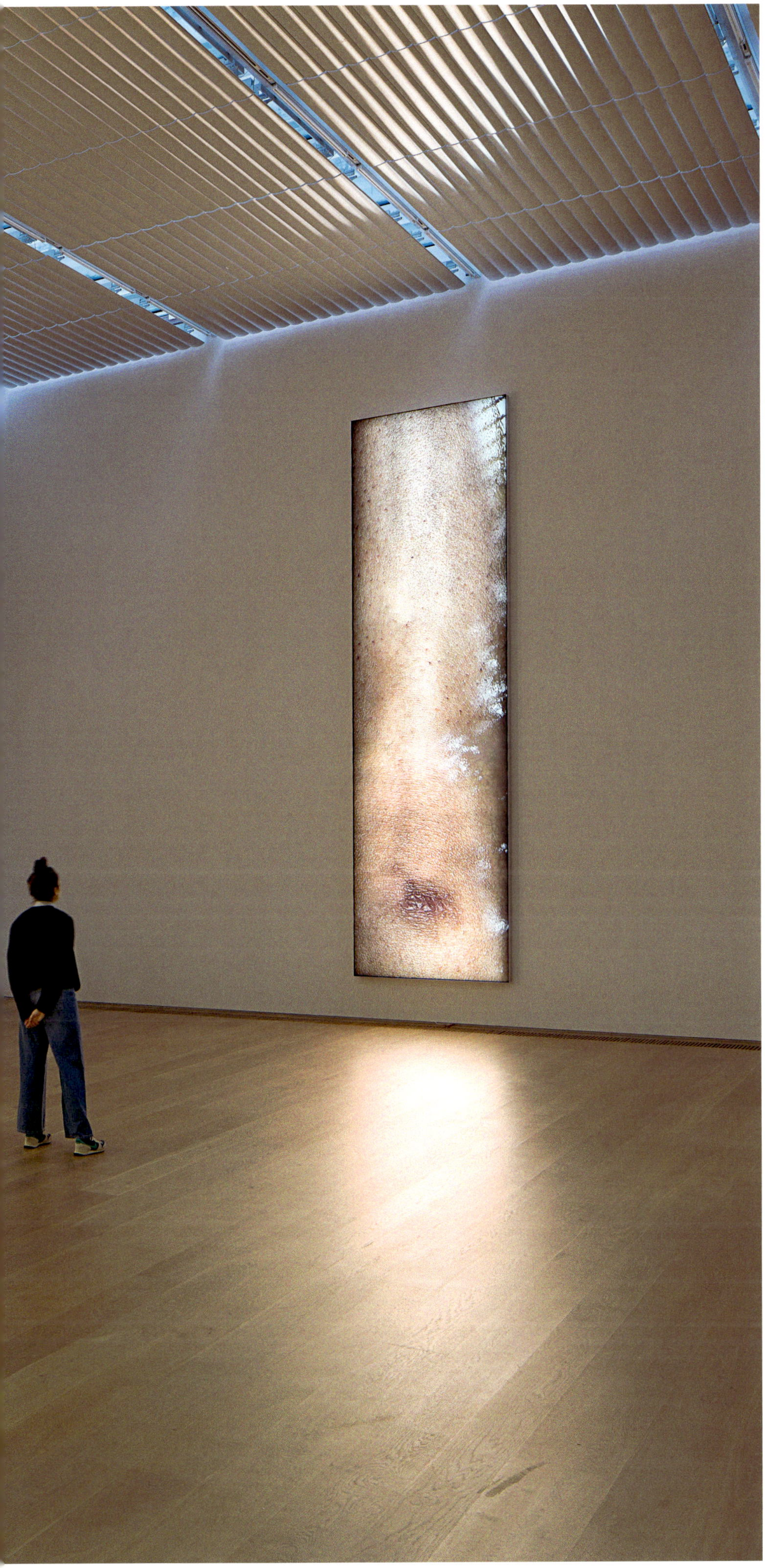

MITTE
Seth Price
Hannah, 2015–2017
Thermosublimationsdruck auf Synthetikgewebe, Aluminium, LED
533,4 × 152,4 × 10,2 cm

RECHTS
Seth Price
Mila, 2015–2017
Thermosublimationsdruck auf Synthetikgewebe, Aluminium, LED
558,8 × 152,4 × 10,2 cm
Ausstellungsansicht *Seth Price – Social Synthetic*, Museum Brandhorst, München 2017

NÄCHSTE DOPPELSEITE
Alexandra Bircken
New Model Army 5, 2016
Schaufensterpuppe auf Metallständer, Nylon, Leder, Wattierung
164 × 26 × 49 cm

Alexandra Bircken
New Model Army 4, 2016
Schaufensterpuppe auf Metallständer, Nylon, Leder, Wattierung
164 × 32 × 49 cm

Alexandra Bircken
New Model Army 1, 2016
Schaufensterpuppe auf Metallständer, Nylon, Leder, Wattierung
164 × 24 × 49 cm

Alexandra Bircken
New Model Army 2, 2016
Schaufensterpuppe auf Metallständer, Nylon, Leder, Wattierung
164 × 33 × 49 cm

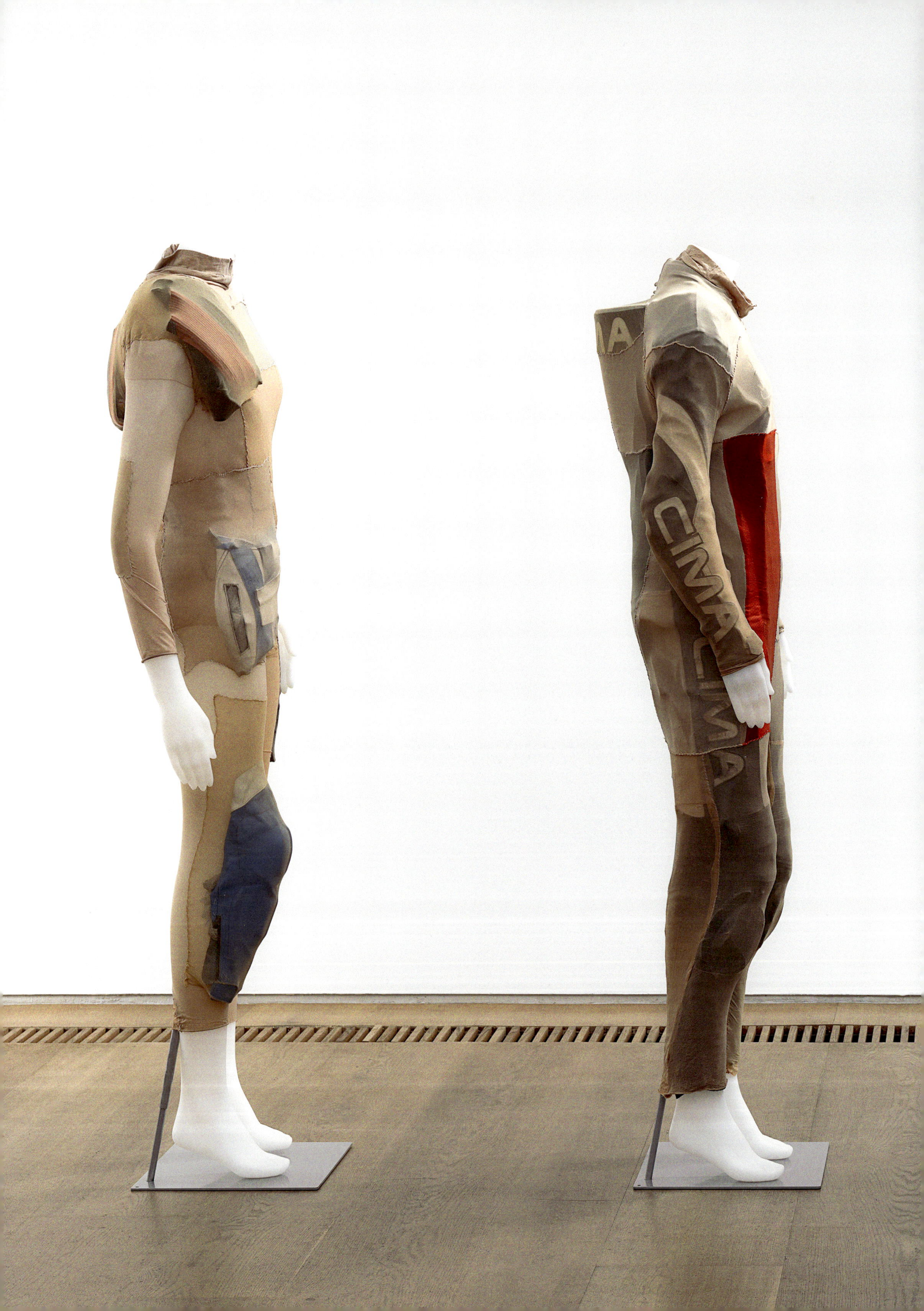
CIMA

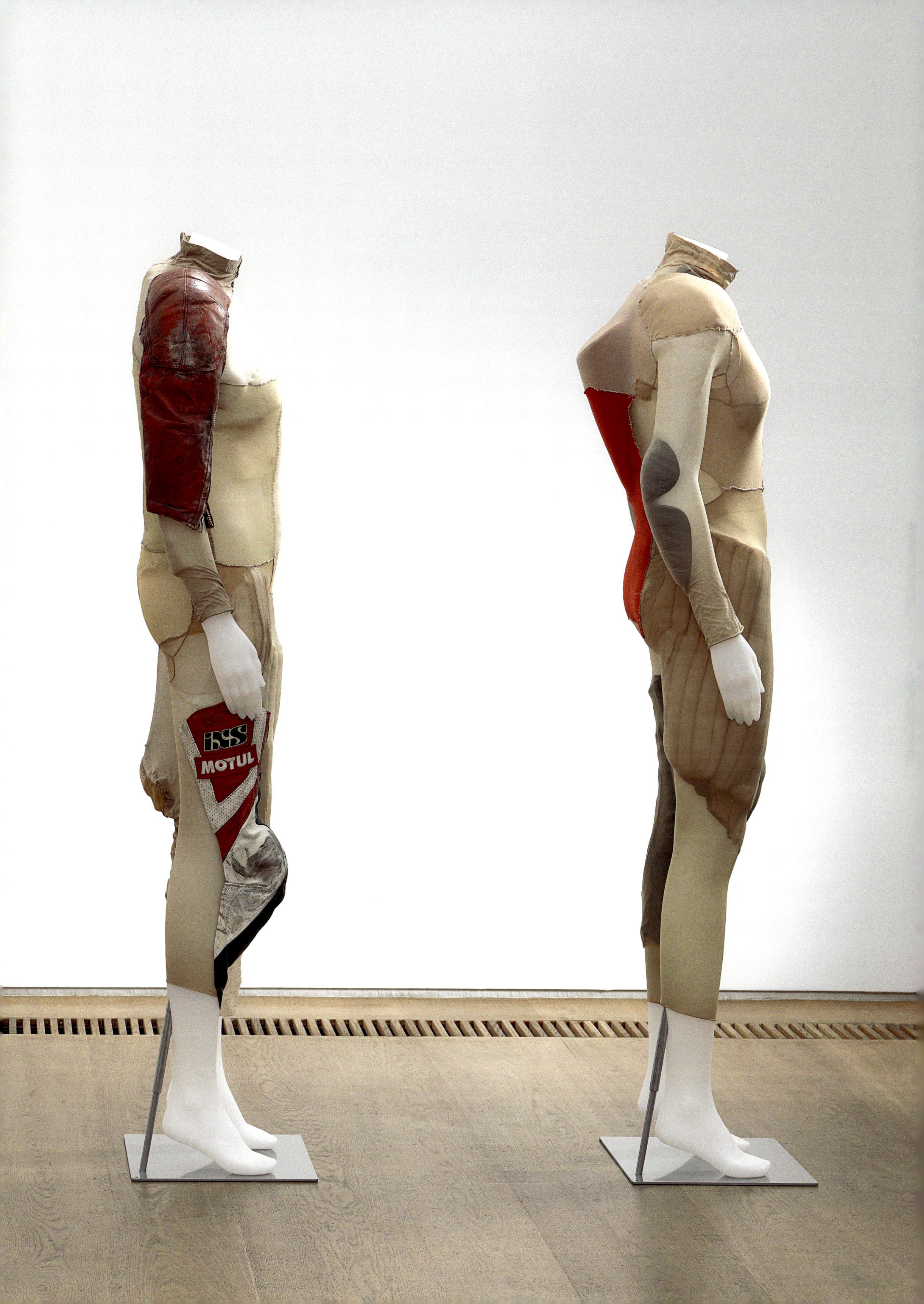
MOTUL

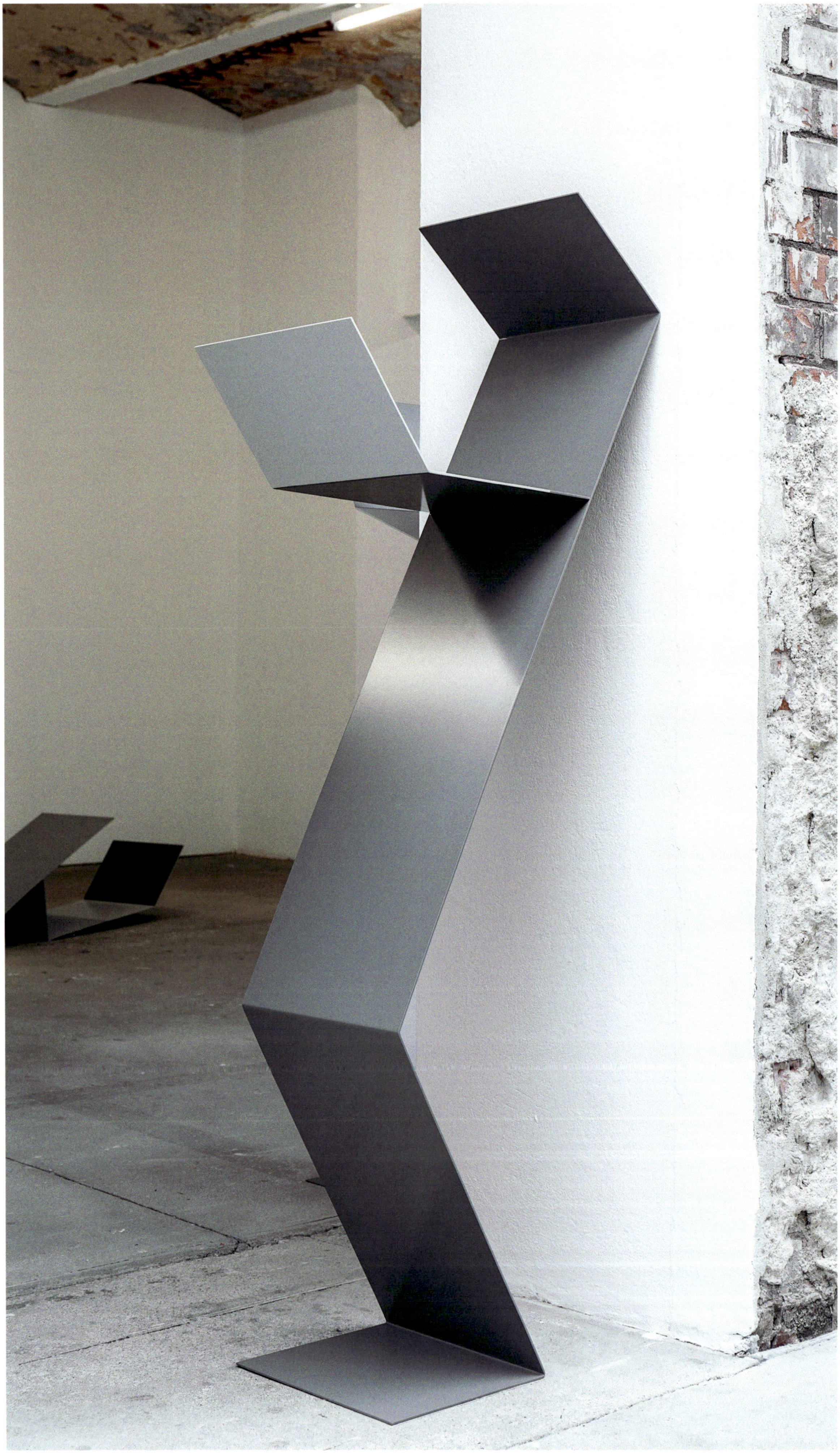

LINKS
Judith Hopf
Untitled (Laptop Man 8), 2018
Pulverbeschichteter Stahl
155 × 32 × 51 cm

UNTEN
Judith Hopf
Untitled (Laptop Man 4), 2018
Pulverbeschichteter Stahl
160 × 35 × 60 cm

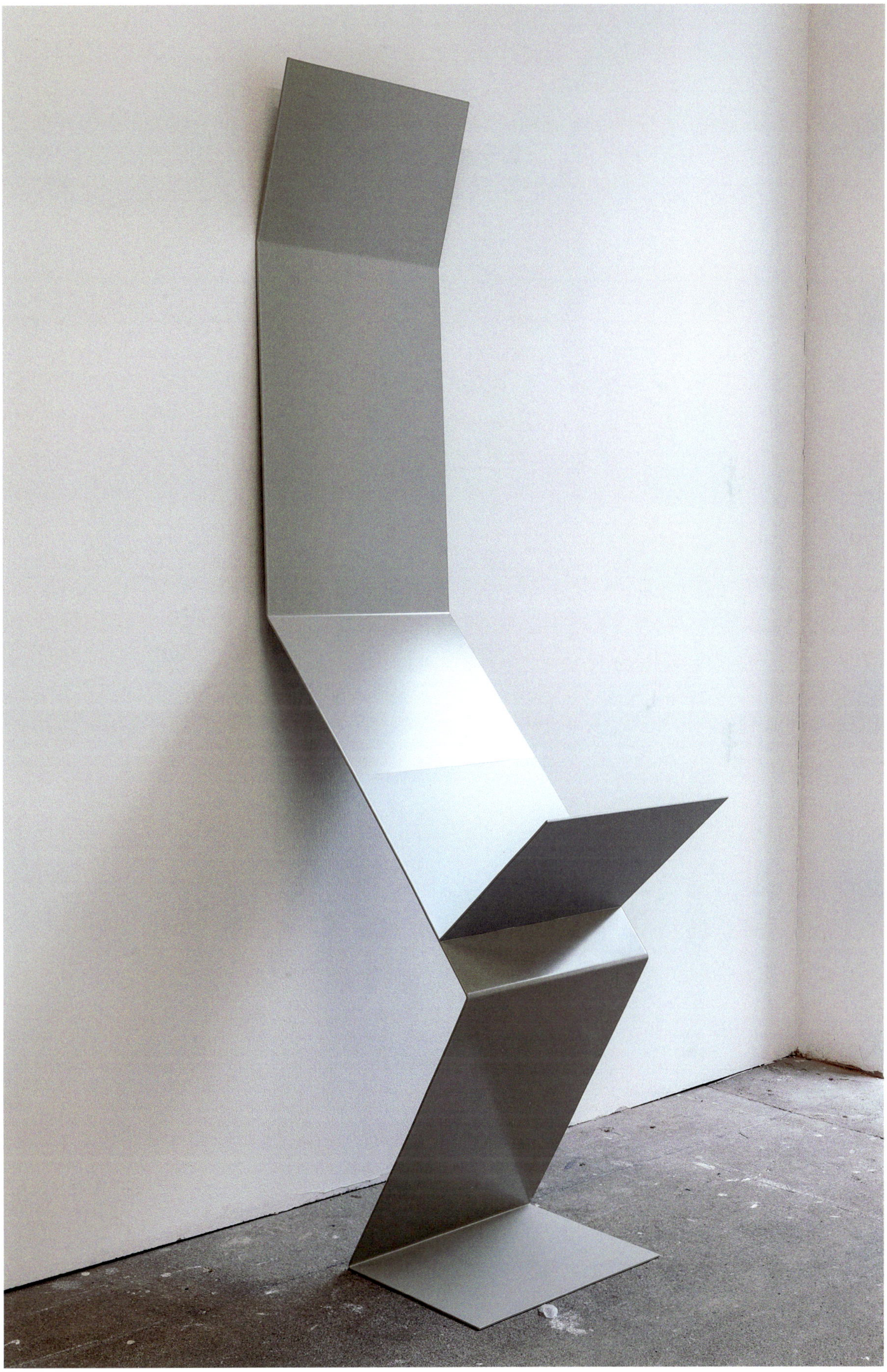

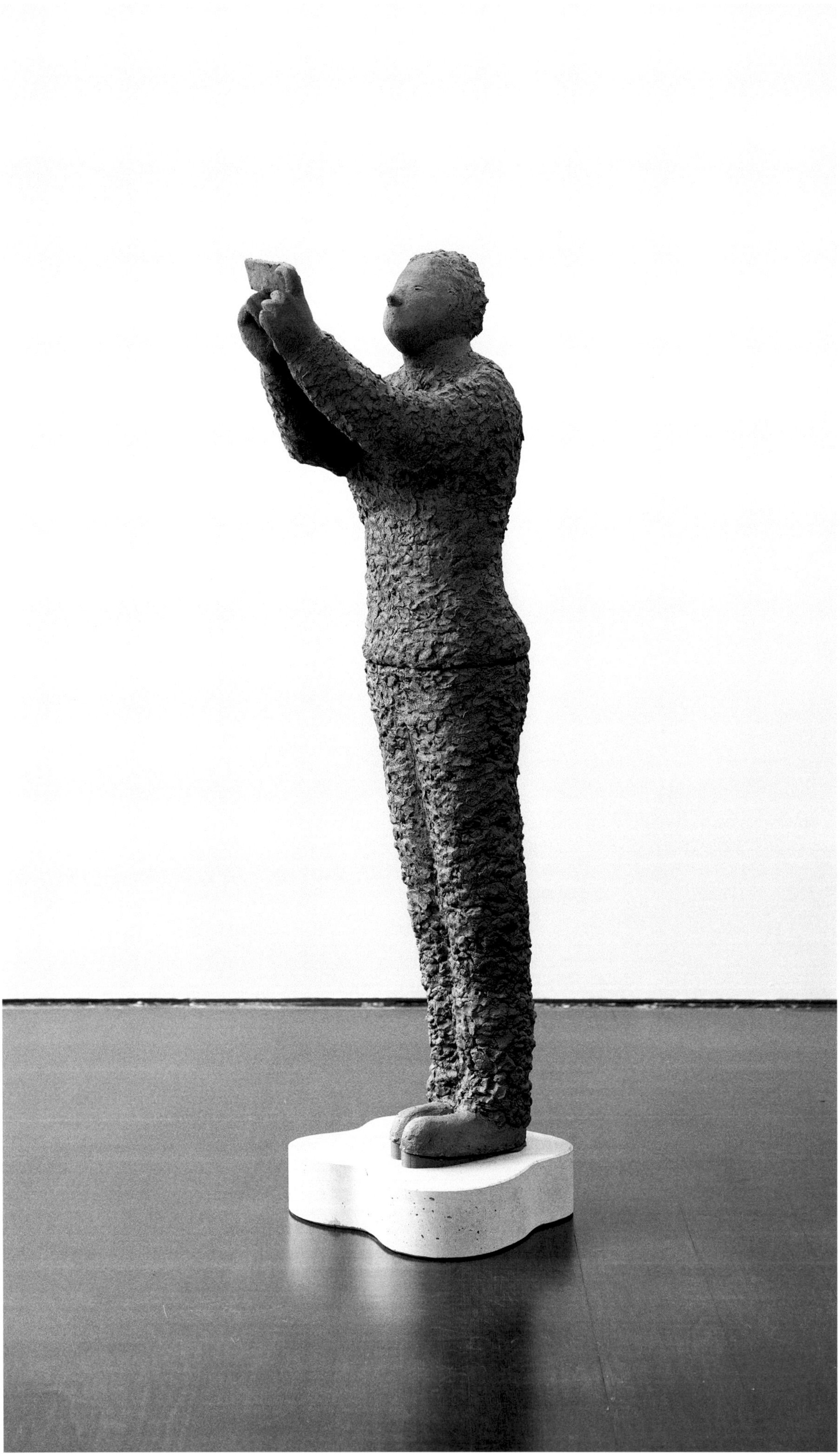

LINKS
Judith Hopf
Phone User 5 (Outdoor), 2021/22
Faserbeton, Edelstahl
170 × 48,5 × 67 cm

UNTEN
Judith Hopf
Phone User 4 (Outdoor), 2021/22
Faserbeton, Edelstahl
173 × 44 × 58 cm

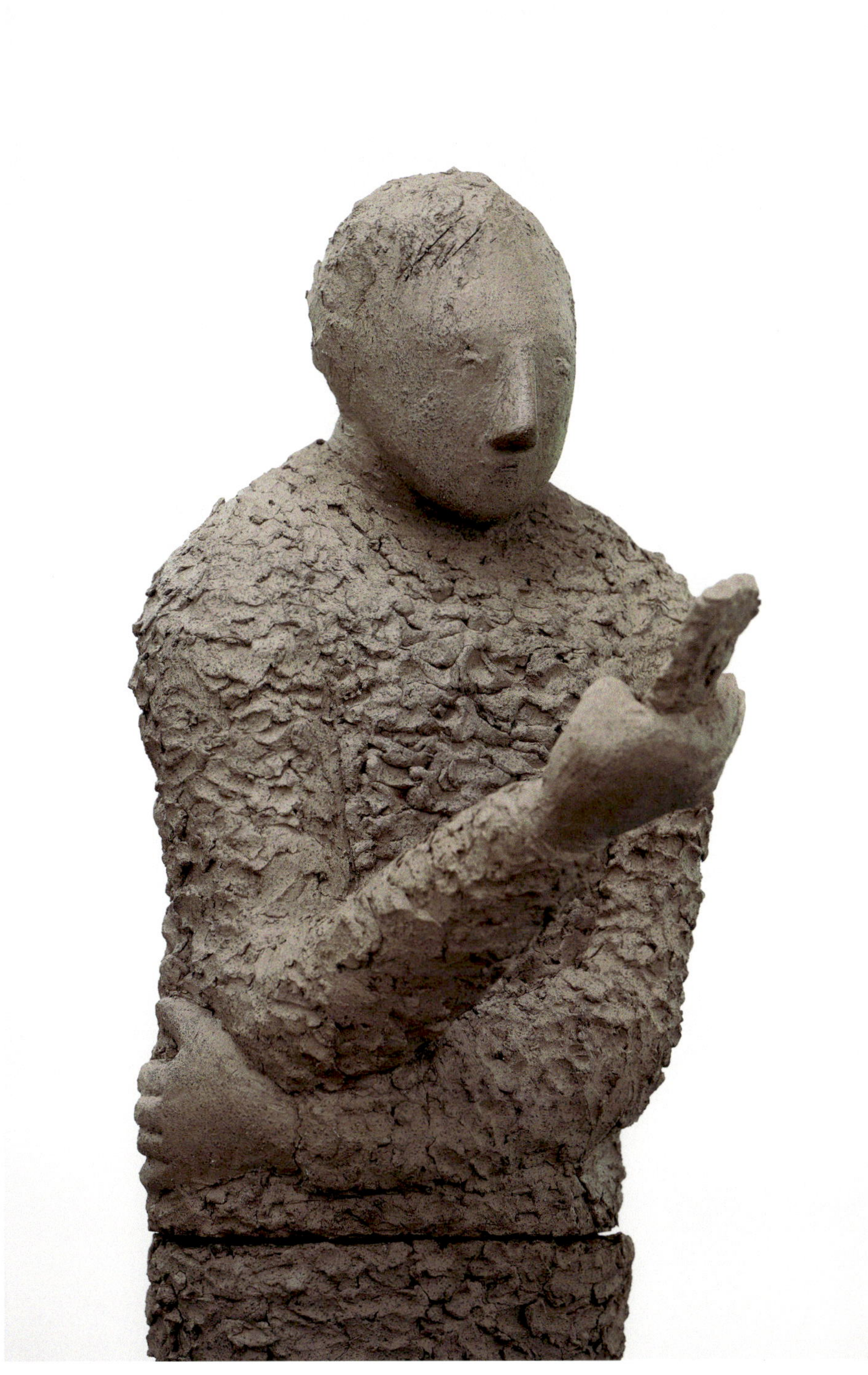

WERK-
LISTE

Die Werkliste ist alphabetisch nach Künstler:innen und je Künstler:in chronologisch sortiert.

GENPEI AKASEGAWA 1937–2014
Sheets of Vagina (Second Present), 1961/94
Gummi, Aluminium, Glas, Vakuumröhren, Holz etc.
182 × 91 × 30 cm
The National Museum of Modern Art, Tokyo
S. 66

PAWEŁ ALTHAMER *1967
mit Paweł Buchholz, Marcin Leszczyński, Michał Mioduszewski, Daniel Hans, Sławomir Mocarski, Julia Matea Petelska und Jędrzej Rogoziński
Bródno People, 2010
Verschiedene Materialien
252 × 600 × 165 cm
Sammlung Goetz, München
S. 156/157

NAIRY BAGHRAMIAN *1971
Headgear, 2016
Polierter Edelstahl, poliertes Aluminium, Stoff, Silikon, Gummi, Polyurethanschaum, Polycarbonat
ca. 700 × 500 × 150 cm
Courtesy die Künstlerin und Marian Goodman Gallery, New York/London/Paris
S. 182

Scruff of the Neck, 2016
Gegossenes und poliertes Aluminium, polierte Aluminiumstangen, Gips, Bienenwachs und Gummi
210 × 305 × 145 cm
Courtesy die Künstlerin
S. 158, 180/181

JOACHIM BANDAU *1936
Transplantationsobjekt VI (Kölner Spritze), 1968
Kleiderpuppensegmente, glasfaserverstärkter Polyester, PVC-Rohre, verschiedene Materialien, Lack, C-Schlauchkupplung, PVC-Schlauch
190 × 93 × 33 cm
Privatsammlung, Riehen, Schweiz
S. 128

Fingerbank II, 1970
Kleiderpuppensegmente, glasfaserverstärkter Polyester, verschiedene Materialien, Lack, Acrylglasrohre, Reifenschläuche, Badarmaturen, Brauseschläuche
5 Teile; 4 Teile 120 × 20 × 20 cm, 1 Teil 160 × 20 × 20 cm
Joachim Bandau
S. 161

Schwarzes Organgerät, 1970
Kleiderpuppensegmente, glasfaserverstärkter Polyester, verschiedene Materialien, Lack, Badarmaturen, Brauseköpfe, Brauseschläuche, Metallgriffe, Rollen
2 Teile; 92 × 62 × 56 cm
Neues Museum Nürnberg. Leihgabe des Künstlers
S. 160

Großes Silbernes Monstrum (Version 2), 1971/74/2016
Kleiderpuppensegmente, glasfaserverstärkter Polyester, verschiedene Materialien, Lack, Aluminium, C-Schlauchkupplungen mit oder ohne Vacuflex-Schlauch, Rollen
5 Teile; 236 × 77 × 100 cm
Neues Museum Nürnberg. Leihgabe des Künstlers
S. 131

Ensemble der fünf mobilen Fahrzeuge, 1973
Digitaldruck
98,5 × 150,5 cm
Joachim Bandau
S. 152/153

Stehend fahren, 1973
Digitaldruck
150,5 × 112,3 cm
Joachim Bandau

MATTHEW BARNEY *1967
TRANSEXUALIS (decline), 1991
– HYPERTROPHY
(pectoralis majora) H.C.G.
– JIM BLIND (m.):
hypothermal penetrator
OTTO: Body Temp. 66°
Kühlraum, Drückbank aus geformter und gegossener Vaseline, humanes Choriongonadotropin, Spekulum, Brustform aus Silikon, Video
259,1 × 411,5 × 353,1 cm
Astrup Fearnley Collection, Oslo, Norwegen
S. 170, 171

ALEXANDRA BIRCKEN *1967
New Model Army 1, 2016
Schaufensterpuppe auf Metallständer, Nylon, Leder, Wattierung
164 × 24 × 49 cm
Udo und Anette Brandhorst Sammlung
S. 223 links

New Model Army 2, 2016
Schaufensterpuppe auf Metallständer, Nylon, Leder, Wattierung
164 × 33 × 49 cm
Udo und Anette Brandhorst Sammlung
S. 223 rechts

New Model Army 4, 2016
Schaufensterpuppe auf Metallständer, Nylon, Leder, Wattierung
164 × 32 × 49 cm
Udo und Anette Brandhorst Sammlung
S. 222 rechts

New Model Army 5, 2016
Schaufensterpuppe auf Metallständer, Nylon, Leder, Wattierung
164 × 26 × 49 cm
Udo und Anette Brandhorst Sammlung
S. 222 links

LEE BONTECOU *1931
Untitled, 1962
Geschweißter Stahl, Leinwand, Draht und Ruß
184 × 218,5 × 81 cm
Emanuel Hoffmann-Stiftung, Depositum in der Öffentlichen Kunstsammlung Basel
S. 68/69

LOUISE BOURGEOIS 1911–2010
Fillette (Sweeter Version), 1968–1999, Guss von 2001
Kleines Mädchen (Süßere Fassung)
Latex über Gips
57 × 28,6 × 17 cm
D.Daskalopoulos Collection
S. 84

ROBERT BREER 1926–2011
Float, 1970–2000
Kunstharz, Acrylfarbe, Unterkonstruktion mit batteriebetriebenem Motor
180 × 180 cm (Durchmesser)
Collection Frac Franche-Comté
S. 150

JOHN CHAMBERLAIN 1927–2011
Yorikke, 1962
Verchromter und lackierter Stahl
67 × 84 × 54 cm
Udo und Anette Brandhorst Sammlung
S. 64, 67

BARBARA CHASE-RIBOUD *1939
Zanzibar, 1973
Schwarz patinierte Bronze, Seide, Wolle, Baumwolle und Synthetikfaser über Stahlgestell
141,3 × 55,2 × 30,5 cm
Courtesy Michael Rosenfeld Gallery, LLC, New York, NY
S. 78

SHU LEA CHEANG *1954
Those Fluttering Objects of Desire, 1992/93, wiederhergestellt 2018/2022
Installation, verschiedene Materialien
Maße variabel
Courtesy die Künstlerin
S. 134, 135

JESSE DARLING *1981
Eccentric Contraction (still standing), 2017
Stahl, Aluminium, Gummi, Lack
233 × 75 × 97 cm
Courtesy die Künstlerin und Chapter NY, New York
S. 183

STEPHANIE DINKINS *1964
Conversations with Bina48: Fragment 11, Fourth Mirror, 2018
Videoinstallation, Farbe, Ton
2:45 Min.
Courtesy die Künstlerin
S. 217

ALEKSANDRA DOMANOVIĆ *1981
Fatima, 2013
Lasergesintertes Polyamid, Polyurethan, Soft-Touch- und Messing-Finish, PVC-Folie, Acrylglas
157 × 30 × 30 cm
Geddert Hronjec Collection
S. 215

Mayura Mudra, 2013
Lasergesintertes Polyamid, Polyurethan, Soft-Touch- und Messing-Finish, UV-Druck auf Acrylglas
157 × 30 × 30 cm
Privatsammlung
S. 216

Little Sister, 2013/22
Lasergesintertes Polyamid, Polyurethan, Soft-Touch- und Aluminium-Finish, UV-Druck auf Acrylglas
157 × 30 × 30 cm
Courtesy die Künstlerin und Tanya Leighton, Berlin und Los Angeles

MELVIN EDWARDS *1937
The Sharp-ville, 1983
Geschweißter Stahl
20,3 × 19,8 × 21,6 cm
Courtesy der Künstler, Stephen Friedman Gallery, London, und Alexander Gray Associates, New York
S. 71

South African Poetry, 1986
Geschweißter Stahl
23,5 × 26 × 16,5 cm
Courtesy der Künstler, Stephen Friedman Gallery, London, und Alexander Gray Associates, New York
S. 73 oben

It Has to Be, 1991
Geschweißter Stahl
36,5 × 34 × 20,5 cm
Courtesy der Künstler, Stephen Friedman Gallery, London, und Alexander Gray Associates, New York
S. 73 unten

Damn, 1996
Geschweißter Stahl
34,6 × 19,7 × 11,8 cm
Courtesy der Künstler, Stephen Friedman Gallery, London, und Alexander Gray Associates, New York

Welldone, 1996
Geschweißter Stahl
22,3 × 23,6 × 18,5 cm
Courtesy der Künstler, Stephen Friedman Gallery, London, und Alexander Gray Associates, New York
S. 72

Alteration, 2002
Geschweißter Stahl
25,4 × 15,2 × 15,2 cm
Courtesy der Künstler, Stephen Friedman Gallery, London, und Alexander Gray Associates, New York

BRUNO GIRONCOLI 1936–2010
Ohne Titel (Große Stahlvitrine), 1972/73, Guss von 1995
Aluminium, Stahl, Glas
220 × 90 × 300 cm
Courtesy Galerie Elisabeth & Klaus Thoman Innsbruck/Wien
S. 154

Ohne Titel (Baby auf drei Beinen), 1992–1996
Aluminiumguss
62 × 100 × 52 cm
Privatsammlung Herbert Brandl, Courtesy Galerie Elisabeth & Klaus Thoman Innsbruck/Wien
S. 155

ROBERT GOBER *1954
Untitled, 1990
Lack auf Gips, Holz, Stahl und Draht
81,5 × 80,5 × 68,5 cm
Udo und Anette Brandhorst Sammlung
S. 175

Newspaper, 1992
Fotolithografie auf Papier, Schnur
11 × 39 × 37 cm
Udo und Anette Brandhorst Sammlung
S. 174

Newspaper, 1992
Fotolithografie auf Papier, Schnur
15,2 × 21,3 × 33,7 cm
Udo und Anette Brandhorst Sammlung

FELIX GONZALEZ-TORRES 1957–1996
„Untitled" (Lover Boys), 1991
Spiralförmig blau-weiße Bonbons in durchsichtiger Folie, unbegrenztes Angebot
Gesamtmaße variieren je nach Präsentation, Idealgewicht: 161 kg
Courtesy Glenstone Museum, Potomac, Maryland
S. 172, 173

NANCY GROSSMAN *1940
Potawatami, 1967
Assemblage aus Leder, Gummi und Metall auf Sperrholz
160,3 × 96,5 × 29,8 cm
Courtesy Michael Rosenfeld Gallery, LLC, New York, NY
S. 74

Untitled, 1968
Leder, Holz, Kunstharz und Eisenwaren
42,9 × 19,1 × 22,2 cm
Courtesy Michael Rosenfeld Gallery, LLC, New York, NY
S. 76

Untitled, 1968
Leder, Holz, Kunstharz und Eisenwaren
43,2 × 19,1 × 21 cm
Courtesy Michael Rosenfeld Gallery, LLC, New York, NY
S. 77

LYNN HERSHMAN LEESON *1941
X-Ray Woman, 1966
Acryl, Bleistift und Farbstift auf Leinwand
93 × 48,7 cm
Privatsammlung, Niederlande
Courtesy Paul van Esch & Partners, Amsterdam
S. 147

X-Ray Man, 1970
Acryl, Bleistift, Letraset und Acrylglas auf Holz
105,5 × 75 cm
Privatsammlung, Niederlande
Courtesy Paul van Esch & Partners, Amsterdam
S. 138, 146

EVA HESSE 1936–1970
Ohne Titel, 1965
Tinte auf Papier
29,2 × 41,9 cm; gerahmt: 44,3 × 52,5 × 3 cm
Museum Wiesbaden
S. 144

Ohne Titel, 1965
Aquarell, Kreide und Bleistift
auf Papier
50,5 × 66 cm
Staatliche Graphische Sammlung
München, Inv.-Nr. 2021:181 Z
2021 über die Direktorenkonferenz
erworben, Courtesy Barbara Gross,
München
S. 145

JUDITH HOPF *1969
Untitled (Laptop Man 4), 2018
Pulverbeschichteter Stahl
160 × 35 × 60 cm
Courtesy die Künstlerin und
Deborah Schamoni
S. 225

Untitled (Laptop Man 8), 2018
Pulverbeschichteter Stahl
155 × 32 × 51 cm
Courtesy die Künstlerin und
Deborah Schamoni
S. 224

Phone User 4 (Outdoor), 2021/22
Faserbeton, Edelstahl
173 × 44 × 58 cm
Courtesy die Künstlerin und
Deborah Schamoni
S. 227

Phone User 5 (Outdoor), 2021/22
Faserbeton, Edelstahl
170 × 48,5 × 67 cm
Courtesy die Künstlerin und
Deborah Schamoni
S. 204, 226

REBECCA HORN *1944
Bleistiftmaske, 1972
Stoff, Farbstifte, Metall
65 × 52 × 40 cm
Tate: Erworben mit Unterstützung
der Tate Members 2002
S. 162

Fingerhandschuhe, 1972
Stoff, Holz, Metall
102 × 29 × 14 cm
Tate: Erworben mit Unterstützung
der Tate Members 2002
S. 163

TISHAN HSU *1951
Transfusion, 1988
Keramikfliesen, Verbundstoff, Chrom,
Gummi, Acryl, Edelstahl, Holz
93,9 × 231,1 × 134,6 cm
Courtesy der Künstler und Miguel
Abreu Gallery, New York
S. 106, 169

Cordless, 1989
Siebdruck auf Leinwand
180 × 180 cm
MUSEUM MMK FÜR MODERNE KUNST
Ehemalige Sammlung Rolf Ricke
im MUSEUM MMK FÜR MODERNE
KUNST, Kunstmuseum, St. Gallen und
Kunstmuseum Liechtenstein, Vaduz
S. 168

EDWARD IHNATOWICZ 1926–1988
Presentation of „Senster" at the Evoluon in Eindhoven Holland, ca. 1970
Cinefilm (digitalisiert), Farbe, Ton
2:28 Min.
Mit freundlicher Genehmigung von
Richard Ihnatowicz
S. 151

ARTHUR JAFA *1960
Boxer Rebellion, 2020
Metallschiene, Stahlrohre, Ketten, Stoff
177,8 × 162,6 × 100,3 cm
Udo und Anette Brandhorst Sammlung
S. 80/81

MOTOHARU JŌNOUCHI 1935–1986
Shelter Plan, 1964
16-mm-Film (digitalisiert), s/w,
ohne Ton
19 Min.
© Mineko Jōnouchi
S. 70

KAYA (KERSTIN BRÄTSCH
& DEBO EILERS) SEIT 2010
KAFTAN_SCHNAKEN Table #2, 2015
Aluminiumgestell, Acrylglas, Epoxidharz,
Öl auf Polyesterfolie, PVC-Folie,
Kunstlederriemen, Metallseile
und -ösen, Münzen, LED-Lichter
105 × 235 × 130 cm
Udo und Anette Brandhorst Sammlung
S. 218, 219

KIKI KOGELNIK 1935–1997
Bye, Bye Baby, 1964
Verschiedene Materialien mit
Metallfolie auf Holz
59,8 × 21,8 × 6,8 cm
Kiki Kogelnik Foundation, New York
S. 140

Space Angel, 1964
Verschiedene Materialien mit
Aluminium auf Holz
114 × 64 × 5 cm
Privatsammlung
S. 141

Mechanical Woman III, 1965
Acryl, Sprühfarbe, Tinte und Tusche
auf Papier
65,2 × 50 cm; gerahmt: 81,5 × 67 × 3 cm
Kiki Kogelnik Foundation, New York

Untitled (Robot), 1965
Sprühfarbe und Tinte auf Papier
58 × 73 cm
Kiki Kogelnik Foundation, New York
S. 142

SHIGEKO KUBOTA 1937–2015
Video Poem, 1970–1975
SD-Video, Farbe, ohne Ton,
5:23 Min.; CRT-Monitor, Nylon,
Ventilator, Text
Gesamtmaße variabel
Collection of Shigeko Kubota Video
Art Foundation
S. 132

TETSUMI KUDO 1935–1990
Fossil in Hiroshima 8.15 – 6. Aug. 1945 Phosphorescence Kudo, 1973
Objekte, Güsse, Fasern, Kunstharz,
Kobaltchlorid
19 × 49 × 5,5 cm
Privatsammlung, Courtesy
Loevenbruck, Paris
S. 89

Fossil in Hiroshima, 1976
Sprühfarbe auf geprägtem Papier
50 × 65,5 cm; gerahmt: 61 × 76,5 × 3 cm
Privatsammlung, Courtesy
Loevenbruck, Paris

Fossil in Hiroshima, 1976
Sprühfarbe auf geprägtem Papier
65,5 × 50 cm; gerahmt: 76,5 × 61 × 3 cm
Privatsammlung, Courtesy
Loevenbruck, Paris
S. 90 links

Fossil in Hiroshima, 1976
Sprühfarbe auf geprägtem Papier
65,5 × 50 cm; gerahmt: 76,5 × 61 × 3 cm
Privatsammlung, Courtesy
Loevenbruck, Paris
S. 90 rechts

Fossil in Hiroshima, 1976
Sprühfarbe auf geprägtem Papier
65,5 × 50 cm; gerahmt: 76,5 × 61 × 3 cm
Privatsammlung, Courtesy
Loevenbruck, Paris
S. 91 links

Fossil in Hiroshima, 1976
Sprühfarbe auf geprägtem Papier
65,5 × 50 cm; gerahmt: 76,5 × 61 × 3 cm
Privatsammlung, Courtesy
Loevenbruck, Paris
S. 91 rechts

Human Bonsai – Freedom of Deformity – Deformity of Freedom, 1978
Kunststoff, Holz, Erde, Baumwolle, Eisen, Metall, Kunstharz, Thermometer, Klebstoff und Farbe
59,1 × 74 × 17,8 cm
Courtesy Hiroko Kudo, The Estate of Tetsumi Kudo und Hauser & Wirth
S. 92/93

YAYOI KUSAMA *1929
Sex Obsession, 1976
Hemd, gefüllter Stoff, Kleiderbügel, Farbe, Silbersprühfarbe
90 × 80 × 25 cm
Sammlung Goetz, München
S. 88

NICOLA L. 1937–2018
Little TV Woman: „I Am the Last Woman Object", 1969
PVC, Holz und Fernseher
111,5 × 50 × 45 cm
Xavier Gellier Collection
S. 124, 129

MARK LECKEY *1964
UniAddDumThs, 2014–fortlaufend
Installation, verschiedene Materialien
Maße variabel
Udo und Anette Brandhorst Sammlung
S. 10, 207–213

SARAH LUCAS *1962
Bunny Gets Snookered #2, 1997
Bürostuhl, Nylonstrumpfhosen, Nylonstrümpfe, Kapokfaser, Schraubzwinge, Draht
ca. 102 × 102 × 94 cm
Sammlung Goetz, München
S. 136

BRUCE NAUMAN *1941
Body Pressure, 1974
Druck auf Papier, Holz
Poster: 64 × 42 cm
Courtesy Konrad Fischer Galerie
S. 164, 165

2 Heads on Base #1, 1989
Wachs
31 × 47 × 29 cm
Udo und Anette Brandhorst Sammlung
S. 166/167

All Thumbs, 1996
Gips
2 Teile; 24,8 × 17,8 × 5 cm, 24,1 × 17,8 × 5 cm
Udo und Anette Brandhorst Sammlung

SENGA NENGUDI *1943
Inside / Outside, 1977
Gummi, Nylon, Schaumstoff, Sand
173,5 × 51,5 × 16 cm
Städtische Galerie im Lenbachhaus und Kunstbau München
S. 79

KIYOJI ŌTSUJI 1923–2001
Atsuko Tanaka, Denkifuku (Electric Dress) from the portfolio „GUTAI PHOTOGRAPH 1956–57", 1956/2012
Silbergelatineabzug
Motiv: 20,7 × 31,5 cm; Abzug: 27,8 × 35,5 cm; gerahmt: 42,5 × 52,5 × 2,9 cm
amanaTIGP
S. 34 unten

Atsuko Tanaka, Denkifuku (Electric Dress) from the portfolio „GUTAI PHOTOGRAPH 1956–57", 1956/2012
Silbergelatineabzug
Motiv: 31,5 × 20,7 cm; Abzug: 35,5 × 27,8 cm; gerahmt: 52,5 × 42,5 × 2,9 cm
amanaTIGP
S. 32

Atsuko Tanaka, Denkifuku (Electric Dress) from the portfolio „GUTAI PHOTOGRAPH 1956–57", 1956/2012
Silbergelatineabzug
Motiv: 31,5 × 20,7 cm; Abzug: 35,5 × 27,8 cm; gerahmt: 52,5 × 42,5 × 2,9 cm
amanaTIGP
S. 34 oben links

Atsuko Tanaka, Denkifuku (Electric Dress) from the portfolio „GUTAI PHOTOGRAPH 1956–57", 1956/2012
Silbergelatineabzug
Motiv: 31,5 × 20,7 cm; Abzug: 35,5 × 27,8 cm; gerahmt: 52,5 × 42,5 × 2,9 cm
amanaTIGP
S. 34 oben rechts

Atsuko Tanaka, Denkifuku (Electric Dress) from the portfolio „GUTAI PHOTOGRAPH 1956–57", 1956/2012
Silbergelatineabzug
Motiv: 31,5 × 20,7 cm; Abzug: 35,5 × 27,8 cm; gerahmt: 52,5 × 42,5 × 2,9 cm
amanaTIGP
S. 35

TONY OURSLER *1957
We Have No Free Will, 1995
1-Kanal-Multimedia-Videoinstallation
Video (Loop), Farbe, Ton, 10:10 Min.; Projektor, Abspielgerät, Stativ; 2 Stoffpuppen auf Holzregal
Puppen: 34,5 × 35,7 × 39,5 cm
Installationsmaße variabel
Sammlung Goetz, München
S. 206

NAM JUNE PAIK 1932–2006
mit Betsy Connors und Paul Garrin *1957
Living with the Living Theatre, 1989 (Exzerpt)
Video, Farbe, Ton
28:30 Min.
Courtesy Electronic Arts Intermix (EAI), New York
S. 149

EDUARDO PAOLOZZI 1924–2005
Cyclops, 1957
Bronze
111,1 × 30,5 × 20,3 cm
Tate: 1958 erworben
S. 27

History of Nothing, ca. 1962
16-mm-Film (digitalisiert), s/w, Ton
13:23 Min.
Courtesy BFI National Archive
S. 38

Bunk!, 1972 (signiert 1987)
Archivbox mit 45 Bildern aus Eduardo Paolozzis Akten
Verschiedene Techniken: Lithografie; Siebdruck; Siebdruck und Lithografie; Siebdruck und Collage; Siebdruck, Lithografie und Collage
Größen variieren von 18,5 × 14,6 cm bis 40,6 × 28 cm;
Archivbox: 45,1 × 33,2 × 6 cm
Staatliche Graphische Sammlung München, Inv.-Nr. 1995:15-001-045 D
S. 28–31

FRIEDERIKE PEZOLD *1945
Die neue leibhaftige Zeichensprache nach den Gesetzen von Anatomie, Geometrie und Kinetik, 1973–1977
Video, s/w, Ton, ca. 10 Min.; Monitore
Gesamtmaße variabel
Städtische Galerie im Lenbachhaus und Kunstbau München
S. 133

JULIA PHILLIPS *1985
Drainer II, 2021
Keramik, Stahldrahtseil und Sandstein
Basis: 9 × 152 × 89 cm; Keramik: 21,6 × 34,3 × 20,3 cm; Hängehöhe: 188 cm
Courtesy die Künstlerin und Matthew Marks Gallery
S. 184, 185

WALTER PICHLER 1936–2012
TV-Helm (Tragbares Wohnzimmer), 1967
Weiß lackierter Polyester, integrierter Fernsehmonitor mit TV-Anschluss
59 × 120 × 43 cm
Sammlung Generali Foundation – Dauerleihgabe am Museum der

Moderne Salzburg
S. 148

SETH PRICE *1973
Hannah, 2015–2017
Thermosublimationsdruck auf Synthetikgewebe, Aluminium, LED
533,4 × 152,4 × 10,2 cm
Udo und Anette Brandhorst Sammlung
S. 220 rechts

Mila, 2015–2017
Thermosublimationsdruck auf Synthetikgewebe, Aluminium, LED
558,8 × 152,4 × 10,2 cm
Udo und Anette Brandhorst Sammlung
S. 221

CAROL RAMA 1918–2015
Autorattristatrice n. 10, 1970
Selbstbetrübende Nr. 10
Reifen-Collage auf Leinwand
100 × 100 × 2 cm; gerahmt: 103 × 103 × 11,5 cm
Galerie Isabella Bortolozzi, Berlin
S. 85

GERMAINE RICHIER 1902–1959
Le Griffu, 1952
Das Krallenwesen
Bronze
86 × 82 × 80 cm
Museum Ludwig Köln / Ankauf mit Unterstützung des Westdeutschen Rundfunks Köln 1966
S. 25

NIKI DE SAINT PHALLE 1930–2002
mit Jean Tinguely 1925–1991
und Per Olof Ultvedt 1927–2006
Hon, 1966
Sie
Farbfotografie
Niki Charitable Art Foundation
S. 126/127

HANS SALENTIN 1925–2009
Rückgrat, 1965
Lackiertes Aluminium
135 × 29,5 × 12,5 cm
Privatsammlung
S. 143

ASHLEY HANS SCHEIRL *1956
Dandy Dust, 1998
16-mm-Film (digitalisiert), Farbe, Ton
94 Min.
Distribution sixpackfilm
S. 137

DAVID SMITH 1906–1965
Untitled, 1953
Stahl
216 × 80 × 51 cm
Museum Ludwig / Leihgabe Ludwig Stiftung 1979
S. 26

ALINA SZAPOCZNIKOW 1926–1973
Pnącą, 1959
Die Kletternde
Terrazzo (Sandstein, Quarz, Zement), Stahl
148 × 133 × 111 cm
National Museum in Warsaw
S. 22, 24

Sans titre (Fétiche VII), 1971
Ohne Titel (Fetisch VII)
Polyesterharz, Nylonstrümpfe, Wolle, Holz
34,1 × 52,5 × 40 cm
Ursula Hauser Collection, Switzerland
S. 82, 86

Sculpture (Fétiche IV), 1971
Skulptur (Fetisch IV)
Polyesterharz, Nylonstrümpfe, Damenunterwäsche, Holz
27,3 × 49,8 × 40 cm
Courtesy The Estate of Alina Szapocznikow, Piotr Stanisławski, Galerie Loevenbruck, Paris, Hauser & Wirth
S. 87

TAKIS 1925–2019
Signal „insecte-animal de l'espace", 1956
Signal „Insektentier aus dem All"
Eisen, Stahl und Bronze
208 × 28,2 × 38 cm
Tate: Schenkung Mrs Peggy Guggenheim über die Contemporary Art Society 1965
S. 37

ATSUKO TANAKA 1932–2005
Denkifuku, 1956/1999
Elektrisches Kleid
Farbige Glühlampen, in acht Farben lackierte Röhrenleuchten, Filzstift, Stromkabel, Metall, bemaltes Holz, Stromkasten
165 × 90 × 90 cm
2006 erworben
Centre Pompidou, Paris
National Museum of Modern Art / Centre of Industrial Creation
S. 36

PAUL THEK 1933–1988
Untitled (from the series *Technological Reliquaries*), 1965/66
Bienenwachs, Acrylglas, Melamin-Laminat und Metall
26,5 × 98,6 × 64,8 cm
Kunstmuseum Den Haag – erworben mit Unterstützung der Rembrandt Association, dank ihrer Titus Foundation und ihres Modern and Contemporary Art Fund, sowie des Mondriaan Fund und der VSB Foundation
S. 94

Untitled (L-Column) (from the series *Technological Reliquaries*), 1965/66
Wachs, Acrylglas und Metall
77,5 × 77,5 × 22,9 cm
Museum Voorlinden, Wassenaar, The Netherlands
S. 96, 97

Untitled (from the series *Technological Reliquaries*), 1966
Wachs, Acrylglas, Ölfarbe, Melamin-Laminat und Metall
227,3 × 33 × 33 cm
Privatsammlung München
S. 95

JEAN TINGUELY 1925–1991
Radio-Skulptur, 1962
Eisen, Rad mit Gummireifen, Radio, Platine mit Beleuchtung, Melamin-Laminatplatte, Elektromotor
60 × 40 × 30 cm
All Art Initiatives
S. 39

HANNSJÖRG VOTH *1940
Ohne Titel, 1970
Acryl auf Leinwand
156 × 121,3 cm
Städtische Galerie im Lenbachhaus und Kunstbau München, Schenkung des Künstlers
S. 130

FRANZ WEST 1947–2012
Paßstücke mit Box und Video, 1996
Passstücke: Metall, Gips, Gaze, Kunststoff; Bodenplatte: Holz; Kabine: Holz, Metall, Stoff; Monitor, Videorekorder, Video
Passstücke: 104 × 20 × 36 cm, 100 × 27 × 34 cm, 103 × 40 × 17 cm, 97 × 29 × 30 cm; Bodenplatte: 5 × 220 × 60 cm; Kabine: 210 × 563 × 293 cm
Sammlung Grässlin, St. Georgen
S. 176–178

2 Paßstücke, 2003
Passstücke: Epoxidharz, Gips, Gaze, Dispersion; Sockel: Holz, Dispersion
Relief: 42 × 24 × 47 cm; Skulptur: 54 × 34 × 41 cm; Sockel: 81 × 70 × 50 cm
Udo und Anette Brandhorst Sammlung
S. 179

AUTOR:INNEN-
BIOGRAFIEN

LOUIS
CHUDE-SOKEI

Louis Chude-Sokei ist Autor und Wissenschaftler. Zu seinen Publikationen zählen die preisgekrönten Bücher *The Last „Darky". Bert Williams, Black-on-Black Minstrelsy, and the African Diaspora* (2005), *The Sound of Culture. Diaspora and Black Technopoetics* (2015) und seine Memoiren *Floating in a Most Peculiar Way* (2021). Er ist Englischprofessor an der Boston University, wo er das African American Studies Program leitet. Chude-Sokei ist Chefredakteur des Magazins *The Black Scholar* und Gründer des Klangkunst- und Archivprojekts *Echolocution*. Zudem ist er eine:r der Kurator:innen des *Afrofuturism*-Festivals an der Carnegie Hall 2022.

PATRIZIA
DANDER

Patrizia Dander ist leitende Kuratorin am Museum Brandhorst. Seit Beginn ihrer Tätigkeit im Jahr 2015 hat sie verschiedene Sammlungsausstellungen verantwortet, einschließlich *Schiff Ahoy. Zeitgenössische Kunst aus der Sammlung Brandhorst* (2016/17) und *Forever Young – 10 Jahre Museum Brandhorst* (2019/20). In diesem Zuge etablierte sie die *Spot On*-Reihe mit Einzelpräsentationen von Künstler:innen wie Arthur Jafa, Jacqueline Humphries oder R.H. Quaytman. 2017 kuratierte sie mit *Kerstin Brätsch. Innovation* die erste Überblicksschau der Künstlerin. Zuvor organisierte sie während ihrer Zeit am Haus der Kunst in München große Retrospektiven von Mark Leckey, Ivan Kožarić und Thomas Schütte und arbeitete mit Adele Röder und Anri Sala an Auftragswerken. 2012 war sie Co-Kuratorin von *BILD-GEGEN-BILD*, einer Ausstellung zum Einfluss neuer Medien und digitaler Technologien auf die Bildberichterstattung in Kriegen und Konflikten.

ALEX
KITNICK

Alex Kitnick ist Assistenzprofessor für Kunstgeschichte und visuelle Kultur am Bard College in Annandale-on-Hudson, New York, und schreibt regelmäßig für Publikationen wie *Artforum* und *October*. Er war Herausgeber des *October*-Heftes Nr. 136 zum Thema „New Brutalism" wie auch von John McHales gesammelten Schriften, *The Expendable Reader. Articles on Art, Architecture, Design, and Media, 1951–1979* (beide 2011). Seine Auseinandersetzung mit dem Werk von Eduardo Paolozzi datiert zurück auf seine Dissertation *Eduardo Paolozzi and Others, 1947–1958* (2010). Kitnicks Buch *Distant Early Warning. Marshall McLuhan and the Transformation of the Avant-Garde* erschien 2021 bei University of Chicago Press.

FRANZISKA
LINHARDT

Franziska Linhardt arbeitet als Kuratorin mit besonderem Interesse für die Wechselbeziehungen zwischen Technologien und Körperkonzepten in der zeitgenössischen Kunst. Seit 2020 ist sie als wissenschaftliche Mitarbeiterin für das Ausstellungsprojekt *Future Bodies from a Recent Past* am Museum Brandhorst tätig. Sie studierte Kunstgeschichte in München und ist Absolventin des Studiengangs „Curatorial Studies – Theorie – Geschichte – Kritik" an der Goethe-Universität Frankfurt am Main in Kooperation mit der Hochschule für Bildende Künste – Städelschule. Ihre Abschlussarbeit zu mediatisierten Räumen der Berührung wurde mit dem Benvenuto Cellini-Preis ausgezeichnet. Neben eigenen kuratorischen Projekten in Frankfurt und München assistierte sie bei groß angelegten Ausstellungen am Museum Brandhorst sowie am Museum Ludwig in Köln.

MEGAN R.
LUKE

Megan R. Luke ist außerordentliche Professorin für Kunstgeschichte an der University of Southern California in Los Angeles. Sie verfasste den 2015 mit dem Robert Motherwell Book Award ausgezeichneten Band *Kurt Schwitters. Space, Image, Exile* (2014) und ist Herausgeberin von *Myself and My Aims. Writings on Art and Criticism* (2020, beide University of Chicago Press), der umfassenden englischen Übersetzung von Schwitters' theoretischen Texten. Gemeinsam mit Sarah Hamill war sie Herausgeberin von *Photography and Sculpture. The Art Object in Reproduction* (2017, Getty Publications). Ihr aktuelles Buchprojekt *Sculpture in an Age of Mass Reproduction. Critical History and the Crisis of the Object in Modern Germany* untersucht, in welcher Weise Technologien der Faksimile-Reproduktion ein modernes Verständnis der Skulptur und ihren Anspruch, die Vergangenheit darzustellen, geprägt haben.

JENNY
NACHTIGALL

Jenny Nachtigall ist Kunsthistorikerin und Autorin mit Spezialisierung in moderner und zeitgenössischer Kunst. Ihre Forschung zu Kunst und ihren Geschichten konzentriert sich auf unterschiedliche Formen von Lebenspraxis, dissidente Traditionen des Materialismus sowie auf feministische und dekoloniale Mediengenealogien. Nach Abschluss ihrer Dissertation am University College London 2016 war sie Gast- und Vertretungsprofessorin an der Akademie der Bildenden Künste München, der Hochschule für Bildende Künste – Städelschule und der Goethe-Universität Frankfurt am Main. Sie ist Mitherausgeberin von *Hybride Ökologien* (2019, Diaphanes) und Autorin der in Kürze erscheinenden Monografie *Form as Contradiction* (Brill Publishing). Ihre Texte wurden in *art-agenda*, *frieze*, *Texte zur Kunst*, *Artforum* und *October* veröffentlicht.

BILD-
NACHWEIS

Wir danken den Fotograf:innen für die Erlaubnis, ihre Aufnahmen für dieses Buch zu nutzen:

S. 10, 51: Philipp Hänger / Kunsthalle Basel
S. 22, 24: © Małgorzata Kwiatkowska / NMW
S. 25: © Rheinisches Bildarchiv, rba_c010876
S. 26: © Rheinisches Bildarchiv, rba_c001182
S. 27, 37, 162, 163: Tate
S. 28, 29, 30, 31, 145: Staatliche Graphische Sammlung München
S. 32, 34, 35: © Tetsuo Ōtsuji
S. 36: © bpk / CNAC-MNAM / Georges Meguerditchian
S. 39: Katja van de Braak
S. 42 oben: Kunsthaus Zürich
S. 42 unten: Digital image Whitney Museum of American Art / Licensed by Scala
S. 45: Shunk-Kender © J. Paul Getty Trust. Getty Research Institute, Los Angeles (2014.R.20)
S. 48: Michael Rees, Courtesy Matthew Barney und Gladstone Gallery
S. 50: Field Studio © moCa Cleveland 2019
S. 59 unten: bpk / Alinari Archives / Alinari
S. 60 oben: Digital image, The Museum of Modern Art, New York / Scala, Florence
S. 60 unten: © 2022 William Blake Archive. Used with permission
S. 61 oben: Pallant House Gallery
S. 64, 67, 174: Sibylle Forster, Bayerische Staatsgemäldesammlungen, Museum Brandhorst, München
S. 66: Otani Ichiro
S. 68/69: Kunstmuseum Basel, Martin P. Bühler
S. 71, 72: Jeffrey Sturges
S. 73: Mark Blower
S. 74, 76, 77, 78: Courtesy Michael Rosenfeld Gallery LLC, New York, NY
S. 79, 114 oben: Lenbachhaus, Ernst Jank
S. 80/81: Anders Sune Berg, Courtesy Arthur Jafa und Gladstone Gallery
S. 82, 86: Simon Vogel
S. 84: Christopher Burke
S. 85: Nick Ash
S. 87: Fabrice Gousset, Courtesy The Estate of Alina Szapocznikow, Piotr Stanisławski, Galerie Loevenbruck, Paris, Hauser & Wirth
S. 88, 156/157: © Thomas Dashuber
S. 89, 90, 91: Courtesy Loevenbruck, Paris
S. 92/93: Jessica Eckert
S. 94: Gerrit Schreurs, Courtesy Alexander and Bonin, New York
S. 95, 96, 97: D. James Dee, Courtesy Alexander and Bonin, New York
S. 100: Bayerische Staatsgemäldesammlungen, München
S. 106: Harri Kallio
S. 107: Courtesy Universal Studios Licensing LLC
S. 115 oben: Renato Rinaldi, Courtesy Fondazione Merz
S. 115 unten: Ken Peterson, Courtesy Senga Nengudi, Sprüth Magers und Thomas Erben Gallery
S. 116: Gene Pittman for Walker Art Center, Minneapolis
S. 117 oben: Foto The Jewish Museum / Art Resource / Scala, Florence; Umschlagmotiv: Shunk-Kender © J. Paul Getty Trust. Getty Research Institute, Los Angeles (2014.R.20)
S. 117 unten: Hans Haacke, Courtesy der Künstler und Paula Cooper Gallery, New York
S. 118: Paolo Pellion di Persano
S. 124, 129: Kyle Knodell, Courtesy SculptureCenter, New York
S. 126/127: © Hans Hammarskiöld Heritage
S. 128, 131, 152/153, 160, 161: © Joachim Bandau
S. 130: Lenbachhaus
S. 132: Bobby Rogers
S. 133: Lenbachhaus, Simone Gänsheimer
S. 134: Photograph by Geoffrey Clements. Digital image Whitney Museum of American Art / Licensed by Scala
S. 136: Courtesy Sadie Coles HQ, London
S. 138, 146, 147: Courtesy Lynn Hershman Leeson
S. 140, 142: Courtesy Kiki Kogelnik Foundation
S. 141: Thomas Splett
S. 143: Kai Werner Schmidt
S. 144: © Museum Wiesbaden / Bernd Fickert
S. 148: Georg Mladek
S. 150: Pierre Guenat
S. 154: © Galerie Elisabeth & Klaus Thoman / Rüdiger Lubricht
S. 155: © Galerie Elisabeth & Klaus Thoman / Bernhard Sickert
S. 158, 180/181, 182: Timo Ohler
S. 164: Achim Kukulies, Düsseldorf, Courtesy Konrad Fischer Galerie
S. 165, 166/167, 175, 179, 222/223: Haydar Koyupinar, Bayerische Staatsgemäldesammlungen, Museum Brandhorst, München
S. 168: Axel Schneider, Frankfurt am Main
S. 169: Courtesy Tishan Hsu und Miguel Abreu Gallery, New York
S. 170, 171: Courtesy Matthew Barney und Gladstone Gallery
S. 172, 173: Dirk Gysel
S. 176/177: Tate (Matt Greenwood)
S. 178: Roman März
S. 183: Courtesy Jesse Darling und Chapter NY, New York. Foto von Jason Mandella
S. 184, 185: Courtesy Matthew Marks Gallery
S. 189: Jeff Riedel
S. 190: Joan Alvado, 2018
S. 191 oben: Staatsbibliothek zu Berlin – Preußischer Kulturbesitz, Abteilung Handschriften und Historische Drucke, Signatur: 4" Nn 11758 : R
S. 191 unten: École nationale supérieure des Beaux-Arts / bpk, RMN – Grand Palais / Richer Paul
S. 196 links: Gunter Lepkowski, Courtesy Oliver Laric und Tanya Leighton, Berlin und Los Angeles
S. 196 rechts: © Science & Society PL
S. 197 oben links: InGestalt M. Ehritt © Museum der bildenden Künste Leipzig
S. 197 unten links: Marc Autenrieth © Ketterer Kunst GmbH und Co. KG
S. 197 rechts: Wirtschaftsarchiv Baden-Württemberg, Stuttgart-Hohenheim (WABW), Bestand: S 2
S. 198 links: G. Solecki, A. Pietak © The National Museum in Szczecin
S. 198 rechts: Ailura, CC BY-SA 3.0 AT
S. 200: Universitätsbibliothek Heidelberg / Die Form: Zeitschrift für gestaltende Arbeit – 5.1930 / Seite: 310
S. 201: The Met, Open Access
S. 204, 226, 227: Ulrich Gebert
S. 206: © Raimund Koch
S. 207, 208/209, 210/211, 212/213: Photographer: Pablo Enriquez. Digital image, The Museum of Modern Art, New York / Scala, Florence
S. 214, 215, 216: Gunter Lepkowski, Courtesy Aleksandra Domanović und Tanya Leighton, Berlin und Los Angeles
S. 218, 219: Uli Holz
S. 220/221: Constanza Meléndez
S. 224, 225: Frank Sperling

Wir danken den Urheber:innen, Künstler:innen und / oder ihren Nachlässen für die freundliche Genehmigung, Aufnahmen ihrer Werke abzudrucken:

S. 10, 51, 207, 208/209, 210/211, 212/213: Mark Leckey
S. 22, 24, 82, 86, 87: © VG Bild-Kunst, Bonn 2022 für Alina Szapocznikow
S. 25, 100: © VG Bild-Kunst, Bonn 2022 für Germaine Richier
S. 26: © VG Bild-Kunst, Bonn 2022 für David Smith
S. 27, 28, 29, 30, 31, 38, 58, 59 oben: © Trustees of the Paolozzi Foundation, Licensed by / VG Bild-Kunst, Bonn 2022
S. 32, 34, 35: © Tetsuo Ōtsuji, Musashino Art University Museum & Library / Courtesy Tokyo Publishing House & amanaTIGP
S. 36: © Kanayama Akira and Tanaka Atsuko Association
S. 37: © VG Bild-Kunst, Bonn 2022 für Takis
S. 39: © VG Bild-Kunst, Bonn 2022 für Jean Tinguely
S. 42 oben: © Fondation Giacometti / VG Bild-Kunst, Bonn 2022
S. 42 unten: © VG Bild-Kunst, Bonn 2022 für H. C. Westermann
S. 44, 149: © Nam June Paik Estate
S. 45, 61 unten, 150: Courtesy Kate Flax und gb agency, Paris
S. 48: © Matthew Barney 1988
S. 60 oben: © VG Bild-Kunst, Bonn 2022 für Stanley William Hayter
S. 61 oben: © R. Hamilton. All Rights Reserved / VG Bild-Kunst, Bonn 2022
S. 64, 67: © VG Bild-Kunst, Bonn 2022 für John Chamberlain
S. 66: © Genpei Akasegawa, Courtesy SCAI THE BATHHOUSE, mit Dank an Naoko Akasegawa
S. 68/69: © Lee Bontecou 2022
S. 70: © Mineko Jōnouchi
S. 71, 72, 73: © Melvin Edwards / VG Bild-Kunst, Bonn 2022, Courtesy Stephen Friedman Gallery, London, und Alexander Gray Associates, New York
S. 74, 76, 77: © Nancy Grossman, Courtesy Michael Rosenfeld Gallery LLC, New York, NY
S. 78: © Barbara Chase-Riboud, Courtesy of Michael Rosenfeld Gallery LLC, New York, NY
S. 79, 115 unten: © 2022 Senga Nengudi
S. 80/81: © Arthur Jafa
S. 84: © The Easton Foundation / VG Bild-Kunst, Bonn 2022
S. 85: © Archivio Carol Rama, Turin, Courtesy Galerie Isabella Bortolozzi, Berlin
S. 88: © YAYOI KUSAMA, Courtesy Sammlung Goetz, München
S. 89, 90, 91, 92/93, 116: © VG Bild-Kunst, Bonn 2022, Hiroko Kudo and the Estate of Tetsumi Kudo
S. 94, 95, 96, 97: © Estate of George Paul Thek
S. 101: ©™ Warner Bros. Entertainment Inc.
S. 106, 168, 169: © VG Bild-Kunst, Bonn 2022 für Tishan Hsu
S. 108: © Old Boys Network
S. 114 oben: © Linda Goode Bryant, Courtesy Städtische Galerie im Lenbachhaus und Kunstbau München
S. 114 unten: © HR Giger Estate
S. 115 oben, 118: © VG Bild-Kunst, Bonn 2022 für Marisa Merz
S. 117 unten: © VG Bild-Kunst, Bonn 2022 für Hans Haacke
S. 124, 129: Nicola L.
S. 126/127: © Niki Charitable Art Foundation / VG Bild-Kunst, Bonn 2022
S. 128, 131, 152/153, 160, 161: © Joachim Bandau
S. 130: © VG Bild-Kunst, Bonn 2022 für Hannsjörg Voth
S. 132: © VG Bild-Kunst, Bonn 2022, Courtesy Shigeko Kubota Video Art Foundation © 2022 Estate of Shigeko Kubota
S. 133: © Friederike Pezold
S. 134, 135: © Shu Lea Cheang, Courtesy Fales Library and Special Collections, New York University
S. 136: © Sarah Lucas, Courtesy Sadie Coles HQ, London
S. 137: © Ashley Hans Scheirl, Courtesy Galerie Crone
S. 138, 146, 147: © Lynn Hershman, Hotwire Productions LCC
S. 140, 141: © 1964 Kiki Kogelnik Foundation. All rights reserved
S. 142: © 1965 Kiki Kogelnik Foundation. All rights reserved
S. 143: © VG Bild-Kunst, Bonn 2022 für Hans Salentin
S. 144, 145: © The Estate of Eva Hesse. Courtesy Hauser & Wirth
S. 148: © Nachlass Walter Pichler
S. 151: © Mit freundlicher Genehmigung von Richard Ihnatowicz
S. 154, 155: © Bruno Gironcoli Werk Verwaltung, Wien
S. 156/157: © Paweł Althamer, Paweł Buchholz, Marcin Leszczyński, Michał Mioduszewski, Daniel Hans, Sławomir Mocarski, Julia Matea Petelska und Jędrzej Rogoziński, Courtesy Sammlung Goetz, München
S. 158, 180/181, 182: © Nairy Baghramian
S. 162, 163: © VG Bild-Kunst, Bonn 2022 für Rebecca Horn
S. 164, 165, 166/167: © VG Bild-Kunst, Bonn 2022 für Bruce Nauman
S. 170, 171: © Matthew Barney
S. 172, 173: © Estate of Felix Gonzalez-Torres, Courtesy the Felix Gonzalez-Torres Foundation
S. 174, 175: © Robert Gober, Courtesy Matthew Marks Gallery
S. 176/177, 178, 179: © Archiv Franz West, © Estate Franz West
S. 183: © Jesse Darling
S. 184, 185: © Julia Phillips, Courtesy Matthew Marks Gallery
S. 189: © Hanson Robotics, 2010
S. 196 links: © Oliver Laric
S. 204, 224, 225, 226, 227: © VG Bild-Kunst, Bonn 2022 für Judith Hopf
S. 206: © Tony Oursler, Courtesy Sammlung Goetz, München, und Lehmann Maupin, New York, Hong Kong, Seoul und London
S. 214, 215, 216: © Aleksandra Domanović
S. 217: © Stephanie Dinkins
S. 218, 219: © KAYA (Kerstin Brätsch & Debo Eilers)
S. 220/221: © Seth Price
S. 222/223: © Alexandra Bircken

Die Geltendmachung der Ansprüche gem. § 60h UrhG für die Wiedergabe von Abbildungen der Exponate / Bestandswerke erfolgt durch die VG Bild-Kunst.

Wir danken allen Inhaber:innen von Bildnutzungsrechten für die freundliche Genehmigung der Veröffentlichung. Sollte trotz intensiver Recherche ein:e Rechteinhaber:in nicht berücksichtigt worden sein, werden berechtigte Ansprüche im Rahmen der üblichen Vereinbarungen abgegolten.

Diese Publikation erscheint anlässlich der Ausstellung

Future Bodies from a Recent Past – Skulptur, Technologie, Körper seit den 1950er-Jahren
Kuratorinnen: Patrizia Dander mit Franziska Linhardt

Museum Brandhorst, München
2. Juni 2022 – 15. Januar 2023

Museum Brandhorst
Bayerische Staatsgemäldesammlungen
Türkenstraße 19
80333 München
Deutschland
www.museum-brandhorst.de

Direktor: Achim Hochdörfer
Leitende Kuratorin: Patrizia Dander
Kurator:innen: Monika Bayer-Wermuth, Giampaolo Bianconi
Wissenschaftliche Mitarbeiterin Publikationen und Sammlung: Susanne Huber (bis März 2022)
Wissenschaftliche Mitarbeiterin *Future Bodies*: Franziska Linhardt
Teamassistenz: Mara Jirdén
Praktikantinnen *Future Bodies*: Zakirah Rabaney, Lena Tilk, Marisa Zeising
Hospitanz *Future Bodies*: Helena Held
Presse und Kommunikation: Anna Woll, Janina Vujic
Restaurierung (Doerner Institut): Isabel Gebhardt, Bianca Albrecht, Michaela Tischer
Registrarin, Inventar und Dokumentation: Maria Espinosa
Museums- und Ausstellungstechnik (Doerner Institut): Wolfgang Wastian, Stephen Crane, Adrian Keleti, Norbert Schölzel
Betriebstechnik: Stephan Friedemann, Bernhard Kraus
Örtliche Verwaltung: Benjamin Roger (seit Februar 2022), Bettina Schlichting (bis Januar 2022), Andrea Stojanovic, Gabriele Prager, Roberta Belloni
Kunstvermittlung und Besucherservice: Jochen Meister, Funda Karaca, Alexandra Hiltmair, Anke Palden, Waltraud Tannenberg, Julia Wolff (Bundesfreiwilligendienst)
Vermietungen und Veranstaltungen: Barbara Siebert, Constance Huchette, Katarina Jelic, Marcos Kleinheinz, Anja Ninic-Kiendl, Andrea Schick
Fotoabteilung: Haydar Koyupinar, Sybille Forster, Elisabeth Greil, Margarita Platis, Nicole Wilhelms

Udo und Anette Brandhorst Stiftung
Wissenschaftliche Mitarbeiterin und Projektmanagement: Kirsten Storz
Assistenz von Udo Brandhorst: Renate Blaffert
Assistenz von Achim Hochdörfer: Sandra Dichtl
Werkstudentin: Andrea Zabric

MUSEUM BRANDHORST

Publikation
Herausgeberin: Patrizia Dander
Redaktion: Susanne Huber, Franziska Linhardt, Patrizia Dander
Publikationsmanagement: Susanne Huber
Bildbeschaffung und Bildrechteklärung: Susanne Huber, Pia Bendfeld, Mara Jirdén, Franziska Linhardt, Zakirah Rabaney, Marisa Zeising
Autor:innen: Louis Chude-Sokei, Patrizia Dander, Alex Kitnick, Franziska Linhardt, Megan R. Luke, Jenny Nachtigall
Grafische Gestaltung und Satz: Marwan Kaabour
Lektorat: Ursula Fethke
Übersetzungen Englisch–Deutsch: Dominikus Müller (Essays Kitnick, Luke, Nachtigall), Volker Ellerbeck (Essay Chude-Sokei)
Projektmanagement Verlag: David Fesser
Herstellung Verlag: Jens Lindenhain
Reproduktionen: Eberl & Kœsel Studio GmbH, Altusried-Krugzell
Druck und Bindung: Grafisches Centrum Cuno GmbH, Calbe
Papier: ArtoSatin 130 g/m^2
Schriften: Tomato Grotesk von Andrea Biggio, Perpetua Titling Roman von Eric Gill

Erschienen im
Deutscher Kunstverlag GmbH Berlin München
Lützowstraße 33
10785 Berlin
www.deutscherkunstverlag.de
Ein Unternehmen der Walter de Gruyter GmbH Berlin Boston
www.degruyter.com

Die Deutsche Nationalbibliothek verzeichnet diese Publikation in der Deutschen Nationalbibliografie; detaillierte bibliografische Daten sind im Internet über http://dnb.dnb.de abrufbar.

ISBN 978-3-422-99019-7

Ausstellung und Publikation werden großzügig unterstützt von

PIN. ERES STIFTUNG

Allianz — Partner von PIN. Freunde der Pinakothek der Moderne e.V.

Die Kunstvermittlungsprogramme werden großzügig gefördert von

dive_in — Programm für digitale Interaktionen — Kulturstiftung des Bundes
Gefördert durch Die Beauftragte der Bundesregierung für Kultur und Medien — Neustart Kultur